U0903927

中央民族大学国家“十五”“211工程”建设项目 

宋才发 黄伟 潘善斌等

民族地区城镇化建设及其法律保障研究

中央民族大学出版社

图书在版编目（CIP）数据

民族地区城镇化建设及其法律保障研究/宋才发等著.
—北京：中央民族大学出版社，2006.5
ISBN 7－81108－148－2

Ⅰ.民…　Ⅱ.宋…　Ⅲ.民族地区－城市化－研究－中国　Ⅳ.F299.27

中国版本图书馆 CIP 数据核字（2006）第 030955 号

民族地区城镇化建设及其法律保障研究

作　　者　宋才发　黄　伟　潘善斌等
责任编辑　夏桂霞
封面设计　马钢工作室
出 版 者　中央民族大学出版社
　　　　　北京市海淀区中关村南大街 27 号　邮编:100081
　　　　　电话:68472815(发行部) 传真:68932751(发行部)
　　　　　　68932218(总编室)　　68932447(办公室)
发 行 者　全国各地新华书店
印 刷 者　北京宏伟双华印刷有限公司
开　　本　880×1230(毫米)　　印张:13.5
字　　数　340 千字
印　　数　2000 册
版　　次　2006 年 5 月第 1 版　2006 年 5 月第 1 次印刷
书　　号　ISBN 7－81108－148－2/ F·101
定　　价　28.00 元

目　录

导　论

城市是现代人类社会文明进步的重要标志，发展小城镇是推进我国城镇化进程的重要途径。民族地区的城镇化建设肩负着加快农村改革步伐和全面实现小康社会的历史重任。农村城镇化是打破城乡二元经济结构格局的有效途径，是民族地区实现工业化、现代化的重大举措。西部大开发要继续向纵深发展，就必须紧紧依托农村城镇这个载体，民族地区城镇化建设必须全面提速。城镇化建设和发展的主题是建立和完善社会主义市场经济体制，建构集约化经营方式，坚持可持续发展战略，最终全面实现小康社会和社会主义现代化。农村城镇化建设必须依法进行，要依法制定科学而合理的城镇化发展规划，完善城镇化多元投资体制和合理征用土地机制，做好城镇化建设过程中历史文化名城和地下历史文物的保护工作，加快城镇化进程中户籍管理制度的改革，加强对城镇化过程中城镇居民的社会保障。民族地区农村城镇化建设要有新思路。民族地区城镇化建设的目标要与国家城镇化战略目标相适应，与国家整个农村和农业改革的总体部署相一致。民族地区城镇化建设要走中国特色的城镇化道路，路径要定位于绿色城镇。

一、民族地区农村城镇化是西部大开发的战略目标

城镇化是经济社会发展的必然产物。城镇化是指人口向城镇集聚、城镇规模扩大以及由此引起一系列经济社会变化的过程。城镇化的实质是经济结构、社会结构和空间结构的变迁。从经济结构变迁看，城镇化过程也就是农业活动逐步向非农业活动转化

和产业结构升级的过程；从社会结构变迁看，城镇化是农业人口逐步转变为城镇人口以及城镇文化、生活方式和价值观念向农村扩散的过程；从空间结构变迁看，城镇化是各种生产要素和产业活动向城镇地区集聚以及集聚后的再分散过程。所以，推进城镇化建设健康发展是农村经济结构调整的重要内容，也是统筹城乡发展、缩小城乡差别、促进城乡经济一体化、实现全面建设小康社会目标的重要途径。从科学发展观的角度看，判断城镇化建设是否健康发展的主要标志有如下四个方面：(1) 城镇化的规模和水平与工业化和经济发展水平相适应；(2) 城乡资源配置效率和城镇化质量不断提高，生产、生活和生态协调发展，并形成良好的人居环境；(3) 逐步形成大中小城市和小城镇协调发展、合理分工、各具特色的区域城镇体系；(4) 城乡经济社会协调发展，逐步向城乡一体化方向迈进。2003 年我国人均 GDP 已经突破 1000 美元，按照世界银行的划分标准，目前我国已经迈进了中等收入国家的门槛。① 根据国际经验，当前我国正处于工业化和城镇化快速推进的重要时期。

在 20 世纪的最后 10 年间，中国这个世界上最古老、最庞大的农业国，因为以小城镇发展为主要特征的城镇化进程的日益加快，使中国大地发生了一场深刻的历史变革。中国小城镇的数量由 1978 年的 2173 个，发展到 2001 年的 20347 个，增长近 10 倍。中国城镇化水平由 1990 年的 26% 提高到 2000 年的 36%，中国城镇化的年平均增长速度是同期世界平均速度的 2 倍。在过去的 10 多年里，我国农村人口占总人口的比例以大约每年一个百分

① 魏后凯：《怎样理解推进城镇化健康发展是结构调整的重要内容》，载《人民日报》，2005 年 1 月 19 日，第 9 版。

点的速度降低，这意味着每年有近1000万农民成为“城里人”。[①] 城镇化是一个漫长的历史过程，它是与工业化和经济发展紧密联系在一起的。在一定时期内，一个地区城镇化推进的速度和规模，必须与其工业化的进程相适应，与其经济实力和发展水平相适应。城镇化又是社会进步的显著标志，提高城镇化的质量，关键在于提高城镇化土地产出率和资源配置效率，优化城镇产业结构和空间结构，建立起良好的人居环境，建设现代化的城镇文化和城镇风貌，而不能仅仅把城镇化片面地理解为高楼大厦、立交桥、大广场、花园式工厂等。只有在城镇化的过程中同时推进城镇产业升级，优化城镇空间结构，大力发展现代高效都市产业和节能省地型住宅，提升城镇整体功能和综合竞争力，才能促使城镇向可持续的方向发展。

加快民族地区城镇化建设步伐是西部大开发的既定目标。现代社会和市场经济发展的重点在城镇。目前世界上中等发达国家的农村城镇化平均水平已达42%，我国仅为30.9%，民族地区城镇化水平则更低，到1998年我国西部地区非农人口为17.9%，东部地区为28%。[②] 其实衡量一个地区的城镇化水平，不单只是考察城镇数量和城镇人口的比例，还必须考虑城镇建设的质量等要素。我国已进入工业化中期发展阶段，城镇化严重滞后的状况，对我国现代化进程产生了诸多不良影响。因而西部大开发的重点任务之一，就是要加快西部地区城镇化建设步伐，为西部地区现代化夯实基础。《中共中央国务院关于促进农民增加收入若干政策的意见》指出：“小城镇建设要同壮大县域经济、发展乡

① 查毅：《西部小城镇建设任重道远》，载《西部开发报》，2005年1月13日，第12版。

② 宋才发：《西部大开发与小城镇建设的法律思考》，《内蒙古师范大学学报》第3页，2001年第5期。

镇企业、推进农业产业化经营、移民搬迁结合起来，引导更多的农民进入小城镇，逐步形成产业发展、人口聚集、市场扩大的良性互动机制，增强小城镇吸纳农村人口、带动农村发展的能力。"① 在我国整个城镇化建设的布局中，国家"十一五"规划的重点是发展县城和部分基础条件好、发展潜力大的建制镇。城镇密集区和中心城市周边地区的城镇化，要纳入所属区域城镇体系的总体规划，发展一批卫星城镇，形成为中心城市服务的、具有特定功能的城镇。距中心城市较远的大城镇，要形成农产品集散中心和加工基地，农业信息、技术推广和文化教育中心，带动当地农业和农村经济发展。《国民经济和社会发展第十个五年计划城镇化发展重点专项规划》指出，我国中西部地区可在壮大现有城市规模和提高质量的基础上，适当增加城市数量，优先发展区位优势明显、交通便利、发展潜力大的中小城市。为适应西部大开发和城镇化建设的需要，有关法律法规还规定，国家将根据具体情况适时调整行政区划，修订现行设市、设镇标准，实行"县改市"与"镇改市"并存的设市模式；适度增加设市数量，对市县同属一地的要调整行政划区，积极推进规模较小的市县（市市、镇镇、乡镇）合并。依据国家关于城镇化发展的规划和构想，当前我国民族地区城镇化建设的主要任务，是将农村城镇化与城市现代化两个进程同时推进，将构建城镇化的现实经济支撑与保持城市的可持续发展有机地结合起来，从而使民族地区城镇化过程在时间上得以缩短，在质量上得到提高。在生产力发展方面，西部地区要借助西部大开发的有利时机，尽快使西部地区从整体上进入工业化发展阶段，促使工业化与城镇化两者齐头并进。其实工业化和城镇化是一个问题的两个方面，工业是依托，

① 中共中央国务院：《关于促进农民增加收入若干政策的意见》，载《光明日报》，2004年2月9日，第A3版。

城镇是载体，只有空间上的聚集才能产生累积效应。我国民族地区城镇化发展严重滞后的状况，是严重制约西部民族地区国民经济发展的新“瓶颈”。只有使民族地区工业化与城镇化发展相辅相成，才能在农村人口逐步向城镇转移聚集的过程中，不断提高城镇的现代化水平和市民的生活质量，为城镇（城市）的持续发展开辟新的空间和美好前景。这就是西部大开发既定的战略目标，我们必须为这一战略目标的实现而加快民族地区城镇化建设的实际进程。

西部大开发向纵深发展必须依托城镇这个载体。西部大开发涉及的区域包括12个省、区、市，国土面积685万平方公里，人口3.64亿，分别占全国的71.4%和28.6%。要实现西部地区各族人民共同富裕的目标，就必须以城镇为载体，充分发挥城市作为交通中心、信息中心、技术中心和人才中心的作用，为民族地区工业化提供基础设施、市场、技术和人才条件。民族地区城市应当致力于大力发展工业化，以工业化来带动和促进城镇化。一方面应当充分发挥劳动力成本低的优势，大力发展劳动密集型产业，增强对农村人口的吸纳能力；另一方面应当加强对传统重工业基地的技术改造，加快产业升级。“贫穷不是社会主义”，西部大开发的首要任务就是要消灭贫困和落后。实现人均800美元GNP，按我国国内标准是“小康”；但是按照世界银行的标准，则只是刚刚摆脱“赤贫”，进入低收入水平国家的序列。西部地区离人均达到800美元GNP的标准还有一定的距离，因而西部地区只能以城镇化、工业化作为基本的目标，而这一点又恰恰是将西部大开发引向纵深发展的一条重要和现实的途径。西部大开发的初衷之一就是要加强西部地区基础设施建设，把西部地区与东、中部间的城镇、城市连接起来，沟通人流、物流、资金流、信息流等，改善西部的发展条件，以带动整个社会经济的发展。国务院《关于实施西部大开发若干政策措施的通知》，已明确规定基础设施建设是西部大开发的重点，在交通运输、电网、通信、广播电视、水利诸方面给予重点投入。西部地区在城镇化建设的规划中，应当注意突出城镇化的信息传递作用，根据各自特点和不同区位，努力做到基础设施密集区与城镇化分布重合，最大限度地发挥基础设施的功能作用。同时要为国家实行“退耕还林、退耕还草”，封山育林、以粮代赈的移民政策做好落户工作，充分发挥城镇吸纳农牧民人口的“聚集”作用。国家已经明确规定：“对在西部地区新办交通、电力、水利、邮政、广播电视等企业，企业所得税实行两年免征，三年减半征收。对为保护生态环境，退耕还生态林（草）产出的农业特产品收入，在10年内免征农业特产税。……对西部地区内鼓励类产业、外商投资鼓励类产业及优势产业的项目在投资总额内进口自用先进技术设备，除国家规定不予免税的商品外，免征关税和进口环节增值税。”“对现有城镇建设用地的有偿使用收益，主要用于城镇基础设施建设。”[①] 据权威数据资料显示，国家为了支持以城镇化为代表的西部地区的基础设施建设，仅2000年就动用国债投资及中央财政预算内基本建设资金共计700多亿元；一批在建的大中型基建项目当年完成投资762亿元；新开工10个重大项目，当年完成投资200多亿元。2001年国家支持西部大开发的国债资金和预算内资金均超过2000年，新开工的12个重点项目，工程总投资约3000亿元。[②] 所有这些，充分说明了国家对西部地区城镇化建设的高度重视和支持力度。

民族地区城镇化建设的近期目标是尽快建立起以区域中心城

---

① 国务院：《关于实施西部大开发若干政策措施的通知》，载《中国市场经济报》，2001年1月12日，第11版。

② 记者温源：《西部大开发顺利推进》，载《光明日报》，2001年8月9日，第A4版。

市为核心的城镇网络群。我们通常所说的“城镇网络群”或者“城市网络群”，都是指集中于一定区域内的规模、职能各不相同，彼此密切联系且又互相独立的若干城市或者城镇。以大城市（一般指省、地级城市）为核心的城镇网络作为所在地区的经济心脏，凭借其强大的集聚效应和辐射功能，在带动该地区经济社会发展中，正在日益发挥其核心作用和“增长极”的作用。譬如，长江三角洲、京津唐等城市群，就以强大的经济扩张能力和市场需求，带动周边中小城市和农村经济的整体发展。为此，在西部大开发和城镇化建设的进程中，我们一定要完善和发挥中心城市功能，构建民族地区城镇网络群，建立西部大开发的心脏系统。西部大开发在推进城镇化建设的过程中，某些先导部门和有创新能力的产业集中于一些地区或者城镇，应当以较快速度获得优先发展，以利于形成新的“发展极”。这些发展是这些地区的生产中心、贸易中心、金融中心、交通运输中心、信息中心、服务中心、决策中心，它们能够通过其吸引力和扩散力不断地扩展自身规模，并且对所在部门或者地区发生支配影响，从而不仅使所在部门或者地区迅速发展壮大，而且能够带动其他部门或者地区的快速发展。为了在西部地区形成若干个“发展极”，各级地方政府必须首先培育区域中心城市，完善和充分发挥区域中心城市的功能。区域中心城市一般应具有如下特点和功能：（1）区域中心城市必须具备一定规模，主要指人口规模、生产要素集聚规模以及交易规模。（2）中心城市的功能具有多元复合性，只有具备两种以上的城市功能才能形成较高级的“聚落”，大城市的形成本来就是身兼数种功能的结果。（3）中心城市应当有自己的主导产业和主导功能，并且能够与时俱进。（4）中心城市应当有一定的区位优势。[①] 在西部地区城镇化发展的进程中，必须集中力量建设和扩建一批具有现代化水平的区域（含跨省域）中心城市。譬如重庆、成都、西安、昆明、兰州、乌鲁木齐等城市，已经成为西南、西北地区最重要的中心城市，是西部大开发的主要基地。但是作为区域中心城市，这些城市的规模仍然显得过小。譬如，重庆市刚改建成为直辖市不久，包括大量的市区农业人口在内的人口才逾千万，而且这种人口规模还是行政区划的产物，并非是城市自然发展的结果。与此同时，要尽快建立中心城市的卫星城市群体，发挥大中城市的聚合辐射功能，以带动小城市和农村城镇化的快速发展及其功能作用的发挥。

二、民族地区农村城镇化是全面小康社会建设的必由之路

农村城镇化是打破城乡二元经济结构格局的有效途径。把“三农”（农业、农村、农民）问题放在“城乡经济社会统筹发展”的全局中，而不只是作为一个部门或者一个产业的问题来思考，这就充分体现党中央和政府对“三农”问题的高度重视，指明了要跳出“三农”的圈子寻找解决“三农”问题的出路，改变目前存在的城乡二元经济结构格局，把大量农村剩余劳动力转移出去，从根本上解决“三农”问题的决心。大量的农村剩余劳动力滞留在有限的土地上，即使土地的回报率很高，收入总量也难以有较大幅度的增长。因而解决“三农”问题只能城乡统筹兼顾，加快农村城镇化发展步伐，加快农村劳动力向非农产业和城镇转移，逐步减少从事农业的劳动人口，增加农民更多的就业机会，增加农村人均资源占有量，实现工业与农业、城市与乡村发展的良性互动。由农业人口和农业产值占很大比重向非农业人口

① 吴伟、韦苇：《城市化与西部大开发》，《广西大学学报》（哲学社会科学版）第31—32页，2003年第4期。

和非农产值占很大比重转变，是一种规律性的经济社会现象。我国人口绝大部分从事农业、居住在农村，农业人口明显高于43.1%的世界平均水平。农业人口向非农业人口转移，是我国现代化必须完成的一项艰巨任务。据统计资料显示，2000年占49.5%的农业劳动力提供的GDP只占16%。要从根本上增加农民收入，就必须设法“减村扩镇”，减少事实上的农民数量。农民进城就业和城镇化建设，减少了直接从事农业生产的劳动力数量，无异于增加了农业劳动力的自然资源占有量，这既有利于提高农民现实收入，也有利于缩小城乡差别。要实现农业富余劳动力向非农产业的可靠转移，基本的条件就是转移出来的劳动力能够获得相对稳定的就业机会和基本的社会保障。如果缺乏这些基本条件，那么，流动的农业劳动力将始终无法彻底摆脱作为“最后保障的”原有赖以生存的土地。这样既会严重影响农业生产的集约化发展，也会使农业劳动力向城镇的转移处于不稳定的松散结构状态。在世界现代化的历史进程中，城镇化和工业化从来就是密不可分的。城镇化是工业化的必然产物，现代化是城镇化的必然结果。民族地区离开了城镇化，工业化的效率就会低下；而离开了工业化，城镇化就会失去产业依托和有力支撑，最后失去发展的动力，想要走出城乡二元经济结构状态，实现民族地区的现代化也就无从谈起。城镇化是民族地区建设现代农牧业、发展农村经济、增加农民收入的必然要求。必须依托城镇开拓农村市场，大力发展民族地区市场经济，进一步搞活农牧产品流通，带动农牧业和农村经济的结构调整，推进农牧业产业化经营，提高农牧业的综合效益，增加农民收入。只有当城镇化水平提高了，农村大量的剩余劳动力才可能到城里来打工挣钱，这不仅能在整体上提高农民收入，而且使安心于农业的农民有能力加大对农业的投入，从而促进农村和农业经济发展。具体地说，农村工业化布局的重要力量是乡镇企业和民营企业，通过城镇化积聚乡镇和民营企业、积聚人才、积聚技术、积聚资金等要素，从而产生积聚效应和规模效益，就可以从根本上改变过去那种乡镇企业和民营企业“村村点火，处处冒烟”的资源浪费和环境污染状况，使农村有限的资源在更大的范围内和更高的层次上得到优化配置和合理利用。

农村城镇化是民族地区实现工业化、现代化的重大举措。根据中国村镇建设统计资料显示，在1995—2001年间，我国建制镇总数增加了3047个，人口增加了3684万人，小城镇个数在原有基础上增加了20.3%，城镇人口增加了39.6%。建制镇的存在方式也在不断发展变化，譬如，规模较小的集镇有的发展成为小城镇，有的因为划入市区或者撤并而消失。因此，同期集镇实际减少10706个，人口减少1032万人。① 农村现代化建设必须以农村城镇化为核心和重点，没有民族地区城镇化和工业化，就不可能建成民族地区的小康社会。2001年我国民族地区国民生产总值中第二产业的比例只有40%左右，与全国的平均水平相差约10个百分点；而第二产业的从业人员占全部从业人员的比例均在20%以下，低于23%的全国平均水平，西藏自治区只有4.9%。② 这个数字既说明民族地区的工业发展本身落后，也反映了西部民族地区的城镇化发展严重滞后的状况。民族地区要想在2020年实现工业化的目标，就必须大力推进民族地区的城镇化建设。从具体思路上说，民族地区既要继续发展大中城市，发挥好大中城市对中等城市的辐射带动作用和中等城市对小城市的补充、服务作用；又要加快发展小城市和小城镇，依托众多的小

① 李彩霞：《小城镇建设及其生态环境保护》，《云南社会科学》第66页，2003年第6期。

② 赵少智：《城镇化是民族地区全面建设小康社会的必由之路》，载《光明日报》，2004年1月30日，第C4版。

城市和星罗棋布的小城镇，加快西部地区资源开发的步伐，加大农副土特产品的加工力度，大力发展具有少数民族特色的乡镇企业和乡村工业，走出一条适合民族地区工业化的路子。在推进城镇化的过程中，一定要因地制宜，产业布局能工则工、能商则商，突出特色。譬如，各少数民族都有自己独特的民族和历史文化，民族地区大多数风景秀丽，人文景观独特，旅游资源十分丰富。所以，民族地区完全可以走发展旅游和城镇化建设互相促进的路子，在发展旅游业的过程中加快城镇化建设，在推进城镇化建设的进程中带动旅游业的大发展。我国少数民族地区国土面积大，人口密度并不大。但是，在现有国土面积中沙漠戈壁、高山荒原和草地等占了很大部分，真正的可耕地却很少。因而农村城镇化就可以把大量的乡村人口转移到城镇和农牧业以外的产业，减少人为对自然资源的过度开采利用，真正实现退耕还林还草，以供后人永续利用。信息化产业目前在民族地区的市场占有份额很少，而城镇化建设又必然为通讯、计算机等信息产业的发展带来新的发展机遇和条件。城镇服务业（第三产业）既是一个能大量吸纳劳动力的行业，又是一个发展前景十分广阔的经济领域，加快城镇化建设就必然对民族地区服务业的发展起到极大地推进作用。民族地区小康社会建设说到底，就是人们的生产生活方式由乡村型向城市型转化的问题。为了适应这种生产生活方式的转化，民族地区城镇化要解决的问题不仅是经济发展，而且要大力发展文化、教育、科技、体育、卫生等社会事业，努力提高人口素质和广大人民群众的生活质量。而推进民族地区城镇化建设，降低进入大中城市的门槛，大力发展小城镇，把分散的乡村人口转移到城镇，使更多的人能够享受到市民的待遇，就能够从整体上不断提高少数民族的人口素质和广大人民群众的生活水平。

民族地区城镇化建设必须全面提速。提高农村城镇化水平是“统筹城乡经济社会发展”的重要措施，到 2002 年我国城镇化率已接近39%，仍远远落后于世界平均水平，比中等发达国家低11个百分点。根据国际城镇化发展的经验，发达国家在人均国内生产总值达到3000美元以后才出现买方市场，而我国人均在1000美元时就出现了工农业产品低水平过剩。其中的一个重要原因，就是我国城镇化发展严重滞后。预见未来的20年，城镇化将成为我国城乡经济发展的最主要推动力；到2020年，城镇化水平将从现在的30%上升到50%以上。[①] 我国小城镇建设已经呈现快速发展的态势，不少地区走出了富有特色的城镇化发展道路。截至1999年底，西部地区共有各类城市158个，城镇人口8073万人，占总人口比重的22.5%，但是与东部地区相比，西部地区城镇化水平仍有相当大的差距。西部地区城镇化滞后，已经使西部与东部的经济发展差距进一步拉大。譬如，1978年西部10省区的第一、第二、第三产业的产值份额，分别是37.2%、44%和18.8%，其城镇化水平在15%左右。1997年西部地区的第一、第二、第三产业的产值份额，分别为25.5%、41.7%和32.8%，其城镇化水平为25.2%。同年全国的相应值，分别为18.7%、49.2%和32.1%及29.9%。东部发达地区相应值分别为13.4%、49.5%和37.1%及31.2%。也就是说，1997年西部地区城镇化水平比全国水平低4.7个百分点，比东部发达地区低6个百分点。[②] 随着西部大开发整体的逐步深入，西部地区城镇化进程正在全面提速。以广西为例，广西壮族自治区在“十一五”期间将加快推进城镇化进程，突出大城市、集约发展大中城市和小城镇协调发展道路，培育形成城市群和城镇带。据广西壮族自治

① 郭经研：《努力提高中国特色城镇化建设水平》，载《人民日报》，2003年9月17日，第8版。

② 胡俊生、刘国荣：《加快西部城市化进程的若干对策建议》，《青海师范大学学报》第37页，2004年第1期。

区政府提供的统计数据显示，2005 年广西城镇化率已达到 33%，比 2000 年提高约 5 个百分点。广西农村人口比例的降低和城市人口比例的提升，反映出城市带的快速发展。在“十一五”期末，广西首府南宁市将突出“绿城”品牌，建成常住人口超过 200 万人的区域性国际化城市。作为广西工业中心的柳州市，5 年后常住人口也将达到 140 万人。在未来十多年中，广西人口自然增长率如果保持在千分之七点二左右，城市化以每年 2%的速度增长，那么到 2020 年，城镇化率将达到 50%以上，城镇人口将超过 3000 万人，城市净增人口达到 1500 万人以上。“十一五”期间广西将建立“四群四带”的城镇格局，即依托沿海高速公路和铁路网，形成以南宁市为核心的南宁、北海、钦州、防城沿海城市群；依托交通枢纽和工业重镇地位，形成以柳州为中心的桂中城镇群；依托湘桂铁路和高速公路，形成以桂林市为中心的桂北城镇群；依托西江水道、高速公路和洛湛铁路，形成以梧州、玉林、贵港市为中心的桂东南城镇群；以及依托黔桂、南昆铁路和桂梧、南友高速公路，形成以河池、宜州为轴心的黔桂走廊城镇带，以百色、平果为轴心的右江走廊城镇带等。

民族地区城镇化进程的提速意味着整个西部大开发的提速。西部民族地区城镇建设提速，必须紧紧抓住三个主要问题不放：一是弄清楚在既成的东西部区域格局中城镇化的差异及其特点是什么？二是弄明白究竟什么是适合西部区域特点的城镇化发展模式？三是寻找到促使民族地区城镇化进程提速的具体方式和行之有效的手段。民族地区城镇化发展，必须突出为农牧业、农村和农牧民服务的功能。农村要集中，不集中就不能发展。这里所说的“集中”是指：(1) 人口的脱贫性迁移与相对集中，譬如运用经济手段与必要的行政措施，促使贫困地区的农村人口由贫困地向富裕地流动，由乡村向城镇流动，由第一产业向第二、第三产业流动；(2) 由人口的合理流动与相对集中，促使农村土地的适当集中和规模经营；(3) 人退林（草）进，“退耕还林（草），封山育林”，植被再造，山川秀美，创造现实可能与活动空间；(4) 落后地区的人口迁移与集中，根本目的是为了脱离贫困，向现代都市文明靠近。民族地区城镇化的健康稳步发展，不仅能够有效地解决“三农”问题，而且能够加大农村劳动力在第三产业的容量，为全面实现小康社会的目标奠定坚实的基础。譬如，韩国、泰国等在20世纪70—90年代初期，在非农产业就业增长中，从事第二产业每增加1个就业人员，从事第三产业就相应增加1.5—2.9个就业人员。我国上海市2000年城镇化率为88.3%，居全国之首，上海的农民收入也居全国第一。据国家发展改革委员会测算，2001—2015年间，如果我国每年能够提高1个百分点的城镇化速度，将能够转移2.5亿农业人口，按照目前城镇人口消费支出水平测算，即可以增加6000多亿元的消费需求。而转移出2.5亿农业人口，对于继续从事农业的人口来说，则意味着增加30%的总收入；若用于消费将增加5000多亿元的消费，可以带动最终消费支出1亿元以上，平均每年700多亿元，并为GDP的增长率贡献0.85个百分点。[①]

三、民族地区农村城镇化建设要依法进行

要依法制定科学而合理的城镇化发展规划。城镇化水平不仅是一个地区现代化水平的重要标志，而且是社会文明程度的标志之一。西部民族地区城镇化建设，必须依据中共中央、国务院《关于促进小城镇健康发展的若干意见》，制定科学的城镇化发展规划。目前在城镇化建设中存在的突出问题有三个：一是在解决城镇化供水、供电、道路、通讯、绿化等基础配套设施建设，以

---

① 记者周晓曲：《城镇化如何“提速”》，载《光明日报》，2003年9月29日，第A4版。

及文化、广电、娱乐、体育、学校、医院、市场等服务功能建设方面，普遍存在小而全、互相攀比，数量上盲目扩张，布局过密，规划与现实经济规模和人口规模脱节，造成基础设施功能和服务设施功能闲置、浪费。二是城镇建设缺乏必要的宏观指导，同一地区的城镇与城镇之间彼此雷同，分工不明确，产业结构趋同，缺乏城镇的个性特色，且重复建设太多。三是有些地区的城镇建设，主要是通过行政区划变动的机制形成新城镇，极少科学地反映该地区城市化与现代化的进程，其突出表现就是城镇数量的增加与城镇人口的增长不成比例。为此就要打破过去那种封闭的、按行政区划“画地为牢”的分散格局，试行按产业结构和发展特色经济的要求扩大行政区划范围，实行拆并结合，加速西部地区区域化和城镇化建设。产业和市场商业基础是农村城市化的发动机，是发展城镇化的关键和基础。城镇化建设的发展规模必须按《中华人民共和国国民经济和社会发展第十个五年计划纲要》提出的“小城镇建设要合理布局，科学规划，体现特色，规模适度，注重实效”[①] 的原则为指针，以产业和市场所形成的经济总量为依托，相互促进。城镇化不是一般乡村的简单放大与机械扩张，它具有很强的综合功能和辐射力，必须按照“以人为本，整体和谐，布局合理，功能配套”的要求，以整体布局为前提，以规模为基础，科学合理规划，配套完善功能。经过综合考察分析，我们认为小城市人口规模一般以涵盖、辐射 10 万人左右为宜，镇区常住人口以不低于 2—3 万人为宜，辐射 10 公里以内为适中。达不到一定的规模，就会造成城镇化基础设施功能的闲置和浪费。民族地区的城镇化建设既不能照搬别国模式，也不能简单效仿东部地区的套路，必须突出西部地区的地理区位特

① 《中华人民共和国国民经济和社会发展第十个五年计划纲要》，《国务院公报》第 26 页，2001 年第 12 期。

色，体现资源、产业、文化、历史、经济等个性，把它同当地的人文景观和文化传统有机地结合起来考虑，提高西部地区城镇的文化品位，形成一批特色鲜明、风格各异的小城镇群落。

要依法完善城镇化多元投资体制和合理征用土地机制。《中华人民共和国国民经济和社会发展第十个五年计划纲要》曾指出："改革完善城镇用地制度，调整土地利用结构，盘活土地存量，在保护耕地和保障农民合法权益的前提下，妥善解决城镇建设用地。"必须"广辟投资渠道，建立城镇建设投融资新体制，形成投资主体多元化格局。在政府引导下主要通过发挥市场机制作用建设城镇化，鼓励企业和城乡居民投资。"[①] 从城镇化建设投资体制方面看，首先要加大国家对西部地区城镇化建设投融资的力度，坚持以"市场筹集为主、政府补贴为辅"的原则，走"招商引资、政府投资、综合开发、滚动发展"的建设道路。按照《国务院关于实施西部大开发若干政策措施的通知》规定，实行"谁投资、谁经营、谁受益"的原则，采取独资、合资、股份制、转让基础设施经营权、以资源（土地）合作建设等方式，吸引企业、客商、居民、农民和社会各界投资参与城镇化住宅开发和基础设施建设。市（县）财政在编制年度行政事业单位预算时，应当单列小城镇建设事业经费指标，安排一定数额的城镇化规划建设事业补助费。还可以通过银行发行一定数额的建设债券等直接融资方式吸纳社会游资、通过银行贷款解决部分资金，以及从乡镇企业上缴利润中拿出部分用于城镇化基础设施建设。在城镇化基础设施建设中，要建立健全各级财务监督机构，监督资金的合理使用；尤其要按照《中华人民共和国预算法》的要求，设立独立的镇一级财税机构，健全预算决算制度。再从城镇化建

① 《中华人民共和国国民经济和社会发展第十个五年计划纲要》，《国务院公报》第26页，2001年第12期。

设合理征用土地机制方面看，一定要认真贯彻执行近年来制定的《中华人民共和国土地管理法》、《中华人民共和国城镇国有土地使用权出让和转让暂行条例》、《中华人民共和国城市规划法》、《村庄和集镇规划建设管理条例》、《占用征用林地审核审批管理方法》、《“十五”国土资源生态建设和环境保护规划》、《关于加强草原保护与建设的若干意见》、《国民经济和社会发展第十个五年计划城镇化发展重点专项规划》、《“十五”西部开发总体规划》以及《全国土地开发整理规划》等法律法规，对西部地区城镇化的发展要统筹规划、集中用地，切实做到集约用地和保护耕地。尤其要通过挖潜、改造旧城（镇）区，积极开展迁村并点、土地整理，开发利用荒地和废弃地的方式，解决城镇扩建、改建的用地问题。要采取严格保护耕地的措施，防止乱占耕地和良田。城镇化建设用地必须纳入省（自治区、直辖市）、市（地）、市（县）土地利用总体规划和土地利用年度计划。对重点城镇化的建设用地指标，宜优先安排；除法律规定可以划拨的土地之外，一律实行有偿使用，其有偿使用收益，依法规定留给镇级财政用于城镇化开发建设。由于我国对城镇和农村土地采取两种不同的所有制和体制，地方政府在城市化过程中有权通过一定的补偿机制征用农村土地。自 1991 年开始，许多地方政府将农业用地开发用于招商引资的非农业用地，发挥土地资产效益，加速城镇化发展。这种使劳动力与其他生产要素的组合成为现实的做法，解决了多年来农村城镇化建设资金不足的问题。但是由于某些原因，部分地区过分强调“以地生财”，滥用土地现象时有发生。由此导致过去人们一说耕地减少就将矛头指向非农业用地，尤其是城镇建设用地，这是不公平的。严格地说，城市化有利于提高土地的利用率。据有关资料显示，到 1997 年，我国城市、建制镇、集镇和村庄的建设用地合计为 18.95 万平方公里，占全部非农用地所占耕地的 53.7%。其中城镇占 23%，乡村居民点占

77%。特大城市的人均占地仅为75平方米，但小城市已上升为143平方米，农村则升至170平方米。[①] 由此可以看出，只要我们切实依法合理使用土地资源，我国的城镇化建设实际上有利于提高土地资源利用的集约程度，缓解我国巨大的土地压力。

要依法做好城镇化建设中历史文化名城的保护工作。一座城市是否有品位，是否具有吸引力，关键在于这座城市是否能够发挥自己的特色，张扬自己的个性。而作为城市的"个性"，又恰恰是这座城市昨天历史的沉淀和文化的凝结。因而民族地区城镇化建设面临着民族文化的保护与创新。民族文化是在一定的地域环境中形成的，反映了一个民族在特定历史条件下的社会生产力水平和人文精神，文化的多样性对于人类社会发展来说与生物的多样性同样重要。而经济的发展及其现代化与民族文化不一样，它具有较强的趋同性特征。譬如，城镇化进程、工业化建设、搬迁移民等等，都可能使民族文化的个性特质削弱，如果不重视民族文化的保护与创新，个别人口较少的民族及其文化很可能就会在城镇化或者搬迁移民过程中消失。所以，《中华人民共和国文物保护法》第10—12条规定："各级人民政府制定城乡建设规划时，事先要由城乡规划部门会同文化行政管理部门商定对本行政区域内各级文物保护单位的保护措施，纳入规划。""文物保护单位的保护范围内不得进行其他工程建设。如有特殊需要，必须经原公布的人民政府和上一级文化行政管理部门同意。""根据保护文物的实际需要，经省、自治区、直辖市人民政府批准，可以在文物保护单位的周围划出一定的建设控制地带。在这个地带内修

---

① 记者潘红敏：《小城镇建设的重大突破》，载《中国市场经济报》，2000年8月1日，第6版。

建新建筑和构筑物，不得破坏文物保护单位的环境风貌。”① 民族地区城镇化建设必须严格执行国家《文物保护法》等法律法规，将历史文化名城和文化古迹保护纳入城市规划范围，并制定和完善相关的地方保护历史文化名城和地上历史文物的法规。要认真总结过去在旧城区改造和城镇化建设过程中的教训，不能重犯像 1999 年湖北省襄樊市为旧城区改造而强行拆毁仅存的宋明时期古城墙、2000 年福州市为改造商业街而将“三坊七巷”历史名街开膛破肚那样的错误。经过考察我们认为，云南省城镇化建设在这个方面就做得非常好。譬如，丽江古城在 1997 年遭遇大地震之后，由于城镇化规划科学合理，加之精心设计、精心施工，重建后的丽江古城在保存了原来独特的人文地理风貌的同时，城市的基础设施得到了明显改善，旅游事业得到了极大发展，丽江古城也因之而被联合国正式列入了《世界遗产名录》。瑞丽、河口等边境城市，充分利用地理区位优势和人文景观大力发展边境贸易，不仅推动了经济发展，还推动了周边地区城镇化建设。由于云南省在城镇化开发建设中重视了对文化名城的保护，因而像喜洲、勐罕、石鼓等地，都成了中外游客必到的旅游胜地；使得丽江古镇的纳西民居令人陶醉，白族民居声名远播，傣族则以吊脚楼而闻名遐迩。据有关部门统计资料显示，2005 年云南省内居住 3 万人以上的城镇达到 20 个，2 万人以上的城镇达到 40 个，1 万人以上的城镇达到 100 个，全省城镇化水平达到 25～27%。

要依法做好城镇化建设中地下历史文物的保护工作。西部地区是中华文明的重要发源地之一，自古以来就是一个多民族聚居的地区，各民族人民共同创造了光辉灿烂的古代文化，留下了丰

---

① 《中华人民共和国常用法律大全》（上卷），第 1042 页，法律出版社，1996 年版。

富而珍贵的文化遗产。这些历史文物是历史上各族人民共同开发西部、建设西部，在这里生活、繁衍、生息的历史见证。在西部大开发的过程中，做好保护地下历史文物工作，具有重要的历史意义和现实意义。为此就要按照国务院办公厅《关于西部大开发中加强文物保护和管理工作的通知》，从如下7个方面着手进行：(1) 要加大对《中华人民共和国文物保护法》等相关法律法规宣传、贯彻的力度，大力提倡、动员和引导社会参与文物保护，各级政府要依法保护和管理好管辖区内的历史文化遗产，将文博事业发展列入区域经济和社会发展“十一五”发展规划。(2) 妥善处理好西部大开发中地下文物保护和经济建设的关系，做好西部地区文物调查、评估和公布文物保护单位等基础性工作，摸清底数，加快文物普查和文物地图集的编纂工作进度，在可能埋藏文物的地方做好重点文物保护区域的划定工作。凡基本建设进行文物勘探、考古发掘所需费用，应当按国家计委、财政部（计价费[1997] 1220号）文件的有关规定，由建设单位从项目投资中列支。(3) 做好古遗址、古墓葬的保护工作，要把古遗址、古墓葬特别是大型遗址的保护纳入当地退耕还林（草）和土地利用规划；对遭到耕作破坏严重或者埋葬较浅的大遗址，要列入退耕还林（草）的重点目标，以减缓耕作和自然力对遗址的剥蚀，防止新的破坏。(4) 要根据西部地区历史文物、少数民族文物和各类矿物、动植物标本相对丰富的实际情况，做好抢救和保护工作，有计划、有重点地发展各具特色的专题博物馆。(5) 科学、合理地发挥文物特有的作用，将文物旅游的资源优势转化为经济优势，加强爱国主义教育并增强民族凝聚力。(6) 对于宗教活动场所的古建筑和寺庙内收藏的各类文物，要按照《文物法》进行有效管理，制订专项保护法规和规章制度，建立相适的管理组织，自觉接受文物行政管理部门的指导、监督和管理。(7) 加大对盗掘、盗窃、非法交易和走私文物等违法犯罪活动的打击力度，公安、工商行政管理、海关、文物等有关部门要通力协作，对各种文物犯罪分子特别是那些破坏性强、危害严重的盗掘团伙和走私集团，必须坚决摧毁，依法予以严厉打击。①

要依法加快城镇化过程中户籍管理制度的改革。我国城镇化之所以落后于工业化进程，不合理的户籍及土地制度是很大的制约因素。长期以来，户籍管理制度强制性地把农村人口固定在他们祖祖辈辈生活的地方，除了年轻人进高等学校、征兵入伍和极少数的招工进城等几种特殊机会改变农民身份外，农民只能世世代代当农民。这种城乡分割的户籍管理制度严重地阻碍着农民进城，既延缓了农民离土离乡的步子，也不利于实现农业的规模经营。户籍制度是一种居民按照居住地进行户口登记和管理的制度。我国的户籍制度是在 20 世纪 50 年代后期逐渐形成的，1958 年开始实施《中华人民共和国户口登记条例》。人们通常认为这种在计划经济体制下孕育的户籍制度，实际上是一种城乡不平等的"特权"制度，它是中国农村城镇化进程面临的最大制度性障碍。不打破这种现状，就很难提高我国农村城镇化水平。随着改革开放的逐步深入附在城镇户口上的各种利益趋于消失，农村人口不断地向城市流动，对传统的城镇户籍管理制度进行改革已成为历史的必然。为此，国务院于 2001 年 3 月 30 日批转了公安部《关于推进小城镇户籍管理制度改革的意见》，力图通过改革城镇化户籍管理制度，引导农村人口向小城镇有序转移，促进小城镇健康发展，加快我国城镇化进程。同时，为户籍管理制度的全国性总体改革奠定基础。近年来全国已有河北、江苏、山东等 11 个省试行城乡统一的户口登记管理制度。因而西部地区在进行城镇化建设的进程中，必须认真落实《关于促进小城镇健康发展的

① 国务院办公厅：《关于西部大开发中加强文物保护和管理工作的通知》，《国务院公报》第 17—18 页，2000 年第 31 期。

若干意见》和《小城镇户籍管理制度改革的意见》，放开对县以下小城镇户口的户籍管理，打破农村户口与城镇户口封闭分割的管理模式，认真贯彻执行如下规定：(1) 城镇化户籍管理制度改革的实施范围是县级市市区、县人民政府驻地镇及其他建制镇。(2) 凡在上述范围内有合法固定的住所、稳定的职业或者生活来源的人员，以及与其共同居住生活的直系亲属，均可以根据本人意愿办理城镇常住户口。(3) 已在小城镇办理的蓝印户口、地方城镇居民户口，自理口粮户口等，凡符合上述条件的统一登记为城镇常住户口。(4) 对经批准在小城镇落户的人员，不再办理粮油供应关系手续；根据本人意愿，可以保留其承包土地的经营权，也允许依法有偿转让。农村集体经济组织要严格执行承包合同，防止进城农民的耕地撂荒和非法改变用途。对进城农户的宅基地要适时置换，防止闲置浪费。(5) 对办理小城镇常住户口的人员，不再实行计划指标管理。地方公安机关要做好具体组织实施工作，严格按照办理城镇常住户口的具体条件和要求，统一行使户口审批权。(6) 经批准在小城镇落户的人员，在入学、参军、就业等方面与当地原有城镇居民享有同等权利，履行同等义务，不得对其实行歧视性政策。(7) 各地区要结合本地经济和社会发展水平的实际，研究制定具体的实施办法，使小城镇的人口增长与经济和基础设施建设、就业和社会保障以及各项公益事业的发展相协调，防止在发展城镇化过程中不切实际地“一哄而起”，盲目扩大规模，大量占用耕地，削弱农业的基础地位。① 要按照《中共中央国务院关于促进农民增加收入若干政策的意见》的精神，“健全有关法律法规，依法保障进城就业农民的各项权益。推进大中城市户籍制度改革，放宽对农民进城就业和定

---

① 公安部：《关于推进小城镇户籍管理制度改革的意见》，《国务院公报》第14—15页，2001年第15期。

居的条件。”[①] 实行按照居住地划分城乡人口、按照职业确定身份的户籍管理制度，并且逐步采用身份证代替户籍的制度。“流动人口”是中国户籍管理制度下的一个独特群体，即使城镇化户籍制度改革实施后，在城市化进程中仍然存在流动人口问题，其主体仍然是农村人口。应当看到农民工进城务工不仅是农民就业的需要，也是城市发展的需要；不仅是农民增加收入的渠道，也是我国制造业和服务业始终保持低成本竞争优势的重要因素。因此，必须加强对进城务工农民工的法制教育，帮助他们知法、学法、懂法、用法，将对进城农民工的管理纳入法制化的轨道，并给他们提供必要的法律咨询、法律援助和法律服务。

要依法加强城镇化过程中居民的社会保障。目前城镇居民社会保障程度较低，这主要反映在养老、医疗、居住环境、卫生条件、交通运输、邮电通讯等方面还比较落后，尤其是就业面较为狭窄，一部分先富起来的农民不愿意在小城镇落户，而向往到条件相对完善、保障制度较好的大中城市落户。为此我国《劳动和社会保障事业发展第十个五年计划纲要》指出：要“形成比较健全的劳动和社会保障法律法规体系，劳动保障事业发展全面纳入法制化轨道。”“加快制定出台《社会保险法》及配套法规，逐步建立以《劳动法》和《社会保险法》为基础的劳动和社会保障法律法规体系。完善劳动保障监督制度，健全劳动保障监督机构，有关机构和社会组织配合的工作机制，切实保障劳动和社会保障法律法规的实施。完善劳动保障行政执法监督制度，全面推行执法责任制、评议考核制和规范性文件的审查备案制度，进一步提

① 中共中央国务院：《关于促进农民增加收入若干政策的意见》，载《光明日报》，2004年2月9日，第A3版。

高劳动和社会保障部门的依法行政水平。”① 力争在“十五”、“十一五”期间出台《社会保障法》、《劳动合同法》、《基本养老保险条例》、《工伤保险条例》、《生育保险条例》、《劳动保障监督检查条例》、《劳动力市场管理条例》等法律法规，及时制定并出台相应的配套法规规章。总之，要以艰苦创业精神拓展、深化城镇化的医疗、养老、失业、就业、创业等社会保障制度改革，逐步建立个人养老保险账户和失业保险金以及农村与城镇社会保险之间的转换渠道，解决农民离开土地后的后顾之忧。同时要引导城镇居民开展社区化社会保障活动。我们在这里所论及的社区化社会保障，是指城镇化居民除享受国家基本保障外，依托社会载体，动员社会力量新建各种基础服务设施和配套功能，借此积极发展社区非营利组织，完善城镇化社区的福利服务，为城镇化社区的居民提供保障安全、生存和发展方面的福利性服务。社区服务是工业化、城市化的产物，它根据社区居民的实际需求，建立社区服务设施，譬如开辟社区服务中心、敬老院、保健站、市民救助中心等，组织一支专职、兼职与志愿者相结合的社区服务队伍，为社区开展便民、利民服务。只有把国家为城镇化提供的社会保障与社区化社会保障结合起来，两条腿走路，才能在我国现有经济实力的基础上，不断满足城镇居民持续的、不断发展的、与城市化过程相伴随的保障需求。

四、民族地区农村城镇化建设要有新思路

民族地区城镇化建设目标必须与国家城镇化战略目标相适应。《中华人民共和国国民经济和社会发展第十个五年计划纲要》第八章和第九章，对我国实施西部大开发战略，实施城镇化战略

① 劳动保障部：《劳动和社会保障事业发展第十个五年计划纲要》，《国务院公报》第19—20页，2002年第8期。

做出了具体的规划。《纲要》指出：“提高城镇化水平，转移农村人口，有利于农民增收致富，可以为经济发展提供广阔的市场和持久的动力，是优化城乡经济结构，促进国民经济良性循环和社会协调发展的重大措施。随着农业生产力水平的提高和工业化进程的加快，我国推进城镇化的条件已渐成熟，要不失时机地实施城镇化战略。”①《中共中央关于制定国民经济和社会发展第十一个五年规划的建议》第17条指出：“坚持大中小城市和小城镇协调发展，提高城镇综合承载能力，按照循序渐进、节约土地、集约发展、合理布局的原则，积极稳妥地推进城镇化。”② 无论在中、东部地区，还是在西部少数民族聚居区，发展城镇化的关键在于繁荣城镇化经济，把引导农村各类企业合理聚集、完善农村市场体系、发展农业产业化经营和社会化服务等与城镇化建设结合起来。为此就要打破原来的城乡分割体制，逐步建立起市场经济体制下的新型城乡关系；改革城镇户籍制度，形成城乡人口有序流动机制。西部大开发要打城镇化的牌。如果把经济发展比作是地区发展的推动器，那么城镇化就好比是沙漠中的绿洲；只有加快城镇化建设，才能加速西部大开发的实际进程。推进城镇化要遵循客观规律，与经济发展水平和市场发育程度相适应，循序渐进，走符合我国国情、大中小城市和小城镇协调发展的多样化城镇化道路，逐步形成合理的城镇体系。针对目前我国西部诸省区城市构成中存在的“大城市不够大、中等城市不够强、小城镇分布不够广”的现状，我们必须把西部城镇化建设的发展目标纳入国家城镇化战略目标中，坚持“有重点地发展小城镇，积极发

① 《中华人民共和国国民经济和社会发展第十个五年计划纲要》，《国务院公报》第25页，2001年第12期。

② 《中共中央关于制定国民经济和社会发展第十一个五年规划的建议》，《求是杂志》第7页，2005年第20期。

展中小城市，完善区域性中心城市功能，发挥大城市的辐射带动作用，引导城镇密集区有序发展。"[①]"发展小城镇是推进我国城镇化建设的重要途径。小城镇建设要合理布局，科学规划，体现特色，规模适度，注重实效。要把发展重点放到县城和部分基础条件好、发展潜力大的建制镇，使之尽快完善功能，集聚人口，发挥农村地域性经济、文化中心的作用。"[②]要针对西部地区不同的发展程度，实施不同的城镇化发展对策。譬如，像四川、陕西等经济相对发达的省份，可制定大中城市建设同时并举的战略措施，发展一批在经济、文化、教育方面有辐射作用的中心城市；在新疆、宁夏、青海等地区，则应当在优先发展省会城市的同时，集中财力重点培育 1—2 个城市。城镇化是整个西部地区建设的重点，城镇化既依附于中心城市，同时又是实现农业现代化的标志所在，还是实现农产品的深加工以及完成农村产业化升级与调整的关键。中共中央、国务院为了确保城镇化建设健康发展，于 2000 年 7 月还专门制定了《关于促进小城镇健康发展的若干意见》，明确提出要把引导小城镇健康发展，作为当前和今后较长时期农村改革与发展的一项重要任务。[③]为了积极稳妥地推进城镇化建设，云南省曾明确提出，加快城镇建设是云南新世纪发展的战略决策，把推进城镇化进程作为"十五"、"十一五"期间云南经济社会发展"四大战略"（科教兴滇、可持续发展、城镇化、全方位开放）之一，把城镇化建设纳入国民经济和社会发展的总体规划。争取到 2015 年，城镇非农人口达到 1700—1900 万，城镇化水平达到 35～40%，逐步形成以中心城市群和

① 《中华人民共和国国民经济和社会发展第十个五年计划纲要》，《国务院公报》第 25 页，2001 年第 12 期。

② 同上，第 26 页。

③ 中共中央、国务院：《关于促进小城镇健康发展的若干意见》，《国务院公报》第 5 页，2000 年第 24 期。

沿路、沿边城镇带为骨架、大中小城市结构基本合理、布局优化和各具特色、功能比较完善的城镇体系。①

民族地区城镇化建设必须与国家整个农村和农业改革部署相一致。在西部大开发的过程中，加快西部地区小城镇建设，尽快改变其乡村与城市二元结构的状况，也就是在消灭城乡差别实现农村城市化。在我国大城市、中等城市、小城市（县级市或者县城）与广大农村之间，实际上缺少了一个重要的联系环节即小城镇。2001 年 1 月中央农村工作会议指出，加强农村基础设施建设，加快城镇化建设，就是在促进农村第三产业的发展。“促进农业富余劳动力逐步从种植业向多种经营、乡镇企业和小城镇转移，是提高农业劳动生产率的必由之路，也是使农村丰富的劳动力资源得到充分利用、多渠道增加农民收入的客观需要。不改变 9 亿农民搞饭吃的局面，农民就富裕不起来，农村现代化就难以实现。”所以“发展小城镇关键是发展经济”。② 为此，农村改革和城镇化建设必须从如下几个方面夯实基础：（1）积极培育小城镇的经济活力。充满活力的经济是城镇化繁荣与发展的基础，必须根据城镇化的特点，以市场为导向，以产业为依托，大力发展特色经济，着力培育各类农业产业化经营的龙头企业，形成农副产品的生产、加工和销售基地。要发挥城镇化功能和连接大中城市的区位优势，兴办各种服务行业，因地制宜地发展各类综合性或者专业性商品批发市场，同时充分利用风景名胜及人文景观，发展观光旅游业。(2) 引导乡镇企业继续推进两个根本转变。乡镇企业要立足城镇化资源优势，重点发展农副产品加工、储藏、

① 云南省副省长陈勋儒：《加快小城镇发展，推进城镇化进程》，载《中国市场经济报》，2001 年 5 月 29 日第 9 版。

② 国务院：《关于做好 2001 年农业和农村工作的意见》，《国务院公报》第 5—6 页，2001 年第 8 期。

保鲜、运输等行业，加快改造传统工业，积极发展商业、运输、饮食服务、旅游等劳动密集型产业。要加快结构性调整、技术进步和体制创新，实现乡镇企业新的发展。(3) 要逐步形成城镇对农村的带动力。城镇化的发展要以产业发展为依托，在加工、贸易和旅游诸方面形成有特色的主导产业，尤其要与农业产业化、乡镇企业、专业市场和社会化服务体系建设结合起来，逐步形成产业发展、人口聚集、市场扩大的良性循环系统，增强城镇集散农副土特产品以及吸纳农村人口、带动农村发展的能力。(4) 发展小城镇既要积极又要稳妥。要科学规划，合理布局，明确发展重点，防止一哄而起。国家要在农村电网改造、公路、广播电视、通讯等基础设施方面给予扶持；地方各级政府要重点支持城镇镇区道路、供排水、环境整治、信息网络等公用设施和公益事业建设。对所有开工项目，应当严格实行审批程序，严禁以城镇化建设为名，铺张浪费，或者大搞楼堂馆所。(5) 各地要抓紧制定促进城镇化发展的投资政策、土地政策和户籍改革实施办法。对农民跨区就业和进城务工，要切实加强引导和管理，使之有序进行。

民族地区城镇化建设要走中国特色的城镇化道路。我国理论界关于中国城镇化道路的争论，其焦点在于是“以发展大城市为主”还是“以发展中小城市或者小城镇为主”。党的“十六大”报告一锤定音：“要逐步提高城镇化水平，坚持大中小城市和小城镇协调发展，走中国特色的城镇化道路。”[①] 要走“中国特色的城镇化道路”，就不能照搬别国城镇化发展的模式，更不能步西方发达国家走过的先污染后治理、先蔓延后治理的老路。“中国特色的城镇化道路”概念的提出，表明我国城镇化道路及对城

---

① 江泽民：《全面建设小康社会，开创中国特色社会主义事业新局面》，载《光明日报》，2002 年 11 月 18 日，第 A2 版。

镇化的认识发生了根本转变：(1) 在对待城镇化的态度上，由害怕、否定、排斥城镇化转向积极稳妥地推进城镇化；(2) 在城镇化发展模式上，由滞后城镇化转向适度同步城镇化；(3) 在城镇化的类型上，由严格限制大城市发展、强调分散型的小城镇转向大中小城市与小城镇协调发展；(4) 在城镇化的动力和实现机制上，由政府包办、计划推进转向政府导向、市场推进、注重发挥民间力量的作用。这些重大转变纠正了过去关于城镇化道路的缺陷，必将极大地推进和加快我国民族地区的城镇化进程，促进工业化和城市化的协调发展、同时实现。城市圈的发展模式，在我国未来城镇化发展中可能成为最有效率和效益、最切合实际的一种形式。所谓“城市圈”，是指以大城市为核心带动周边众多小城市、小城镇发展，形成具有紧密互动关系的城市群或者城市带。通过建立若干城市圈，可以实现经济发展在空间上的多极带动，使大中小城市合理分工，协调发展。在城市圈内，中心城市发挥辐射和带动作用，中小城市为大城市提供功能配套和支持；既保持城市群落中每个城市的相对独立性，又打破行政区域的分割与封闭，组成紧密联系的社会网络，优势互补，资源共享，协调发展；依靠经济的、市场的手段来配置资源，减少行政和人为因素的干扰，使城市系统灵活而有生命力。在形成城市圈的过程中，应当避免以大吞小的现象，不要把周边城市都强行划进中心城市的管辖范围，大中小城市之间应当是独立、平等的。[①] 西部民族地区作为后发展地区，应当充分利用“后发优势”，吸取先进地区城镇化建设的成功经验，在坚持“高起点规划、高水平设计、高质量建设、高效能管理”的基础上，将“经营城镇”的思路贯穿到城市规划、发展、建设与管理的全过程，树立城镇形

---

① 朱铁臻：《实行多元协调发展的城镇化模式》，载《人民日报》，2003 年 5 月 13 日，第 9 版。

象，营造城镇特色，打出城镇品牌，提高城镇档次，从而使城镇土地资产不断增值。城镇化建设要坚持重点城镇和小集镇结合的原则，逐步形成一批不同规模等级的城镇与集镇，充分发挥其在民族地区经济和社会发展中的促进作用。城镇化建设还要把环境创新摆在突出位置，坚持以人为本，绿化、美化、净化、亮化城镇，建设标志性工程，增添新的人文景观，从硬件上把城镇形象提高到一个新的层次。同时要着力营造有利于投资创业和经济运行的政策环境、法制环境、政府服务环境，从软件环境的优化上不断提高城镇的吸引力、凝聚力。

民族地区城镇化建设的路径要定位于绿色城镇。民族地区城镇化建设必须注重人口、资源、经济、生态的协调与均衡，兼顾各方面的利益，在路径上走可持续发展的路子。"绿色城镇"就是民族地区城镇化发展进程中的一个重要创新。"绿色城镇"是依据民族地区的特点和实际，在城镇化建设过程中坚持"可持续发展基本国策"的一种必然结果。"绿色城镇"既是一个涉及社会生产方式、生活方式、特别是价值理念转变与创新的概念，又是一种注重生态平衡，着眼于人与自然的和谐、经济与环境效益兼容的新型城镇化道路。其科学内涵就是把生态环境保护纳入城镇化建设的目标之中，运用新技术、新工艺、新流程来处理和转移城镇化建设中的高消耗、高污染，降低乃至消解有害废弃物的排放，注意对废旧物资的回收处理和再利用，从而达到积极保护环境的目的。绿色城镇具有如下的特定含义：(1) 绿色城镇与特色城镇相结合；(2) 绿色形象的创立与品牌形象的维护；(3) 绿色进程与科技进程的融合与互动；(4) 绿色产品的开发与创新。[①] 这里的绿色城镇形象不只是一种外在的表现形式，而是包

① 黄载曦、李萍：《西部城镇化路径：理论探索与现实构造》，《天府新论》第40页，2003年第6期。

含着极为丰富的内容。譬如，“绿色城镇”既要包括城镇的规划布局、街道、基础设施建设、房屋的建造和风格，还要包括城镇的交通、绿化、景点、公园、游乐场以及历史文化遗产的挖掘、文化景观、城市管理、市民受教育的程度、公众的文明礼貌状况，等等。必须推广具有地方与民族特色的建筑和园林，积极采用乡土草种、花种、树种，以提高具有民族和地方特色的城镇生物多样化水平。不仅要在建设和管理中考虑如何加强城镇建设的绿色意识、生态环境保护意识，还要增强绿色文化意识，高度重视保护和发扬城镇原有的民族、地方、文化和宗教的特色，积极开发各地人文资源，形成新的人文品牌产品，从多方面提高城镇的文化品位。我国及世界其他国家所采用的“绿色城市”、“花园城市”、“卫生城市”和“现代健康城市”等概念，都只是强调了“可持续发展城市”或者“生态城市”的某些方面，并没有采用系统整合的建设方法。随着全世界生态城市的兴起，我国也加快了这方面的步伐，明确民族地区的城镇化必须定位于绿色城镇。2002年8月第五届国际生态城市大会在中国的深圳召开，会议产生了关于生态城市规划和建设基本目标及原则的《深圳宣言》，它标志着中国城镇化建设的可持续发展将要迈向一个崭新的阶段。在这里欧盟国家的城市发展有两个方面是值得我们学习和借鉴的：大面积具有生态重要性和敏感性的区域受到保护；通过绿化带和生态敏感区网络化的建设、娱乐休闲地区的建设和步行廊道及自行车道的建设，使城市和城郊结合部的生态景观的质量得到明显改善。

第一章　少数民族地区与民族地区城镇化建设

西部地区是我国少数民族的主要聚居区，加快民族地区的城镇化建设具有极其重要的战略意义。城镇化是一个国家和地区经济社会发展的重要标志，是人类社会走向文明和进步不可逾越的发展阶段。城镇化不仅仅是物质文明进步的表现，也是精神文明前进的动力，是推动区域经济社会现代化的重要因素。我国民族地区与东部地区的差距，在城镇化方面尤为明显。民族地区要逐步缩小与发达地区的差距，进而实现党中央提出的全面建设小康社会的战略目标，就必须大力推进城镇化。城镇化建设是民族地区致富奔小康的必由之路。民族地区的城镇化发展进程面临艰巨的挑战，推进城镇化建设是西部大开发战略的重要组成部分，必须把城镇化建设作为民族地区实现现代化的战略着力点。民族地区各省、区、市城镇化的条件和发展水平极不平衡，城镇化进程呈现出多样性特征，加快城镇化进程必须因地制宜走多元化发展道路。

第一节　西部地区是我国少数民族的主要聚居区

一、中国的少数民族和民族地区

民族是人类发展在一定的历史阶段和历史条件下形成的一种特殊形态的人们共同体，它是一个历史的范畴。我国自古以来就是一个统一的多民族国家。在这片广袤的土地上，生息和繁衍着中华民族的各族人民。他们在长期的历史发展中，共同创造了中华民族5000多年灿烂辉煌的文明。胡锦涛同志《在中央民族工作会议暨国务院第四次全国民族团结进步表彰大会上的讲话》中指出："我国是统一的多民族国家，有56个民族，少数民族有一亿多人口，分布在全国各地，民族自治地方占国土面积的64%。西部和边疆绝大部分地区都是少数民族聚居区。这一基本国情，决定了民族问题始终是我们建设中国特色社会主义必须处理好的一个重大问题，也决定了民族工作始终是关系党和人民事业发展全局的一项重大工作。"[①] 我国现有56个民族，所有民族总称为"中华民族"。各民族人口发展很不平衡，55个少数民族的总人口占全国总人口的8.41%。正是由于汉族人口占全国人口的绝大多数，所以，我国在习惯上把汉族以外的55个兄弟民族统称为"少数民族"。[②] 据2000年第五次全国人口普查统计，汉族人口为1137386112人，占全国总人口91.53%，55个少数民族共有10643万人，占全国总人口的8.41%。[③] 迄今为止，通过专家识别并经中央人民政府确认，我国的56个民族分别是：汉、蒙古、回、藏、维吾尔、苗、彝、壮、布依、朝鲜、满、侗、瑶、白、土家、哈尼、哈萨克、傣、黎、傈僳、佤、畲、高山、拉祜、水、东乡、纳西、景颇、柯尔克孜、土、达斡尔、仫佬、羌、布朗、撒拉、毛南、仡佬、锡伯、阿昌、普米、塔吉克、怒、乌孜别克、俄罗斯、鄂温克、德昂、保安、裕固、京、塔塔尔、独

① 胡锦涛：《在中央民族工作会议暨国务院第四次全国民族团结进步表彰大会上的讲话》，载《中国民族报》，2005年5月28日，第2版。

② 宋才发等著：《中国民族法学体系通论》，第2页，中央民族大学出版社，2005年版。

③ 国家民族事务委员会经济发展司、国家统计局国民经济综合统计司编：《中国民族统计年鉴2004》，第487页，民族出版社，2002年版。

龙、鄂伦春、赫哲、门巴、珞巴、基诺。

民族地区通常是指少数民族聚居的民族自治地方，有时也仅指5大民族自治区和少数民族人口相对集中的青海、贵州、云南等省区。从地域范围看，上述8省区占国土面积的59%，但它并不包括所有的民族自治地方。目前全国共有155个自治地方，包括5个自治区、30个自治州和120个自治县（旗）。在55个少数民族中，有44个建立了自治地方；在相当于乡的少数民族聚居的地方建立了1173个民族乡，作为对民族自治地方的补充形式；11个因人口较少且聚居区域较小而没有实行区域自治的少数民族中，有9个建立了民族乡。① 民族自治地方所属行政区划面积为613.33万平方公里，占全国总面积的63.89%；至2003年底，民族自治地方总人口为1.72亿人，其中少数民族人口是8017万人，占总人口的46.57%。② 现有的民族地区是在经过各个少数民族不断融合、迁徙后形成的，每一次民族迁徙都会造成民族地区的变迁。我国1亿多少数民族人口广泛分布于祖国各地，经过几千年的民族交往、迁移和发展已形成了“大杂居、小聚居”的基本分布形式。在地理分布上已呈现出互相交错分布、混杂居住的局面。全国绝大部分地区都有两个以上的民族居住生活。不少民族分布范围很广，如回族有2/3以上人口以散居形式遍布全国；蒙古、满、苗等族分布的省区也相当广泛。新中国成立后为了经济建设的需要，民族人口的调动增加，使各地区的民族成分更趋多样化，如北京就有56个民族成分，其他各省区中绝大部分都有30个以上的民族成分。全国31个省、自治区、直

① 中华人民共和国国务院新闻办公室：《中国的民主政治建设》，载《光明日报》，2005年10月20日，第7版。

② 国家民族事务委员会经济发展司、国家统计局国民经济综合统计司编：《中国民族统计年鉴2004》，第43页，民族出版社，2004年版。

辖市都有少数民族居住。少数民族人口占当地总人口的比例，以2000年第五次全国人口普查为依据，西藏为93.79%，新疆为59.42%以上，青海、广西、贵州、云南、宁夏均为33%以上，内蒙古、辽宁、海南均为10%以上，甘肃、湖南、四川均为5%以上。[①] 同时许多民族在长期的发展迁移中，逐渐形成了固定的聚居地，人口分布相对集中。如分布于内蒙古的蒙古族人口就占其总人口的73%；藏族人口居住于西藏、四川的就占了70%左右；维吾尔族99%以上聚居于新疆；壮族人口92%居住于广西；其他如布依、白、傣、哈萨克等几十个民族在某一省区的集中程度也都达到98%以上，充分显示了少数民族聚居分布的特点。

我国少数民族人口分布已经形成了一定的格局，从全国范围来说，主要分布在东北、西北、西南等内陆边疆地区。辽宁、吉林、黑龙江、内蒙古、甘肃、新疆、西藏、云南、广西、海南10个边境省区，居住着占全国近70%的少数民族人口，仅西北、西南地区就集中了全国少数民族人口的50%。西部地区是我国少数民族的主要聚居区，为了加快落后地区的发展特别是少数民族地区的发展，党中央、国务院高瞻远瞩、总揽全局，提出了西部大开发战略。作为国家发展战略和政策实施的地理空间，“西部”这一概念首先出现于我国国民经济和社会发展第十个五年计划时期。在“十五”计划中，根据国家经济发展战略的需要，按照经济技术发展水平和地理位置相结合的原则，将全国划分为东部、中部、西部三大地带。其中，西部包括四川、云南、贵州、西藏、陕西、甘肃、宁夏、青海、新疆，共9个省区。1997年3月，随着重庆设立直辖市，西部的9个省区相应地变为10个省、区、市，但地域范围依旧。随着党中央西部大开发战略的提出，

① 国家民族事务委员会经济发展司、国家统计局国民经济综合统计司编：《中国民族统计年鉴2004》，第491页，民族出版社，2004年版。

对西部范围的划分也有了新的变化。2000年10月26日，国务院下发《国务院关于实施西部大开发若干政策措施的通知》明确指出：西部开发的政策适用范围包括重庆市、四川省、贵州省、云南省、西藏自治区、陕西省、甘肃省、宁夏回族自治区、青海省、新疆维吾尔自治区和内蒙古自治区、广西壮族自治区等12个省、自治区、直辖市。[①] 5个少数民族自治区、78个地级自治州市、643个县级自治县或自治旗，共计726个民族自治地方绝大部分分布在实施西部大开发的12个省、区、市之内。这12个省、区、市面积占全国国土总面积的62.4%，总人口为1.6404亿，其中少数民族人口为7447.8万，占全国少数民族人口的86%。[②] 因此，本书所采用的“西部”概念与西部大开发中的西部所包括的范围相同。

二、西部地区的自然地理概况

西部地区的12个省区市共有耕地面积4957万公顷，占全国耕地总面积的38.1%；林地面积8960万公顷，占全国林地总面积的34.1%，草原面积3.1亿公顷，占全国草原总面积的97.6%；宜农荒地2400万公顷，占全国宜农荒地的67.9%。西部地区地域辽阔，自然地理条件复杂，地形多变，地形高低悬殊，山川交错，重峦叠嶂，山地、高原、丘陵、盆地、沙漠、戈壁等各种地貌相互交织，组成复杂多样的自然生态环境。我国是一个多山的国家，山地、高原约占总面积的59.37%，其中，山地、高原又主要集中在西部。云贵高原、黄土高原、内蒙古高

① 《实施西部大开发总体规划和政策措施》，第27页，中国计划出版社，2002年版。

② 国家民族事务委员会经济发展司、国家统计局国民经济综合统计司编：《中国民族统计年鉴2001》，民族出版社，2001年版，所用数据根据整理得出。

原，世界最高的高原——青藏高原等均位于西部。此外，喜马拉雅山、冈底斯山、昆仑山等众多山脉也都分布在西部。在西部的一些省份，山地高原面积占了总面积的绝大部分。譬如，云南省总面积中有 84%是山地，10%是高原；贵州省山地面积占总面积的 87%；素有“天府之国”之称的四川省，高原和山地面积也占了总面积的 77.2%；陕西省总面积的 82%也是高原、山地。

整个西部地区跨越我国的三大自然区域，即东部季风区域、西北干旱区域和青藏高寒区域，包括寒带、亚寒带、中温带、暖温带、北亚热带、中亚热带等气候带，受东南季风与西南季风的影响都很强烈，寒、暖、干、湿的季节变化很大。西部大部分地区自然环境恶劣，光、热、水、土、气等环境要素配置不佳，处于生态系统脆弱地带。秦岭、祁连山、昆仑山以北土地和光热资源丰富，但是气候干燥，水资源短缺，水土流失、荒漠化、沙漠化严重。西南重庆、四川、贵州、广西、云南 5 省区市水热条件优越，但是多崇山峻岭，平地稀少，交通不便，陡坡开垦、森林过度砍伐造成的水土流失严重。青藏高原地区平均海拔 4500—5000 米，尽管光照充足，但是气候高寒，热量不足，交通十分不便。

西部地区自然资源丰富，其中尤以能源和矿产资源最为突出。西部地区的水能、煤炭、石油、天然气、太阳能、风能等能源都非常丰富。西部地区拥有占全国 61.5%的煤炭和 70%的天然气，水能理论蕴藏量占全国的 85.8%。内蒙古、新疆、甘肃、宁夏、青海、西藏等省区，年日照时数都在 2000 小时左右，日均风速大于 5 米的风日每年 200 天左右，具有很大的开发利用价值。西部地区矿藏资源丰富，在全国已探明的 156 种矿产中，西部就有 138 种，保有储量占全国 80 ~ 90%以上的有 30 多种，拥有 80%以上的稀土、钾盐、云母、盐矿等。西部地区还拥有占全国 60%以上的汞、锰，35%以上的铜、铅、锌等。西部地区地域辽阔，气候复杂多样，光热水土资源各具特色，孕育了丰富的生物资源。西部地区生物物种丰富，珍稀动植物繁多，地区生物多样性保存较好，是我国乃至世界生物资源的宝库。

三、西部地区的社会人文概况

西部地区是我国少数民族聚居和贫困人口较多的地区。中国的内蒙古、宁夏、广西、西藏、新疆 5 个民族自治区均处于西部。在全国 55 个少数民族中，有 52 个少数民族分布在这里。在全国超过 100 万人口的 18 个少数民族中，有壮、满、回、苗、维吾尔、彝、土家、蒙古、藏、布依、侗、瑶、白、哈尼、哈萨克、傣等 16 个民族集中分布在这一地区。西部地区有内蒙古、广西、云南、西藏、新疆 5 个省区地处我国西部边疆，分别与俄罗斯、尼泊尔、印度、缅甸、老挝、蒙古、越南等国家接壤，边境线长达 20000 公里，且有维吾尔、蒙古、哈萨克、塔吉克、傣等 20 多个民族跨边境而居。西部地区是中国贫困人口最集中和贫困发生面积最广大的地区。1998 年全国贫困发生率平均为 4.6%，而西藏、青海、贵州、宁夏、云南、甘肃、新疆、重庆、内蒙古、四川的贫困发生率分别为 19.0%、14.0%、12.9%、12.6%、12.2%、11.5%、8.9%、6.6%、6.4% 和 5.5%，大大高于全国的平均水平。在《国家“八七”扶贫攻坚计划》所列的 592 个贫困县中，西部地区所占的比重较大，达到 232 个，占全国贫困县总数的 39.19%。其中贵州、云南、宁夏、内蒙古、青海、广西、新疆的贫困县比重分别高达 60%、59.35%、44.44%、36.90%、35.90%、33.73% 和 29.41%，远远高于全国平均 27.27% 的水平。

西部地区的教育卫生文化事业在改革开放后获得了较快的发展，但是与全国和东部地区相比仍存在较大的差距。西部地区人口的文化程度整体较低，如 2001 年在西部地区 15 岁及以上人口中，文盲、半文盲所占比例为24.99%，而同期全国的比例仅为9.08%。西部12个省市区中除新疆、重庆、广西3省区市人口的受教育程度略高于全国平均水平外，其他9省区的文盲、半文盲比例均高于全国平均水平。其中，西藏的文盲、半文盲人口比例高达47.25%，青海也达到了25.44%。2001年西部地区拥有普通高校298所，占全国的24.3%，招生数为58.6万人，占全国的21.8%，在校学生数为153.7万人，占全国的21.4%。2001年西部地区每万人拥有卫生技术人员为114.3人，仅相当于全国平均水平的25.3%。从人口出生率方面看，2001年全国平均人口出生率为13.38‰，贵州、云南、西藏、青海、宁夏、新疆等省区的人口出生率都不同程度的高于全国平均值3—6个千分点，西部地区人口增长率高于全国，对缩小与发达地区的差距构成了严峻的挑战。①

根据联合国开发计划署1999年《人类发展报告》，依据人类发展指数排名，西部各省区市在中国的排名为：内蒙古21位，广西19位，重庆22位，四川24位，贵州30位，云南27位，西藏31位，陕西25位，甘肃28位，宁夏26位，青海29位，新疆15位，西部地区各省区市的人类发展指数普遍较低。按照生存、发展、环境、社会、智力等5大支持系统指标，中国31个省、区、市可持续发展总能力从高到低排序，西部地区的12个省、区、市全都在最低的13个省、区、市内。

四、西部地区的经济发展概况

新中国成立50多年来，国家在西部地区投入了巨额资金，建立了以资源开发与初级产品加工业、基础民用工业、军事工业

① 中华人民共和国统计局编：《中国统计年鉴2002》，中国统计出版社，2002年版，引用数据根据整理得出。

和重加工工业为主体的庞大的工业体系，使西部地区从新中国成立初期的前工业化社会步入了工业化社会，整体面貌发生了根本性的改观。特别是改革开放以后，西部地区同全国其他地区一样，经济发展取得了明显成效，这主要表现在：经济总量稳定地扩张；产业结构趋于协调合理；封闭型经济开始向外向型经济转变，市场化程度加深；基础设施和投资环境逐步改善；人民生活水平明显提高，贫困人口减少；民族地区经济呈现兴旺繁荣的局面。

中国实行改革开放以来，根据邓小平提出的"两个大局"理论，让一部分地区先富起来。沿海和东部地区依靠地理之便发展大大加速，西部地区则相对落后了许多。因此，尽管多年来中央对西部地区的经济发展给予了极大的支持，但是西部地区限于交通、基础设施、电讯、科技、教育、原有基础、自然生态条件等原因，其总体经济发展水平已明显落后于东部沿海地区和全国平均水平。据统计，2001 年西部地区国内生产总值为 18248.4 亿元，仅占全国的 17.1%，其中第一产业国内生产总值为 3833.1 亿元，占全国的 24.7%；第二产业国内生产总值为 7430.6 亿元，仅占全国的 14.9%；第三产业国内生产总值为 6984.8 亿元，仅占全国的 16.9%。2001 年西部地区人均国内生产总值为 5042.7 元，全国平均为 7543 元，东部地区为 12050 元，西部地区仅相当于全国平均水平的 66.9%、东部的 41.8%；城乡居民可支配收入西部地区为 6169.9 元，全国平均为 6859.6 元，西部地区相当于全国平均水平的 90%；农村居民人均纯收入 1755.1 元，全国平均为 2366.4 元，西部地区相当于全国平均水平的 74.2%。2001 年西部地区全社会固定资产投资总额为 7158.8 亿元，占全国的 19.8%；进出口总额 168.4 亿元，仅为全国的 3.3%。截至 2001 年底，西部地区就业人口为 18286 万人，占全国的 29.0%，其中城镇就业人口为 3462 万人，占全国的 23.4%，城镇登记失业率为3.8%，全国平均为3.6%。[①] 国家实施西部大开发战略以来，西部地区经济增长速度明显加快。西部大开发5年来，西部地区生产总值年平均增长速度达到10.1%，比1996—1999年4年的年均增长速度提高1.4个百分点，地区生产总值从2000年的8411亿元增加到2004年的13921亿元，人均国内生产总值也从4613元增加到7582元，迈上了一个新台阶。[②]

第二节　民族地区城镇化建设的历史和现状

一、城镇化的科学含义

城镇是相对于乡村而言的一个概念，是城市和集镇的统称。关于城市的概念目前并无统一的界定，不同的学者从城市经济学、人口学、社会学、地理学、城市建设学和城市系统论等多种角度，对城市概念进行了研究。本书赞成和采纳的观点是：城市是指那些人口集中、工商业发达、居民以非农业人口为主的地区，并且这样的地区通常是其周围地区政治、经济、文化活动的中心。[③] 集镇是指规模小于城市，从属于县，以从事非农业经济社会活动为主的初步具备了城市基本要素的居民聚居区。城镇化是指由乡村向城镇转变的一种复杂过程，同时也是一种影响极为深广的经济社会变化的过程。城镇化是由社会生产力的变化所引起的人类生产方式、生活方式和居住方式变革的过程，主要表现

---

① 中华人民共和国统计局编：《中国统计年鉴2002》，中国统计出版社，2002年版，引用数据根据整理得出。

② 李田生：《西部开发促进民族地区大发展》，载《西部时报》，2005年5月24日，第4版。

③ 宋俊岭、黄序著：《中国城镇化知识15讲》，第21页，中国城市出版社，2001年版。

为乡村人口向城镇人口转化以及城镇不断发展完善的过程。城镇化不仅仅是人口在地域空间上单纯的移动问题，也不仅仅是居住区向城镇汇聚的过程，更重要的是乡村由传统封闭的文化向城镇现代开放文化的转变，以及人们生产方式、生活方式趋向按照城镇的存在方式、运行方式去发展的进步过程。因此，城镇化不仅仅是物质文明进步的表现，而且也是精神文明前进的动力，是推动区域经济社会现代化的重要因素。[①] 1949 年中华人民共和国成立后，中国城镇化的发展进入了一个新的历史阶段。

二、民族地区城镇化建设的起步阶段（1949—1957 年）

1949 年新中国成立之初，全国仅有 135 个市和约 2000 个镇。1949 年 12 月以后，为适应经济发展的需要，国家在采取恢复和维护社会生产力，促进城市经济的恢复和发展等一系列措施的同时，从推进城镇化的需要出发新增设了一些城镇。自 1953 年开始，新中国进入了第一个五年计划建设时期，国家结合 156 个重点建设项目，新建和扩建了部分城市，主要有太原、包头、兰州、西安、武汉、大同、成都和洛阳，全部都是中西部城市。[②] 1955年 6 月，国务院颁布了建国后第一个市镇建设法规——《国务院关于设置市、镇的规定》。同年 12 月又颁布了《国务院关于城乡划分标准的决定》，使我国城镇化建设处于稳定和健康发展之中。1949—1957 年，全国城市数量由 135 座一跃增加到 176 座，城镇人口由 1949 年的 5765 万人增加到 1957 年的 9949 万人，增加了 72.6%，人口城镇化率也由 10.6% 提高到 15.4%，

① 蒙世军著：《城镇化与民族经济繁荣》，第 28 页，中央民族大学出版社，1998 年版。

② 李树琮著：《中国城市化与城镇发展》，第 37 页，中国城市出版社，2001 年版。

增长了 4.8 个百分点，年均提高 0.6 个百分点。这一时期我国城市建设重点开始由东向西转移。1949—1957 年我国共新增城市 41 座，其中，东部地区由 69 个增至 72 个，增长 4.3%；中部地区城市由 53 个增至 73 个，增长 37.7%；西部地区城市由 13 个增至 31 个，增长 138.5%。其中，广西、内蒙古、新疆、宁夏、贵州、云南等 6 个民族地区新设城市 11 个。由于城市建设重点的西移，我国城市空间布局的东、中、西的比重，也由 1949 年的 51.1%、39.3%和 9.6%，变成为 1957 年的 40.9%、41.5%和 17.6%，初步改变了我国城市东密西疏的不平衡状态。

三、民族地区城镇化建设的不稳定发展阶段（1957—1965 年）

这一阶段是全国城镇化和民族地区城镇化大起大落的阶段。1958 年在“用城市建设的大跃进来适应工业建设大跃进”的口号召唤下，城镇工业大发展，城镇数量猛增，随之城镇人口也大量增加。1957—1961 年，我国城市数量由 1957 年的 176 个增至 1961 年的 208 个，年均增加 8 个；建制镇数量由 1956 年的 3672 个增至 1961 年的 4429 个，年均增加 151 个；城镇人口由 1957 的 9949 万人增至 1960 年的 13073 万人，年均增加 1041 万人；人口城镇化率也由 1957 年的 15.4%升至 1960 年的 19.7%，提高 4.3 个百分点，年均提高 1.43 个百分点，比 1949—1957 年发展阶段快 1.38 倍。[①] 由于城镇数量迅速发展和城市人口增长过快，许多城市负担过重，市政基础设施开始超负荷运转，居民住房非常紧张，从而制约了国民经济正常发展，造成了城镇居民生活的严重困难。

---

① 胡顺延、周明祖、水延凯著：《中国城镇化发展战略》，第 93 页，中共中央党校出版社，2002 年版。

为了克服盲目冒进造成的社会严重问题，纠正“大跃进”所造成的错误，1961 年 1 月党中央提出了“调整、巩固、充实、提高”的方针。反映在城镇建设上，国家采取了大规模压缩城镇人口，提高设置市镇标准，撤销部分市镇建制等应急措施。到 1963 年底，全国共下放城镇职工 1887 万人，减少城市人口 3000 万，人口城市化率也由 1960 年的 19.7% 下降至 1963 年的 16.8%，即下降了 2.9 个百分点，年均下降 0.97 个百分点。到 1964 年底，全国共撤销了 39 个市，使城市数量减至 169 个；到 1965 年底，全国共撤销 1527 个镇，使建制镇减至 2902 个。1963 年以后城镇人口又逐渐增长，到 1965 年中国城市数目又增加到 172 个，人口城镇化率为 18%，比 1960 年低 1.7 个百分点。

四、民族地区城镇化建设的停滞阶段（1966—1976 年）

1966—1976 年是我国社会、经济处于“文化大革命”之中的大动乱年代。这一时期，一方面是城市居民响应党中央“到农村去”的号召，大批城镇职工、干部和知识青年被下放到农村；另一方面是国家为了“准备打仗”而把大量的资金用于“三线建设”，工业建设大分散、小集中，工业布点“靠山、分散、隐蔽”，致使新城市很少建成，老城市无力发展，城镇发展处于停滞不前的状态之中。从 1966—1976 年的 10 年中，中国的城市数目从 172 个增加到 188 个，年平均递增不到 1.5 个，市镇人口年平均增长 2.06%，低于同时期市镇人口自然增长率。市镇人口比重也由 1966 年的 17.86% 下降为 1976 年的 17.44%，城市化处于停滞阶段。[①] 这一时期，与“五小工业”（小煤矿、小水电、小水泥、小化肥、小机械）和“三线建设”相适应，中西部城市发展建设加快了步伐，从而进一步改变了全国城市空间的布局，

---

① 王放著：《中国城市化与可持续发展》，第 99 页，科学出版社，2002 年版。

中西部地区城市数目在全国所占的比重逐步加大。

五、民族地区城镇化建设的恢复及其稳步发展阶段（1976年以后）

1976年文化大革命结束以后尤其是党的十一届三中全会以来，我国的政治、经济形势发生了深刻的变化。随着一系列改革开放措施的成功实施，城市和农村的经济都有了较快的发展，城镇化建设进入了逐步恢复和稳定发展时期。这一阶段中国城镇化的发展可划分为三个时期，即以拨乱反正和农村改革为主的时期（1978—1984年）、以城市为重点的经济体制改革时期（1984—1992年）和全面建立社会主义市场经济体制时期（1992年以后）。

（一）拨乱反正和以农村改革为主的时期

这一时期是中国城镇化和民族地区城镇化建设的全面恢复时期。1978—1984年，拨乱反正和农村改革是推动城镇化发展的主要动力。通过拨乱反正，大批上山下乡的知识青年、干部、职工重新返回城镇；通过开放城乡集贸市场和大力发展乡镇企业，大批农村从业人员进入城镇。由于上述种种因素的推动作用，我国城镇化建设在原有的基础上全面恢复，并且城镇化进程迅速加快。1978—1984年的6年间，全国设市城市由193个增至300个，增加107个，年均增加18个；建制镇由2173个增至7186个，增加5013个，年均增加836个；城镇人口也由17245万人增至24017万人，增加6772万人，年均增加1128万人；人口城镇化率由17.9%上升到23%，上升5.1个百分点，年均上升0.85个百分点。①

① 胡顺延、周明祖、水延凯著：《中国城镇化发展战略》，第102页，中共中央党校出版社，2002年版。

（二）以城市为重点的经济体制改革时期（1984—1992 年）

以 1984 年 10 月中共十二届三中全会通过的《中共中央关于经济体制改革的决定》为标志，我国进入了以城市为重点的经济体制改革时期。这一时期全国第二、第三产业从业人员的大量增加，以及乡镇企业从业人员的大量增加是推动城镇化发展的强大动力。1984—1992 年，全国设市城市由 300 个增至 517 个，增加了 217 个，年均增加 27 个；建制镇由 7186 个增至 14539 个，增加了 7353 个，年均增加 919 个；城镇人口由 24017 万人增至 32372 万人，增加了 8355 万人，年均增加 1044 万人；人口城镇化率由 23% 上升到 27.6%，上升了 4.6 个百分点，年均上升 0.58 个百分点。①

（三）全面建立社会主义市场经济体制时期（1992 年至今）

以 1992 年春邓小平南巡讲话和同年 10 月中共中央召开十四大为标志，我国进入了全面建立社会主义市场经济体制的时期。这一时期随着中国建立市场经济体制进程的不断加快，市场化程度的不断加深，我国的产业结构日趋合理，第二、第三产业从业人员所占比重不断加大，乡镇经济得到迅猛发展，中国的城镇化建设进入了稳定发展的时期。截至 2000 年，全国设市城市由 517 个增加到 663 个，增加了 146 个，年均增加 18.3 个；建制镇由 14539 个增至 20312 个，增加了 5773 个，年均增加 772 个；城镇人口由 32372 万人增至 45594 万人，增加了 13222 万人，年均增加 1653 万人；人口城镇化率由 27.6%上升到 36.1%，上升了 8.5 个百分点，年均上升 1.06 个百分点。②

纵观整个中国城镇化的发展历史进程，1978 年改革开放以

---

① 胡顺延、周明祖、水延凯著：《中国城镇化发展战略》，第 102 页，中共中央党校出版社，2002 年版。

② 同上，第 10 页。

后是我国城镇化发展最为迅速、最为稳定的时期。在1978—2000年的22年间，全国设市城市由193个增至663个，增加了470个，增长了2.44倍，年均增加21.4个；建制镇由2173个增至20312个，增加了18139个，增长了8.35倍，年均增加825个；城镇人口由17245万人增至45594万人，增长了28349万人，年均增加1289万人；人口城镇化率由17.9%上升到36.1%，上升了18.2个百分点，年均上升0.83个百分点，这个速度是1949—1978年间年均上升0.25个百分点的3.32倍。

六、西部地区城镇化发展现状

截至2000年底，西部地区共有各类建制市160个，建制镇6177个，城镇人口10208万，占总人口的比重为28.1%。在160个城市中，100万人口以上的特大城市有8个，其中，200万人口以上的超大城市有3个，分别为重庆、成都、西安；100万人口以上的城市为昆明、贵阳、兰州、乌鲁木齐、包头；50—100万人口的城市有5个；20—50万人口的中等城市有47个；20万人口以下的小城市有100个。[①] 同时，西部各省区市之间城镇化水平亦呈现出较大的差异性，最高的为内蒙古，达到42.68%，最低的为西藏，只有18.93%。从城市空间分布形态来看，由于受自然和人文条件的影响，西南地区城市密度明显高于西北地区。沿西陇海铁路、南昆铁路、成渝铁路、长江水道，构成了西部城市的密集区和密集带。其中，尤以成都平原最为密集，每万平方公里有38.5个城镇，1.8个建制市。而在省区市内部，又形成了以省会城市为中心的省会邻近地区的城镇密集区。

城镇化是一个国家和地区经济社会发展的重要标志，也是人

① 牛凤瑞、宋迎昌、盛广耀著：《西部大开发 聚焦在城镇》，第50页，社会科学文献出版社，2002年版。

类社会走向文明和进步不可逾越的历史阶段。西部地区与东部地区的差距，在城镇化方面尤为明显。推进西部民族地区城镇化进程是西部大开发战略的重要组成部分。从总体上看，西部地区的城镇化体现出如下几个特点：

（一）城市数量偏少，规模偏小。统计到2000年底，我国共有设市城市663座，其中，东部地区276座，中部地区227座，西部地区160座，西部地区建制市数量仅占全国的24.1%，为东部地区的58%。全国平均187万人有1座城市，而西部地区平均222万人才有1座城市，东部则是168万人就有1座城市。按每万平方公里拥有的城市数量来看，全国平均为0.69座，东部为2.59座，西部为0.23座，西部地区城市密度大约是全国平均水平的1/3，仅为东部地区的1/11。[①] 1998—2000年，全国城市数量增加了470座，其中，东部地区增加了226座，中部地区增加了163座，西部地区增加了81座，只占同期全国城市增加数的17%。在西部地区各规模等级的城市中，特大城市和中小城市在全国占有较高的比重，分别达到20.0%和21.6%。50万人口至100万人口的大城市数量少，在2000年仅有5座，占全国的9.4%。除了广西、内蒙古、青海、贵州外，其他8个省（市）区50—100万人口的大城市尚属断层，大中小城市发展极不平衡。

（二）城镇化水平低，城市布局分散。2000年全国城镇化水平为36.22%，西部地区的城镇化水平仅为24.1%，低于全国12个百分点。由于历史的、政治的、经济的和地理的原因，西部地区城市布局比较分散，没有形成实力强大的城市连绵区。因此，西部地区的区域经济也比较薄弱，这与东部沿海地区形成了很大

① 徐国弟、陈玉莲著：《西部大开发战略的理论基础和实施对策》，第158页，中国计划出版社，2002年版。

的差异。相对来说，西部地区已形成了5个重点城市区域，即成渝地区、关中地区、南（宁）贵（阳）昆（明）地区、兰（州）银（川）西（宁）地区和天山北坡地区。但是，由于这些地区的区域较大，中心城市较弱，实际上难以很快形成具有较强集聚和辐射能力的经济核心地区。

（三）多数城镇属于资源开发型，城乡二元结构突出。西部许多地区城镇工业的兴起是国家产业布局调整的产物，属于外部植入型。因而城镇与周围农村、牧区的经济联系较差，城镇与城镇之间的相互封闭性较强，发达的城市与落后的农村二元结构明显。乌鲁木齐、兰州、贵阳、西宁、银川等城市的发展起因于国家的投资推动，为这些城市注入了发达的技术和文化，外部迁入人口占城市总人口的40~50%，但是，周围乡村地区仍然以自给自足的自然经济为主，城市的发展并没有起到应有的带动区域经济发展的作用。

（四）城市特色不明显，对外开放程度低。从某种意义上讲，发展市场经济的关键在于城市的特色和对外开放。西部地区的城市在功能作用方面，还基本没有突破传统的框框。城市发展各自为政，结构趋同，缺乏特色。拿省会城市来说，城市经济特色不明显，省会城市的产业发展与所担负的经济中心功能关联度弱，因此难以在全省经济发展中发挥应有的作用。西部地区不少中小城市缺乏特色，实际上是一定区域范围内的行政中心。从发达地区的各级城市来看，除了要发挥行政中心的功能外，还要加强市场经济的功能。西部地区城市开放程度低，主要表现在城市建设和城市经营上，计划经济的色彩仍然比较浓。城市开放程度低的主要原因，是观念创新和思想解放力度不够。城市的对外开放，实际上就是城市经济的市场化，不仅城市建设要对外开放，而且城市经营也要对外开放。

（五）城镇化质量差。这方面的问题主要表现在：城镇经济的总体水平低，综合效益差，城镇的集聚与辐射作用不强，能够带动整个区域发展的中心城市少；城镇基础设施水平低，环境质量差；城镇管理水平尚低，等等。

第三节 城镇化建设滞后是制约西部地区发展的瓶颈

一、城镇化建设与西部地区经济发展

（一）城镇化与经济发展的关系

区域发展理论表明，经济要素由于具有流动性（土地除外）和空间分布的不均衡性，在趋利动机的作用下，它会向着能够获得较高利益的地域聚集，从而形成要素高效配置区域。城镇是人口和非农产业聚集到一定规模的社会形态。产业（企业）之间因互为市场而集中配置，从而减少了交易成本和外部成本。社会分工、分业的发展，市场需求的规模化要求等，是城镇形成和发展的根本原因；而城镇的形成和发展又不断强化人口和产业的聚集效应和规模需求，从而使城镇成为要素高效配置的区域。城镇的这种区位特征使其必然成为地区发展的龙头和牵引力。城镇对经济发展的巨大作用，主要源于城镇所具有的聚集和扩散功能。城镇聚集了一定地域内的主要生产要素、经济要素和其他社会要素。在当代更是聚集了信息、科学技术知识和装备以及高水平的人才。这种聚集使城镇区域的外部成本低廉、生产增长迅速、经济实力增强、生活质量提高，于是城镇具有了极强的对外吸引力，成为一定地域内的市场中心、信息中心、经济中心和其他社会要素中心。聚集在城镇的各种要素，经过加工、改造向城外扩散、传播，于是带动周围地区经济、社会发展。城镇化和经济发展是一个相互联动的关系，城镇化既是经济发展的结果，又是经

济发展的动因，两者相互促进，成为一个累计循环的过程。城镇对经济发展的推动作用，主要表现在如下三个方面：（1）能带动经济增长，提高经济效益，营造良好的投资环境，促进产业结构调整、升级；（2）增加就业岗位，为不断增加的农村剩余劳动力和城市失业、下岗人员提供就业机会，这对西部地区有着特别重要的意义；（3）提高区域内居民、农村居民的收入水平和生活质量，有助于缩小地区间生活水平的差距。

（二）城镇是西部地区经济发展的“增长极”

城镇经济在西部地区居主体地位。1998 年西部 12 省区市共有建制市 160 座，建制镇 5734 座，城镇从业人员 4545 万人，占全部从业人口的 22.8%，但是创造国内生产总值竟达 7983 亿元，约占西部地区国内生产总值的 54.5%。按行政区划统计，西部 11 省区市（缺西藏）1999 年城市市区人口占总人口的 29.6%，其中，非农业人口占 59.6%，而国内生产总值占 57.8%，财政收入占 51.2%，财政支出占 39.6%，社会固定资产投资额占 43.0%，社会商品零售额占 72.0%，货运量和客运量分别占 50.7%和 53.5%，邮电业务量占 83.4%，高等学校在校生占 95.4%。随着城镇化水平的逐步提高，不仅城镇经济在西部民族地区发展中的主体地位进一步加强，而且城镇在整个西部社会发展中的主导地位也进一步强化，日益成为西部地区社会生活的主体。

城镇是西部地区要素高效率配置区域。西部各省区市统计年鉴资料表明，1998 年建制市的市区（行政区划）人均国内生产总值达 8403 元，是非建制市辖区 2582 元的 3.25 倍；人均地方财政收入 694 元，是非建制市辖区 272 元的 2.55 倍；全部国有及规模以上非国有工业企业年均固定资产净值占西部地区的 53%，而产品销售收入占 67.7%；市区每百元全部国有及规模以上非国有工业企业固定资产净值实现销售收入 117 元，而非建制市辖区实现销售收入仅为64元。在西部地区地级市市区区划中，农村一般所占比重较大，县级市市区与行政辖区相同。上述建制市市区是指行政辖区，与严格意义上的市区有很大的不同。如四川省广源市市区范围4553平方公里，建成区为42平方公里；总人口86万人，非农业人口24.8万人。延安市区范围3556平方公里，建成区为19平方公里；总人口115万人，非农业人口为30万人。西部地区其他省市的情况也基本相同。若以建成区面积近似代表城市市区面积，以非农业人口近似代表城市市区人口，以市区非农产业增加值减去乡镇企业增加值近似代表城市市区国内生产总值，则西部地区城市市区的人均GDP为14830元，大约相当于非城市地区平均水平的5.7倍；西部地区城市建成区每平方公里土地创造的GDP为1.48亿元，大约相当于非城市地区平均水平的1130倍。

中心城市是西部大开发的战略高地。根据统计资料分析，在西部12个省区市设置的160座建制市中，直辖市、副省级市和地级市共有54座；按市区非农业人口数量分组，重庆、西安、成都三市属200万人口以上的超大城市，昆明、贵阳、兰州、乌鲁木齐、包头等5城市为100万人口以上的特大城市，南宁、柳州、西宁、呼和浩特四个城市为50万人口以上的大城市，其他148座城市均为中小城市。同国内外一样，西部城市要素配置效率和辐射能力随城市人口规模扩大而提高的趋势非常明显。1999年上述12座大城市市区人口为2899万人，其中，非农业人口1780万人，从业人员1520万人，建成区面积1628平方公里，当年创造的国内生产总值3777亿元。若以建成区近似代表市区，非农业人口代表市区人口，非农产业增加值减去乡镇企业增加值代表市区国内生产总值，则上述12座大城市人均国内生产总值达1.8万元，相当于西部城市平均水平的121%；大城市建成区经济密度为1.9亿元，大约相当于西部城市平均水平的128%；

大城市建成区人均用地 91 平方米，约为西部农村居民人均居住用地的 50%。所以，无论从提高要素配置效率和投资效益考虑，还是从加快发展、迅速提高经济整体水平着眼，把城市特别是大城市和区域中心城市作为战略高地进行重点开发，实行率先发展，然后沿轴线（中心城市之间的大通道）展开，带动地区发展应该是西部大开发战略的正确选择。

二、城镇化建设与西部地区全面建设小康社会

（一）全面建设小康社会的战略目标

中国共产党第十六次代表大会明确提出了全面建设小康社会的目标，为中国在 21 世纪前 50 年发展所要达到的目标指明了方向。小康社会是一个具有中国特色的概念。“小康”一词最早出现在《诗经》中。《诗经·大雅·民劳》中曰：“民亦劳止，汔可小康。”这里的“小康”是指人民生活安康，安居乐业之意。而作为一种社会模式，小康最早在西汉《礼记·礼运》中得到系统阐述。《礼记·礼运》中讲到：“大道之行也，天下为公。选贤与能，讲信修睦，故人不独亲其亲，不独子其子。……是谓大同。今大道既隐，天下为家，各亲其亲，子其子，货力为己。……是为‘小康’。”在这里“小康”是与“大同”相对的一种社会状态或者理想。大同是指财产公有、政治民主、社会文明、经济繁荣、社会保障完善、社会秩序良好的理想社会状态。而小康则是次于大同一个层次的社会状态，它是指财产私有、生活富裕、上下有序、家庭和睦、讲究礼仪的社会状态。我国古代所说的小康社会，是建立在落后的生产力和封建私有制基础上自给自足的小农社会，但它反映了长期处于贫困状态的普通百姓对于衣食无忧生活的积极向往。所以，千百年来“小康”、“小康之家”、“小康生活”等词语在民间广为流传。尽管它的含义并不像儒家经典所描述的那样规范，而是逐步地向人们的基本生活状态转移，指人们

的生活状况处于中等水平或者指经济情况较为富裕。中国共产党所说的“小康社会”具有更加深刻的内涵，在经济上与这种含义更加接近。

20世纪70年代末，中国进入了现代化建设的新时期，邓小平运用马克思主义的观点，在创造性地批判、继承、吸收中国传统文化中关于“小康”思想的基础上，结合中国现代化的实际进程，不失时机地提出了“小康社会”这一中国特色社会主义的新概念。1982年9月，中国共产党第十二次代表大会把小康目标作为党的行动纲领提了出来：从1981年到20世纪末的20年，我国经济建设总的目标是，在不断提高经济效益的前提下，力争使全国工农业的年总产值翻两番，即由1980年的7100亿元增加到2000年的28000亿元左右。实现这个目标，人民的物质文化生活可以达到小康水平。为了达到建立小康社会的目标，1987年4月，邓小平同志提出了“三步走”的经济发展目标。1987年10月，党的“十三大”确认了邓小平同志关于我国经济发展“三步走”的战略构想：“党的十一届三中全会以后，我国经济建设的战略大体上分三步走。第一步，实现国民生产总值比1980年翻一番，解决人民的温饱问题。这个任务已经基本实现。第二步，到本世纪末，使国民生产总值再增长一倍，人民生活达到小康水平。第三步，到下个世纪中叶，人均国民生产总值达到中等发达国家水平，人民生活比较富裕，基本实现现代化。”①

按照邓小平同志的设想，我国在人均国民生产总值达到800—1000美元时，就将进入小康社会。经过全党和全国人民的积极探索和艰苦努力，1997年我国国内人均国民生产总值已超过800美元，提前3年实现了人民生活达到小康水平的目标，中国已进入小康社会。进入小康社会，是我国经济社会进一步发展

① 《中共中央文件选编》，第367页，中共中央党校出版社，1994年版。

的一个新的起点。但是，中国作为发展中的人口大国，不可能直接进入现代化社会，全面建设小康社会是一个不可逾越的中间过渡与发展阶段。必须清醒地认识到，我国目前达到的小康还只是低水平的、不全面的、发展很不平衡的小康。“低水平”就是虽然我们经济总量已经达到一定规模，但是人均水平还比较低。“不全面”就是目前的小康基本上还处于生存性消费的满足，而发展性消费还没有得到有效满足，社会保障体系还不健全，环境质量还有待提高。“发展不平衡”是指地区之间、城乡之间的发展水平差距很大。党的“十六大”报告提出要全面建设小康社会，就是要针对这些问题，建设一个惠及13亿人口的更高水平的、更全面的、发展比较平衡的小康社会。

从新世纪开始到2020年，是一个全面建设小康社会的阶段。党的“十六大”提出了全面建设小康社会的宏伟目标：(1) 在优化结构和提高效益的基础上，国内生产总值到2020年力争比2000年翻两番，综合国力和国际竞争力明显增强。基本实现工业化，建立完善的社会主义市场经济体制和更具活力、更加开放的经济体系。城镇人口的比重大幅提高，工农差别、城乡差别和地区差别扩大的趋势逐步扭转。社会保障体系比较健全，社会就业比较充分，家庭财产普遍增加，人民过上更加富足的生活。(2) 社会主义民主更加完善，社会主义法制更加完备，依法治国基本方略得到全面落实，人民的政治、经济和文化权益得到切实尊重和保障。基层民主更加健全，社会秩序良好，人民安居乐业。(3) 全民族的思想道德素质、科学文化素质和健康素质明显提高，形成比较完善的国民教育体系、科技和文化创新体系、全民健身和医疗卫生体系。(4) 可持续发展能力不断增强，生态环境得到改善，资源利用效率显著提高，促进人与自然的和谐，推动整个社会走上生产发展、生活富裕、生态良好的文明发展道路。[①]

（二）城镇化建设是西部地区致富奔小康的必由之路

全面建设小康社会是逐步实现我国现代化第三步战略目标的一个重要时期。衡量一个国家或者地区现代化水平的重要指标起码有两个：一个是工业化程度，另一个是城镇化程度。城镇化是随着一个国家或者地区工业化程度的不断提高，人口由乡村向城镇不断迁移和集中的过程。这一过程的推进以城镇人口占全国或者地区总人口比重的不断上升和乡村人口比重逐步下降为主要表征。城镇化是一切国家或者地区经济社会现代化的一般规律和必然趋势，城镇发展状况在很大程度上代表着一个国家或者地区的社会发展程度。在全面建设小康社会时期，西部地区要想逐步缩小与发达地区的差距，进而实现党中央提出的全面建设小康社会的战略目标，就必须大力推进城镇化建设，提高城镇化水平。城镇化建设是西部地区致富奔小康的必由之路。

第一，实施城镇化战略是解决西部地区农民收入过低和增长乏力的根本出路。从总体进入小康社会以来，我国农业和农村经济进入了一个新的发展阶段。农产品供给已由长期短缺转变为阶段性总量平衡有余。特别是近几年来，粮棉等主要农产品出现过剩。农村和农村经济的突出问题已由农产品短缺，转向农民收入过低和增长乏力，从而又进一步影响到农村市场的开拓以及内需不足等问题。西部地区由于自然环境恶劣，农业产业化程度低下等原因，农民的收入过低和增长乏力问题更为突出。由于农产品供求关系的新变化，大大地缩小了农产品提价的空间，使农民收入徘徊不前，收入增长乏力，并由此造成了农村有效需求不足、消费市场疲软等问题。这些问题如果不能够及时得到有效的解

① 《全面建设小康社会十讲》，第12页，人民出版社，2002年版。

决，必将对我国和整个西部地区全面建设小康社会产生极为不利的影响。造成农民收入过低和增长乏力的短期原因是多方面的，但是长期性的、根本性的原因在于农民人数过多。解决农民收入问题的根本出路就是切实减少农民人口数量。因此，目前增加农民收入，应跳出原有的主要依靠提价、增产、政府补贴的思维定式，转向主要依靠减少农民人口、提高农业劳动生产率、提高农业适度规模经营上面来。这就要求我们大力推进西部地区的城镇化建设，以城镇化带动农村剩余劳动力的转移。

第二，实施城镇化战略是创造更多就业岗位、转移西部地区农村富余劳动力的有效途径。随着我国农业技术水平和农业生产力水平的提高，农村中积累了大量的富余劳动力，西部地区也不例外。要真正减少农民人口数量，仅靠农业劳动力转移到工业去是远远不够的。在过去的20多年中，“离土不离乡”、“进厂不进城”是发展乡镇企业，就地转移农村富余劳动力的主要模式。这种模式对增加农民收入、以工补农、壮大农村集体经济力量、提高工业化水平、加快增长速度，起到了积极作用。但是这种转移模式带来的最大问题，是形成农村亿万富余劳动力千军万马挤入工业的局面，难以拓宽第三产业的就业门路。第三产业的第一个特点是生产与消费在时空上的高度同一性，第三产业不会像工业一样在甲地生产，到乙地消费；第二个特点是第三产业要求最低的“入门人口”，也就是人口必须集中，集中到一定规模，第三产业才能盈利，才能作为产业来经营，也才能有供给。“就地转移”模式，违背了第三产业自身的特点。乡镇企业是靠产品销往外地发展起来的，本乡本土并没有太大的市场，而第三产业不可能像乡镇企业一样，产品在农村生产，在城市或者其他地区消费。目前乡镇企业大部分设立在农村，未能有效地促进每个“点”（村或者乡镇）的人口集中，绝大多数的“点”达不到第三产业各个行业“入门人口”的起码要求。因此，即使农村人口对第三产业有需求，也难有供给。西部地区由于交通、区位、经济发展等多方面的原因，乡镇企业的发展比较缓慢，规模较小，吸纳农村富余劳动力的能力十分有限。因此，西部地区解决农村富余劳动力问题必须有新的思路和办法，不能走东部地区走过的老路。通过实施城镇化发展战略，加快城镇中的工业和第三产业的发展是吸纳农村富余劳动力的有效途径。西部地区虽然乡镇企业不发达，但是可以通过发挥后发优势，大力发展城镇工业和城镇第三产业，把农村的富余劳动力转移到城镇从事非农产业，这是西部地区解决农村富余劳动力问题的最有效的、也是必须采取的方法。

第三，实施城镇化战略是扩大内需、优化城乡经济结构，促进西部地区国民经济持续快速增长的动力。内需不足已成为制约目前以及今后几年我国经济持续快速健康增长的首要因素。西部地区由于人均收入较低，城乡二元结构突出，内需不足的问题尤为明显和突出。内需不足的长期性、结构性、根本性原因是城乡结构严重失衡，城市化滞后。实施城镇化发展战略就能够扩大消费需求，带动城市基础设施等的投资需求，从战略上为国民经济的持续增长提供持久的、强大的动力源泉。内需不足主要是最终消费需求不足，最终消费需求不足又主要是农民的最终消费需求不足。在消费、投资、净出口三大需求中，消费需求对经济增长的贡献份额，即边际贡献率，从“六五”时期的平均 67%，降到“七五”时期的 58.7% 和“八五”时期的 56.4%。通过对我国前 20 年消费的总体情况进行分析可以看到，最终消费在经济增长中的贡献份额下降，并不是城镇居民造成的，城镇居民消费对经济增长的贡献份额 20 年来基本持平。导致最终消费份额下降的主要原因是农村居民消费份额的大幅度下降。农村居民消费对经济增长的贡献份额，在整个 20 世纪 80 年代基本上在 35% 上下波动，90 年代以后降到了 20% 左右，减少 15 个百分点。如果把整个居民消费作为100，农村居民消费已由1979年的68降到1997年的47，城市居民则从32提高到53。社会消费品零售额城乡分布的变化也表明了这样一种趋势。乡村所占比重，1978年是52%，1984年达到最高的59%，在此之后就直线下滑，1997年已降到43.4%。如果说最终消费需求是我国经济持续快速增长的关键，那么增加农民的消费需求则是保证最终消费需求增长的关键。如果农民仍然大量地滞留在农村，指望单纯靠努力开拓农村市场是很难增加农民消费需求的。这是因为：(1) 大量的农民滞留在农村从事农业生产，其农业收入很难有大的提高，农民的潜在需求就不可能转化为收入支撑的现实需求。(2) 大量的农民滞留在农村，发展乡镇企业，就业的门路相对狭窄，难以大量转移到第三产业。在工业品大量过剩的情况下，非农产业收入的增长也有限。而要让农民转移到第三产业，只有让农村人口进入城镇别无他路。(3) 大量的农民滞留在农村，农产品商品率难以提高，农民收入中可用于购买工业品的现金收入也难增加。(4) 大量的农民以及已从事非农产业的农民滞留在农村，其消费观念、消费习惯、消费模式很难有大的改变。农民的消费结构20年来没有大的改变，十分有限的现金收入主要用于盖房子、婚丧嫁娶及送礼"随份子"。在保持这种落后消费习性的民众占人口绝大部分比重的情况下，很难保持长久不衰的增长源泉，产业结构的升级也会成为空话。(5) 无论怎样努力，农村的基础设施也不可能达到城市的水平，在同样的收入水平和消费习惯下，基础设施客观上的不完善，以及分散状态下的高成本和高价格，也会限制农民对通信、电力、自来水、文化、教育、体育等的消费。因此，城镇化过程就是农民市民化的过程，因而也是居民消费需求增长的过程。目前城镇人均消费需求是农民人均消费需求的3—3.5倍。如果我国的城镇化水平每年能提高1%，其增加的消费需求就可以拉动经济增长0.2—0.3%。同时，城镇化进程也必然刺激城市基础设施等投资需求的增长，从而纠正我国多年来一直存在的投资结构不合理问题。城镇化的发展将带来第三产业的繁荣，优化我国的经济结构，形成第一、第二、第三产业协调发展的新格局。而且城镇化有利于逐步破除城乡分割的制度基础，形成全国统一、城乡一体的市场体系，从整体上提高我国国民经济的效率。

第四，实施城镇化战略是实现可持续发展的重要保证。推进城镇化进程，减少农民数量，在总量上可以相应减少我国现有耕地承载的人口数。目前实施的天然林保护、退耕还林（草）等保护生态环境的措施，无疑是十分正确的决策。但是不减少农民，很难从根本上、彻底地解决问题。因为尽管在粮食总量上国家已有富余，但是砍林开荒、毁草开荒的那部分农村人口多数生活在生存条件恶劣地区，既没有余粮，也没有钱购粮。如果能使进城农民挪出的耕地变为生存条件恶劣地区贫困人口迁移用地，开荒、毁林、围湖造田、滥采资源等破坏生态资源的行为才有可能彻底制止。同时，推进城镇化也有利于节约土地和耕地资源。我国各类城市和村镇的人均建设用地（建成区面积）分别为：特大城市 75 平方米、大城市 99 平方米、中等城市 105 平方米、小城市 132 平方米、建制镇 149 平方米，而村庄则为 168 平方米，比城镇的平均 108 平方米高出 60 平方米。如果能使大量的农民进入城镇，则节约的土地和耕地数量是相当可观的。另外，目前我国以及西部地区的乡镇企业大多集中在农村，由于一般集镇和农村的基础设施不到位，致使乡镇企业产生的污水、废气等严重污染了自然环境。推进城镇化进程，可以引导乡镇企业到城镇积聚，可利用城镇相对完善的基础设施，控制、治理乡镇企业所造成的污染，防止生态环境的不断恶化。推进城镇化进程也有利于提高人口素质，控制人口增长数量。农民变市民，有利于他们特别是他们的后代接受更好的教育，融入现代文明，从根本上改变其原有落后的人口意识、文化观念和生活方式，实现观念、意识的社会化和现代化。

三、把城镇化建设作为西部地区实现现代化的战略着力点

（一）现代化概念及评价体系的确立

关于“现代化”一词，目前国内外尚无统一的定义。现代化是人类社会发展的必然走向，也是近现代以来中国社会的重大历史主题。美国学者在20世纪50年代提出了“经典现代化”理论，指出现代化是指从农业社会向工业社会、由农业经济向工业经济、由农业文明向工业文明的转变过程。国内大多数学者认为，现代化是一个动态的概念，它的内涵随着时代的发展而变化并不断增添新的内容。20世纪90年代，我国何传启研究员提出了“第二次现代化理论”。根据这种理论，18世纪以来的世界现代化进程包括第一次现代化和第二次现代化两大阶段。第一次现代化是以发展工业经济为特征的经典现代化；第二次现代化是以发展知识经济为基本特征的新现代化。总体说来，现代化的概念可以概括为：现代化是指工业革命以来随着科学技术在生产过程中的广泛应用而导致的社会生产力的巨大发展和社会结构的根本改变。新中国成立后，以毛泽东同志为首的第一代领导人提出了在中国实现“四个现代化”的伟大口号；以邓小平同志为首的第二代领导人科学地规划了中国实现现代化的“三步走”战略部署，邓小平同志明确地提出了到2050年中国基本实现现代化，达到世界中等发达国家的水平；以江泽民同志为核心的第三代领导集体号召全国各族人民为实现中华民族腾飞而努力奋斗，继续推进现代化建设，以提高中国的综合竞争力为标志，并要求一部分地区和城市率先实现现代化。

关于现代化的评价体系目前国际上也没有统一的标准。美国学者英格尔斯曾经提出了一个为很多国家所接受并采用的现代化

标准。它用一系列指标参数来判断一个国家或者地区是否已经实现了现代化,这些指标参数包括:(1) 人均国民生产总值(GDP) 3000 美元以上;(2) 农业产值占国民生产总值的比重在 12 ~ 15% 以下;(3) 服务业产值占国民生产总值的比重达 45%以上;(4) 非农业劳动力占总劳动力的比重 70%以上;(5) 识字人口占总人口的比重 80%以上;(6) 适龄年龄组中大学生的比重为 10 ~ 15%以上;(7) 每名医生服务的人数 1000 人以下;(8) 平均寿命预期 70 岁以上;(9) 城市人口占总人口的比重 50%以上;(10) 人口自然增长率 1%以下。[①] 英格尔斯标准提出的时间较早 (20 世纪 60 年代),当时全球化、知识经济、信息社会等有别于传统工业社会的发展特征尚未出现或者不明显。因此,英格尔斯指标是传统工业社会的标准,它不仅起点低,而且未包括信息社会所必需的现代化内容,它无法适应 21 世纪的发展现实。在确定中国实现现代化的标准或者具体目标参数时,决不能仅仅以美国学者英格尔斯提出的现代化具体目标参数为样本。如果应用传统的英格尔斯标准,中国作为一个国家整体的现代化程度已达到 0.723,即表示中国的现代化实现已经达到 3/4 的历程。但是,如果同 2000 年世界中等发达国家相比,中国作为一个国家整体的“现代化程度”只有 0.404,表明中国的现代化路程尚未走到一半,二者相差 30 个百分点以上。[②]

中国的现代化具有极为典型的“二元性”特征,即在实现“工业化时代”现代化目标的同时,叠加了“信息化时代”的更高的现代化要求。这就要求我们既不能跨越发展阶段,又要发挥

① 转引自张忠良著:《现代化新论——党的第三代领导集体社会主义理论研究》,第 6 页,湖南人民出版社,2003 年版。

② 中国科学院可持续发展战略研究组:《中国现代化进程战略构想》,第 118 页,科学出版社,2002 年版。

后发优势实现跨越发展，在大约50年的时间内完成世界中等发达国家在100年间的发展历程。中国必须面对和适应信息时代的更加艰巨、更加高级的现代化目标，除继续完成工业化阶段的任务之外，必须对信息化、生态化、竞争力、全球化和社会公平等指标予以特别的关注，中国的现代化任务要比世界发达国家更为艰难。① 对于现代化的标准，我国学者一般认为应当包括政治现代化、经济现代化、文化现代化、社会现代化和人的现代化等内容。较为全面的测定标准的指数，包括工业化水平指数、信息化水平指数、竞争力水平指数、城市化水平指数、集约化水平指数、生态化水平指数、公平化水平指数和全球化水平指数。② 我国目前没有国家统一发布的现代化标准和具体衡量参数，经济比较发达、有实力率先实现现代化的地区，分别发布了各自实现现代化的地方标准。如广东省发布的衡量现代化的标准包括经济、可持续发展、社会、科技支撑条件等4个方面；深圳市发布的现代化标准包括经济发展、社会进步、生活水平、可持续发展4个方面；上海市发布的现代化标准包括经济实力、金融实力、科技实力、政府实力4个方面；浙江省发布的现代化标准包括经济发展、社会结构、科技教育和国民素质、社会事业和生活质量4个方面；大庆市发布的现代化标准包括经济发展、社会结构、科技教育、社会保障和生活质量4个方面。

（二）城镇化与现代化的相互关系

城镇化和现代化是相辅相成的关系。人类社会发展史表明工业化推动城镇化，城镇化带来了现代化，现代化又有效地解决了城镇化进程中出现的问题。城镇化与现代化之间的关系并不是简

---

① 中国科学院可持续发展战略研究组：《中国现代化进程战略构想》，第118页，科学出版社，2002年版。

② 同上，第173—175页。

单的单向推动关系，而是双向互动、相互促进的关系。工业化在推动城镇化的过程中，城镇发展所带来的外部经济效益以及聚集效益，为工业化的发展提供了必要的保障。城镇化与现代化的关系也是这样。城镇化在促进现代化的同时，在它自身的发展中也会产生各种各样的问题。譬如，人口和工业的过度集中会带来道路拥挤、住房紧张、环境污染、用水短缺、犯罪率增加、社会动荡等，而实现现代化正是解决城市问题的最好途径。现代化的生产手段和先进的科学技术可以减少以至于消除环境污染，可以大大减少用水量；人的现代化即精神文明程度的提高，可以使人的行为更加规范，降低犯罪率，等等。从钱纳里的世界发展模型中，可以清楚地看出工业化、城镇化和现代化之间的关系（如下表）。在钱纳里的世界模型中，我们可以把反映一个国家经济社会发展水平的综合指标人均 GNP 视为现代化指标的代表；城市人口占总人口的比重反映这个国家的城镇化水平；制造业增加值占 GDP 的比重则反映这个国家的工业化水平。由此可以看出，现代化与城镇化存在着正相关的关系。

人均 GNP（美元）	城市人口占总人口的比重（%）	制造业增加值占 GDP 的比重（%）
<100	12.8	12.5
200	22.0	14.9
300	43.9	25.1
400	49.0	27.6
500	52.7	29.4
800	60.1	33.1
1000	63.4	34.7
>1000	65.8	37.9

注：以上表格转引自宋俊岭、黄序著：《中国城镇化知识 15 讲》，第 109 页，中国城市出版社，2001 年版。

城镇化在现代化发育成长中的重大作用。城镇化的发展规律决定了其在社会发育和现代化成长中发挥着重大的作用。美国城市地理学家纳塞姆归纳了世界各国城镇化发展的共同规律。一般说来，城镇化进程要经过三个阶段：早期阶段的平缓发展，城镇化水平在30%以下；中期阶段的高速发展，城镇化水平在30~65%或者70%；后期阶段的平稳发展，城镇化水平在70%以上。[①] 与此相适应，工业化和现代化也在向前发展。在城镇化的早期阶段，一个国家基本上是农业社会，主导产业开始由第一产业（主要是农业）向第二产业转化。此时的社会进程基本上是城镇化与工业化相伴而行，现代化进程也开始启动。在城镇化的中期阶段，这个国家基本上是工业社会，在第二产业保持稳定发展的基础上，第一产业比重进一步下降，第三产业比重迅速增加，主导产业开始由第二产业向第三产业转化。此时的社会进程基本上是工业化推动城镇化的高速发展，现代化进程开始加速。在城镇化的后期阶段，一个国家将进入现代化社会，产业结构的转变已经基本完成，主导产业为第三产业。产业结构一般为第一产业比重在10%以下，第二产业比重在30~40%之间，第三产业比重在60%以上。国家的经济、社会发展水平、人口素质、生活质量都有大幅度的提升。

城镇化进程的推进也就是现代化的实现过程。现代化是人类社会发展所追求的目标，而要达到这个目标最有效的手段就是城镇化。从已经实现现代化的一些发达国家和正在努力实现现代化的发展中国家所走过的道路来看，没有城镇化就没有现代化。(1) 一个国家的综合经济实力是在城镇化的进程中提高的。在工业化的推动下，城镇创造了比农村更高的生产效率和发展速度。

---

① 宋俊岭、黄序著：《中国城镇化知识15讲》，第109页，中国城市出版社，2001年版。

我国 1988—1996 年，城市国内生产总值以平均 18%的幅度增长，1988 年为 7024 亿元，1996 年则为 47100 亿元。1997 年全国 668 座城市市区非农业人口占总人口的 16.68%，而国内生产总值却占全国国内生产总值的 68.63%。其中第二产业增加值占全国第二产业增加值的 70.16%，第三产业增加值占全国第三产业增加值的 82.98%，全部工业总产值占全国工业总产值的 75.53%。[①] 因此，国家现代化中最主要的内容——国家的综合经济实力和生产力发展水平是通过城市经济的发展来实现的，是在城镇化的进程中提高的。(2) 人的现代化是在城镇化的进程中实现的。人的现代化是国家现代化的本质和核心。它包括人的思想观念、文化素质、价值取向、人际关系等的现代化，而人的现代化即精神文明程度的提高，只能在物质文明提高的基础上进行。城镇化正是促进物质文明迅速发展，在物质文明迅速发展的同时又引起对教育、医疗卫生、文化艺术、信息传播、学术研究等向更高层次发展的需求的重要途径。譬如自 18 世纪工业革命以来短短的 200 多年的时间里，自然科学、社会科学已建立起多种门类齐全的研究体系，越来越多的人接受高等教育。信息传播已走向网络时代。这些都是首先在城镇中开始的。离开了城镇的环境和条件，这一切都是很难推进的。(3) 生活质量是在城镇化的进程中提高的。在城镇化的进程中生产效率的提高，使人们的生产劳动时间越来越少，从而有更多的闲暇时间去享受生活，去学习、锻炼、外出旅游、休闲度假等。同时由于新能源、新技术、新动力装置、新工艺的开发利用，不仅大大提高了生产效率，也大大提高了生活质量。

城镇化进程的推进加速了现代化的实现。国家现代化的推进速度是由城镇化水平决定的，但并不是与城镇化水平同步增长，

① 王茂林著：《新中国城市经济 50 年》，第 4 页，经济管理出版社，2000 年版。

而是呈加速增长的趋势。我国的学者高佩义博士提出的城市文明普及率加速定律在说明这一点上很有代表性。他所指的城市文明是城市现代化文明，包括先进的生产方式、生活方式，以及政治、经济、社会、文化等等一切方面，实际上就是国家的现代化。经过研究分析测算，他的结论是：在城市人口占总人口10%以前，城市的辐射力很弱，城市文明基本上只限于在城里的人享受。当城市人口占总人口 20～30%时，辐射力开始增强，城市文明普及率大约在 25～35%之间。当城市人口占总人口 30～40%时，城市文明普及率大约在 35～50%之间。当城市人口占总人口 50%以上时，城市文明普及率将达到 70%左右。当城市人口占总人口 70～80%时，城市文明普及率有可能达到 90%，甚至 100%。[①] 这就意味着在实现了国家现代化之后，居住在城镇和居住在乡村的人们只有劳动分工上的不同，而没有享受现代文明方面的差距。这时也就没有必要使人口都集中到城镇，城镇化水平也就在长时期内保持稳定。目前已经进入现代化行列的一些发达国家的现实，都证明了这一点。如美国在 1960 年时城市化水平已达 69.9%，到 1980 年时也只有 72.9%，20 年间只增长了 3 个百分点。

（三）加快城镇化进程，推进西部地区现代化

西部地区就总体而言落后于全国和东部发达地区，西部地区实现现代化任务更为艰巨。为了保证西部地区同全国一样都能够在 21 世纪中叶实现现代化，西部地区经济社会发展的思路必须有创新，要找到实现经济社会快速发展的突破口。城镇是各种经济社会要素最为集中的地区，能够发挥各种要素的高效率，实现经济社会的快速发展。西部地区实现现代化的战略着力点在于城

① 宋俊岭、黄序著：《中国城镇化知识 15 讲》，第 155 页，中国城市出版社，2001 年版。

镇化建设，这是西部地区在21世纪实现现代化战略的必然选择。

西部地区推进现代化进程，加快城镇化建设应当采取如下措施：（1）制定未来50年西部地区城镇发展的总体规划。长期以来，西部地区的城镇发展缺乏总体规划，没有重点与层次，城乡割裂、城乡封闭、难以带动总体经济发展与结构开放。特别是长期没有形成可以带动区域经济成长的中心城市和相互支撑的城市网络，城市化进程缓慢，结果导致大量稀缺的资金、人才、资源被远在东部的特大经济中心城市和很强聚扩力的城市带、城市圈吸引而去。西部地区应当利用西部大开发的有利时机，加快西部地区城镇化的进程，为未来西部地区城镇的迅速发展及早制定总体规划。西部地区制定城镇化的总体规划，既要充分借鉴世界各国在工业化时代，特别是在开发落后地区发展城市化过程中的经验教训，又要在可持续发展原则的指导下，去研究信息时代、知识经济时代条件下，城镇和城镇发展的规律，制定出具有前瞻性的符合西部民族地区实际情况的西部地区城镇发展总体规划，以明确西部地区城镇发展的战略目标、基本方针和总体布局与措施。（2）积极推进西部地区城镇化发展的制度与体制的改革和创新。西部地区城镇化发展水平滞后，在很大程度上是由于观念、制度与体制等方面的原因造成的。西部地区应当逐步打破长期实行的城乡分离的二元化管理体制，实施积极的城镇化政策，鼓励有条件的农民进入城镇生活，消除过度担心城镇化发展对现有城市，乃至整个社会带来的冲击心理。充分运用市场机制来引导、调控和加快城镇化发展和建设的步伐。目前实施户籍制度的改革是推进西部地区城镇化的当务之急。（3）重点解决城镇化发展面临的资金、就业、资源与能源、生态与环境等问题。西部地区的城镇化与东部地区相比，存在很大的差异性。西部地区城镇化要同时面临资金紧缺、人口压力巨大、经济发展落后、环境问题尖锐等巨大压力，这些已构成了西部地区城镇化发展的严重阻碍。

西部地区应当提高城镇基础设施建设与运营的市场化程度，争取资金来源的多样化；着力调整产业结构，促进第三产业的发展，提高就业弹性指数；提高城镇资源的利用效率，建立资源集约型城镇经济发展体系；加快环境产业的培育与发展，建立城镇生态与环境保护体系，实施“绿色城镇”发展战略等。

第四节 城镇化建设是西部大开发的战略目标之一

一、西部大开发的总体思路及其步骤

(一) 西部大开发的总体思路

实施西部大开发加快民族地区的发展，是党中央在国家即将实现现代化建设第二步战略目标，第三步战略部署即将启动时，按照邓小平“两个大局”的思想，统揽全局，审时度势，对国家经济布局指向和区域经济政策重心做出的适当调整，是面向21世纪的重大战略决策。在新的国内外环境中，特别是在市场经济条件下，实施西部大开发战略必须有全新的开发思路。正如江泽民所指出的：“在发展社会主义市场经济条件下，加快开发西部地区要有新思路。要适应建立社会主义市场经济体制的要求和新的对外开放环境，充分考虑国内外市场需求的变化，按客观规律办事。国家要加强宏观调控，研究提出符合实际的政策措施。要按照有所为，有所不为的原则统筹安排，有计划、有步骤的进行开发，防止刮风，防止‘一哄而起’。”① 确立西部大开发的新思路必须把握两条原则：一是按市场规律办事，提高经济效益。要扩大对内对外开放，以开放促开发。采取切实有效的政策措

① 载《人民日报》，1999年6月19日，第1版。

施，充分利用商品市场和各种生产要素市场，大力吸引国内外的资金、技术和人才，把自己的开发项目推广到各种市场上去，积极寻求互惠互利的合作者。要把深化改革作为大开发的内动力，进一步深化国有企业改革，大力发展城乡集体、个体、私营等多种所有制经济，积极发展城乡商品市场，逐步把企业培养成为西部开发的主体。二是要按照科学规律办事，依靠科技加快发展。要用科学的思想指导各项开发工作，对西部开发的重大问题进行科学研究和论证。要组织广大的科技人员进入开发的主战场。要大力推进科技创新，积极运用先进科学技术。经济效益提高了，科技实力增强了，就能不断加快西部地区发展的步伐，逐步缩小同发达地区生产力水平的差距。依据以上原则，结合西部地区经济、社会发展的实际，西部大开发的总体思路如下：

第一，西部大开发的战略目标要由原来的“原料基地目标”转向“富民兴区目标”。新中国成立后，国家对西部地区的开发建设一直没有停止过。国家对西部地区的投入除了国防安全的考虑外，大部分时期主要着眼于当地的资源开发，把西部当作东部加工企业的原料、燃料产地，建立东西部垂直一体化的分工体系。这样的分工体系导致西部在东西部经济关系中处于不利的贸易交换地位，西部地区利益大量的在经济交换中流失，形成“富裕的贫困”。前两次西部开发的结果并未使民族地区获得应有的快速增长，当地居民也没有得到多大实惠，反而与东部的差距越拉越大。区域开发的根本目的是在满足全国发展需要的同时，促进当地经济社会繁荣和居民福利水平的提高。因此，目前实施西部大开发战略，要树立以人为本的科学发展观，把提高人民生活水平作为开发的根本出发点，从主要服务东部的目标转向“富民兴区”。无论是增加投资还是新上项目，都要兼顾当前利益和长远利益、全局利益和局部利益，注重实效，让民族地区广大人民群众得到更多的实惠，使民族地区民众与东部民众一样尽快走上富裕之路。

第二，西部大开发的开发模式要由“国家推动型外源开发”转向“自我成长型内源开发”。以往两次对西部地区的开发，都是在传统计划经济体制下完全以国家投资为主体来实施的，属于典型的“国家推动型外源开发”。这种通过国家在西部“嵌入”式的开发，加上当时微观不合理的建设布局，也造成了投资效益低下、与地方经济融合性差以及对国家高度依赖性等问题。经历20多年的改革开放，我国市场化程度越来越高，非国家预算投资的份额已占到全社会的95%以上。决定区域发展的主要因素已不可能是国家投资，而在于地区投资环境对社会资金和人才的吸引力。那种把西部大开发寄希望于国家的大规模投资上，显然已不切实际，必须转向“自我成长型内源开发”，改变“等、靠、要”的依赖思想，把大开发建立在主要依靠自身发愤图强、开拓进取的基础上。国家在民族地区大开发中主要扮演两方面角色，一方面是利用国家掌握的有限财力，实施包括财政转移支付和基础设施投资在内的直接财政援助；另一方面是利用国家掌握的政策资源，吸引国内外的资金、技术、人才及其企业“西进”。

第三，民族地区的发展思路要由“资源依托型开发”转向“市场导向型开发”。长期以来，民族地区传统的发展思路就是“立足资源搞开发”，本地有什么资源就生产什么产品，这种传统思路目前已难以为继。在市场经济条件下决定地区产业选择和发展的主导因素应当是市场需求，而不是当地资源贫富。而且资源型产业大都具有成本递增的特点，当资源开发到一定深度后，难以通过技术创新来提高经济效益水平；如果一个地区长期将资源型产业作为支柱，那么资源的枯竭势必导致地区经济的衰退。民族地区必须以市场为导向，根据当地的资源状况和产业发展状况做出合理的决策，调整产业结构，生产符合市场需求的产品。

第四，民族地区的发展重点要由“地区比较优势”转向“地区竞争优势”。发展具有比较优势的特色产业是一种理想的选择，但在市场竞争环境下这种选择的余地会越来越小，“人无我有”的情况只能是少数和暂时的。在我国已加入 WTO 的情况下，一方面国际跨国资本的侵入必然对民族地区弱小的产业形成强大的冲击，另一方面我国东部地区也会进一步扩大从国际市场进口原材料，如铁矿、石油、其他矿产品和棉花等农产品资源，民族地区所具有的资源优势将会进一步减弱。因而要使民族地区融入市场经济和大开放环境，必须着力培养民族地区产业和企业的竞争力，力争“人有我优”。在这方面加强民族地区国有企业改革和战略性重组，加强民族地区的产业技术和人力资源的开发，是培育西部民族地区竞争优势的核心。

第五，民族地区的开发战略要由“掠夺式开发”转向“可持续性开发”。长期以来，西部一些地区对资源的开发基本上实行的是竭泽而渔的掠夺式开发，对资源和生态环境都造成了很大破坏。实施西部大开发战略必须以人口、资源和环境的可持续性发展为重要前提，既要考虑到当代人的发展需要，又不能以牺牲后代人的利益为代价。民族地区要对重要资源实行保护性开发，原则上凡是能够从国际市场上低价进口的资源品，尽可能不在国内开采；要避免以往把“大开发”等同于“大开荒”的荒谬做法，将“生态环境整治，再造山川秀美”作为大开发战略的重要内容。同时，加强对农村贫困人口的计划生育管理，消除“越穷越生，越生越穷”的恶性怪圈。尤其需要注意的是经济振兴是生态环境根本改善的基础，西部大开发的主线应当是也必须是大力推进西部地区工业化进程。

（二）西部大开发的实施步骤

西部大开发是一项长期的系统工程，必须分阶段、分步骤地有序进行。中央初步确定西部大开发的时限为50年，分三个阶段进行：[①] 第一阶段（从2000—2005年），力争使经济速度明显加快，经济总量相对于全国的比重逐步上升，社会主义市场经济体制不断完善，经济运行质量明显提高，城乡居民收入与全国平均水平差距逐步缩小，生活质量显著改善，到2005年达到小康水平。第二阶段在“十五”计划全面完成的基础上，再经过10年的努力，到2015年，基础设施建设取得明显进展，生态环境明显改善，科技教育发展水平明显提高，结构调整取得明显成效，人均国内生产总值和城乡居民收入达到全国平均水平，形成比较完善的社会主义市场经济体制。第三阶段再经过几十年努力到21世纪中叶，实现经济社会面貌的根本性变化。把我国西部建成经济繁荣、社会进步、政治稳定、民族团结、山川秀美的地方。

二、城镇化建设是西部大开发的战略任务

中央确定当前和今后一个时期要集中力量抓好关于西部地区开发全局的重点工作是：加快基础设施建设，加强生态环境保护和建设，调整产业结构，发展科技和教育，加大改革开放力度。完成这五大任务无一不与城镇化发展息息相关。也就是说，城镇是实施西部大开发五大重点工作的重心。

（一）西部地区基础设施建设投资的重点地域在城镇

基础设施的落后和不足已成为制约西部地区经济社会发展的“瓶颈”。城镇是人口、经济聚集区，也是基础设施投资的密集区。加快基础设施建设，不仅有利于扩大西部地区内外交流和相互沟通，改善西部大开发的投资环境，而且有利于扩大内需，拉

① 《中国西部大开发知识读本》，第42页，远方出版社，2000年版。

动经济增长。中共中央、国务院确定，西部地区基础设施建设围绕三个方面加快建设：一是以公路为重点，包括铁路、机场、天然气管道干线在内的交通运输建设；二是加强电网、通信、广播电视以及大中城市的道路、供排水、供热等设施建设；三是加强水利建设。(1) 公路、铁路、天然气管道干线、机场建设的主要目的是畅通城镇之间的交流；公路、铁路、天然气管道的枢纽和机场选址要在城镇或者城镇近郊，公路、铁路、机场的客源、货源和天然气的用户主要在城镇，因此其相关的配套设施必须主要建在城镇。(2) 电网、通信、广播电视的用户主体集中在城镇，随着城镇化水平的提高，城镇用户的主体地位还将进一步增强。输变电站、通信枢纽、广播电视发射设施只有建在城镇或者邻近城镇，才能减少运行成本，提高效率。城市道路、供排水、供热、防洪等设施建在城镇更无疑问。(3) 水资源的合理开发利用和节水在西部地区水利建设中居优先和突出地位。随着城镇化进程的加快，城镇用水、耗电将有快速增长，满足城镇供水、供电将成为水利水电建设的重要目标，加强城镇节水将具有越来越重要的意义。不仅如此，随着水利产业化的推进，能够支付较高水价的用户也主要在城镇。

（二）西部地区生态环境保护和建设有赖于城镇的发展

恢复地表植被、治理水土流失是西部地区生态环境保护和建设的基本措施。为此，中共中央、国务院在西部省（市）区实施了天然林保护、退耕还林（草）、封山绿化、水土保持、防沙治沙等系统工程。不仅这些工程的实施离不开城镇资金、技术的支持，而且这些工程完成后要实现保护和改善生态环境的目标也离不开城镇。因为上述工程项目区之所以生态脆弱、环境恶化，直接的原因是超量人口导致的过度开垦、过度砍伐、过度放牧和过度开采。要使工程持久发挥效益，从根本上改善生态环境，就必须以大量减少所在地区的人口数量、减轻生态系统负荷为前提。

这些地区减少的人口主要出路是进入城镇。另一方面，随着城镇的人口和社会生产力不断聚集，城镇自身的生态环境问题也日益突出。城镇污染的治理、生态环境的改善将成为西部民族地区生态环境保护和建设的重要方面。

（三）西部地区调整产业结构的重心在城镇

西部地区第二、第三产业占 GDP 的比重已达到 3/4 以上，产业结构调整的重心在第二、第三产业；而第二、第三产业主要又聚集在城镇。调整农业结构是西部地区产业结构调整的重要方面，而发展特色农业、节水农业、生态农业和畜牧养殖业等农业结构调整的各个方面，不仅要有城镇的技术、资金、人才支持，城镇相关加工业的配套，而且主要应当以城镇市场需求为导向。加快工业调整是西部地区产业结构调整的中心环节。西部地区工业的骨干企业主要集中在城镇，国有工业企业也集中在城镇。西部地区国有及其国有控股工业占全部国有及规模以上非国有工业企业产值的比重高达 73.2%（1999 年），比全国平均水平高出 25.7 个百分点。因此，西部地区工业调整、改组、改造的重点是国有工业，实际上也就是城镇工业。发展高新技术产业和旅游业等第三产业，是西部地区产业调整的重要方向。发展高新技术产业要有相应的科技力量支撑和相对优越的投资环境。在一般情况下，只有中心城市才具备这种条件。而旅游业的规模需求也在城镇，旅游业基础设施建设只有以城镇为依托，才能够取得事半功倍的效果。

（四）西部地区发展科技教育的重点在城镇

振兴西部地区经济，加快西部地区经济发展，必须依靠科学技术进步，依靠高素质的劳动者。西部地区的科研机构几乎全部设在城镇，科技人才、科技活动主要在城镇，科技成果的形成主要在城镇，科技投入资金也主要来源于城镇。西部地区的各类高等院校、中等专业技术学校和高级中学绝大多数也设在城镇。随着农村人口越来越多的转变为城镇人口，城镇在基础教育中将占有越来越大的份额。制约西部地区农村基础教育水平提高的重要因素之一，是教育资源分散化配置的现实情况。因此，提高农村教育水平的主要措施之一，就是要逐步撤并分散的教学点，向城镇和中心居民点集中；科技进步和教育水平的提高，始终有赖于城镇的规模效应。

（五）西部地区加大改革开放力度的难点和关键在城镇

城镇是区域的经济中心也是政治中心，党政机关集中在城镇，地方法律、法规的制定要在城镇完成，一切改革方案要在城镇出台。城镇的行政级别越高，其所肩负的领导改革开放的历史责任也就越大。政府职能的转换、机构的调整、国有企业改组和改制是西部地区深化改革的中心环节，实质是现有利益格局的调整。因此，城镇是各种利益关系集中展示的舞台。加快西部地区发展必须扩大对外开放，采取多种形式引进国内外的资金、技术、人才和管理经验。由于相对良好的投资环境，使城镇尤其是中心城市成为外资外商进入西部的首选地，成为西部地区对外开放的前沿和窗口。因此，西部地区的对外开放，首先是城镇，尤其是中心城市的对外开放。

综合上述分析可以得出如下结论：(1) 城镇的聚集效益、规模效益和辐射效应决定了西部大开发应当实施城镇带动战略。(2) 由于城镇的要素配置效率较高，西部地区开发实施城镇带动战略，可以取得较高的投资效益，实现加快发展。(3) 西部城镇规模和地位的不同，要素配置效率存在着差异，实施城镇带动战略应当以大城市和中心城市为战略高地。(4) 西部大开发的五大重点工作将在城镇空间聚焦。所以，西部地区城镇化建设是西部大开发的战略任务，抓住城镇化建设就等于牵住了西部大开发的“牛鼻子”。

三、西部地区城镇化的发展思路

西部地区的城镇化起点低，城镇结构体系不完善，城乡经济二元结构明显而且内部自然和社会经济条件差异大。西部地区的城镇化道路不可能只有一个模式，应该因地制宜，走有西部特色的多元化发展道路。西部地区的城镇化要有创新，既要有西部特色又要避免不切实际的“现代化”。西部地区的城镇化是一个过程，城镇建设需要有一个过程，既不能慢慢来，也不能操之过急。重要的是要有效率、有特色、有创新。如果过度地追求所谓的现代化，就会丢失传统文化和特色；如果不加以引导听任无序发展，在城镇化、城镇建设方面就不可能有创新。① 城镇在理论上有一个最佳规模，它与区位条件（如气候、地形地貌、自然资源、对外交流联系）、历史因素和附属要素（如城镇基础设施、公共部门提供服务的效率）等密切相关。但是，这些因素对城镇规模的影响又难以定量化，实际上也无法确切地知道这个最佳规模有多大。随着环境、外界和自身条件的变化，这个最佳规模本身也是变化着的。因此，由于城镇规模的不可确定性和动态性，人为的规定城镇的规模既是不现实的，也是不可能实现的。从西部地区城市规模分布现状来看，的确存在一些50—100万人口规模等级的大城市，尽管从数量上看其比重相对比较低；同时由于受环境、地形的限制，西部有些地区又难以发展较大的城市，而只能从生态、资源承载力的角度出发，发展规模不大的小城镇。因此，西部地区不能硬性的规定发展哪个规模等级的城市，而应当大、中、小各类规模的城市合理发展。西部地区永远是由大量不同规模的城镇组成，大、中、小城市在西部地区经济发展中有

---

① 徐国弟、陈玉莲著：《西部大开发的理论基础和实施对策》，第171页，中国计划出版社，2002年版。

其不可替代的特定作用。①

（一）民族地区城镇化要有西部特色

改革开放以来，东部沿海地区依靠区位优势和率先改革开放的政策优势，通过大力发展乡镇企业和外向型经济加快了城镇化进程。而西部地区由于区位和政策等因素的限制，发展乡镇企业的时机和环境已有极大的改变。所以推进西部地区的城镇化，应当以现有城镇扩张为主，特别是要充分发挥大中城市的辐射带动作用，走出一条不同于东部的城镇化发展道路。东部地区的平原较多，农业人口分布较密集，再加之乡镇企业比较发达，对外联系比较便利，发达的大城市较多，聚集和辐射效应发挥明显，使得东部地区的城镇化具有良好的地理、人口和经济基础。西部大部分地区没有连成一片的平原，区域内大多为山地和高原；农业人口的分布既是密集的也是断裂的，呈“块状”；乡镇企业少，乡镇经济薄弱；交通基础设施落后，对外联系不便；大城市数量少，经济功能不健全，聚集和辐射效应不强。以上种种因素使得西部地区的城镇化不能走东部地区走过的老路，必须有所创新，要根据西部地区的实际条件，因地制宜地推进西部地区的城镇化。

（二）西部地区城镇化要走多元化发展的道路

西部各省（市）区、各地区条件和发展水平极不平衡，城镇化进程呈现出多样性特征，加快城镇化进程必须走多元化发展道路。

1. 城镇人口增长的多元化。西部地区地广人稀是指人口空间分布而言的，相对于生态环境容量，则是人口严重超载的地区。推进西部地区的城镇化，必须致力于总体人口的减少和在空

---

① 杨开忠著：《中国西部大开发战略》，第 245 页，广东教育出版社，2001 年版。

间布局上人口向生态环境承载能力较强地区的相对集中。有几种思路可供选择：(1) 异地城镇化。由于中东部地区城镇发展的条件总体上优于西部地区，以劳务输出为先导和重要形式的西部地区人口迁入中东部地区城镇，从而形成西部地区人口的异地城镇化。异地城镇化可以减轻西部地区的人口和就业压力，增加当地收入，带动交通运输等相关事业的发展。同样西部的异地城镇化，对中东部城镇的发展也做出了不可磨灭的贡献，一些艰苦行业和服务业已离不开这些“外地人”。异地进城务工人员在就业、子女入学、劳动保障、社会福利等方面，尚不能享受到当地居民的同等待遇，多数劳务输出地政府也还不能对这种异地城镇化给予全面有力的支持。因此，西部地区的异地城镇化不仅需要全社会转变思想观念，更需要做出有利于异地城镇化的制度保障。(2) 鼓励富裕起来的农民向各级城镇集中。敞开城门给农民以进城的自主权，是完善要素市场消除城乡分割的制度保障。西部地区各级政府应当进行思想观念上的更新和政策体制上的创新，给进城农民以“市民”待遇，使之在户籍、就业、子女教育、住房、社会保障等方面与原住市民享有同等的权利，彻底根除影响农民“入城”的制度障碍。随着经济和社会的发展，农民进城、“农转非”已成为不可阻挡的潮流。它既可以表现为向西部的大、中、小城市或者小城镇的一次迁移，也可以表现为先建小城镇，再小城市、中等城市，后大城市的梯次迁移。(3) 实行生态移民。目前实施的退耕还林（草)、“禁伐禁牧”等生态工程措施固然对恢复生态有着重要的作用，但是难以长期解决生态脆弱地区人民的生计，除非另有就业门路，否则一旦国家的生态优惠政策到期，很可能再次陷入“越穷越垦（伐、牧、挖)、越垦（伐、牧、挖）越穷”的恶性循环之中。在那些自然条件差，缺乏人类基本生存条件的地区，就地扶贫不仅需要长期持续的大规模财力物力投入，而且也存在着投入中断以往生态建设的成果毁于一旦的风险。如果换一个思路，有计划地将这些地区居民逐步迁移到城镇或者城镇郊区，让他们从事第二、第三产业或者城郊农业，可能不失为生态脆弱地区永久恢复生态的最佳办法。

2. 城镇规模扩张的多元化。城镇的形成和发展取决于自身经济社会发展的客观要求及其自然资源配置条件。西部地区城镇规模结构既不能是以小城镇为主体，各省（市）区也不宜简单划一为中小城市或者大城市为主体，而应当宜小则小，宜中则中，宜大则大，一切以当地城镇发展的客观条件为转移。从总体上看，在加快西部地区城镇化的进程中，既应当使数以千计的有条件的建制镇镇区发展成为小城镇，特别是使县城得到重点发展，也有必要使多数县城成长为中小城市，使现有的条件较好的中小城市成长为大城市。西部地区的城镇化应当在自然资源和经济发展允许的条件下，大力发展大中城市，同时结合发展乡镇企业，发展小城镇，走以集中型城市为主兼顾小城镇发展的道路。

第一，西部地区应当以现有大城市的开发为重点，力争接近或者达到东部同等城市水平。西部地区尽管在总体上城镇化落后，但是重庆、成都、西安、昆明、兰州、乌鲁木齐、贵阳、南宁、柳州、呼和浩特、包头、西宁等一批大城市基础设施却较好。西部地区城镇开发，应当以现有大城市为重点，力争建成为西部大开发的战略高地。相应的对策是：（1）规模扩张与质量提高并重。西部大城市绝大多数有规模扩张的条件，可采取近域推进、轴向延伸、或者跨越扩散等形式。（2）完善城市经济结构，提升竞争能力，大力发展第三产业。与此同时，加强城市基础设施和生态环境建设。增强对外资、外商和周边地区的吸引力。（3）加快制度创新步伐，加强城市软环境建设，增强对周边地区的社会文化辐射能力。（4）加强对外通道建设，如航空港、出海口、出河口、高速公路、城际铁路等，为发挥大城市的辐射功能创造条件。

第二，西部地区应当以中等城市为重点建设西部民族地区地域性的中心城市。中等城市具有承上启下的作用，向上接受大城市的辐射，向下带动小城市和小城镇的发展。以中等城市为重点，不是所有中等城市同步发展，而是要有重点的突破。重点选择的依据是：一要有大城市依托；二要有交通依托；三要具备优先发展的内在条件。中等城市发展的重点是：规模扩张与质量提高并重，在城市扩容的同时，注重对排水、污水处理、大气污染防治、防洪、通信、园林绿化等基础设施建设和制度建设；大力发展城市经济，建立有特色的产业结构。

第三，西部地区要重点发展县级市区（县城）和少数重点中心镇，使其成为西部地区农村地域性经济中心。县级市区（县城）和少数重点中心镇是西部地区城镇网络的基础，在完善基础设施建设的基础上，要把重点放在发展城镇经济上，特别要突出发展农畜产品加工业，吸引乡镇企业向城镇集中，使其真正成为西部地区农村地域性经济中心，带动农村非农产业的发展。

第四，必须正确认识西部地区小城镇发展的作用。小城镇是乡之头、城之尾，发展小城镇对于促进农村经济社会发展，加快城镇化进程具有特别重要的意义。近几年我国又提出了“小城镇、大战略”的口号，将发展小城镇提高到了相当高的程度。但同时我们也应当看到小城镇的局限性。(1) 小城镇既是农村改革开放和农村生产力迅速提高的产物，也是与严重的城乡壁垒有关联的。在城市大门时启时闭，农民进城门槛过高的背景下，小城镇的兴起在很大程度上是突破传统体制的结果。过高评价小城镇的优越性，把现行的城乡分割二元结构凝固化，既有碍于城乡的协调发展，也对全面推进城乡现代化建设不利。(2) 小城镇因规模小，效益低，辐射能力弱，并不能完全取代城市的作用。(3) 片面强调发展小城镇，容易造成重复建设和分散建设，降低聚集效益和整体投资效益。所以，对小城镇发展要有正确认识，既要重视其积极作用，又要对其局限性有清醒认识。在西部地区过分强调小城镇的积极作用，忽视小城镇固有的局限性，容易使西部地区城镇化走向误区。因此，西部地区必须从思想认识上明确，增设建制镇不等于发展小城镇。建制镇是行政区划的概念，通过调整行政区划即可完成；而小城镇是与城市、农村相对应的概念，是人口和非农产业聚集到一定程度，在生产、生活方式上与农村有质的不同，但聚集规模又小于城市的一种人口聚集状态。发展小城镇需要经过一个相对较长的时期。混淆了两者的概念，将主要精力放在增设建制镇上，只能提高"统计上的城镇化率"，而与实际推进城镇化目标无益。同时不能把撤乡并镇作为发展小城镇的灵丹妙药。小城镇的生成是经济社会发展和区位、自然条件等综合作用的结果，加快小城镇发展的基础是人口和非农产业以及与此相应的市政基础设施的聚集，而左右人口和非农产业向小城镇聚集的因素是收益预期和市场规律，与行政区划没有必然的联系。西部地区城镇化的主要方向是大中城市和地域中心城市的加快发展，决不能以小城镇化代替城镇化。西部地区因为地域辽阔，交通不便，适当增加小城镇的数量是必要的。但不能把增设建制镇等同于发展小城镇，更不能乡乡建镇。西部地区现有建制镇中的大多数镇区难以达到小城镇水平，只能在农村集市层次上规划建设。

3. 城镇形态扩张的多元化。西部地区人类开发活动已有数千年历史，适宜建设城镇的地址差不多已选择殆尽，现有城镇则是人类长期理性选择的结果。因此，西部地区城镇扩张的主体将是在现有城镇镇区基础上的扩张，同时伴以内涵扩展为目的的旧城区改造。以现有城镇扩张为主，新建城镇为辅推进城镇化，可以充分发挥现有城镇基础设施的作用和城镇建设管理队伍的潜力，提高城镇建设投资效益。考虑到西部地区城镇建设的现状，不仅广大中小城市和小城镇具有吸纳人口的巨大潜力，而且多数大城市和特大城市的规模扩张也具有合理性和必然性。因此，扩张现有城镇规模应当是西部地区城镇化的主旋律。现有城镇形态扩张可以是“摊大饼式”的向周边蔓延，也可以是带状布局或者组团布局，一切应当以符合当地实际情况和提高经济效益为转移。

4. 城镇化动力的多元化。经济全球化使西部地区城镇化的动力实现多元化成为可能。各地区可根据当地不同的自然条件、自然资源状况、人力资源现状、现有的经济发展水平等多种因素，培育城镇化的推动力。有的可以继续以矿业、制造业为推动力；有的将以商贸、旅游或者流通为推动力；一些城市还可以选择高新技术产业为推动力。

第二章　民族地区城镇化建设的总体战略

建设社会主义新农村是我国现代化进程中的重大历史任务，是在全面建设小康社会的新时期，党中央根据我国城乡面临的新情况和新问题，为全面落实以人为本的科学发展观，统筹城乡发展和解决“三农问题”做出的重大战略举措，它为我国民族地区城镇化建设与发展指明了方向。民族地区要在“十五”城镇化建设所取得成绩的基础上，按照国家“十一五”规划关于城镇化发展的总体战略部署，结合民族地区经济社会发展的实际状况和需要，理顺城镇化发展的总体思路，科学、合理地安排城镇化发展规划，切实有效地推进民族地区城镇化建设，促进民族地区经济社会的跨越式发展。民族地区特别要加快区域中心城市建设，着力培育区域中心城市，以省会城市和区域中心城市带动中小城市和小城镇发展，形成东中西互动、优势互补、相互促进、共同发展的城市新格局。民族地区应着重集中发展，重点建设好省会城市和地级骨干城市，合理、集约利用土地，切实保护好生态环境，走可持续、集约式的城镇化发展道路。民族地区大中小城市是民族地区城镇化体系中的龙头和骨干，也是民族地区农村城镇化发展的未来和方向。民族地区城市现代化是民族地区经济社会发展的必然要求，是民族地区实现全面建设小康社会的重要保证。小城镇是民族地区发展农村工业化和实现农村现代化的载体。建设和发展小城镇，是我国农村经济发展和农村实现现代化的必然途径，是建设有中国特色社会主义、走有中国特色农村城市化之路的一种必然选择，是农业现代化、农村工业化和农民走向城市的必由之路。

第一节　城镇化建设是民族地区建设社会主义新农村的重要途径

一、新时期建设社会主义新农村的基本内涵及其意义

党的十六届五中全会关于社会主义新农村的建设目标以及《中共中央关于制定国民经济和社会发展第十一个五年规划的建议》明确提出，“建设社会主义新农村是我国现代化进程中的重大历史任务”，是我党在新的历史条件下审时度势的又一新的战略部署，是在全面建设小康社会的新时期，党中央根据我国城乡面临的新情况和新问题，为全面落实科学发展观，统筹城乡发展和解决“三农问题”做出的重大战略举措，同时也为我国农村城镇化建设与发展指明了方向。

（一）建设社会主义新农村的基本内涵

《中共中央关于制定国民经济和社会发展第十一个五年规划的建议》提出：“要按照生产发展、生活富裕、乡风文明、村容整洁、管理民主的要求，坚持从各地实际出发，尊重农民意愿，扎实稳步推进新农村建设。”[①] 明确提出了建设社会主义新农村的具体目标和要求。从社会整体文明建设的角度看，“生产发展”和“生活富裕”是要建设物质文明；“乡风文明”是要建设精神文明；“村容整洁”是要建设生态文明；“管理民主”是要建设政治文明。总之，社会主义新农村建设是一个涵盖整个农村深化改革、促进经济社会协调发展的宏伟目标，它具有如下四个方面的

① 《中共中央关于制定国民经济和社会发展第十一个五年规划的建议》，《求是杂志》第5页，2005年第20期。

重要内容：[①]（1）新农村建设要坚持发展农村生产力。农村生产力发展水平的高低直接制约着新农村建设的好坏。因此，新农村建设一定要以经济发展为中心，坚持以发展农村生产力为基本原则。农村经济不发展，农民收入不提高，新农村建设最后肯定搞不下去。（2）新农村建设要加快完善农村经济社会管理体制。其中非常重要的工作就是推进以农村税费改革为主要内容的农村综合配套改革。同时要加快推进乡镇机构、农村义务教育、县乡财政体制、农村金融和土地征用制度等方面的改革。（3）新农村建设要通过城乡统筹的办法，大力发展农村公共事业，解决农民最关心的切身利益问题。在现阶段实现城乡统筹，政府的责任是帮农民解决那些农民自己最无奈、最没办法解决的突出问题，包括基础设施、教育、卫生、社会保障等。（4）新农村建设要让农村有个新的面貌。要在尊重群众意愿基础上，有针对性地搞好各地农村脏乱差问题。要从各地实际出发，进行统一的规划，加快农村城镇化建设，逐步改变农村脏乱差的现象。

推进社会主义新农村建设必须处理好如下几个方面的关系：

第一，要充分认识到新农村建设是一项复杂的系统工程，建设社会主义新农村是一个艰巨而长期的任务。要实现党的十六大提出的全面建设小康社会的目标，还需要不懈奋斗，构建和谐社会更需要付出长期的努力。同时，提高我国农村人口众多的农民群众整体素质，解决富裕程度悬殊以及农村生产生活方式和价值观念落后等问题，也需要经历一个较长的历史时期。因此，要克服追求短期政绩，企求在短时间内就想建成社会主义新农村的浮躁冒进思想。

第二，要遵循我国城市化演进的客观规律，妥善解决好新农

---

① 陈锡文：《深化对城乡经济社会发展的认识，扎实推进社会主义新农村建设》，《小城镇建设》2005 年第 11 期。

村建设与农村人口逐步向大中城市和小城镇转移的趋势问题。随着我国城镇化进程的不断深入和加快，我国农村人口向城市和城镇转移的趋势不可避免。在社会主义新农村建设开端时，就要充分考虑到这一发展趋势对我国未来农村发展演变的影响。我国农村人口数量巨大，即使城镇化水平提高到一个相当高的水平，在今后相当长的一段时间内仍会有几亿人口居住在农村。为此，在积极稳妥地推进城镇化、减少农村人口的同时，仍然要始终重视农村的建设问题。

第三，要正确把握推进新农村建设与促进农民增收的关系。建设现代农业、发展农村经济、维护国家粮食安全、增加农民收入是现阶段我国“三农问题”的重大任务。新农村建设要在扩大农村就业的同时直接增加农民收入，有利于促进农村消费，扩大国内需求，增强农业和国民经济的综合实力，为扎实开展新农村建设奠定雄厚的物质基础。

第四，要正确处理好农村基层政权组织和农民自治组织的关系。既要充分发挥农村党支部、村委会和村民小组在实施新农村建设过程中的领导和组织协调作用，更要注意发挥农民的主体作用，注重因地制宜，加强分类指导，坚持从实际出发，切实尊重农民意愿。

（二）建设社会主义新农村的重大意义

建设社会主义新农村是我国经济社会发展的必然趋势，它对于繁荣我国农村经济，增加农民收入，改善农村环境，加快农村城镇化建设，缩小城乡差别，构建和谐社会，都具有十分重大的意义。

第一，建设社会主义新农村是遏制我国城乡差距拉大趋势，实现全面建设小康社会战略的一个重要举措。20 世纪 80 年代中期，我国农村发展较快，城乡发展差距在缩小。但是自 90 年代以来，农村的发展速度逐渐减慢，城乡发展差距又越来越大。“城乡居民收入差距持续扩大，由 20 世纪 80 年代中期的 1.8∶1，

90年代中后期的2.5∶1，扩大到2003年的3.2∶1。如果考虑到城市居民在住房、社会保障、公共卫生和教育等方面享有国家的补贴和农民要交纳的税费等因素，实际差距约为5∶1—6∶1。”① 我国城乡发展的差距就使得我国要想全面实现小康的目标在客观上变得较为困难，全面建设小康目标的难点和关键在农村。因此，建设社会主义新农村，体现了农村全面发展的迫切要求，也是巩固和加强农业基础地位、全面建设小康社会的重大举措。

第二，建设社会主义新农村是扩大农村市场需求，消化富余的工业生产能力的根本出路。“十一五”期间，我国所面临的宏观经济发展的重大难题就是我们的内需和外需相比，内需的经济发展拉动力不足。尤其是消费需求的增长对经济发展的拉动力跟出口和投资相比，差距较大。“十一五”期间应当把扩大消费需求作为一个战略重点，而拉大消费需求的重点就在农村。必须采取综合有效措施，广泛开辟农民增收渠道，从而使得农村巨大的购买力能够持续地支持我国经济的快速增长。

第三，建设社会主义新农村是我国在新的发展阶段建立新型的城乡关系的必然要求。我国农村发展和改革已进入新的阶段，必须按照统筹城乡发展的要求，贯彻“工业反哺农业、城市支持农村”的方针，加大对农村发展的支持力度，只有这样才能较快改变农村的落后面貌。实际上，我国目前已经初步具备了工业反哺农业、城市支持农村的条件。随着国力的快速增长，我国贯彻“反哺”方针的能力将会越来越强大。

第四，建设社会主义新农村是中国共产党执政为民和代表大多数人利益的集中表现。中国共产党执政为民，要代表最大多数人的利益，首先就要代表8亿多农村人口的利益，全国人民都能

① 王伟光：《科学发展观干部读本》，第63—64页，中共中央党校出版社，2004年版。

够共享改革发展的成果，而实际状况并不尽如人意。如果这种状况长期下去，就会与我们党的宗旨是代表大多数人利益的要求形成对立。因此，现在提出社会主义新农村建设问题，是我们党与时俱进的表现，是政府政策上事实求是的表现，更是我们党“全心全意为人民服务”宗旨的体现。

二、积极推进城镇化，建设民族地区社会主义新农村

（一）民族地区建设社会主义新农村的特殊意义

我国民族地区特别是少数民族聚居地区，集“少”（少数民族聚居地区）、“边”（西部边疆地区）、“穷”（欠发达地区）、“弱”（生态环境脆弱）、“富”（自然资源富集）、“多”（民族文化多样性）于一体，具有典型的“少、边、穷、弱、富、多”特征。民族地区特别是民族地区交通闭塞，基础设施相对落后；人口增长过快，而文化素质普遍较低，社会发育不健全；贫困程度高，经济结构单一，发展速度缓慢；外向型经济发展迟缓，利用外资能力低，对外开放相对较弱；计划经济体制影响深刻，新旧体制转换速度缓慢，改革进程相对落后。社会主义新农村建设，不仅是沿海发达地区的要求，更是中、西部地区、贫困地区民众的迫切愿望。对于我国民族地区而言，建设社会主义新农村更具有重要意义。

第一，民族地区是我国经济社会发展相对落后、绝对贫困人口集中的地区。建设民族地区社会主义新农村，要尽快帮助民族地区大力发展农村经济，加快脱贫致富步伐，实现民族地区跨越式发展。2004 年，全国国内生产总值绝对值达 136313 亿元，而民族地区只有 22046.12 亿元，仅占 16%。[①] 2003 年末全国农村

① 杨维军，李文瑞：《西部民族经济可持续发展研究》，第 8 页，民族出版社，2005 年版。

绝对贫困人口2900万人中，少数民族地区贫困人口1304万人，占45%，全国592个国家重点扶持贫困县，绝大部分集中在民族地区。[①] 这些贫困人口集中在西部边疆地区、高寒山区、荒漠区以及干旱半干旱地区；这些地区生存环境恶劣，社会发育程度较低，交通闭塞，远离区域经济发展重心，处于现代都市经济辐射的末梢，脱贫难度较大。因此，通过推进民族地区社会主义新农村建设，坚持整体推进的扶贫措施，加大国家对民族地区基础建设的投资，特别是加大改变生产生活条件的基础设施建设即通水、通路、通电、通电话、通广播电视及改水、改灶、改厕和沼气建设，从而进一步改善民族地区经济社会发展的基础条件，为民族地区脱贫致富提供坚实的物质基础。

第二，民族地区是我国重要的生态建设地区。建设民族地区社会主义新农村，就是要在西部大开发的过程中，建设和保护好西部地区的生态环境，为民族地区乃至整个中华民族的可持续发展做出贡献。长期以来，不断恶化的生态环境，给民族地区的经济社会带来极大的危害，严重地影响甚至威胁到整个国家的可持续发展。民族地区贫困人口大多数生活在生态环境比较恶劣的地区，恶劣的生态环境是当地群众贫困的主要原因之一。如果不能有效地控制水土流失和土地荒漠化，将严重影响民族地区的可持续发展和安定团结。同时，生态环境恶化导致自然灾害的频率发生，危害程度不断加重。因此，民族地区经济社会发展决不能走掠夺和破坏资源的老路，而要稳步推进“退耕还林（草)”、绿化荒山荒漠、防沙治沙、天然林保护、天然草原的恢复与建设、加强水土流失的综合治理等各项生态工程建设，走可持续发展之路。要实现上述目标，关键在于通过民族地区社会主义新农村建

① 葛忠兴：《中国少数民族地区发展报告：2004》，第19页，民族出版社，2005年版。

设，通过加快发展小城镇建设吸引广大的农村人口，将“穷山恶水”地区的人口迁移出来，集中居住在城镇，使这些地区的生态得以恢复。

第三，西部地区大多数地处偏远、交通落后、信息闭塞、城市化水平普遍较低，绝大部分人口至今仍生活在信息不畅、环境封闭，对外开发程度和社会发育程度偏低的乡村县镇等“孤岛”上。建设民族地区社会主义新农村，国家通过财政转移支付，加大对民族地区农村公共物资提供的力度，加大对民族地区义务教育、优抚救济、社会保障、卫生医疗、文化体育等社会事业和道路、供水、供电等公共基础设施的投资，以及改善民族地区公共科技服务条件和水平，为民族地区社会事业的跨越式发展创造有利的条件。

（二）大力推进城镇化是民族地区建设社会主义新农村的重要途径

城镇化是农村人口向城镇转移、集中以及由此引起的就业结构非农化的一系列制度变迁的过程。城镇化是工业化、现代化的推进器，是人类社会走向文明的重要标志。在现代市场经济条件下，各国和各地区经济发展的状况和水平，在很大程度上取决于城镇经济发展的状况和水平。实施城镇化战略，推进城镇化进程，对于解决我国经济社会发展所面临的各种矛盾具有强大的牵动作用。推进城镇化进程是统筹我国经济社会发展，缩小城乡差距，促进区域经济与社会协同进步，实现党的“十六”大提出的全面建设小康社会目标的重要途径。对于民族地区而言，城镇化就是一个由传统的农牧业社会向现代化城市社会转变的历史过程，是一个经济发展与社会进步相融合的过程。长期以来，我国民族地区城镇化水平不仅远远落后于发达的中东部地区，而且严重地滞后于民族地区本身的工业化和经济发展水平。目前我国的城市贫困人口和农村贫困人口绝大部分集中在民族地区，其中，城镇化水平低下就是主要原因之一。只有加快城镇化进程，民族地区才能有效地解决“双贫困”问题。城镇化建设是民族地区实现脱贫致富，早日实现小康社会的重要途径。

大力推进民族地区城镇化建设是新时期民族地区建设社会主义新农村的重要途径。建设民族地区社会主义新农村，就是要在今后一个相当长的时期里，努力把民族地区农村建设成为“生产发展、生活富裕、乡风文明、村容整洁、管理民主”的新社区。民族地区要实现这样一个美好的目标和愿望，就必须在国家财力的大力支持下，充分调动民族地区各族人民的积极性和创造性，通过加快民族地区城镇化的发展速度，改善民族地区经济和社会发展的基础条件，积极调整农村产业结构，扎实稳妥推进整村脱贫规划，切实通过民族地区城镇化建设，使民族地区广大的农村无论是在经济物质水平方面，还是在人们精神面貌方面，以及农村生活环境方面，都有一个明显的提高和明显的好转。我国新时期推进社会主义新农村的建设，意味着我国城镇化决不能以牺牲农村、农民利益为代价，不能出现西方国家城市化过程中曾经出现过的城镇繁荣而农村败落的局面。既要发展城镇、建设城镇、繁荣城镇，同时又要发展农村、建设农村、繁荣农村，实现城乡协调发展、共同进步。在民族地区大力推进城镇化，建设民族地区社会主义新农村还肩负着实现民族地区跨越式发展、协调我国区域经济社会发展、全面建设社会主义小康社会的历史使命。

第二节　民族地区城镇化“十一五”发展规划的总体思路

一、国家“十一五”期间城镇化发展的战略部署

推进城镇化健康发展构建具有中国特色的城镇发展新格局，

是贯彻落实科学发展观、全面建设小康社会的重要任务。党的十六届五中全会通过的“十一五”规划《建议》指出：“坚持大中小城市和小城镇协调发展，提高城镇综合承载能力，按照循序渐进、节约土地、集约发展、合理布局的原则，积极稳妥地推进城镇化。”[①] 这是对我国城镇化发展趋势和道路的高度概括，是对构建中国特色城镇发展新格局的科学阐述。“十一五”时期实施城镇化战略的总体要求是：适应全面建设小康社会目标和提前实现现代化的要求，大力推进城镇化进程，大幅度提高城镇化水平，促进工业化与城镇化的互动协调发展；保持城乡之间、城市之间经济关系的协调，逐步缩小地区之间、城乡之间的本质差别，促进社会结构的调整和转型，统筹城乡发展，实现城乡社会的共同进步。

（一）坚持大中小城市和小城镇协调发展

坚持大中小城市与小城镇协调发展体现了我国国情的要求，反映了时代的特征。我国人口多、底子薄，发展很不平衡，推进城镇化的同时，面临着实现经济增长、社会发展和解决人口众多、资源紧缺、环境脆弱、地区差异大等许多问题和矛盾。这就决定了我们必须贯彻落实科学发展观，坚持走有中国特色的城镇化道路。在我国城镇化的进程中，大城市是中心，中小城市是骨干，广大的小城镇是基础，各有各的作用，缺一不可。只有坚持大中小城市和小城镇协调发展，才能使我国城镇化发展合理有序地推进。没有大城市，就没有经济和科技发展的龙头；没有中小城市，就没有城镇体系的骨干；没有小城镇，就没有连接城乡、协调发展的纽带。因此，大中小城市和小城镇在我国现代化建设和城镇化发展中，都具有极为重要的地位。只有人中小城市和小

① 《中共中央关于制定国民经济和社会发展第十一个五年规划的建议》，第7页，《求是杂志》2005年第20期。

城镇的协调发展，才能逐步形成比较合理的城镇体系结构，才能构成国家经济社会体系的合理空间支撑系统。只强调发展小城镇的重要，或者只强调发展大中城市的重要，都是不全面和不科学的，因为它不符合我国的基本国情和世界城镇化发展的一般规律。《建议》明确了我国大中小城市与小城镇协调发展的基本思路，指出："珠江三角洲、长江三角洲、环渤海地区，要继续发挥对内地经济发展的带动和辐射作用，加强区内城市的分工和优势互补，增强城市群的整体竞争力。继续发挥经济特区、上海浦东新区的作用，推进天津滨海新区等条件较好地区的开发开放，带动区域经济发展。有条件的区域，以特大城市和大城市为龙头，通过统筹规划，形成若干用地少、就业多、要素集聚能力强、人口分布合理的新城市群。人口分散、资源条件较差的区域，重点发展现有城市、县城和有条件的建制镇。"① 这是对今后一个时期内我国各类市镇协调发展的总体要求，也是总体规划、调整优化我国城镇体系的指导原则。

（二）提高城镇综合承载能力

城镇化是一个国家经济社会发展客观形态的综合体现。城镇作为经济、科技、文化、教育、体育、卫生发展的载体，集中体现了综合国力、政府管理能力和国际竞争力。它决不仅仅是人口的城镇化，也不仅仅表现在产业的升级换代上，而是整个社会基本形态由农业型社会向更高一级城镇型社会的全面转型。城镇化是一个城市文明不断发展并向广大乡村渗透和传播的过程，是乡村和农民的生产方式及生活方式文明程度不断提高、不断现代化的过程；也是人类不断追求文明进步，崇尚开拓进取，建立起根本区别于农业社会的具有社会化、商品化、规范化、法制化特征

① 《中共中央关于制定国民经济和社会发展第十一个五年规划的建议》，第7页，《求是杂志》2005年第20期。

的城市社会的新秩序的过程。因此，城镇化既是一个国家发展水平的重要标志，也是人类社会走向现代文明的重要特征。《建议》根据我国城镇化发展的实际状况和存在的问题，有针对性地提出要进一步努力“提高城镇综合承载能力”。城镇综合承载能力实际上指的就是城镇的综合功能。提高城镇综合承载能力就是要在城镇化的进程中不断完善各类大中小城市和小城镇的各种功能，增强城市的“吸纳力”、“消化力”、“辐射力”和“发展力”。现代意义上的城镇是一个巨大的系统，它应当是经济、政治、文化发展的中心，在整个社会经济发展、社会交往、信息沟通中居于中心地位，往往担当着周边地区的行政领导中心职位以及扮演着周边地区经济中心角色，是现代产业的集中地和消费中心，在经济发展中具有举足轻重的地位，发挥着政治动员和经济推动的功能，在整个国民经济发展中起主导作用。我们必须认识到，“乡村人口城镇化和城市经济现代化、基础结构现代化以及城乡一体化共同构成城镇化的丰富内涵。”① 因此，不能将城镇化过程简单地压缩为城镇建设的过程，而是要在推进城镇化战略的过程中必须注意人口、资源、经济、生态的协调与均衡，兼顾各方面的利益。城镇化的核心问题是经济发展，吸纳和扩大就业是城镇化推进的关键。要因地制宜，发挥各类城市不同的综合功能。如果城市产业不发展，经济不发达，城市带动功能上不去，仅仅让农民进城，没有固定的职业和收入、没有固定的住所，这种城镇化是不明智和有害的。

（三）按照循序渐进、节约土地、集约发展、合理布局的原则，积极稳妥地推进

改革开放以来我国城镇化进程不断加快。从 1978—2004 年，

---

① 王奎梦，冯并，谢伏瞻主编：《中国特色城镇化道路》，第 165 页，中国发展出版社，2004 年版。

城镇化水平由不足18%提高到41.8,[①] 这就充分表明我国城镇化已进入快速发展阶段。城镇化进程的快慢、转移人口规模的大小，主要取决于两个前提条件：一是农业生产水平，即在保证粮食供给的前提下，农村可以提供多少进城劳动力和农副产品；二是工商业发展水平，主要是指城镇能提供多少就业岗位。我国现有城镇人口5亿多，城镇化水平每提高1个百分点，就要增加1300万到1500万左右的城镇人口。[②] 我国的基本国情决定了城镇化进程必须按照循序渐进、节约土地、集约发展、合理布局的原则，积极稳妥地推进。具体地说，必须考虑如下几个因素：(1) 要坚持保护环境和保护资源的基本国策，坚持城镇化发展与人口、资源、环境相协调，合理、集约利用土地、水等资源，切实保护好生态环境和历史文化环境，走可持续发展、集约式的城镇化道路。(2) 要全面考虑经济社会发展水平、市场条件和社会可承受能力的程度，发挥市场对推进城镇化的重要作用，通过市场实现城镇化过程中各种资源的有效配置，吸引各类必需的生产要素向城镇集聚，同时发挥政府的宏观调控作用，加强和改善政府对城镇化的管理、引导、规范。(3) 坚持走多样化的城镇化发展道路，推进各级各类城镇协调发展，形成合理的城镇体系，提高城镇综合承载能力，发挥各级各类城市和小城镇在一定区域范围内的职能作用。(4) 要根据各地经济社会发展水平、区位特点、资源禀赋和环境基础，合理确定各地城镇化发展的目标，因地制宜地制定城镇化战略及相关政策措施，加强城市之间的经济联系和分工协作，实现城市以及地区优势互补和共同发展。(5) 要通过深化改革，研究制定适合我国国情、符合社会主义市场经

① 李学举：《构建中国特色城镇发展新格局》，载《人民日报》，2005年11月30日，第9版。

② 同上。

济规律的政策措施和体制机制，营造城镇化发展的良好环境。推进城镇化健康有序发展，必须坚持以规划为依据，以制度创新为动力，以功能培育为基础，以加强管理为举措，以法律法规为保障。要深入认识和全面把握城镇化的发展规律，认真听取有关专家的意见，研究制定科学合理的城镇化发展规划，保证规划经得起实践和时间的检验。要加快全国城镇体系规划的编制。通过全国城镇体系规划、城市总体规划、村庄和集镇规划以及土地利用规划等，合理引导城镇化发展的规模、速度、节奏，优化城镇结构和布局。要维护规划的权威性、严肃性，明确规划实施的主体和责任，加强对规划实施的领导和管理。要完善相应的法律法规，依法加强对规划实施的监督管理，及时发现和纠正规划实施中的偏差，保证规划的全面实施。

二、民族地区“十一五”期间城镇化发展的总体思路

“十一五”期间民族地区要在“十五”城镇化发展所取得成绩的基础上，按照国家“十一五”规划建议中关于城镇化发展的总体战略部署，结合民族地区经济社会发展的实际状况和需要，理顺城镇化发展的总体思路，科学、合理地安排城镇化发展的规划，切实有效地推进民族地区城镇化建设，促进民族地区经济社会的跨越式发展。根据国家“十一五”期间城镇化发展的总体规划，中西部地区特别要加快区域中心城市建设，着力培育区域中心城市，以省会城市和区域中心城市带动中小城市和小城镇发展，形成东中西互动、优势互补、相互促进、共同发展的城市新格局。西部地区资源丰富，人口稀少，布局分散，发展成本高，应着重适应集中发展的需要，重点建设好省会城市和地级骨干城市，合理、集约利用土地，切实保护好生态环境，走可持续、集约式的城镇化道路。

民族地区幅员辽阔，区域差异大，有的人口密集，有的地广

人稀，许多地区自然生态环境差，交通等基础设施落后，城镇化水平很低。[①] 这一特点决定了民族地区城镇化的发展道路，既要遵循城镇化发展的规律，又要符合民族地区的实际情况。民族地区城镇化起点低，城镇体系结构不完善，城乡二元结构明显，而且区内自然条件和社会经济条件差异很大。因此，民族地区的城镇化道路不可能是一个模式而应该因地制宜，走有特色的多元城镇化道路。从民族地区城镇化的现有基础和未来发展趋势出发，在“十一五”期间，民族地区城镇化发展必须坚持积极主动、加快推进的方针，坚持可持续发展和多样化的城镇化发展道路。一方面选择现有经济基础较好，区位优势明显，人口较为密集的地区，大力推进城镇化进程，重点发展一批中心城市，形成经济增长极，依托交通干线，以线串点，以点带面，有重点地推进开发，走城市带动农村的道路。另一方面充分吸取东部地区小城镇建设的经验教训，有重点地发展小城镇，大量吸纳农村剩余劳动力，解决农民脱贫致富问题，并全面配合大中城市的产业升级和经济辐射。民族地区城镇化发展必须在吸取东部城镇化经验的基础上，充分利用后发优势，在城镇化的发展重点、方向、措施和步骤上有所创新，走超常规发展之路。

（一）实施大城市和小城镇“两头并重”的发展战略[②]

1. 发展以大城市为主体的中心城市。从战略上讲，经济要实现快速增长，必须有若干较强辐射能力的经济增长极，这个增长极就是区域经济带的中心城市。以中心城市为依托，在一定区域内组成具有专业化、协作化的城市群，以此带动区域社会经济

① 以2000年为例，全国城镇化水平为36.22%，东部地区为46.11%，中部地区为32.97%，西部地区为30.82%，而西部民族地区仅为19.21%。黎明：《城镇化：西部民族地区农村经济发展的战略选择》，《农村经济》2004年第9期。

② 李澜：《西部民族地区城镇化》，第241页，民族出版社，2005年版。

迅速发展。西部地区应当采取各种经济和非经济的措施，优先发展大城市，优化配置资源，强化城市经济地域空间内涵，提高大城市的中心地位，充分发挥其在经济发展中的龙头作用，提高其吸收和辐射能力，从而带动周围的中小城市和广大农村地区的发展。要强化中心城市的辐射带动作用，通过加快重庆、成都、西安、兰州、银川、西宁、乌鲁木齐、呼和浩特、包头、南宁、柳州、贵阳、昆明、拉萨等跨省区和省域中心城市的发展，进一步突出省域中心城市，尤其是重庆、成都、西安等具有跨省区影响的中心城市在西部地区城镇体系中的龙头地位，注意发挥以特大城市为中心的大都市区域和由城市群组成的核心地区的作用。同时在发展现有省域中心城市的基础上，发展壮大新的区域性中心城市，使之成为带动西部地区加快发展的战略高地。目前在民族地区，西藏自治区还没有大中城市，宁夏回族自治区还没有大城市，云南、贵州这样的多民族省，只有省会是大城市。在今后相当长的时期内，民族地区必须依靠工业经济的发展来带动大中城市的发展，通过中心城市反过来带动整个民族地区的经济社会的发展。

2. 有重点地发展小城镇。发展小城镇是西部推进地区城镇化的重要一环。国家高度重视“小城镇、大战略”，将发展小城镇提高到相当高的高度。小城镇是乡之头、城之尾，发展小城镇对于民族地区农村的发展来说，无疑是一个大的战略。小城镇发展在推动农业产业化，完善社会的服务体系，有效吸纳农村剩余劳动力，加快城镇化进程等方面有其特殊的作用。特别是在民族地区，客观上存在着有限的环境承载力、较为脆弱的生态系统与较多的农村剩余劳动力和较强的资源开发需要之间的矛盾，薄弱的经济基础和较之于东、中部地区封闭的人文社会环境加大了城市化的难度。要解决诸多的矛盾，一个重要而现实的途径，就是充分利用西部地区的各种现实或潜在的优势，有重点、有步骤地建设具有西部特色的小城镇，使之与西部地区的大、中城市一起构成强大的城镇体系，推动西部地区经济发展和社会进步。

小城镇在民族地区经济社会发展中具有特殊的地位和作用。(1) 小城镇是民族地区经济发展的重要的空间载体；(2) 小城镇有利于加强民族间的经济联系，有利于民族团结；(3) 小城镇是民族地区农牧业剩余劳动力的蓄水池；(4) 小城镇在民族地区经济发展中起着重要的示范作用。但是，从目前西部城镇化发展的实际情况来看，西部地区小城镇不仅数量少，而且缺乏质量和规模，集聚效益差、基础设施建设困难、土地浪费严重、环境污染、效益低下等问题突出。因此西部地区小城镇的建设，不仅要重视数量的增加，更要重视规模和质量的提高。西部地区小城镇的建设，应当重点发展县城和部分基础条件好、发展潜力大的建制镇。在小城镇发展过程中，要注意第二、第三产业的合理集中布局，加强规划和公用设施建设，使其在生产、商品流通、技术扩散、信息传播等方面发挥更大的作用，为周围农村提供更多的服务；要避免分散布局，通过科学规划有重点地择优培育一批中心镇。重点中心镇的选择不要过多，各县（市）应当根据区位条件、经济实力和辐射范围等条件，择优选择 2—3 个建制镇，集中力量进行重点规模建设，使其尽快达到合理规模，成为一定区域经济中心。这样既可以提高小城镇的规模效益，又有利于节省城镇化的成本，有利于加快西部地区城镇化的步伐。重点建设的小城镇要制定比一般建制镇更加优惠的经济社会政策，改革行政管理体制和资金投入导向，完善基础设施和公共服务设施，提高城镇品位和质量，吸引生产要素集聚，实现规模化发展。重点建设的小城镇要制定比一般建制镇更加优惠的经济社会政策，改革行政管理体制和资金投入导向，完善基础设施和公共服务设施，提高城镇品位和质量，吸引生产要素聚集，实现规模化发展。

（二）建立和完善合理的民族地区城镇体系，因地制宜，多元多层次地推进民族地区城镇化。在实施民族地区大城市和小城镇“两头并重”的发展战略的过程中，民族地区要依据本地区社会经济发展的现实基础和民族地区城镇化的发展现状，走出一条大中小城市联动并举、宜大则大、宜小则小、共同推进、协调发展的道路。[①] 城镇化是一个形成城镇网络有机体的过程。我国的城镇化必须包含两个方面的含义：一是将集中与分散有机地统一起来；二是建立起以城市为中心的区域一体化体系，即以区域一体化发展为中心的城镇化模式。城市之间的发展既相互促进，又相互制约。大中小城市和小城镇各自承担着不同的功能，形成优势互补的关系，不可能相互替代。要从民族地区发展的实际情况出发，积极稳妥地推进城镇化，有重点地发展小城镇，积极发展中小城市，完善区域性中心城市功能，发挥大城市的辐射带动作用，引导城镇密集区有序发展，防止盲目扩大城市规模，走符合民族地区区情、大中小城市和小城镇协调发展的多样化城镇化道路。

从现实条件来看，当前西部民族地区大中小城市经济实力弱、规模小，制约着中心大城市向周围中小城市的辐射和扩散，也影响了中小城市向小城镇和农村辐射、扩散功能的发挥，最终制约了区域的社会经济发展。中小城市在西部地区分布较广，对于带动区域经济的繁荣，增强对大城市的支撑能力和接受其辐射的能力，可以发挥重要的作用。同时大多位于交通基础设施较好、资源相对优越的地区，发展的制约因素少，具有较大的发展潜力。因此，应当积极扶持和加快发展中小城市和具有发展潜力的县城。发展西部中小城市要挖掘潜力，夯实基础，提高质量，扩大规模，合理增加数量。通过加强基础设施建设，扩大规模，

① 李澜：《西部民族地区城镇化》，第245页，民族出版社，2005年版。

改善投资环境，增强经济实力和持续发展的能力，使之成为区域非农产业集聚中心和人居中心。优势明显、交通便利、发展潜力大的城镇应根据各自的经济社会发展趋势和基础条件，积极向大中城市迈进。农村人口向城镇迁移应当是多元化的方向。在市场规律的作用下，民族地区的农村人口既可以跨地域向中东部城镇迁移，实现异地城镇化；也可以向西部的各级城镇迁移，实现就地城镇化；还可以实行生态移民，把生态移民和推进城镇化有机结合起来。在西北的一些贫困地区，人地之间的尖锐矛盾已经到了不可调和的地步，干旱缺水到了几乎寸草不生、颗粒无收的状态，无论投入多少扶贫资金，都将无济于事。对这种地区唯有实行生态移民，才是生态恢复的唯一办法。有计划地将这些地区居民逐步迁移到城镇或者城镇郊区，让他们从事第二、第三产业或者城郊农业，可能不失为生态脆弱地区永久恢复生态的最佳办法。

第三节　民族地区农村城镇化与城市现代化的整体推进

一、稳步推进民族地区农村城镇城市化

根据城市化双向互相促进的规律，城市化的过程实质上就是城市经济和农村经济互相依赖、互相促进、共同发展的过程。城市化的过程就是在城市经济和农村经济相互促进、协调与整合发展中完成的。民族地区在实现经济与社会跨越式发展过程中，一方面要大力推进农村城镇化进程，加快农村经济与农村社会各项事业的发展；另一方面也应当积极、稳妥地推进城市现代化的进程，有效地发挥城市的吸纳与辐射功能，尤其是要充分发挥其对农村经济与社会事业发展的带动功能。只有整体推进民族地区农

村城镇化与城市现代化，建立以工促农、以城带乡的长效机制，把民族地区农村城镇化建设与民族地区城市现代化发展进行总体规划，才能真正实现城乡互动、相互促进的城乡一体格局，才能够使得民族地区城镇化在健康、有序的轨道上快速发展。

推进民族地区城镇城市化就是要使得民族地区的大城市和城镇之间除了在规模上有差别外，在公共设施质量、购物娱乐环境、道路信息系统方面的差距较小，这样的小城镇才能称得上是分流大城市人口的“蓄水池”和向农村传播城市文明的“接力棒”。推进民族地区农村城镇城市化，就是要在农村小城镇建设的基础上不断完善和提升城镇的功能，进而为农村小城镇向中小城市过渡奠定基础。这是民族地区农村城镇化发展的方向和目标。

民族地区小城镇伴随着西部地区乡镇企业的发展，曾经解决了西部地区农业劳动力就地转移的大问题。但是随着民族地区经济社会的发展，大中城市在改造传统农业、推进农村现代化方面所发展的作用，小城镇是难以替代的。民族地区小城镇低水平的现状，也决定了小城镇无力担当区域发展极的重任。民族地区小城镇的大部分居民是从农业劳动力转化而来的，居民生活方式和城镇建设档次上也处在城乡过渡阶段。农村城镇是城市现代化要素向乡村扩展和辐射的中间环节，城镇城市化可以说是城市化与城镇化的衔接。农村城镇的城市化水平直接影响城市化要素向农村的扩展和辐射能力。与现代经济相联系的第三产业更是以城市规模为条件，文化教育、金融保险、房地产业、信息服务业等都适应于在城市发展。同时，在节约资源、产业经济发展等方面城市也具有明显的优势。

城镇城市化要求突出城市功能。城市功能在现阶段最为突出的是为生产服务的功能，其中包括市场功能、信息功能以及金融、保险、通信等方面的服务功能。城镇城市化的首要内容是功能建设和市场建设，说到底是城市的服务功能建设。农村城市化的一个重要含义，就是指农村居民在城镇能够享受到城市人的物质和文化生活方式，引导农村地区的群众从旧的生活方式中摆脱出来，让更多的农村居民享受城市文明。城镇城市化就是要根据现代城市化功能和城市观念来建设城镇，使之发展成为新型的小城市。要提高小城镇规划和设施建设的标准，特别要加快小城镇信息传播通道的建设，为城镇营造高质量、高标准的生产生活环境。一些近郊城镇可以结合城市郊区化进程，吸收大城市转移的人口和产业，成为大城市的卫星城镇，直接接受城市文化和城市观念的辐射。

城镇城市化需要城镇能成为开放性城市。因此，城镇城市化建设的重要内容是城乡快速交通和通讯联系渠道的建设。其中包括中心城市与城镇之间的交通和通讯渠道建设，城镇和乡村之间的交通通道建设，各级城市之间以及城乡之间的市场联系网络建设。这对城乡一体进入现代化起着先行作用。

二、积极推进民族地区城市现代化

城市现代化是一个较难界定的概念。有学者实际上把城市化与现代化视为同一概念来使用。一般而言，城市现代化主要是从城市发展所显现出来的综合功能对社会满足的程度上来评价的。(1) 城市化不是单纯地扩大城市人口，把农村人口变成城市人口，而是要在国家和地区经济发展动力、经济结构、资源利用、生活方式等多方面综合性的重大转变。城市化包含城市的数量和城市的质量两个方面，其中，城市化的质量对现代化显得更为重要。(2) 城市化的关键不是简单的人口流动和集聚，更重要的是提升城市的综合功能，要因地制宜，变工业型城市为贸易型城市、服务型城市和消费型城市。不断强化城市功能，必须建设现代化的城市设施支撑体系。要建设高质量的金融、交通、通讯、供水、能源供应等体系，加快信息网络和城市信息中心的建设；改善住房供给，提高住房质量，建立完善的住房新制度；建设高水准、多层次的现代市场，强化市场网络和完善保证市场正常运行的机制建设；等等。所有这些都是建设现代化城市的基础设施的基本内容。（3）城市即市场中心，市场是其基本功能。城市化更突出其成为市场中心、信息中心、服务中心、文化教育中心的内涵，尤其是其经济能量的集聚度和对整个区域的辐射力。城市是现代化的中心，是科学技术和文化思想的策源地，是先进社会生产力和现代市场的载体，城市化是带动乡村现代化的龙头。推进城市现代化将促进技术创新和文明进步，进而推动社会经济现代化和城市文明的地域扩散，提高区域现代化的潜力。

20世纪80年代以来，我国的城市化速度明显加快，但是有些新设市、镇的整体综合质量不高。今后，我国城镇化建设的重要任务之一就是要努力提高城市化的质量，大力发展交通、通讯、金融、供水、供电、管理以及商业饮食、社会保险、法律、文化娱乐、医疗卫生、文化体育等基础设施和服务设施，以满足城市生产和生活需要。同时，切不能盲目地片面追求城市化发展速度，以免出现另一种形式的虚假城市化。目前对城市化较高地区或者经济发达地区而言，城市化的重点是提高质量。而对于经济相对落后的西部民族地区来说，城市化的重点是提高城市化水平，重视城市个性，制定和实施特色城市发展的战略。城市化和城市现代化都必须从实际出发，立足于我国的国情和各地区的省情、市情和区情。西部经济欠发达地区，重点发展大城市，通过大城市带动中小城市和城镇的发展，从而带动经济社会的发展；东部沿海地区，特别是城市密集地区，建立和完善城市群和城市带，经济发达符合条件的城镇提升为小城市，城市现代化、农村城市化与城乡一体化三管齐下。国家对城市现代化所提出的统一指标体系不能成为城市发展的羁绊，地方政府更不能产生对“指标”的盲目崇拜。增强城市经济实力，促进城市全面发展经济是城市发展和建设的基础，是提高居民生活质量的保证。所以城市仍然要以发展经济，壮大经济实力，提高经济竞争力为中心。发展经济要立足自己的优势和特点，因地制宜，形成地方特色。城市是一个综合体，以经济建设为中心不等于只搞经济，而是必须在发展经济的同时，大力发展科学技术和教育文化等多方面的事业，促进城市的全面发展和综合功能的整体提升。

从现阶段来看，民族地区发展市场经济尚缺乏足够的城市载体，城市功能不完备，基础设施不配套，这就难以吸引和集聚更多的人流、物流和更大的资金流、文化流、科技流，进而限制了民族地区产业结构的调整和第二、第三产业的发展，影响了企业效益的提高，也导致民族地区的就业空间相对狭窄。加快城市化有助于拉动基建投资和增加服务消费，从而扩大就业特别是第三产业部门的就业数量。像住宅、教育、交通、电信、旅游、文化娱乐及其水、电、气等需求，都同城市化程度密切相关，只有加快城市化才能真正启动并适时满足这些需求。因此，民族地区经济、社会发展需要有若干个具有较强经济活力、功能比较完善的中心城市，并通过它们带动一批中小城市。在有些区域地带要形成不同规模、不同层次、不同功能的城市群，构成民族地区对外开放的纽带，从而有效联结东部、中部地区，广泛接纳外来的各种工商企业，并通过城市的转化和传递，向广大的腹地和广大的农村进行辐射渗透，形成一种以城市为中心的具有内生性的动力源。同时城市经济的发展减少了对自然生态环境的破坏，是民族地区退耕、恢复、保育自然环境的最好发展模式，从而避免了以往那种广种薄收的粗放式开发经营，这对于克服民族地区发展的不利因素，加大产业、物流、人口集聚度，改变原有的城乡二元结构，提高基础设施建设的投资效益等都会产生积极作用。

民族地区城市现代化过程不能简单地压缩为城市建设的过

程。目前在西部大开发的过程中，民族地区许多地方城镇改造提速、规模扩张加快，城镇建设超越发展阶段和现有经济的支撑能力，基础设施建设盲目向高标准看齐，热衷于“建设现代化大都市”。人们普遍存在着一种认识上的偏差，即将加快城镇化误解为加快盖楼速度，将经营城市误认为无节制地卖地皮；有些地区为了吸引外资给外商免费赠送土地，造成可耕地的大量损失。其结果是短期行为突出，形式主义泛滥，一味地追求政绩，搞“形象工程”。不切实际，贪大求高，摆花架子。甚至不惜举债建设大广场、大马路和不适用的标志性建筑等。还有一些地方通过修编城镇规划、设置开发区，以及“县改区”、“乡改镇”等，把规划区范围做大，把开发面积做大，以获取土地开发的短期收益。很多地方城镇规划面积的扩展速度，大大快于“人口城镇化”的速度，“有城无市”的地方为数不少。没有把推进城镇化的工作重点放到如何促进农村富余劳动力向城镇转移、实现“农村人口城镇化”上来。这样不仅浪费了宝贵的公共资源，加大了地方政府的财政负担和风险，另一方面也加重了当地农民的负担，加剧了对农民利益的侵害，抬高了农民进城的成本。最后导致的局面是建了空城，而没有相应的产业发展，进城农民的生计问题和旧体制遗留下来的矛盾结合在一起，大大加剧了城市就业的压力。许多城市的基础设施条件比较落后，特别是城市的教育设施、环境状况、邮电通讯状况、园林绿化、居民小区停车场及防灾减灾等都不能适应未来经济发展和城市现代化的基本要求。

三、民族地区农村城镇化与城市现代化要协调发展

我国民族地区地域辽阔，区内差异较大，在民族地区的任何一个省级区域内，既有大城市，也有中、小城市，但更多的还是星罗棋布的小城镇。民族地区农业结构调整的现实要求与“退耕还林”、“退耕还湖”、“退耕还草”、“坡地休耕”的政策一致，这

些都会使得民族地区的广大农村必然产生更多的富余劳动力。要提高民族地区农民的人均收入，就必须加速农村剩余劳动力的转移。这一切都需要通过发展城市和小城镇来吸收和接纳这些剩余劳动力。要大力培植充满生机和活力的城镇经济。通过工业的发展和集中，带动第三产业的发展，进而带动人气、财气的聚集，从而形成小城镇。同时，还要发展农产品加工带动、市场带动、外向带动、旅游带动等类型的小城镇。如果没有产业基础，农民到小城镇只能“居住”，不能“乐业”。小城镇不是简单地把农民集中在一起，把一些自然村进行“捏合、归类”。如果那样的话小城镇只能是座“空城”，最后使居民走向失地、失业的困境。总之，在新的历史发展时期，民族地区尤其是西部地区，农村城镇肩负着极为重要的历史使命，大力推进民族地区农村城镇化任重而道远。

民族地区大中小城市是民族地区城镇化体系中的龙头和骨干，也是民族地区农村城镇化发展的未来方向。民族地区城市现代化是民族地区经济社会发展的必然要求，是民族地区实现全面建设小康社会的重要保证。民族地区城市现代化首先就要求民族地区大中小城市的发展，必须在产业结构上与周边中小城市和小城镇互补，而且必须以广阔的农村为腹地。只有这样，才能满足它的正常生活和生产的需要。要深化改革，强化现有城市的综合功能，特别是科技、信息、金融、教育、文化功能，提高城市化水平，增强和发挥其集聚力和辐射力，使之真正成为民族地区区域性经济和文化发展中心。对于民族地区而言，也是最重要的一个方面，就是要以超常规地建设和发展信息高速公路和信息网络，以信息化带动产业化发展。这也是民族地区城镇化发展，缩小与中东部城镇化水平差距的一个重要途径。总之，在大力推进民族地区农村城镇化的同时，要进一步完善民族地区大中小城市的功能，促进民族地区城市现代化。平衡好两者之间的关系，科学规划，合理安排，使民族地区农村城镇化和城市现代化协调发展。只有这样，才能实现民族地区跨越式发展，最终实现民族地区城乡一体化。

第四节　小城镇是民族地区农村工业化、现代化的载体

一、小城镇是民族地区农村工业化的载体

小城镇是民族地区发展农村工业化和实现农村现代化的载体。建设和发展小城镇是我国农村经济发展和农村实现现代化的必然途径，是建设有中国特色社会主义、走有中国特色农村城市化之路的一种必然选择，是农业现代化、农村工业化和农民走向城市的必由之路。在我国广大的少数民族地区，长期以来城镇化率低于东部发达地区和全国平均水平，第三产业发展滞后的一个很重要的原因就是小城镇建设跟不上，形不成对第三产业的规模要求。小城镇建设滞后不仅造成民族地区工业、第三产业的零星分散，而且把大批农民束缚在拥挤的土地上。实践证明加强小城镇建设和发展，提高城镇化水平，有利于农民向小城镇集聚，有利于农业剩余劳动力的转移；有利于缓解农村日益严重的人口与耕地、环境的矛盾，符合可持续发展的基本国策；有利于促进劳动者之间的经济交往，发展社会分工，从而改变历史上遗留下来的那种封闭的生产方式和生活方式。发展小城镇可以用最小的成本和代价打破城乡二元分割体制，促进城乡经济社会协调发展。民族地区小城镇建设和民族地区农村工业化的发展相伴相随，它不仅表现在时间序列上，而且在空间上也表现出趋于集中，它们之间是一种相互促进、相互影响和相互制约的关系。

（一）小城镇发展是民族地区农村工业化的必然结果

农村工业化是国家工业化的重要组成部分，是农村社会范围内的工业化。它既是指工业在农村通过自身变革占据主导地位，又是农村非农产业乃至整个社会得到改造，进而实现与城市工业化协调发展的过程。农村工业化是一个多向的复杂的系统过程，其发展绝不仅仅是农村工业的增长，更重要的还包括工业对农业的武装、工业对农业就业人口的吸纳和城镇人口占总人口比重的上升。因此，农村工业化必须与农业生产工厂化和农村社会的城镇化相伴而行。农村工业化也是科学技术和现代工业文明的不断应用而使农村社区由传统社会向现代社会转变的模式选择。总体说来，农村工业化就是全面推进农村乡镇工业改造、农业产业化、农村城镇化、农业人口非农化、农业生产手段现代化的农村社会全面进步的发展过程。

改革开放以来，以乡镇企业为标志的农村工业化的出现，给广大的民族地区的农牧业发展注入了新的活力，推动了传统农牧业向现代农牧业转变，促进了农牧区社会分工和经济发展。民族地区农村工业化的发展加速了民族地区小城镇的建设和发展，小城镇发展是民族地区农村工业化的必然结果。(1) 民族地区农村工业化的发展和乡镇企业的迅猛崛起，为民族地区城镇建设提供了资金积累，为小城镇的发展奠定了基础。民族地区经济基础差，农村小城镇建设的资金匮乏，要实现农村城镇化，必须构建起小城镇赖以生存和发展的产业基础。只有在产业聚集、人口聚集的基础上形成的具有经济功能的农村小城镇，才会有持续发展的动力和后劲。可以说没有农村工业化，就难以实现农村城镇化。因此，西部地区在推进农村城镇化的进程中，工业化必须先行一步。(2) 乡镇企业的发展直接带动了农村经济的发展，促成了产品销售初级市场的形成与成长，加快了城镇化的进程。在民族地区凡是小城镇繁荣兴旺的地方，乡镇工业就成为小城镇经济、社会发展的主体，成为农村城镇化的主力军。农村工业化的根本目的是要带动农村经济、社会的全面发展，使广大农民都能走上致富的道路。农村工业化和农村城镇化是互相联系、互相依赖的，农村工业及其他非农产业的发展需要以城镇为依托。反过来看城镇和集镇进一步发挥作用，也要依赖于农村工业化的发展。农村工业及其他非农产业的发展不仅为城镇建设提供了资金，而且有些城镇本身就是在农村工业化的浪潮中出现和发展起来的，也使城镇的性质、功能、地位和作用发生了深刻的变化。(3) 在当前和今后的一个相当长的时期内，民族地区农村工业化的发展必须在科学发展观的指导下，转变传统农村工业化发展的模式，走出一条持续、协调、健康的发展路子，即农村新型工业化道路。新的发展模式要求工业生产从产品设计、原料选择、工艺改革、技术进步和生产管理等各个环节入手，节约使用能源和资源，做到资源和能源的节约及其永续利用，把污染控制在生产过程中，降低企业的生产成本，提高经济效益，农村工业的增长不能以生态环境破坏为代价，要减少或者消除环境污染，为下一代人留下足够的资源和良好的环境。科学发展观体现在工业领域最突出的一个要求，就是要注意自然资源的合理开发与节约使用，既要考虑到当前发展的需要，又要考虑到未来发展的需要，不以牺牲后代人的利益为代价来满足当代人的发展。同时农村新型工业化以不断满足人们对工业品的需求，改善生活质量，推进工业化和现代化为目标，实现工业增长与人口、资源、环境的协调发展。农村新型工业化的发展，必然对新时期小城镇的建设和发展提出更高的要求，推动民族地区小城镇发展进入一个更高的台阶。

（二）小城镇发展推动民族地区农村工业化的进程

小城镇上联大中城市，下联广大农村，是介于农村和大中城市间的桥梁，是农业生产资料的供应中心，是农副产品的集散地，是一定农村地域范围内的政治、经济、文化中心，也是推动城乡经济结合的桥梁。[1] 它一头联系城市是大中城市辐射功能的“接收器”和“中转台”；另一头联系农村作为小区域的政治、经济、文化中心，对本区域内各产业的发展起着协调和指导作用，并通过发挥自身的辐射功能来带动周围乡村发展，把大量的生活资料和工业原料集聚在一起，将城市的技术、信息和生产资料送到农村，为农业生产和农民生活提供服务。小城镇已成为城乡经济活动中最强、潜力最大、发展最快的区域。民族地区小城镇是农村工业化的必然产物，反过来小城镇的健康、快速发展又推动了农村工业化的发展，加快了农村工业化的进程。

第一，民族地区城镇化的发展可以引导民族地区乡镇企业向小城镇集中，加速了民族地区区域经济的发展。小城镇具有比农村齐全的基础设施，先进的技术力量、方便的运输条件、快捷的信息传输渠道等优势；乡镇企业集中于小城镇，可以节省乡镇企业发展过程中的基础设施投资，提高企业竞争力，产生良好的集聚效应。小城镇的建设和发展不仅实现了城乡资源的优化配置，提高了资源利用率，也进一步推动了科技的进步和经济增长方式的转变。总之，城镇化使乡镇企业向小城镇集中，进而产生较好的经济效益、社会效益和生态效益。

第二，实现民族地区乡镇企业向城镇聚集，使农村市场从彼此封闭、分割的格局逐渐转变为开放、统一的市场，有利于推动乡镇企业迅速发展壮大，实现产品结构的升级，形成一定的规模，推动农村工业上一个新的台阶。就民族地区而言，不仅依托小城镇吸纳人、财、物，从而带动农业产业化向高效经济发展，而且依托小城镇带动民族地区“区域化布局、专业化生产、一体化经营”的发展，也依托小城镇的辐射功能，带动农业产业化向外向型经济发展。

---

① 李澜：《西部民族地区城镇化》，第103页，民族出版社，2005年版。

第三，民族地区农村城镇化可以促进民族地区农村的可持续发展。由于民族地区农村人口的快速增加，农村人口的自然增长率大大高于城市，人与资源的矛盾日益突出，如人均耕地面积不断减少，乱砍滥伐，私挖乱采，造成土地沙漠化、水土流失、自然灾害频繁。农村工业工艺和环保措施落后且布局分散，环境污染大大高于城市。推进城镇化可以有效地解决或者缓解这些矛盾。

第四，推进民族地区农村城镇化有助于民族地区农村剩余劳动力的转移。从我国当前劳动力就业形势看，大中城市为从事简单劳动的农村劳动力提供的就业和安居机会越来越有限，而让农村剩余劳动力继续留在农村就地转移，必然要兴办企业。这种模式既增加了非农产业的公共成本，浪费土地，污染环境，又无法形成规模效应，可能会延缓农村现代化的进程。而吸收大批农村剩余劳动力到小城镇，发展城镇经济是现实的科学选择。小城镇与大中城市相比，工业技术层次和资本有机结合成本比较低。城镇化在推进民族地区农村剩余劳动力转移和实现人口城镇化的现代化进程中，发挥着重要的作用。小城镇的发展与经济繁荣，会使人口相对集中，为第三产业提供一定数量的服务对象，有利于第三产业的发展，也会带动周围农村经济的进一步发展，促进农村经济由粗放经营向集约经营转变，从而进一步促进乡镇企业的发展，走上农业、乡镇企业、小城镇三者良性循环发展的轨道。

二、小城镇是民族地区农村现代化的载体

农村城镇化和农村现代化是农村发展并行不悖的两个重要概念，代表着农村的未来发展方向。农村现代化的基本含义有两个方面：（1）农村产业的现代化，包括农业生产的规模化、机械化、集约化、商品化，与农产品深加工相关产业的商品化、市场化；（2）农村生活方式、生活质量的现代化，即追求农村的物质

文明和精神文明现代化。城镇化是经济社会发展的必然趋势，也是工业化、现代化的重要标志。城镇化是一个国家经济、社会发展客观形态的综合体现，城镇作为经济、科技、文化、教育、体育、卫生发展的载体，集中体现了综合国力、政府管理能力和国际竞争力。它决不仅仅是人口的城镇化，也不仅仅表现为产业的升级换代上，而是整个社会基本形态由农业型社会向更高一级城镇型社会的全面转型。城镇化是一个城市文明不断发展并向广大乡村渗透和传播的过程，是乡村和农民的生产方式及生活方式文明程度的不断提高、不断现代化的过程；也是人类不断追求文明进步，崇尚开拓进取，建立起根本区别于农业社会的具有社会化、商品化、规范化、法制化特征的城市社会新秩序的过程。因此，城镇化既是一个国家发展水平的重要标志，也是人类社会走向现代文明的重要特征。

民族地区小城镇是介于城市和乡村之间的生产经营活动场所和居民居住地，具有其他规模城市所不可替代的作用。几千年来的城镇发展史表明，一些具有优秀民族文化特色、风俗古朴的集镇，面对着那些更大、更富有、更有诱惑力的大中城市迭次兴衰变换时，仍然显示出它独特的吸引力。由于小城镇与农村的种种接近（或者亲缘）关系，能够大大降低农业剩余劳动力转移的成本，如转移的机会成本、生活成本、运输成本和心理成本（风险以及社会适应等方面的成本），能使农民继续在较为熟悉的乡土环境中获得一种心理保障。因此，相对于大城市来说，小城镇不仅是缓冲人口压力的“蓄水池”，而且是转移劳动力心理适应的“缓冲带”。集中力量建设小城镇，使有限的、分散的资金集聚起来，形成良好的生产经营环境，通过聚集效应、连锁效应、乘数效应，造成技术经济上关系密切的工业区、生活带，带来地区经济的繁荣和发展，从而为农业剩余劳动力提供广泛的就业机会和居住空间，达到构建和谐社会的目标。因此，发展小城镇是新的历史时期农村经济社会发展和实现农业、农村现代化的客观要求。

加快发展民族地区小城镇有利于构建民族地区的社会主义和谐社会。加快统筹城乡发展的步伐，解决“三农”问题，切实保护广大农民的利益是构建社会主义和谐社会的一个重要方面；而加快发展小城镇则是统筹城乡、构建和谐社会的关键之一。小城镇是城乡经济社会发展的结合部，是农村经济社会发展的中心地。对城市来说它代表农村，是城市向农村进行经济、科技、文化辐射的落点。对农村来说它是农村一定区域的中心，代表城市连接农村。因此，民族地区小城镇的良性发展，不仅创造了民族地区农村经济社会全面发展的有利环境和条件，不断地满足广大农民日益增长的物质文化需求，同时更为重要的是保持了民族地区农村社会的安定团结，推动经济社会的协调发展，构成和谐的社会主义社会的稳定结构。改革开放以来，农民获得了改变自身处境的动力，大量农村剩余劳动力不断出现。大中城市本身承载力有限，加上下岗职工日趋增多，要吸纳这些日益增多的农业剩余劳动力，可谓力不从心。如果没有小城镇的“截留”作用，让农民自发流向城市，会对就业困难和紧张的城市造成更大的压力和冲击。

小城镇是物质文明和精神文明的示范区，是农村先进社会生产力和先进文化的重要载体。小城镇的每个企业、每条街道、每个公共场所、每个服务窗口，都像一根根毛细血管，源源不断地将它从外部世界吸收进来的现代文明辐射到广大农村去。大到思想观念、文化习惯，小到语言、服饰，都潜移默化地影响到广大农村和农民，在农村经济和社会发展中占有越来越重要的位置。它能帮助广大农民逐渐形成新的观念、新的力量，形成新的人际关系，炼出新的品质，产生新的需要和新的语言，加速实现现代化的进程。因此，在民族地区需要大力构建和谐的小城镇社会环境，以其独具特色的小城镇文明，产生一种新的文化和文明，让更多的农村人口进城定居，使之不仅在职业、收入方面发生变化，而且在思想意识、价值观念和行为方式上也有别于传统的农民，在消除农村自给自足经济与城市发达市场经济差距以及促使农村走向现代化与城市化进程中，缩小城乡差别，从而促进农村社会的文明与进步。积极加强民族地区城镇文化建设，促进小城镇居民文化生活进一步活跃，加强城镇环境建设，促进镇容镇貌进一步美化，加强依法综合治理，促进小城镇社会秩序进一步好转，加强优质规范服务，促进小城镇居民生活质量进一步改善和提高，把小城镇建设成为环境优美、秩序优良、服务优质、管理优化、具有较强辐射能力的农村区域性经济文化中心，形成崇尚先进、团结互助、扶正祛邪、积极向上的良好风尚，从而建成基础设施完善、功能齐全、经济繁荣、市场活跃、镇容整洁、环境优美、建筑新颖和谐的社会主义新型小城镇。小城镇相对集中和比较健全的学校、文化馆、图书馆、体育馆等文体机构与设施，有利于开展各种教育科技文化活动，丰富居民的业余生活，有利于不断提高进城农民的文化素质和文明水准。城镇交通相对便利，信息畅通，可以加速优秀文化和现代文明的传播，加强城乡间信息、技术等生产要素的交流。农民经受了现代文明的洗礼，逐步改变传统保守的思想观念，实现思想观念和文化心理的现代化。因此要实现农村现代化，摆脱农村贫穷落后的局面，最根本的就在于农民素质的提高、观念的转变，而这些都仰赖于城镇化的推进。所有这些对于相对闭塞的民族地区来说就更为重要。西部大开发战略的实施主要依靠西部地区人们的努力来实现，而占人口多数的西部地区农民，由于受传统的生活方式、思维方式的束缚，农民的素质较低，影响了他们对经济环境的认识。只有冲破陈旧思维方式的束缚，树立适应现代经济发展的开放思想，增强创新意识，改变生存与发展环境，才能实现生活方式由传统的、封闭的生活向开放型现代文明转变，进而改变观念来实现农村现代化和城镇化。小城镇遍布民族地区，介于城乡之间，在城乡社会经济运行过程中起着枢纽点、关节点的作用。它们是向农民传播现代科学技术、文化，改造旧传统意识、习俗的重要基地，对于构建西部地区农村和谐社会，无疑具有巨大的作用。

第五节 大力发展为中心城市服务的民族地区卫星小城镇

一、卫星小城镇是城市化发展到一定阶段的必然产物①

发展具有一定规模的、功能相对独立的卫星城镇，是控制大城市规模盲目扩展的较为理性的选择。世界许多国家城市化的经验都表明，卫星城是城市化发展到一定阶段的必然产物，它已成为区域性中心城镇功能辐射、带动城乡统筹发展的一种重要形式。“十五”建设以来，我国城镇化发展的速度不断加快，尤其是大型中心城市得到了快速的发展。但是从我国大多数大城市的扩展模式来看，主要采取的是“摊大饼”的方式，即从城市中心向外不断扩延的方式。随着无限制的发展和扩展，城市规模越来越大带来了许多新的问题，如城市人口拥挤、交通堵塞、环境污染、地价昂贵、住宅价格上升、犯罪率升高、城市管理难度加大，以及能源和水资源短缺等“大城市病”。根据国外城市化发展的历程，我们注意到当城镇化率达到50%的时候，城市的分散作用开始超过集聚效应，出现城市的人口向城外净流出的现象。世界许多国家城镇化的经验还表明，卫星城可以疏散市区工业，改善市区生态环境；转移中心城市的先进科学技术、资金、

① 参见王奎梦，冯并，谢伏瞻主编：《中国特色城镇化道路》，第245—253页，中国发展出版社，2004年版。

管理经验，带动城市周边地区生产力快速发展；可以疏散市区人口，控制市区人口发展规模；改变市区与郊区的二元结构，从而形成市中心区、近郊区、卫星城镇和远郊区等多层次的城市结构。

我国目前城镇化水平总体上处于一个较低的水平，但是城镇化已经出现严重不平衡的发展态势。实际上我国的一些特大城市的城市化水平已经相当高，接近和达到发达国家的水平。如北京、上海、深圳等城市，其城市化率都超过 70%，有的接近 90%。同时这些城市的人均 GDP 都突破 5000 美元。根据世界城市化发展的一般规律，这些城市已具备了人口郊区化和建设卫星城镇的经济条件，城市的分散作用已开始超过集聚作用，出现了城市人口向城外净流出的必然因素。因此大城市的人口和产业向郊区转移，主要造就的是一批具有较强经济实力的中等规模左右的城镇和卫星小城镇。2003 年春发生的“非典”在我国一些大城市肆虐，引发了人们对城市规模和功能的深度思考。从我国未来特大城市发展的趋势看，发展具有一定规模的、功能相对独立的卫星城镇，是控制大城市，尤其是特大城市盲目扩张的较为理想的选择。从客观上说，像北京、上海、深圳、杭州等特大城市的卫星城镇建设已经起步。北京市政府已经确立了海淀、昌平、大兴等 12 个区县 33 个条件较好的镇，作为今后北京大力发展的卫星小城镇。其目标就是要把这些卫星小城镇建成环境好、规模适度、规划合理、功能健全、具有较强辐射和带动能力的一定区域经济文化中心。

我国大城市的卫星城镇建设还处在起步阶段，但是已经出现了一些明显、突出的问题。一是对卫星城镇的发展缺乏必要的研究和建立相关的开发建设政策体系；二是卫星城镇发展缺乏必要的、系统的规划，出现了一些盲目发展的现象；三是卫星城的建设和功能定位不明确；四是卫星城与“母城”之间的安全、快速、大容量的交通、通信网络尚未形成；五是卫星城必要的教育、卫生条件无法保障，居住环境和社区环境急需改善；六是卫星城建设、管理的体制不顺，管理水平不高。未来10—15年将是我国城市化发展的加速期，卫星城的发展也将随之加快。因此为了更好地促进城市化发展，必须认真总结各地卫星城发展的经验和教训，积极、努力、稳妥地解决好出现的新问题。

二、民族地区中心城市发展的状况

中心城市是指具有相当经济实力，能够在经济、技术、文化等方面对周围区域产生辐射作用的城市。中心城市是以组织、指挥、推动地区经济发展为主要功能的城市。从城市功能结构的层次性来看，第一层次是跨省区的经济中心城市。这些城市占据着有利的经济地理位置，并具有较强的经济实力和服务功能。它们除了为本省区服务外，还从多方面联系和支援全国或者附近省区的经济建设。一般而言，这些城市的建设应大力发展第三产业，特别是要增强金融、商贸、信息、科技、教育、高新技术等方面的功能。第二层次为省域中心城市，一般是各省的省会城市。这些城市不仅是各省区的政治、经济、文化中心，而且相当多的省会城市同周边的城市和地区形成了紧密联系的城市经济区，成为区域经济的增长极。第三层次为省内经济区域的中心城市和地方性的中心城市。它们主要是依据其区位、资源、环境等条件，着重发展有独特优势的特色城市。

新中国建立以来，民族地区特别是西部地区城镇发展的兴衰，是与国家宏观经济发展政策实施和社会主义经济发展建设进程相一致的。[①] 建国之初我国确立了以重工业优先发展的工业化

① 参见李澜：《西部民族地区城镇化》，第四章第二节的内容，民族出版社，2005年版。

道路；在宏观经济布局上，则确立了区域均衡发展的思路。这两个指导思想都对民族地区的经济发展具有重要的、直接的促进作用，特别是使当时的民族地区的工业化和城镇化得到了空前的发展。民族地区依托矿业和工业项目迅速兴起了一批新型城市，如石油工业城玉门市，纺织机械工业城榆次市等，都是这一时期建立起来的。自20世纪60年代起，国家在西南、西北地区进行了大规模的国防三线建设，在崇山峻岭、戈壁、大漠之中建起了不少新兴城镇，如四川、云南交界处的大型钢铁工业基地建设，促成了攀枝花市的兴起；川北电子工业基地建设，促成了绵阳市的发展；西北地区航天工业、航空工业、常规兵器、电子和光学仪器等工业基地建设，也直接促进了当地城镇的兴起与发展。党的十一届三中全会以来，随着民族地区乡镇企业的迅速崛起，乡镇企业的“连带效应”和“集聚效益”，带动和促进了众多相关产业和服务业的发展和集中，加速了民族地区城镇化的发展进程。特别是作为民族地区发展中心的各省会城市，已经发展成为中国城市体系的核心点。不仅在各省、自治区发挥着政治中心的作用，还推动着各地方的文化和经济建设的发展。这类城市一方面城市规模迅速扩大，基础设施质量迅速提高；另一方面城市功能逐步加强，通过集聚发展后的经济扩散作用，城市交通以及城市现代工业、商业的发展，科技教育的文化扩散与渗透，有效地推动着整个民族地区城镇化的发展。20世纪80年代中期，民族地区根据国家行政设市的标准与规划，又形成了一大批新的城市。20世纪90年代，民族地区因对外开放边境城镇的发展更是日新月异。譬如，内蒙古自治区的满洲里市与黑龙江省的黑河市、绥芬河市、吉林省的珲春市等，构成了我国东北地区对外开放的重要沿边城市。广西壮族自治区的南宁、凭祥、东兴和云南的昆明、畹町、瑞丽和河口，为我国西南部重要的对外开放口岸。与此同时，西北的伊宁、博乐、塔城等，也被列为对外开放的沿边城市。新疆维吾尔自治区5400多公里的边境线上开通了8个通商口岸，这些口岸城镇很快就发展成为民族地区经济的新增长点。

我国城镇化水平与经济发展水平之间具有很大的一致性，经济发展水平越高的地区（或者时期），城市化水平提高越快；经济发展水平越低的地区（或者时期），城市化水平发展缓慢。我国民族地区的城镇体系发育欠完善，缺乏大中型城市，特别是在区域经济发展中缺乏具有重要作用的50—100万人口的大城市。城镇体系出现断档，未能形成有机的城市体系，大城市作为经济中心的功能不强，对区域经济的集聚与辐射作用有限。民族地区属欠发达地区，距全国经济中心较远，现代工业基础薄弱，绝大部分地区尚未从根本上打破自然经济的格局。民族地区二元城市结构较为明显，尽管个别大都市突起，但周围只有数量少、实力弱的小城市或者小城镇，城市首位度高（指该地区的第一大城市人口与该地区第二大城市人口之比）。城市首位度过大就必然产生两大问题：一是由于缺少大城市，导致个别特大城市“大而全”的产业和人口过分集中，形成一系列的“城市病”和社会问题。二是特大城市周边缺乏规模不等的城镇作为纽带和桥梁，削弱了大城市的辐射力，最终也堵塞了周边地区对特大城市的向心力。在计划经济时代所建立起来的许多西部城镇，它们都具有先进的技术设备，迁入的人口又具有较高的文化水平，城镇的国有工业从创建开始就代行社会职能，城镇的公用设施及医院、学校、商业、服务业乃至于治安都由企业自己担负起来。因此这些城镇的经济和周围的农村经济自成体系，它们之间相互联系、相互渗透的范围和程度较差，城镇通过辐射能力带动区域经济发展的作用较弱。许多在“三线”建设时期崛起的工业基地，地处分散、孤立的状态形如“孤岛”，既与当地的工业形式相脱节，又无法与之相融合，造成了区域经济发展中城乡分离的不利局面。

西部的城市中心，由于大多以能源、原材料生产为主，产业结构单一，对周围地区的吸引力和辐射力较弱，成为西部地区区域经济系统中的“自循环”空间，城市自身的成长与发展对其所在地域的经济发展难以起到重大的促进和带动作用。

三、大力发展民族地区卫星小城镇

针对我国城镇化发展的现状和未来城市发展的趋势，《中共中央关于制定国民经济和社会发展第十一个五年规划的建议》明确提出：“有条件的区域，以特大城市和大城市为龙头，通过统筹规划，形成若干用地少、就业多、要素集聚能力强、人口分布合理的新城市群。”① 西部地区自然条件较差，多数区域交通联系不便，为更好地发挥城市在西部大开发中的战略作用，应当在有中心城市依托、条件较好的地区，重点培育以大城市为中心的经济核心区。如以重庆、成都、西安、南宁、贵阳、昆明、兰州、西宁、银川、乌鲁木齐、呼和浩特等城市为中心的核心区，以核心区带动省域乃至整个西部地区经济的发展。在空间结构上，要积极营造城镇空间扩展的“核心—外围”体系，促进以大城市为中心的城镇群的形成，同时大力发展为民族地区中心城市服务的卫星小城镇。

民族地区卫星城镇的建设要着重解决好如下三个方面的问题：

第一，加强民族地区城市化发展的规划性，对卫星城的建设进行合理选位。卫星城镇的区位选择和确定，在很大程度上不仅影响卫星城吸纳中心城市扩散资源的能力，也直接影响卫星城今后发展的可持续性。从理论上讲，卫星城区位选择的优劣直接关

① 《中共中央关于制定国民经济和社会发展第十一个五年规划的建议》，第7页，《求是杂志》2005年第20期。

系到各种要素集聚的数量，而这些正是形成集聚体的最基本要素。一般而言，可以紧挨着经济开发区建设卫星城，也可以在大城市郊区中心镇、重点小城镇基础上建设卫星城。因为那里人口集中、政治、经济、文化交通等条件较好，具备向大城市发展的条件和潜力；而环境宜人更是吸引居民的重要条件。为保证卫星城有一个宜人、理想的居住环境，不宜将“母城”淘汰的产业迁入郊区，造成迁移污染。另一方面优越的医疗和教育设施是必不可少的，这些也是为现代人所普遍关注的。有两种类型单位的迁入对于卫星城的建设和持续发展至关重要：一是政府机构的迁入。在现代交通条件下，高速公路、轨道交通、直升飞机等城市交通工具，足以缩小卫星城与中心城之间的空间距离，这样即使机构迁入也不影响它的办事效能，而且机关带头迁入卫星城是一个实际行动，其示范作用远远胜于长篇累牍的宣传。一是在卫星城办大学城。任何一个城市的发展都离不开文教和科技，提高卫星城居民的素质和卫星城本身的品位的有效途径，就是把高等学校引进卫星城。综上所述，卫星城镇建设的宗旨是既要发挥对中心特大城市压力缓解的作用，又要不失其本身的长远发展；既要从全局出发，沿主要干道，在合适的距离建设适度规模的城市，同时又要注意新建卫星城镇应该形成不同于中心城市的特色。这样既保持独立性又可以和中心城镇保持长远战略联系，充分发挥宏观意义上的空间经济效益。

第二，要积极探索民族地区多种卫星城的推进方式。在社会主义市场经济条件下，民族地区城市化的推进和城市建设，应当由过去计划经济体制下城市建设的动力和资金，主要来自于各级政府的政府推动型城市化模式，逐步转变为发挥市场资源配置的基础性作用的城市化发展模式。在民族地区卫星城的建设中，要尊重城市化特别是卫星城镇发展的客观规律。民族地区卫星城镇的规划和建设，要与民族地区经济发展水平和市场培育程度相适应。各地应当根据自身的情况，如区位、人口、城镇体系特征、资源条件和环境容量等具体条件，确定卫星城镇发展的规划。要避免地方政府盲目追求高档化，不切实际地提高卫星城建设的成本，增加地方债务，拖累地方经济发展。在民族地区卫星城的建设中，在政府良好城市规划和承担建设资金来源主渠道的基础上，最大限度地发挥社会的各种力量，积极探索多元化的投资方式，鼓励多种经济成分共同参与卫星城的建设，以解决卫星城建设资金不足的问题。如可吸引民间资本直接参与卫星城建设项目的投资；也可以积极引进外资参与卫星城基础设施建设；还可以采取 BOT 方式、特许经营方式、通过资本市场融资和银行贷款，等等。

第三，要努力完善民族地区卫星城的功能和管理水平。随着民族地区大城市地价的上升，一些开发商和投资者开始寻求地价低廉的地区开发房地产，部分大城市人口开始向郊区居住小区转移。但是出现了一定的盲目性，实际上有些卫星城建设已经成为变相的“跑马圈地”。一些城郊地区政府为了加快发展，在缺乏统一规划的情况下盲目招商。许多卫星城市缺乏规划和统一设计，许多水、电、煤气等基础设施建设严重滞后，不能保证居民正常的生产生活需要。同时，由于许多卫星城缺乏最起码的产业支撑，许多居民仍然要回“母城”就业、就学，大量的频繁往返流动，既增加了交通负荷，又降低了人们工作和生活的效率和效益，中心地区的交通和生活压力并未因为卫星城的建设而得到缓解。实事求是地说，民族地区为中心城市服务的卫星城镇并没有真正发挥其应有的功能，与卫星城镇建设的宗旨不符合，没有达到卫星城镇建设的真正目的。因此，提高卫星城镇的管理水平对于城镇的综合功能的发挥至关重要。民族地区由于城镇化的水平较低，对城市的管理水平也不高，管理手段不仅有限且落后于城镇发展的实际需要，这就严重地制约着卫星城功能的充分发挥。

在市场经济条件下，仅仅依靠行政命令来实施城市管理，难以收到预期的效果。只有综合运用经济、法律和教育的手段，才能降低城市管理成本，提高城市管理的效率和现代化水平。民族地区卫星城镇的管理，要更多地使用经济手段，合理运用经济杠杆，通过影响城市行为主体的利益，诱导他们按照社会规范理性行事。同时要在现有管理技术手段的基础上，加快引进和广泛应用信息、网络、自动化等现代先进技术手段，建立和完善城市管理信息系统，为城市管理提供及时、准确、科学的依据。

第三章　民族地区的城镇规划与合理布局

城镇规划是指在一定的原则指导下对小城镇的布局和发展进行科学的设计和安排。民族地区的城镇化建设是与经济发展和社会统筹规划相统一的一项系统化工程。要建设好小城镇，就必须坚持“统一规划、合理布局、综合开发、配套建设”的方针，做好小城镇的科学规划和合理布局，使民族地区的小城镇建设规划同该地区的农村改革和第三产业改革配套进行，以推动民族地区的快速发展。积极发展小城镇，加快有中国特色的小城镇建设，是民族地区城镇化的现实选择。在民族地区城镇化过程中，应当遵循城市化、现代化、社会化的原则，注意克服在小城镇建设过程中暴露出来的弊端。注重物质文明和精神文明建设两手都要硬，加快农村产业结构调整，把农村经济发展水平、农民收入提高幅度作为评价小城镇发展的标准。

第一节　小城镇建设的科学规划

一、民族地区的小城镇规划及其指导方针

小城镇是城镇体系的基本单位，连接城市和农村的关节点。从小城镇的作用来看，小城镇不仅是农村经济和文化的中心，而且对农民的消费倾向起着重要的引导作用。做小城镇规划时应该为以后的发展留有空间，要从节约用地、设施配套出发，避免人力资源和土地资源的浪费。

（一）城镇规划的概念和特点

《中华人民共和国城市规划法》第 11 条规定："国务院城市规划行政主管部门和省、自治区、直辖市人民政府应当分别组织编制全国和省、自治区、直辖市的城镇体系规划，用以指导城市规划的编制。"第 19 条又规定："设市城市和县级人民政府所在地镇的总体规划，应当包括市或者县的行政区域的城镇体系规划。"① 我国的城镇规划是一个系统性的工程，民族地区在编制城镇规划时，要以党的十六届五中全会精神为指导，遵循客观规律，与经济发展水平和市场发育程度相适应，走符合我国国情、大中小城市和小城镇协调发展的多样化城镇化道路，形成合理的城镇体系。

民族地区在进行城镇规划的时候应当坚持系统规划的方法。城镇系统规划是根据区域自然、经济、社会条件、城镇的现状和发展条件，布局区域城镇系统整体，发挥城镇的中心作用，加强城镇系统的联系和协调，促进整个区域城镇经济社会的发展。② 民族地区城镇系统规划具有如下几个方面的特点：（1）民族性。城镇规划的民族性是指城镇系统规划应当在维护国家统一和民族共同繁荣的前提下，从各民族的具体情况出发，尊重少数民族的传统和风俗习惯。宪法和民族区域自治法规定了少数民族地区有实行区域自治的权利，根据本地实际情况停止执行或者变通执行国家法律法规和政策的权利。有关机关在编制城镇规划目标时，应当充分考虑到本辖区范围内少数民族的传统、习俗，不得损害其利益。（2）系统性。城镇规划的系统性是指编制城镇规划应当从本辖区的整体出发，科学规划、合理布局，把编

① 《中华人民共和国城市规划法》，《中华人民共和国常用法律大全》（下卷），第 1515—1516 页、1516 页，法律出版社，1996 年版。

② 李秉毅：《城镇系统规划》，第 11—12 页，湖北人民出版社，1999 年版。

制大中小城市的发展规划与小城镇的规划结合起来。民族地区的开发要有目的、有步骤，充分发挥大中小城市的带动和辐射作用。(3) 长远性。城镇规划的长远性是指编制城镇规划应当坚持可持续发展的根本原则。根据城市规划的基本理论，城镇规划期限分为长期规划和近期规划，长远规划的期限一般为 20 年。但是，我们在编制民族地区的城镇规划的时候应当考虑得更长远些，把城镇规划与该地区经济和社会的可持续发展结合起来，做好资源的可持续利用和环境保护工作。(4) 人本性。以人为本是社会发展到现阶段，城市（包括小城镇）建设应当具备的基本特点。以人为本要求城镇规划必须做到：小城镇建设治污要先行；居住地区绿地面积充足；生活、通讯、教育、卫生等基础设施完善，等等。注重西部农村剩余劳动力的转移，城镇人口规划不能超出标准的要求，为民族地区的城镇居民创造出良好的生活环境。

城镇系统规划是在总结国内外规划工作和经济发展的经验基础上提出的，是城市规划法的要求。制定城镇规划是各级人民政府的工作职权，是民族地方自治机关对本地方经济和社会发展进行宏观指导和调控的手段。

(二) 民族地区小城镇建设应当坚持的方针

第一，要坚持全方位规划的方针。做好少数民族地区小城镇的规划是民族地区城镇化建设的首要条件。城镇是区域经济聚集、发展的产物，它与区域息息相关，与同区域中的其他城镇的关系更为密切，所以城镇不是孤立的，城市规划不能就城市论城市。[①] 城镇规划应该是适应经济与社会发展动态的过程，应该从实际出发，以促进发展为目标，制定规划应当具有灵活性。全方位规划是指编制城镇规划时应当从本区域实际出发，把城市总体

---

① 李秉毅：《城镇系统规划》，第 11—12 页，湖北人民出版社，1999 年版。

规划和详细规划结合起来；把国家政策与民族地区实际结合起来；把近期目标和远期目标结合起来；把突出特色与功能配套结合起来。我国目前对于小城镇建设的规划做得很不够，特别是在西部少数民族地区，不顾本地区的特点贪大求全，盲目乱上项目的现象还比较严重，这些已成为制约我国少数民族地区城镇化建设的一个薄弱环节。譬如，重庆市在20世纪50年代编制总体规划时就预留了重庆国际机场的位置。但是经过了30年的发展，重庆始终没有建设国际机场，原先留下的位置也一直空闲着。因为这块预留地地理位置优越，重庆市规划管理部门受到了许多人的指责，规划管理部门承受了巨大的压力。到了20世纪80年代，中央决定在中西部建设一个国际机场，当时有3个备选城市：西安、武汉和重庆。西安和武汉的地势都比重庆好，重庆是山城，低矮的山川对飞机的起降不利。但是，最后中央经过实地调查和评估，毅然决定将机场建在重庆。由此可见，进行全方位的城市规划对于城市的未来发展具有极大的重要意义。民族地区小城镇建设，必须以我国的“十一五”规划和中华人民共和国规划法为指导。特别要重视民族地区小城镇建设同西部开发的步调保持一致，把带动该地区经济发展放在首要位置。

第二，要坚持因地制宜的方针，充分发挥民族地区的特色。民族地区的小城镇建设规划必须与本民族和本地区的特色结合起来。我国是一个历史悠久的文明古国，地域辽阔。这就使得我国的小城镇发展特别是民族地区的小城镇发展体现出多种多样的特点。在制定小城镇建设规划的时候，应当具有科学严谨的工作态度，对具体小城镇的周边环境进行详尽的调查研究。譬如位于名胜古迹旁边的小城镇，就应该坚持发展旅游型的规划设计；地处交通咽喉要道的小城镇，可以交通方便的优势发展以运输和交通为特色的规划设计。我们在因地制宜制定小城镇的科学规划时，必须重视如下几点：(1) 要注意同少数民族地区的风俗文化相结合；(2) 要注意同少数民族地区的自然条件相结合；(3) 要注意同少数民族地区的建筑风格相结合。

第三，要坚持科学规划和合理布局相结合的方针。民族地区小城镇的发展不单纯是一个城镇的建设问题，也不是一个单纯的经济问题，而是一个直接影响到西部地区乃至全国经济和社会发展的全局性的战略问题。因此，如果小城镇的布局不合理，即使是再优惠的政策也无法保障小城镇充分发挥其作用。布局不合理造成的人力、物力和财力的浪费都是惊人的。民族地区小城镇布局要考虑到具体地区的发展背景、发展潜力和发展前途，使每个小城镇的空间布局结构都符合特定的地理和历史条件，并拥有各自的辐射空间和发展前景。在规划布局小城镇时应当考虑如下几个方面：(1) 布局的空间密度与人口相协调；(2) 布局的经济效益必须达到最大化；(3) 布局的层次必须具有互补性。

第四，要坚持与可持续发展战略相协调的方针。可持续发展是经济与社会发展的必然选择。按照联合国环境与发展委员会的定义，可持续发展是既要满足当代人的需求，又不损害后代人满足其需求能力的发展。从本质上说，可持续发展就是要实现人与自然、人与人之间的和谐发展。因此，可持续发展是人类价值的不断实现以及人类与环境和谐、协调、优化的关系的实现。可持续发展要求发展必须遵循科学性的原则，反对盲目扩张和无计划性，反对滥用自然资源，强调环境保护。可持续发展对民族地区城镇化提出了两个方面的要求：一是在民族地区城镇化的过程中，找到一种最合理的发展模式，实现经济、社会与土地、环境等自然条件的协调发展，达到经济效益、社会效益和生态效益的最大化。城镇化的过程实际上是劳动力从农村转移到城市的过程，是城市扩大、农村缩小的过程，如何避免城镇规模的过度扩张造成人口恶性膨胀是城市规划的重中之重。二是坚持以经济建设为中心，我国目前的小城镇建设规划应该用发展的眼光和发展的办法来解决经济发展问题。在进行民族地区小城镇建设规划的时候，应当在科学规划的指导和调控下，紧紧围绕经济建设这个中心，以提高人民的生活水平为最终目标。小城镇规划必须与人口、资源和环境相协调。在经济发展的前提下，同农村改革和第三产业发展配套进行，从而带动少数民族地区的农村、农业和农民问题的妥善解决，以此促进少数民族地区的经济和文明的全面进步；小城镇建设规划必须同大中小城市协调发展。

二、民族地区小城镇建设发展道路的选择

（一）民族地区小城镇发展的现状

分析、判断并选择民族地区城镇化发展道路，应当依靠民族地区社会和经济的发展程度和民族地区小城镇发展的现状进行。从民族地区社会和经济发展的程度看，民族地区具备两个基本特征：一是我国民族地区的经济发展条件良好。改革开放以来，民族地区经济依托丰富的资源优势，已经有了巨大的发展。西部地区基础设施比较健全，工业特别是重工业基础比较雄厚，陆路交通比较方便。随着国家西部大开发战略的实施，三峡工程、西气东输工程、青藏铁路工程等等，一大批国家重点基础建设项目落户西部，给西部地区经济腾飞创造了巨大的机遇。二是民族地区经济发展不平衡。经济发展不平衡又突出表现在两个方面：一方面西部地区与东部地区仍然存在巨大的差距。1998 年西部地区 GDP 总值为 1.15 亿元，只相当于全国平均水平的 14.45%，经济基础比较差。另一方面不平衡表现为民族地区内部经济发展的态势。西部地区如昆明、西安、成都、重庆等大中城市附近，经济比较发达，态势良好。但是，西部边远地带经济相当落后。民族地区人才资源比较缺乏，这不仅表现在高素质的人才缺乏，还表现在民族地区群众落后的观念和思维方式上。西部地区环境破坏也相当严重，据我们的调查考察，三江源地区过度放牧、过度砍

伐现象对该地植被破坏严重，已经严重地影响到长江、黄河流域的生态环境，内蒙古草原的荒漠化也日益加重。

从民族地区城镇化发展的程度看城镇化水平比较低。民族地区城镇化发展表现为：一是体系不健全。城市化发展要求大中小城市与城镇发展呈金字塔的规模发展。小城镇居于金字塔的底部，大城市位于金字塔的顶尖，有了小城镇的繁荣才有大城市的发展。我国西部地区城市畸形发展，大城市数量相对较多，小城市和小城镇的数量较少。据统计，我国西部地区 1998 年地级市有 38 个，占全国总数的 16.7%，县级市有 82 个，占 18.7%，建制镇有 4730 个，占 24.8%。西部地区平均 2060 平方公里才有一个城镇，而东部地区这个数字为 36 平方公里。二是小城镇质量较低。西部地区小城镇人口受教育程度差，高素质人才缺乏。城镇建设不合理，基础设施不健全。西部地区城镇化的最大问题就是城镇化总体水平仍然处在初级阶段。1997 年西部地区城镇化水平为 25.2%，比全国平均水平 29.9%低 4 个百分点，比东部地区 31.2%的水平低 6 个百分点。经过近几年的努力城镇化水平有所提高，但是城镇化的总体水平仍然处在初级阶段。根本原因就在于西部地区缺乏大量的起承上启下作用的中小城市，也缺乏依托城市带动农村的小城镇。因此，对于西部地区城市化的发展不应当片面强调发展大城市，也不应当片面强调发展小城镇，而应当从西部地区的实际情况出发，以协调发展、共同繁荣为目标。

（二）民族地区城镇化道路的选择

民族地区小城镇建设要以大中型城市为基础，依托地理、资源优势，充分发挥自己的特点，采用多样化的发展道路。

1. 民族地区小城镇发展应当分区规划有重点地推进。我国西部地区地域辽阔，自然条件复杂，因而应当根据其具体位置及气候特点，把全国分为三个区域，采用不同的发展手段分别推进小城镇的建设。（1）西北地区。西北地区包括宁夏、甘肃、内蒙古的西北部和新疆等4个省和自治区。西北地区干旱缺水，荒漠化严重，土地受风沙的威胁比较大。这里的自然条件比较恶劣，人口稀少，并且比较分散。根据这些特点，该地区应当采用“依托城市、集中人口、重点推进”的发展策略。西北地区的银川、兰州、乌鲁木齐、喀什和石河子、玉门等地城市发展比较好，小城镇的建设规划应当向这些城市靠拢。依托这些城市的经济、人才和技术优势，大力发展小城镇。(2) 青藏高原地区。青藏高原地区主要包括青海、西藏以及四川和云南的部分地区。这些地区气候属于高纬度的寒带气候，不适合人类生活和居住；另外经济基础比较差，小城镇发展滞后。这里由于是中国水资源最丰富的地区，被称为“中国水库”，同时地热资源也比较充足。这个地区在编制小城镇规划的时候，应当把小城镇的建设放在保护生态资源的大框架下，收缩人口活动区域，把小城镇的功能放在能源、交通等基础设施服务上。(3) 西南地区。西南地区主要包括广西、云南、贵州和四川南部。西南地区经济基础比较雄厚，既有昆明、南宁、贵阳等大城市，又有北海、桂林、柳州等中等城市，还有凭祥、东兴等口岸城市，体系健全。该地是我国少数民族比较集中的地区，人口规模大且文化具有多样性。这些地区要充分发挥自然资源、旅游资源和对外交流频繁的特点，因地制宜，大力发展小城镇。

2. 民族地区城镇化的发展模式。国家“十五”规划就曾提出了中国城镇化的发展构想，即小城镇的发展应该是一种涉及中国全局经济发展和城乡整体经济增长的全新的发展战略，它以转移农村剩余劳动力，可持续发展为指导方针，以推动经济良性循环为目标，以完善城镇体系为基本任务。根据以上构想在“十一五”规划建设期间，民族地区城镇化应当采用如下三种发展模式：(1) 产业发展带动模式。这种模式要求依据具体城镇经济开发优势，确立带有地方民族特色的主导产业和产品，以特色带动该地区的城镇化发展。西部地区具有丰富的生态资源，西部地区的政府应当加强对本地区产业发展的引导，培养一批具有地区或者民族优势的企业。这样不仅可以大量的转移农村地区的剩余劳动力，而且可以为本地区的继续发展积累大量的资金，促进小城镇的建设。(2) 旅游资源带动模式。这种模式是针对某些地域文化、自然环境得天独厚的城镇，在保护为主、开发为辅的思想指导下，通过旅游的推动来促进小城镇发展的模式。西部地区资源丰富、山川秀美、历史上对外交流频繁，文化具有多样性。桂林的山水、敦煌的壁画，巍峨的珠穆朗玛峰无一不吸引着人类的眼光。这些地区的小城镇发展，既要充分发掘文化、自然环境的潜力，又要将开发与保护相结合。只有这样，这些文化和自然遗产对小城镇的建设才能发挥持久的推动力。(3) 辐射带动模式。这种模式主要分布在大中城市附近，交通方便，人才资源和科学技术发达，经济基础雄厚，小城镇发展受大中城市的影响比较大。这些地区的小城镇建设可以采用招商引资、土地出让等多种方式积累小城镇建设的资金，利用先进的科学技术和四通八达的交通运输网络发展三大支柱产业，促进小城镇的发展。

总之，在编制城镇规划时应当始终坚持以经济建设为中心，配合民族地区特色经济的发展，不断增强小城镇的经济实力。立足本地特点，着重提高小城镇转移劳动力的能力，调整产业结构和布局，支持和带动本地区经济社会的发展。

三、民族地区小城镇规划的步骤

建设部于 1991 年颁布的《城市规划编制办法》和 1995 颁布的《城市规划编制办法实施细则》，对城市规划的各个阶段及其具体的内容和成果等都作了详细的规定，同时明确规定由国家按行政建制设立的镇也应当遵照执行。在村、集镇的规划方面，1993 年 6 月国务院发布的《村庄和集镇规划建设管理条例》对

此作了比较详细的规定。民族地区小城镇建设的主要步骤包括如下几个方面:

1. 调查、搜集和分析民族地区小城镇建设和规划所需要的资料。调查研究是编制小城镇规划的基础，也是确定小城镇性质和发展方向的必要条件。收集的资料应当集中在：一是该地区的历史发展情况；二是该地区所处的地理位置和气候；三是该地区的水资源等自然资源多方面的情况。小城镇的建设大多是在原有的基础上进行的，小城镇规划和建设不可能脱离这些基础而另起炉灶。分析小城镇现状和资料对于从实际出发，合理地利用和改造原有的小城镇，解决小城镇建设规划中的各种问题，调整不合理的布局等都是必不可少的。

2. 确定该地域范围内小城镇的合理布局。小城镇是经济实体和物质载体，是人们生活和居住的场所，一定地域范围内的小城镇在满足人们的生产和生活方面是有不同的要求，它们之间是一个有机联系的整体。因此，在编制总体规划时必须牢固树立全局观念，把小城镇当作一个整体来对待。也就是说一定地域范围的小城镇可以被看作是一个大系统，这个大系统是由许多子系统组成的。如一个县的范围内的小城镇包括县城、建制镇和集镇等三个层次；一个县城对周边地区的经济辐射功能和对本区域内其他乡镇的聚集、拉动作用是有限的，这就需要把其他中心镇或者集镇作为补充。这三个层次是县域小城镇体系的组成部分，把这三个子系统分解开来，它们在各自的地域范围内可以作为一个满足其功能要求的相对独立的体系，而把他们组合起来又是一个完整的大系统。

3. 在调查研究的基础上确定小城镇的性质和发展规模。小城镇的类型主要可以分为 4 大类和 12 小类（见表 3 - 1）[①]。确定

① 王宁：《小城镇规划与设计》，第 5—6 页，科学出版社，2001 年版。

小城镇的性质是编制城镇规划的前提，只有确定了小城镇的性质，才能具体安排周边土地的用途和城市道路交通、市政工程的位置和规模。经过综合的考察分析，小城镇的人口应定在 10 万人左右，而镇区常住人口以 2—3 万人为宜。合理的确定人口规模，才能为小城镇的居民创造良好的居住环境，过于拥挤的人口和过少的人口都是不科学的。

表 3-1　小城镇基本职能类型

划分依据	类　型	特　　征
作为社会实体的小城镇	行政中心小城镇	是一定区域内的政治、经济、文化中心。县政府所在地的县城镇。镇政府所在地的建制镇。乡政府所在地的乡集镇（将来能升为建制镇）。城镇内的行政机构设置和文化设施比较齐全。
作为经济实体的小城镇	工业型小城镇	小城镇的产业结构以工业为主，在农村社会总产值中，工业产值占的比重大，从事工业生产的劳动力占劳动力总数的比重大，乡镇工业有一定的规模，生产设备和生产技术有一定的水平，产品质量、品种能占领市场。工厂设备、仓储库房、交通设施比较完善。
	农工型小城镇	小城镇的产业结构，以第一产业为基础，多数是我国商品粮、经济作物、禽畜等生产基地，并有为其服务的产前、产中、产后的社会服务体系，如饲料加工、冷藏、运输、科技咨询、金融信贷，能够为周围地域农业发展提供服务，并以周围农村生产的原料为基础发展乡镇的工业或者手工业。

续表

<table>
<tr><th>划分依据</th><th>类　型</th><th>特　　征</th></tr>
<tr><td rowspan="5">作为经济实体的小城镇</td><td>渔业型小城镇</td><td>沿江河、湖海的小城镇，以捕捞、养殖、水产品加工、储藏等为主导产业。建有加工厂、冷冻库、运输站等。</td></tr>
<tr><td>牧业型小城镇</td><td>在我国的草原地带和部分山区的小城镇，以保护野生动物、饲养、放牧、畜产品加工（肉禽、毛皮加工等）为主导产业，又是牧区的生产生活、交通服务的中心。</td></tr>
<tr><td>林业型小城镇</td><td>在江河中上游的山区林带，过去是开发森林、木材加工的基地，根据生态保护、防灾减灾的要求，林区开发将转化为育林和生态保护区，森林保护、培育、木材综合利用为其主要产业，将成为林区生产生活流通服务的中心。</td></tr>
<tr><td>工矿型小城镇</td><td>随着矿产资源的开采与加工而逐渐形成的小城镇，或由原有的小城镇随着矿产的开发而服务职能不断增强，基础设施建设比较完善，为其服务的商业、运输业、建筑业、服务业等也随之得到发展。</td></tr>
<tr><td>旅游型小城镇</td><td>具有名胜古迹或自然风景资源，以发展旅游业及为其服务的第三产业或无污染的第二产业为主的小城镇。这些小城镇的交通运输、旅馆服务、饮食业等都比较发达。</td></tr>
<tr><td rowspan="3">作为物资流通实体的小城镇</td><td>交通型小城镇</td><td>这类小城镇多位于公路、铁路、水运、海运的交通中心，是一定区域内的客流、物流的中心。</td></tr>
<tr><td>流通型小城镇</td><td>以商品流通为主的小城镇，其运输业和服务业比较发达，设有贸易市场或专业市场、转运站、客栈、仓库等。</td></tr>
<tr><td>口岸型小城镇</td><td>位于沿海、沿江河的港口口岸的小城镇，以发展对外商品流通为主，也包括那些与邻国有互贸资源和互贸条件的边境口岸小城镇，这些城镇多以陆路或界河的水上交通为主。设有海关、动植物检测检疫站、货物储运站等。</td></tr>
</table>

续表

划分依据	类 型	特 征
其他类型小城镇	历史古镇 文化名镇	指具有一些有代表性的、典型民族风格的或鲜明地域特点的建筑群，及有历史价值、艺术价值和科学价值的文物的小城镇，可发展为旅游型小城镇。

4. 合理安排小城镇建设发展的用地，合理安排和使用土地。按照国务院批准的《1997—2010年全国土地利用总体规划纲要》，到2010年全国非农业建设占用的耕地不得超过2950万亩。根据专家的预测，我国人口在2030年达到16亿峰值的时候，我国耕地将会减少到18亿亩左右。这样的形势十分严峻，西部地区小城镇建设必须做好土地的合理规划和应用。

5. 确定小城镇建设发展的周期规划。小城镇发展目标主要分为两种：一个是远期目标，一般以20年为一个周期；一个是近期目标，一般以3—5年为一个周期。传统的城市总体规划尽管也考虑到城市远期的发展目标、城市的性质和规模，但是最终落到技术层面上的规划安排过于细致。这种过于细致的规划常常受到城镇发展实际的冲击，因为具体情况是千变万化的，静态的、死板的安排是不合适的。城镇的发展是由量变到质变的过程，由单一的城镇发展成为综合性的城市，城市规模由小变大等等，这些情况都有可能发生。因此，城市规划要求把远期目标和近期目标有机地结合起来，这样才能保证城市健康良性发展。

6. 建设现代化的综合交通体系和完善的城镇基础设施。小城镇规划还包括道路与对外交通规划、市政工程规划，如供水、电、通讯等基础设施规划。小城镇要合理规划建设城镇内部的公路网，要加强出城道路的建设，并且提高路网效率。道路和市政工程规划必须做到前瞻性和安全性，我国许多地区“马路拉链”现象非常的严重，马路挖了填，填了又挖，这就是编制城市规划时没有前瞻性所致，这种做法不仅缩短了马路的寿命，而且影响市容市貌。

民族地区的城镇化建设必须注意避免盲目攀比和贪多求全的倾向。在我国的小城镇建设和规划中，因为小而全、互相攀比、数量上盲目扩张、布局过密、规划与现实经济规模和人口规模脱节，造成了基础设施功能和服务设施功能的闲置和浪费。小城镇的性质决定了它在规模上的有限性和分布上的分散化。然而在实际中却出现了很多因为领导盲目追求政绩而出现的贪大求全，不顾客观实际的情况，一味地要求扩大小城镇的规模。这种做法显然是不可取的。做好民族地区小城镇的科学规划和合理布局，不仅可以有效地发挥人口集中的优势，而且还有利于发挥小城镇的城市之尾、农村之头的带动作用。同时，还可以充分发挥小城镇的基础设施功能，提高投入和产出的比率。

第二节　小城镇建设与农村改革协调发展

一、小城镇建设和民族地区农村改革所面临的实际问题

实现经济的可持续发展，首先要解决的问题就是农村经济的快速高效发展。农业、农村和农民问题，是我国当前经济改革的关键。农业在我国国民经济生活中起着基础性的作用，我国13亿人口的大多数在农村，没有农村的稳定就没有全国的稳定，没有农民的小康就没有全国的小康。作为国民经济重要组成部分的小城镇经济，在整个国民经济区位层次中起着承上启下的作用。农村城镇化是农村改革的推动力量，它的成果是农业现代化和社会进步的重要标志。城镇化不仅有利于解决农民收入过低和增长后劲不足的问题，而且是农村剩余劳动力转移的有效手段。保证西部地区小城镇建设与我国农村改革协调发展，是民族地区小城

镇建设的重中之重。

（一）民族地区农业和农村现状

概括起来讲，我国西部少数民族地区的农业属于传统农业，主要表现为如下两个方面的特点：(1) 农业生产力水平较低。民族地区由于长期受自然资源、环境和人文地理等因素的制约，生产力水平低下。甚至在解放初期，有的民族仍然处于刀耕火种的原始农业的发展阶段。经过几十年的发展，西部少数民族地区的农业生产力水平有了较大程度的提高，但总体上讲仍不适应现代农业发展的要求，这主要表现在农业亩产、农业生产效率和人均粮食产量过低方面。(2) 传统的耕作方式占主导地位。农业机械化水平的高低是衡量一个国家或者地区农业生产水平的尺度。农业机械总动力、机耕地面积等因素对农业产量起着决定性的作用。西部地区农民由于受文化程度和资金支持的限制无法大规模的采用新的技术。如新的转基因农作物品种，它在抗病虫害和产量方面的能力有了大幅度的提高，但这些新技术由于涉及到知识产权、价格等方面的问题，致使西部地区的农民望而却步。另外，西部地区化肥的使用率也相对较低。

民族地区农业发展的现实性障碍主要反映在如下几个方面：(1) 农业面临的环境恶劣，自然条件差。我国少数民族主要分布在西北和西南的广大地域里。西北由于深入亚欧大陆内部，干旱少雨并且还面临土地荒漠化和盐碱化的威胁，农作物产量较低。而西南地区则因为降水多、山地多，人为破坏严重，每年都会遭受不同程度的洪涝灾害，粮食产量也无法得到有效的保障。(2) 人才匮乏，劳动力素质低下。人才是制约民族地区发展的瓶颈。中央民族大学招生就业办公室作过一项统计，2004 年绝大多数少数民族毕业生选择留在北京，回到民族地区去工作的只有 13%左右。农业从业人员素质低下，对信息反应能力迟钝，因此，生产方式也多为传统的自给自足的自然经济模式。大多数农民缺少创新精神，思想保守落后，这已经成为阻碍民族地区农村经济发展的重要因素。(3) 民族地区缺少资金支持，农业投入严重不足。从整体上讲，我国对农业的投入不足，国家投到民族地区的资金十分有限，无法从根本上解决农业投入不足的问题。由于民族地区经济欠发达，地方政府经济实力有限，对外资的吸引力也较低，从而使民族地区农业发展无法得到充足的资金保障。

(二) 民族地区农业经济发展后劲不足

开始于 20 世纪 70 年代的农村改革，经过几十年的深入推广取得了巨大的成绩。但是，目前又逐渐陷入一种停滞不前的发展状态之中。主要表现为农民收入增长缓慢，农业产出连年下降，城乡收入差距拉大。近年来农民出售农产品收入占人均现金收入比重大幅度下降，已经由 1996 年的 43.9% 下降为 2001 年的 25.1%，减少了 18.8 个百分点，平均每年下降 3.8 个百分点。从 1997—2000 年，农民收入的增长速度连续 4 年下降，1996 年的增长速度是 9%，1997 年降到 4.8%，1998 年为 4.3%，1999 年降到 3.8%，2000 年只有 2.1%。另外，从 1998 年以后，农民务农的收入连续 3 年绝对减少。1998 年农民务农的收入减少了 2.3%，1999 年减少了 4.5%，2000 年又减少了 2.5%，2001 年农民收入增加了 4.2%，特别是农民务农的收入增加了 3.8%。① 但是，2001 年的农民收入增长主要是由于粮价上涨因素引起的，并非是经济发展规律作用的结果。另外一个方面是农村中劳动力过剩，外出务工人员逐年增加。这种情况造成了两个方面的结果：一是农业生产的劳动力不足，造成农业产出的下降；二是由于外出务工人员的增加，造成了简单体力劳动人员供给过剩，就业困难。这些都是制约农民收入增加的因素。

---

① 刘传江、郑凌云等：《城镇化与城乡可持续发展》，第 115—116 页，科学出版社，2004 年版。

我国目前东西部地区农民收入有拉大的趋势。据统计，1990年东、中、西部地区农村人均纯收入之比为1.79:1.13:1；1995年变为1.81:1.15:1，到2000年更是扩大为2:1.09:1。以上海市为例，2000年农村居民家庭人均纯收入为5596.37，为广西1864.51的3倍，西藏1330.81的4倍（见表3.2）。

表3-2　2000年农村家庭人均纯收入　　单位：元

地区	纯收入	地区	纯收入	地区	纯收入	地区	纯收入
全国	2253.42	山东	2659.20	蒙古	2038.21	宁夏	1724.30
上海	5596.37	河北	2478.86	吉林	2022.50	新疆	1618.08
北京	4604.55	辽宁	2355.58	河南	1934.57	青海	1490.49
浙江	4253.67	湖北	2268.59	安徽	1934.57	云南	1478.60
广东	3654.48	湖南	2197.16	山西	1905.61	陕西	1443.86
天津	3622.39	海南	2182.26	四川	1903.60	甘肃	1428.68
江苏	3595.09	黑龙江	2148.22	重庆	1892.44	贵州	1374.16
福建	3230.49	江西	2135.30	广西	1864.51	西藏	1330.81

（资料来源：《中国统计年鉴2001》）

（三）小城镇建设的低水平无法有效地发挥带动作用

新中国成立后小城镇建设取得了长足的进步，民族地区随着国家经济建设和地方社会经济发展的需要，在推进民族地区城镇化发展的过程中取得了很大的成就。到1999年，全国建制镇已达19756个，不少小城镇经济发展迅速，经济实力不断增强。但是，不可回避的事实是东西部经济发展的巨大差距，体现在这一时期的城镇化发展水平上也是完全一致的。从城市数量来看，到1999年东部地区共计300座，而西部民族地区只有120座；从城市非农业人口来看，至1998年东部地区高达11163.1万人，而西部民族地区只为3233.6万人。[①] 1998年，按市镇非农业人口计算的城市化水平，东部地区为33.8%，中部地区为26.6%，西部地区为20.7%，东部地区与西部地区之间相差13.1个百分点。从城镇发展水平和建设质量方面来比较看，西部地区也明显落后于东部。这主要表现在：(1) 城镇的体系不健全。西部民族地区大中城市少，结构不合理。以内蒙古自治区为例，1998年内蒙古自治区有建制旗县73个，其中，仅辖1个建制镇的有28个，占总数的38.3%；辖2个建制镇的有11个，占总数的15%。[②] (2) 城镇的分布不合理。从总体的情况来看，西部少数民族地区小城镇的布局因受环境和人口的制约，普遍比较分散，而且主要分布在交通主干线两侧和大中城市附近，分布不合理。(3) 城镇的职能单一。由于受历史发展的影响，西部少数民族地区人口生产力水平低下，三大产业普遍不发达。建设资金不足造成了城镇职能的单一，基础设施落后。由于以上的原因导致小城镇对西部少数民族地区经济发展的推动力不足。小城镇对农村剩余劳动力的吸纳能力、对民族地区的农村产业调整的引导作用以及对GDP的贡献作用都非常有限。

二、城镇化在民族地区农业经济发展中的地位

小城镇是在我国新旧体制转轨时期城乡结构转换的产物，是在突破传统体制条件下成长出来的新的城市模式。1983年著名的社会学家费孝通先生在充分调查研究的基础上，提出了“小城镇、大问题”的著名论断。学术界对这个问题非常重视，国家也投入了大量的资金进行这方面的研究，得出了许多有价值的学术

① 李澜：《西部民族地区城镇化发展研究》，第102—103页，民族出版社，2005年版。

② 同上，第110页。

研究成果。总体来讲，小城镇对民族地区经济建设的作用和地位，主要体现在对经济结构的调整和经济发展的推动力方面。

（一）城镇化有利于促进民族地区现代农业的发展

民族地区农业生产水平低下、观念落后，不适应现代农业发展的要求。尽管造成这种状况的原因是多方面的，但主要的根源在于城乡分割的二元化经济结构。由于我国几千年来自然经济一直占主导地位，广大农村地区深受传统农业观的影响，农民把土地作为安身立命的“法宝”。农村实行的家庭联产承包责任制，采取的也是“均田分包、好坏搭配”、“户户包田、人人种地”的方法，人为地造成了土地的条块分割。1985年初有关部门对全国28个省、市和自治区的36667家农户的调查表明，土地零碎现象十分突出，36667家农户平均承包耕地8.35亩，每户承包耕地9.73块，平均每块面积只有0.86亩。① 随着人口的急剧增加，人多地少的矛盾更加突出，土地分割情况更加严重。这与21世纪要求的集约农业和大规模农村种植业发展的趋势不符，极大地制约了现代农业的发展。西部地区小城镇的快速发展有利于加速该地区农业向现代农业的转换。现代农业要求在发展中更加注重新技术和新工艺的应用，要求农业发展与可持续发展结合起来。高投入、低产出的传统农业不仅无助于提高农作物的产量，而且造成了农业经济陷入了一种低水平的循环模式之中。小城镇由于处于城市辐射和带动作用之下，人才、资金、技术和信息的优势比较明显，这样就更加方便农业应用新技术，大大缩短了科学技术转化成为现实生产力的时间。同时农民还可以就近接受指导和培训，加速农民转换生产观念和增强环境保护意识。让可持续发展的观念融入到农业生产中去，这是民族地区小城镇建设的又一个目的。总的来说，小城镇建设是农村产业结构转换的推进剂，

① 杨帆：《进一步发展家庭经营的潜在力》，《农业技术经济》1986第6期。

是解决农民收入过低和推动农业生产增产增收的有效手段。

（二）城镇化有利于促进农村剩余劳动力的转移

在发展现代农业的过程中，农村劳动力的大规模转移是世界各国包括发达国家都曾经面临的问题。英国经济学家拉文斯坦（E·Ravenstein）提出了著名的“推拉理论”，它形象的描述了农村剩余劳动力转移的原因。他认为劳动力由农业向非农业、农村向城市转移，主要是受到农村内部的推力和来自城市的拉力同时作用的结果。农村的推力主要有：技术替代对劳动力的排挤，农村人口增长对劳动力的压力，以及农村土地的收入、不合理的土地制度、不利的农产品贸易条件等。城市的拉力主要表现在：城市就业机会多，选择余地大，报酬高，生活条件优越等。[①] 西方国家农业人口主要向非农产业转换。但是我国由于人口基数过大，地区差异明显，所以，农村劳动力转移的渠道必须多样化才能解决问题。小城镇是农村剩余劳动力转移的重要渠道。我国二元经济体制和严格的户籍制度给农村劳动力向城市转移人为地制造了巨大的障碍。但是小城镇不同于城市，一方面小城镇的快速发展带来了许多就业机会，城镇建设和市场的形成给建筑业、制造业、交通运输业和服务业创造了大量就业岗位。更为重要的是，农村剩余劳动力向小城镇转移的门槛要大大低于大中城市。西部地区小城镇的建设要充分发挥吸纳劳动力的优势，充分展示小城镇的带动和辐射作用，把国家加强西部地区小城镇建设作为经济腾飞的一个契机。

（三）城镇化可以扩大内需推动国民经济的快速增长

内需不足已经成为制约民族地区经济发展的主要瓶颈。一般经济理论认为，出口和内需是经济增长两个基本要素。相关的调查研究表明，一个市民的消费指数是农民的2.8倍。放开城市户

① 蔡秀玲：《论小城镇建设》，第148页，人民出版社，2002年版。

籍制度让农民进城务工，一方面减少了直接从事农业生产的劳动力的数量，增加了农村自然资源的人均占有量；另一方面扩大了城镇消费群体数量，增加消费需求，刺激经济增长。农村人口资源丰富，消费潜力巨大。但是，由于农民受收入结构、居住地域条件、消费观念的限制，主要满足于自给自足的小商品经济，消费不足。只有扩大城镇的规模，加快农业剩余劳动力的转移，深化土地制度改革，积极推进农业现代化，才能充分发挥规模效应，从根本上改变当前的消费结构，促进国民经济的快速增长。随着城市经济的转型，越来越多劳动密集型的企业转到了小城镇。由于开发区多处于城乡结合部，可以充分发挥土地资源相对丰富，劳动力资源相对便宜的优势，更好地发挥农村之头的作用。

（四）城镇化是实现可持续发展的客观要求

1992年世界第二次环境与发展大会在巴西里约热内卢召开。会议通过的《里约热内卢宣言》正式提出了“可持续发展战略”。在2000年10月通过的《中共中央关于制定国民经济和社会发展第十个五年计划的建议》中，把“积极稳妥地推进城镇化”作为国家的一项战略措施。研究如何把西部地区小城镇建设和可持续发展结合起来，就成为我国西部大开发的一项重大课题。城镇可持续发展是指城镇建设和发展，一切从城乡协调发展和充分发挥城镇作用出发，以城镇人口发展和素质提高为核心，谋求城镇经济的发展与资源合理利用、环境保护的良性循环，通过增强城镇经济实力提高城镇建设质量和居民的生活质量，合理转移农村劳动力，缩小城乡差距，并为农业的可持续发展提供条件和可能。它的实质在于要求城镇经济的发展要与人口、资源和环境变化相协调。实施城镇化战略是推进可持续发展的有效手段和必然途径。加强西部地区的小城镇建设可以为西部地区的经济发展提供广阔的市场，有效地转移农村剩余劳动力，促进城乡二元经济体制的转化，促进国民经济和社会的良性循环。可持续发展战略的重点体现在对自然资源的合理利用和环境保护上，它对西部地区城镇化建设提出了三个方面的要求：（1）它要求小城镇建设要科学规划、合理布局，科学地利用和保护耕地，不能以耕地的减少为代价；（2）它要求小城镇的建设应当重视生态环境的保护，农业产业结构调整应当重视建设绿色农业和无污染农业；（3）它要求小城镇的建设应当与当地的实际情况相结合，因地制宜，带动当地的经济发展。

三、西部地区城镇化与农业改革的协调发展

我国城镇化水平的不均衡归根结底是由于采用“非城市化”的工业化道路及不合理的城市发展战略的结果。它造成了我国人口的绝大多数仍旧滞留在农村，从而使得农业生产困难，农村市场发展缓慢，农民文化素质低下，严重地制约了国民经济和社会的发展。因此，必须加快西部地区城镇化的速度，并使之与农业改革的协调发展。

（一）我国小城镇发展的类型

小城镇的发展动力及方式有其深刻的社会历史根源，如我国的广东、福建和浙江等地在历史上商品经济就比较发达，相对来讲小城镇发展的速度要快一些；而甘肃、宁夏和新疆等商品经济不发达的地区，小城镇的发展速度就要慢一些。我国小城镇的发展类型依据产业结构的功能来划分，主要可以分为如下几种：（1）工业主导型。这种小城镇的产业结构以工业为主。小城镇依托当地的农业、渔业、牧业和资源的优势，发展加工业和贸易。如江苏无锡的玉祁镇，经过几十年的发展形成了冶金、机电、纺织、电子、轻工、建材等支柱产业；江苏盛泽的丝绸纺织，浙江滕头的服装等。（2）市场带动型。这种小城镇的产业结构以商品贸易为主。小城镇地理位置优越，交通发达，具有商品集散的传

统，因此容易形成集贸中心或商品交易中心。如浙江义乌的小商品市场，山东寿光的蔬菜批发市场等等。(3) 外向经贸型。这类小城镇以发展外向型经济为主。小城镇具有地域优势，人文环境深厚，容易吸引外资。这种小城镇大多集中在珠江三角洲和长江三角洲地区，人力资源丰富，出口加工型贸易发达，如福建的晋江，广东的东莞。(4) 风景旅游型。这类小城镇以发展旅游以及相关第三产业为主。小城镇位于风景名胜所在地，具有独特的自然、人文景观，利用这一优势带动小城镇的发展。如上海的周庄，山西的平遥等地。(5) 综合发展型。这类小城镇本身并不具有某方面独特的优势，但是各方面综合实力较强，从而能够带动小城镇的发展。如温州的柳市，河北的白沟等地。因此可以看出，小城镇的发展通常受综合因素的影响。东部地区小城镇的发展是制度创新的结果，各地依靠自己的优势，大胆突破，创造出了多种发展模式。西部地区小城镇的发展必须以优化农村产业结构和增加农民收入为目的，以农村土地制度改革为基础，以发展乡镇企业和第三产业为主要突破口，因地制宜、因势利导、大胆创新，以带动整个西部地区的经济发展。

(二) 民族地区城镇化体制下的农村土地制度创新

农业现代化的出路在农业生产规模化和产业化。因此，民族地区农业要想实现产业结构的根本性转变，一定要对现有的农村土地制度进行改革。

1. 民族地区农村土地制度改革的目标。西部地区环境总体来讲比较恶劣，西北地区干旱少雨，西南地区地形复杂，地势起伏不大的平原和丘陵地区不多，人均可用耕地更是少得可怜，在这种地理环境下发展小城镇就要求提高土地使用率和配置效率。小城镇的发展要求人口向城镇集中，一方面导致局部地区人多地少的矛盾更加突出，另一方面涉及到的是土地产权的转移和利益的调整。小城镇的规划和建设、第三产业的发展必须以农村土地产权调整为基础。国家的土地分为全民所有和集体所有两种，对于集体所有的土地所有权的确认在县级人民政府，但实际使用和管理、保护的权利在于农民集体组织。我国农村土地集体所有制采用的是“区域所有制”的形式，在区域范围内的农民共同占有土地，共享使用权，但“共同”这个词只具有抽象意义。对土地的所有和处分的权利不可能量化到具体的农民手中。农村土地转化为建设用地的时候，批准的权力集中在少数人手中，必然难以保证丧失土地的农民的利益，实践也证明了这一点。另外，现代化的农业要求农业的集约化生产，但是，我国农村的家庭联产承包责任制导致农村土地条块分割严重，很大程度上阻碍了农业规模化生产，如果农民选择进城就必须冒着丧失土地的危险。因此，农村的青壮年即使外出打工也不放弃承包的土地，农业生产主要依靠的是看家的老弱病残。这就使得农业生产陷入了进退两难境地，广大农民宁愿农业生产亏损也不把土地转让出去搞集约经营。西部地区城镇化要避免重蹈东部地区覆辙，就必须解决好农村土地产权的问题。西部地区农村土地制度改革的目标必须依法做到如下几点：一是科学规划、合理布局，充分利用土地；二是改变目前联产承包责任制的土地条块分割现象，推广集约化农业；三是完善农村社会保障制度，解决农村劳动力向城镇转移的后顾之忧。

2. 东部地区推广农村土地股份合作制的启示。东部地区农村土地股份合作制是对我国农村土地制度改革的有益探索，对西部地区农村城镇化有着重要的借鉴意义。土地股份合作制是在维持农村土地集体所有制的前提下，把土地按优劣折股分到个人，然后把土地交给一定的组织经营，实行股份制。这样既确认了农民对土地的所有权又保证其收益，最大限度上减轻了农民进城务工的后顾之忧。20 世纪 90 年代初，广东省的南海市率先尝试土地股份合作制，提出了土地股份合作制的思路：“界定产权、稳定承包、调整关系、改善管理、解决矛盾、合理分配、促进发展”。上海市郊区的许多农村也开展了类似的土地股份合作制的试验。据新桥镇南场村的测算，集体土地资产每股本金为3000—5000元不等，若一个生产者的土地全部出让后，一个4口之家（夫妇俩加一个老人、一个小孩）的股本金大约有20万元左右。按镇合作基金会12%的分配保底线计算，每年的股息也有2万余元，比过去的劳动力安置、养老安置的收益都高，且老人、小孩都有保障，股本金还属于农民自己所有，可以继承。① 土地股份合作制在承认农民对于土地的产权主体地位基础上，赋予了农村土地一定的收益灵活性。农民可以自主选择处分该土地收益权，这样就在土地使用收益过程中引入了市场机制，可以实现农村土地的有效合理利用。由于农民可以按照股份的多少参与土地的经营管理，真正实现了农民对土地的所有权，极大地提高了农民的生产积极性。

（三）西部地区城镇化体制下的投资制度创新

1. 西部地区农业投资不足是阻碍农业发展的重要原因。东部地区城镇化比较发达的地区大多集中在大中城市、经济特区和交通咽喉等地，直接受到大城市的辐射、拉动作用影响。这些地区充分利用它们的地理优势，依托土地资源创造出良好的投资环境，以吸引外部资金。由于大量外部资金的注入，该地的三资企业、民营企业得到了良好的发展。工业经济的发展反过来又带动了农村城镇化，从而形成了一个良性循环。反观我国西部地区农村和农业的现状，农业生产主要依靠牛耕马拉，生态环境脆弱，在风调雨顺的情况下可能会有较好的收入，一旦遇到干旱、洪涝等灾害就只好听天由命。没有大量的资金投入，农业无法采用植物新品种、生产机械无法普及和更新，农业产量无法提高。这就

① 沈开艳等：《农村经济转型》，第161页，上海科学院出版社，1999年版。

使民族地区的农业生产陷入了恶性循环之中。我国民族地区的农村经济发展明显落后于全国的整体水平。1978—1997年，在全国GDP中所占的比重，东部地区从52%上升到61.4%，西部地区则从17%下降到14.8%，人均GDP差距也逐渐拉大。1997年全国人均GDP为6392元，西部仅为4009元，相当于全国平均水平的62.7%。我国目前的贫困人口也主要集中在民族地区。1998年青海、宁夏、甘肃、新疆的贫困发生率，分别为14.0%、12.6%、8.9%、6.6%，大大高于全国4.6%的平均水平。[①] 我国的财政体制具有城市偏好的特征，对农业的投入明显不足。城市社会保障体系完善，市民一方面享受着成熟的医疗保障、失业保障，另一方面又享受着自来水、电力等能源的有效供应；而农村大到修桥修路，小到子女上学都是自己掏钱，这种情况更加剧了农民的贫困，拉大了城乡差距。

2. 加大资金投入力度，促进民族地区农业产业化发展。政府是公共管理部门，在民族地区农业现代化的过程中应当提供政策上的支持，采取有效措施协调各职能部门，努力减小农业现代化可能带来的风险。（1）调整政府投资体制，加大对农业的支持力度。政府应当加强对农业基础设施的投资力度，农村地区的道路、电力、通讯等设施的建设和维修应当由政府主导完成。根据一般经济理论，经济利润有平均的趋势。我国工业和农业之间存在巨大的剪刀差，工业从农民手中剥夺了大量的财富。国家应当加大对农业生产的补贴，通过财政的方式减小工农业收入差距。（2）减少和取消农业税收。农业税收是农民的一项沉重的负担，但农业税收在全国总税收中所占的比重不大。据统计，2003年我国农业税收约占1.5%，取消之后不会对国家收入有大的影

① 李学春：《中国西北民族地区农村城市化道路问题研究》，第73页，民族出版社，2003年版。

响。温家宝总理最近已明确提出，要在5年之内取消农业税。(3) 进一步放开农业贷款，加大金融机构对农业生产的支持。现在金融机构对于农业生产贷款的支持力度不足，农民贷款难。金融机构应当拨出专款作为农业专项基金，放宽农民贷款的额度，减少农民贷款手续。明确投资方向，集中支持农业产业化经营项目。

总之，西部地区农村改革是城镇化发展的必然要求。城镇化和农村现代化是相辅相成、不可分割的两个方面，没有坚实的农业基础就没有城镇化的顺利发展。农村现代化应当在坚持可持续发展原则的前提下，从本地实际出发，因地制宜，找出适合本地区和本民族特点的发展道路，把生态环境保护、经济发展和社会效益的提高三者结合起来。西部广大农村应当适度进行农村土地制度改革，调整产业结构，切实保障农民利益。西部农村应当抓住加入WTO的机遇，充分利用资金和技术的全球化优势，搞集约农业和规模农业，加快民族地区农业现代化的进程。

第三节　小城镇建设与第三产业配套进行

一、民族地区第三产业发展的现状

第三产业包括的范围非常广泛。1985年国家统计局提出了中国三次产业划分的意见：第一产业：农业，其中包括林业、牧业、渔业等。第二产业：工业和建筑业。第三产业：除上述第一、第二产业以外的其他各业。由于第三产业包括的行业多、范围广，根据发挥作用的不同可归并为五类，生产性第三产业，包括交通运输业、邮电通讯业、信息咨询业等；生活性第三产业，指饮食修理业、洗澡理发业等；中介性第三产业，包括金融保险业、房地产业、商业流通业等；发展性第三产业，包括科技教育业、文化体育业、医疗卫生业等；综合第三产业如旅游业。第二次世界大战以后，第三产业获得了快速发展，并逐渐发展成为国民经济的主导力量。从对国民经济的贡献上来看，绝大多数发达国家第三产业的比重都大大超过第一产业和第二产业。自20世纪80年代开始，我国开始重视第三产业的发展，经过十几年的快速发展，它在我国国民经济中的比重在1999年已经达到33%。2001年的中央农村工作会议就指出，加强农村基础设施建设，加快城镇化建设，实质上就是促进农村第三产业改革。这就为我国第三产业的进一步发展指明了出路。

自从20世纪80年代后期以来，民族地区第三产业得到了快速的发展。1999年，西部少数民族地区除了内蒙古和贵州以外，其他省和自治区的第三产业比重都略高于全国平均水平。广西、新疆、西藏、云南、青海和宁夏的第三产业比重，分别为36%、37.6%、44.9%、33.3%、41.9%和37.6%。但从总体上来说，产业结构的特征是第一产业比重高，第二产业发展相对滞后，第三产业发展较弱，各产业内部结构不合理。西部少数民族地区第三产业主要集中在饮食服务业、旅游业等有限的几个产业部门中，金融保险业、房地产业、信息咨询业等新兴行业，受体制后生产技术水平的限制发展不足。

民族地区第三产业发展的特点主要表现为：（1）总量偏小，发展不足。世界主要的发达国家第三产业比重一般都超过60%，从产值构成来看，中等收入国家第三产业平均占52%，而我国民族地区多为40%左右，低10个百分点。(2) 基础性产业落后。农村交通运输、邮电通讯、水利电力以及科技教育设施虽然近年来有了长足的发展，但总体水平比较低。根据我们对湖南湘西近100个贫困村的调查显示：完全不通公路的占71%，不通电和部分不通电的占32%，没有灌溉设施的占9%，不通电话的占80%。在这种条件下第三产业根本没有发展的空间。另外，湖南桑植县共有554所学校，但设施配套合格的仅有38所，中小学危房面积达11200平方米。教育等基础设施的落后也直接影响了第三产业的发展。(3) 产业内部结构不合理。民族地区产业结构特别是服务业的结构，主要集中在传统的饮食、住宿、交通运输等领域，新兴的金融、保险、信息、咨询等现代的服务业不发达。而在劳务输出、物流、国际经济合作交流等方面则更加落后。据统计，1999年交通运输、仓储及邮电通讯占第三产业的比重，全国为16.49%，西部12省区为19.47%；批发零售贸易及餐饮业占第三产业的比重，全国为25.31%，12省区为27.45%。8省区前两者合计占46.92%，全国是41.80%。而目前迅速发展的金融保险业占第三产业的比重，12省区市仅为10%。另外，国家机关、党政机关和社会团体所占的比重高于金融保险业所占的比重，占9.02%。[①]

二、民族地区第三产业的发展必须以小城镇为载体

民族地区小城镇的发展必须形成第三产业和城镇化互相促进、共同发展的机制。

民族地区应当把城镇化进程作为西部地区第三产业发展的重要机遇。(1) 以中心镇发展为重点。第三产业的发展应当以中心镇为基础，这些地区相对来讲具有一定的经济实力，基础设施也比较完善，对科技人才也有一定的吸引力，具有成为农村经济、文化教育和服务行业中心的潜力。(2) 以市场为依托，吸引企业向城镇集中。乡镇企业、民营企业的发展和繁荣是民族地区城镇化和第三产业发展的推动力。要充分利用一部分建制镇已经具有的发展基础，吸收乡镇企业和民营企业向工业开发区和建制镇集

① 黄健英：《对民族地区服务业发展的思考》，《黑龙江民族丛刊》2003年第3期。

中。把招商引资的重点转向有一定经济实力的乡镇企业，建制镇应当通过优惠的土地、税收等方面的政策和便利的交通运输条件，吸引资金的流入。这是促进各类企业向城镇集中的有效方式，也是第三产业发展的前提。应当重视树立城镇化与第三产业配套推进的典型，发挥模范带头作用。同时应当因地制宜，重点建设和发展当地的主导产业。努力培育金融、房地产、信息等生产要素市场，大力发展各种中介组织。(3) 以小城镇内部综合治理为先导。要加强城镇间及城市周边地区的生态环境保护和绿地建设。依照法律的规定，在基本农田保护区、自然保护区、风景名胜区，不得进行不符合保护目的的生产性第三产业的开发和建设。民族地区应当按照"十一五"规划的要求，加强对城镇污水排放和处理的力度，建立城镇污水处理良性循环机制；加强对文教、卫生和群众体育设施等基础建设。城市综合治理的目的在于保障第三产业投资和发展的环境。(4) 以农民为第三产业发展的主体和对象。城镇化过程中第三产业的发展必须以农民为主体。农村人口是小城镇建设的主力军，是第三产业从业人员的来源。政府一方面要吸引中心镇周边的农民到城镇定居，积极引导他们从事第三产业；另一方面要帮助他们转变观念，使农民成为第三产业服务的对象。必须依法大力发展农村社会化服务产业，发展农产品流通业、农业机械、科技推广、信息咨询和教育培训等农业社会化服务体系。大力发展商业服务业、文化教育、邮电通讯业、社会保险业等服务性第三产业，以方便农民生产和生活。

三、民族地区第三产业发展的主要阻碍

西部地区第三产业发展的状况是其特殊条件共同作用的结果，民族地区第三产业发展的制约因素主要来自于如下两个方面：

(一) 社会发展水平的制约

薄弱的农业制约着第三产业的进一步发展。农业和农村生产力发展水平是影响和制约第三产业发展的基础性因素。农业对第三产业的制约作用主要体现在两个方面：(1) 农业是国民经济的基础，是人们生活资料和生产资料的主要来源。民族地区农业机械化程度低，农民文化素质低，这就直接导致西部地区的种植业产量不能满足民族地区温饱的基本需要。在无法保证农民温饱的条件下，第三产业必然无法快速发展。(2) 农业基础越薄弱，农村恩格尔系数取值越大，这就把农民其他消费开支限制在很小的范围内，大大压缩了第三产业的利润空间。

工业化程度低。民族地区工业特别是与人民生活水平息息相关的轻工业发展水平比较低，乡镇企业发展比较差。西部地区许多企业的生产方式仍然停留在手工作坊阶段，设备落后，原材料消耗大，污染严重，质量低劣。工业集约化程度是决定产业结构调整的重要因素，这也制约了民族地区第三产业的发展。商品经济不发达直接影响了第三产业的发展，无法给予第三产业足够的空间支持，限制了包括交通运输、零售业、金融业、房地产业在内的多种第三产业的发展。因此，第三产业的发展必须以提高民族地区商品经济的发展为前提。西部地区少数的几个大中城市不能负担带领西部第三产业发展的重任，只有蓬勃发展的小城镇才能完成这项任务。小城镇的建设不但可以为农村劳动力的转移提供市场，而且可以直接带动交通运输业、金融业、房地产业和餐饮服务业的发展。这就要求十分重视小城镇建设与第三产业的衔接问题。

(二) 传统体制的制约

封闭、落后的思想观念。长期以来，我国对马克思主义的劳动价值论理解存在偏差，片面地认为只有第一产业和第二产业才能创造社会价值，第三产业部门不能创造社会价值和国民收入，因而长期不承认第三产业的地位，导致第三产业基础比较差。在传统的经济模式下，重视工业、轻视第三产业，忽视价值规律的作用。对发展第三产业的重要性、紧迫性没有形成共识。为了适应市场经济的发展，产业部门应当具有理性和主动性的发展思想，按照市场的规律要求办事。西部地区由于受特定的自然条件、传统观念的影响，对市场信号的反应慢，第三产业服务的内容单调，宥于固有的思想，不想或者不敢突破创新。这样第三产业的发展由于违背市场经济的规律，一方面容易被市场信息错误引导，造成资源的浪费；另一方面难以获得持续发展的资金和环境支持，面临着被淘汰的危险。

城乡分离的产业政策。长期以来，我国实行城乡分割的二元化经济体制，偏重城市的发展。城市的第三产业只为城市的工业和居民服务，不能形成城乡一体化的综合社会化服务体系。严格的户籍制度也将城市居民和农民严格区别对待，严格限制农民外出经商和劳务。这样又导致了第三产业的发展只限于城市狭窄范围内，资源配置效率低下，发展空间狭窄。

法律保障不完善。第三产业的发展需要法律法规予以规制和保护。第三产业的发展是一个复杂的系统工程，在现有的结构内部会不断出现新的领域，而完善的法律法规对于调整各行业之间的关系，化解矛盾方面具有积极的作用，完善的司法和执法体制对第三产业的发展也具有保障的作用。如法律咨询、代理服务的收费制度是由国家法规明确规定的，这对于明晰当事人之间的经济利益，促进法律服务的规范发展是有极大的好处的。因此，国家应当尽快进行法律的规范化工作，补充并完善现有法律法规体系，以保障第三产业的发展和繁荣。

四、民族地区第三产业发展与城镇化的衔接

（一）转变观念，加大第三产业的发展力度

从世界各国发展的趋势来看，第三产业对国民经济的推动作

用是不可忽视的，不但大量转移了农村劳动力，而且加速流通，有效地发挥了市场机制的作用。随着科学技术的发展，高附加值、高科技含量的第三产业发展空间越来越广阔，对国民经济的贡献也越来越大。加速民族地区第三产业的发展，不仅可以充分发挥其对小城镇的建设的反作用力，发挥它在筹集建设资金、吸引资金流入等方面的优势，还可以缩短民族地区的工业化进程，提高地区经济实力，缩小与中东部地区的差距。民族地区应当抓住中国加入 WTO 经济结构转型的机遇，提高对第三产业的重视程度，充分认识到第三产业在国民经济中的重要作用，大力发展第三产业。

（二）加强产业调整，创造第三产业发展的空间

在民族地区城镇化建设的过程中，应当树立新的指导思想，进行产业结构的调整和产品的升级换代。产业调整必须高度重视西部地区生态环境建设和保障，必须将可持续发展放在首位。产业结构调整的目标，应当有利于人民群众生活水平的提高。产业结构的调整应当分为两个阶段进行：

第一，近期规划为第三产业在国民经济中的比重持续增长的阶段。民族地区城镇化建设所需要的时间比较长，近期应当为第三产业发展创造条件，以培育第三产业的持续发展为重点。主要包括：（1）加强基础设施和生态环境建设。基础设施包括交通运输、邮电通讯、水利工程、市政设施等工程的建设。生态环境建设应当融入到城镇化的各项措施中去，为子孙后代留一片蓝天。（2）应当加强农业的基础地位和农村工业化建设，这就可以保证第三产业在国民经济总量中所占的比重稳中有升。（3）应当重视发挥第三产业中的比较优势，继续发挥人力、人文等资源的特点，适应第三产业的国际化趋势。

第二，远期规划为产业经济大发展的阶段。第一产业比重继续下降，第二产业加速发展，比重开始提高，第三产业比重停留

在一个较稳定的发展水平阶段。经过前期的建设，国民经济的运行已经进入了一个比较稳定的阶段，第一产业基础地位的加强为第二、第三产业的发展创造了良好的发展环境，第二产业比重提高有利于加速我国的工业化进程。第三产业中服务性第三产业和发展性第三产业趋于成熟，在国民经济中所占的比重基本稳定下来。

(三) 发挥优势，培育有竞争力的龙头产业

一方面我们应当正视差距，认识到民族地区第三产业的发展与东部地区相比存在的差距，另一方面我们也应该看到民族地区在某些方面仍然有一定的优势。如餐饮服务业和旅游业，民族地区有着与东部不同的独特的人文环境和生活习俗，维吾尔族的舞蹈、苗族的服饰、蒙古族的民歌，无一不吸引着人们的眼光。民族地区应当充分发挥这些优势，以新的服务理念为指导，加强人员的培训，不断增加新的服务，提高服务水平，培育有竞争力的优势产业的发展。

(四) 构建市场法治体系，培育第三产业发展的内在动力

市场经济可以有效的实现民族地区经济资源的优化配置，市场经济的竞争力能够为民族地区第三产业的发展注入活力；加强市场经济法制建设，可以为民族地区第三产业的发展和完善提供良好的外部环境。民族地区市场经济的法制建设，不只是指要建立完善的市场管理体制，还要建立相应的投资保障、商业竞争、金融和贸易等制度。国家在 2001 年 5 月 8 日颁布实施《国务院关于整顿和规范市场经济秩序的决定》，在《决定》中明确指出建立良好的市场经济秩序既是重大的经济问题，也是严肃的政治问题；既是巩固我国现代化建设成果的重大举措，也是全面推进社会文明进步的内在要求。并且强调了当前工作的重点是打破地方封锁和行业垄断，彻底清除各地区和各部门制定的这方面的规章。这就为民族地区第三产业的发展起到了巨大的推动作用，民

族地区的有关部门应当在法律法规规定的前提下，研究制定促进本地区产业发展的政策和法律，并把城镇化也纳入其中，保障两者协调统一。

第四节 民族地区城镇化建设中的机制转换

积极发展小城镇，加快有中国特色的小城镇建设是民族地区城镇化的现实选择。在民族地区城镇化过程中，应当遵循城市化、现代化、社会化的原则，注意克服在小城镇建设过程中暴露出来的弊端。(1) 小城镇建设要突破小农意识，起点要高。小城镇建设要有现代化的设施、现代化的管理、现代化的服务，着眼于适应市场经济和长远发展的需要。(2) 要正确处理改革与发展的关系，应当紧紧围绕经济建设为中心这个指导思想，以改革促进农村经济和社会全面发展作为目标；注重物质文明和精神文明建设两手都要硬，加快农村产业结构调整，并把农村经济发展水平、农民收入提高幅度作为评价小城镇发展实效的标准。因此，民族地区城镇化建设必须进行机制转换。

一、大力促进民族地区人的素质全面发展

我国目前城镇化的水平还不高，2000 年仅为 24.96%。按照地区来看，东部地区达到 30.18%，中部地区为 24%，西部地区仅为 19.29%。从城镇规模来看，在西部城市中，200 万人口以上的城市有 3 个，占全国同类城市的 23%；100—200 万人口的城市有 4 个，50—100 万人口的城市有 2 个，20—50 万人口的城市有 35 个，20 万以下的城市有 77 个，分别占全国同类城市的 17%、4%、17% 和 20%。到 2000 年底，我国共设有城市 660

个，其中东部地区有 295 个，中部地区有 244 个，西部地区只有 121 个。按每万平方公里拥有的城市数量来说，全国平均为 0.69 个，东中西部地区分别为 2.59 个、1.36 个和 0.23 个，西部地区城市密度大约是全国平均水平的 1/3，为东部的 1/11，中部的 1/6。① 西部地区城镇分布是受西部地区的特定地理、历史和经济条件制约的。

民族地区小城镇建设要配合西部大开发战略的实施，从思想上进行观念的转换。人是城镇化的主体，民族地区城镇化的过程，实际上就是民族地区人的全面发展的过程。马克思主义社会发展观认为，人是社会发展实践的最终目的，一切社会发展的成果最后都要落实到人的身上。另外，人又是社会的主体，是社会发展进步的参与者。社会发展为人的全面发展创造着条件，而人的素质高低又是社会发展的决定性因素。因此，民族地区城镇化应当把人的全面发展放在观念转换的首位。人的全面发展是指人对世界的认识和改造能力，由低级到高级的变化过程。城镇化水平的提高和人的全面发展，是一个相互促进的过程。城镇化的目的在于把农村一部分人转变为城镇居民，这就存在着劳动观念、消费观念、环保观念和教育观念等涉及到人的基本素质的观念转换问题。人的素质的提高，反过来又会促进城镇化的发展，它直接影响到城镇的综合发展观念、城镇建设的质量和可持续发展的问题。因此，民族地区在城镇化过程当中必须以人为本，重视人的全面发展问题。

要认清形势，正视差距。民族地区必须从思想观念上认清形势、正视差距，破除对旧体制的迷信和依赖，清醒地认识并找出现实发展中存在的问题，寻找和培育新的经济增长点。民族地区

① 刘卫东，樊杰等：《中国西部开发重点区域规划前期研究》，第 26—27 页，商务印书馆，2003 年版。

要强化市场观念和竞争观念，用发展的眼光看待城镇化的问题。要抓住国家大力推进西部城镇化建设的机遇，打破条条框框和地域观念，充分支持特色产业和龙头产业的发展，破除地方保护主义和行业垄断的旧观念。充分利用中央对民族地区和西部地区的优惠政策，搞活对内和对外两个开放，真实地推进民族地区的市场化步伐。

要树立现代城镇意识。民族地区的城镇化是西部地区现代化的一个重要组成部分，小城镇应当具有现代化的设施、现代化的管理和现代化的服务。这一切都是建立在人的全面发展和人口素质提高的基础之上的。城镇一般位于城市的边缘，是与农村接触最频繁的地区，农村地区传统的小农意识，农民作风严重地制约着小城镇的深入发展。城镇居民中也存在着某些小市民思想，如目光短浅，斤斤计较个人利益的得失。这些思想观念如果不解决，将会对民族地区的城镇建设产生不可估量的危害。必须要使这些人解放思想，转换观念，树立现代城镇意识。

要树立正确的人才观念。科学文化素质的提高是人全面发展的基本要求。民族地区科技水平和受教育程度普遍比较低，生产观念落后，难以掌握农业生产技术进步，对市场信息反应缓慢，不符合农业现代化的基本要求。民族地区的人才观念要把大力挖掘自身潜力和引进吸收人才结合起来。民族地区必须积极响应“科教兴国”的战略，特别是要加大教育和科技的资金投入，加快科、教、研、产的一体化建设。加强对技术人才的培养，把理论教育与实际应用结合起来。要打破常规、深化改革，在人才战略中引入竞争机制，真正地把优胜劣汰落到实处。西部地区还要加大引进人才的力度。单纯依靠西部地区自身的人才培养是不够的，西部地区可以对紧缺人才提供优厚的工作条件和生活待遇，吸引他们到西部来工作（创业），努力营造招才、识才、用才、爱才的环境。

二、大力推进民族地区行政区划的调整和乡镇合并

当前我国普遍存在小城镇规模过小，发展和建设水平不高的问题。第一次全国农业普查的数据显示，1996 年全国有建制镇 16126 个，但镇区平均只有 1211.1 户，平均只有 4518.6 人，镇区平均面积只有 2.2 平方公里。镇区人口在 10000 人以上的镇有 1374 个，占总数的 8.3%，镇区人口在 10000—4000 的有 4235 个，占 26.3%，镇区人口在 4000 人以下的有 10544 个，占总数的 65.4%。市场经济的发展要求资源和劳动力等生产资料自由流动，这样才能充分发挥市场在资源配置中的基础性地位。资本追逐利润最大化的本性必然促使投资者将企业建立在交通便利、资源和劳动力丰富的地区。但我国目前存在着严重的行政干预经济运行的现象，地区贸易壁垒森严的问题阻碍了市场的发展。这样的问题也同样存在于小城镇的发展和建设之中。乡镇是我国最基本的行政单位，我国农村的城镇化和农业产业化也是以乡镇为基础开展的。乡镇政府受利益的驱动和追逐政绩的动机，限制本区域的生产要素的流动。这就造成了乡镇之间的行政分割，城镇化和市场的发展都被人为的限制在一个狭小的区域中。行政区划和乡镇的适度调整，可以有效地减少资源的浪费，可以极大地拓展市场运作的空间，有效地提高城镇的发展水平。因此，在一定的条件下推进行政区划调整和乡镇合并，实现生产资料的自由流动，是促进民族地区城镇化发展的必然选择。

（一）实行行政区划调整和乡镇合并的指导思想

行政区划调整和乡镇合并是关系到国家地区政权稳定的重大问题，必须谨慎行事。行政区划的调整和乡镇的合并属于城镇规划和合理布局研究的范围，应当经过充分的调查研究和缜密的可行性论证，应当符合区域城镇总体规划的要求。在我国目前的制度环境下，自下而上的推进方式显然是不可行的，因为大规模的

行政区划调整必然是跨区域式的。根据《中华人民共和国宪法》第 89 条第 15 款的规定：国务院“批准自治州、县、自治县、市的建置和区域划分”；第 107 条第 3 款的规定：“省、直辖市的人民政府决定乡、民族乡、镇的建置和区域划分。”① 因此，行政区域的调整必须以政府为主导，自上而下的推进。行政区划的调整应当采用渐进的推进方式，在调整之前做好充分的调研，在决定之后应当坚定的执行。行政区划的调整因为涉及到方方面面的利益，在推进时需要强力而且由权威的部门来引导。行政区划的调整和乡镇合并还必须充分考虑经济发展的状况和各民族的风俗习惯。经济发展具有不均衡性，这一点在民族地区表现得尤为明显。有的少数民族因为历史和文化传统等方面的原因，经济发展一直比较好，但有的地方到目前为止生活方式仍然停留在原始的游牧方式之中。行政区划的调整应当选择经济发展比较相近的地区，并且注重其互补性。各民族的风俗习惯也是行政区划调整中不可缺少的前提，在中国少数民族的传统中，不少民族的传统是对立的，行政区划的调整如果不考虑民族的因素，则容易激化民族矛盾，影响民族团结。

（二）乡镇合并的原则

乡镇合并应当遵循的基本原则是：经济发达的镇吸收经济不发达的镇；地理位置好的镇吸收地理位置差的镇；人口多的镇吸收少的小城镇。行政区划调整应当是以发展较好的镇为基础，在它的基础上再投入相当的劳动力和土地等生产要素，就会产生极化效应和扩散效应，对周边的农村有带动和辐射作用，并对其他乡镇的合并起示范作用。起吸收作用的镇，我们通常把它称之为“中心镇”，合并时必须先确定中心镇的位置，再以中心镇为基

① 《中华人民共和国宪法》，《中华人民共和国常用法律大全》（上卷），第 15 页、第 17 页，法律出版社，1996 年版。

础，合并其他相邻的城镇。中心镇建设必须有合理的辐射半径，必须使中心镇的发展有充足的可支配的资源及发展空间。符合这个原则的乡镇合并，才能充分发挥小城镇的积极作用，促进民族地区经济社会的发展。

（三）乡镇合并的保障

行政区划调整和乡镇合并是事关国家稳定的大事，法律配套保障和政策性优惠措施必须跟上。在法律保障方面，首先行政区划调整必须符合宪法和法律的规定，以宪法规定的部门权限划分为前提，以《城市规划法》为基本法，以地方性法律规范文件为保障，全面快速地推进行政区划的调整和乡镇合并。在政策保障方面，国家可以赋予地方政府一定的权限，并完善调查和协商机制，使行政区划的调整不以领导者个人的意志为转移。对于某些地方政府官员为了突出政绩，不顾地方实际情况贪大求全，片面追求“大而全”的实际情况，必须通过完善领导者决策机制和责任追究制度来解决，把行政区划调整和乡镇合并引领到正确的轨道上来。东部地区在行政区划的调整和乡镇合并方面已经积累了经验。如江苏省委、省政府在 1999 年发布的《关于进一步加快小城镇建设的意见》就明确提出：全省小城镇发展要坚持以中心城镇建设为重点，择优培育重点中心镇，合理迁并乡镇、提高规模、扩大范围、减少层次，使全省小城镇走上规模化、集约化、现代化、内涵型的发展之路。为此，江苏省专门组织并撰写了江苏省建制镇总体规划方案，重点建设 100 个左右的中心镇。到 2000 年 6 月，江苏省减少乡镇 508 个，乡镇个数减少了 508 个，占原来总数 1974 个的 25.7%。浙江省从 1999 年开始在全省全面推进行政区划调整和乡镇合并工作，并提出了到 2010 年，着力培养 100 个中心镇，促进小城镇发展从数量型向质量型转变的目标。与此同时，上海也进行了乡镇的行政区划调整和合并工作。东部地区行政区划调整和合并的经验，对民族地区行政区划调整和乡镇合并工作有一定的借鉴和引导作用。

三、积极推进民族地区市场经济体制的深入发展

民族地区城镇化建设要适应社会主义市场经济体制的要求，充分发挥市场机制和企业的带头作用，改变“伸手要”的拿来主义。民族地区应当着力培养本地区经济，提高自身的造血能力，单靠中央的救济是不能使民族地区脱贫致富的。西部地区要把市场经济改革推向深入，要在投资机制创新、产业结构调整和提高企业的核心竞争力方面做好文章。

（一）加快投资制度的改革

民族地区城镇化面临着新的市场经济竞争环境。在中国加入WTO国际大背景下，国家将会在几年的时间内逐步开放市场，并取消对民族产业和弱小产业的保护措施。这是一把双刃剑，因为一方面民族地区的产业会直接面对跨国大企业的竞争，而民族地区企业在竞争方面的综合实力与跨国性的大企业是很难相比的；另一方面国家放开了市场，可以使外资更有效、更直接地进入到民族地区，加快民族地区的城镇化建设步伐。民族地区应当强化我国加入WTO所带来的正面效应，减轻负面的影响。这就需要做好如下几方面的工作：一是创造良好的投资和企业发展环境。只有良好的投资环境，才能吸引外部资金的注入。所以必须把城镇化的规划和建设同营造良好的投资氛围、交通运输条件和治安环境相结合，并根据《宪法》和《民族区域自治法》的规定，变通实施国家的相关法律法规和政策。譬如，国家根据《中小企业促进法》颁布规定了中小企业的划分界定标准：工业企业职工人数2000人以下，或者销售额在3亿元以下，或者资产总额在4亿元以下；建筑中小企业标准为职工人数3000人以下，或者销售额3亿元以下，或者资产总额4亿元以下；零售业中小型企业必须符合职工人数500人以下，或者销售额1.5亿元以下

的标准；批发业中小型企业职工人数200人以下，或者销售额3亿元以下的标准。这个标准对于民族地区来说显然是太高了，有许多企业达不到这个标准，也就无法享受到国家对中小企业的许多优惠政策。二是投资主体的多元化策略。投资主体多元化意味着民族地区要把吸引外资和吸引内资结合起来。改变以往单一的投资体制的缺点，做好统筹规划，充分调动各方面的经济力量，逐步形成多样化的投资开发体制。三是制定优惠的政策，扶持民族地区非公有制经济的发展。西部地区可以在金融支持和税收方面提供一定的优惠，给予非公有制经济一定的保护和扶持，帮助它们发展。民族地区还可以从本地区的实际情况出发，对非公有制经济的发展状况作出详细的调查研究，确定一定数量的企业作为政府重点扶持的企业，给予一定的政策，以尽快地确立本地区的支柱产业和特色产业。

（二）加快产业结构调整步伐

产业结构调整应当以市场为主导，以科技进步为主要的推动力，以农业产业结构调整为切入点，以培养特色产业为基础，建立适应市场经济体制多元化的产业布局。西部地区应当因地制宜，加快科技发展步伐，大力发展高新技术产业，建立产科研一体化的布局，更好地把科学技术转化为现实的生产力。产业结构调整应当遵循三个基本原则：一是继续加强农业的基础地位。农业是国民经济的基础，粮食更是国家安全和稳定的重中之重。这几年粮食产量连年下降，农业产值在国民经济中所占的比重越来越小，我国农业发展面临着严重的挑战。但农村种植业仍然有巨大的潜力可挖，要加快农业产业化和集约化步伐，大力发展农村的加工业和服务业。二是实行分类指导的原则。西部地区地域辽阔，地理、气候、人文环境和民族的风俗习惯多种多样，所以，不能采用一刀切的方式。如在西部荒漠化严重的地区，可以发展耐旱性中草药种植业；而在旅游资源丰富的地区就适宜采用以旅游产业为龙头，全面带动第三产业发展的策略。产业调整的内容、幅度和方向都应当与生产力的布局相适应，坚持事实求是的方针，从本地区的实际出发。三是建立市场信息收集和共享制度。西部地区产业结构调整是一个系统工程，依靠一对一的单打独斗是很难形成优势的，这就需要民族地区的政府做好企业发展的引导工作，集中优势、重点突破，特别是在市场信息的收集和共享方面做好工作。以免造成由于市场信息不准确导致产销脱节的局面。只有这样，产业结构调整才能真正取得经济效益和社会效益。

（三）提高企业的竞争力

企业的竞争力是评价企业发展前景的重要标准。西部地区企业发展总体状况落后，国有企业改革步伐迟缓，产权不明晰，管理混乱，内部约束和激励不明；中小企业生产设备和产品的科技含量不足，人才缺乏。这些情况都严重制约了民族地区企业的发展。西部地区想要快速发展，就必须提高企业的竞争力。在产权制度改革方面，必须加快国有企业的改革力度，采用出售、租赁等办法实现国有资产的保值增值。鼓励和引导乡镇企业购买国有和城镇集体企业，形成新的产权管理和利用方式，培育新的经济增长点。在乡镇企业的管理方面，减轻企业负担，坚决制止乱收费、乱摊派。在企业发展模式的选择上，以市场为导向，以效益为中心，以可持续发展为目标。企业想要发展，人才是根本。战后世界发达国家的历史经验表明，投资在人力资源和社会资本等无形资本方面的收益要大大高于投资于物质生产和资源开发方面。必须加强民族地区的人才教育投资，特别要加强技术职业人才的培养，提倡素质教育。企业可以利用资金的优势吸引和招揽人才，以提高企业的竞争力。

四、努力为民族地区城镇化建设营造良好的社会环境

民族地区小城镇建设必须把经济的发展与人口、环境和资源结合起来统筹考虑，不仅要安排好当前的发展，还要为以后子孙后代着想。我国目前小城镇的发展已经步入了快速发展的阶段，社会管理观念必须与小城镇发展的步伐相适应。总的来讲，城镇化的核心是产业和人口向城市集中的一个过程，社会管理体制必须为这个转变过程创造条件，消除不适合的因素，促进民族地区城镇化的进程。形成有利于促进城镇化的体制和政策环境，是城镇化战略顺利实施的关键。要通过体制创新和政策的调整，营造出城镇化发展的有序环境。这就需要在改革户籍管理制度、培育劳动力市场和完善用地制度等方面深化改革。

（一）改革户籍管理制度

户籍制度是城乡差别的壁垒。户籍制度在我国有着深刻的历史渊源，在物质短缺时期，户籍制度对于限制农民进城，缓解消费品的紧张等方面的确发挥了重要的作用。在我国目前物质丰富的条件下，户籍制度又成为阻碍城乡物质交流和文化传播的障碍。各界对户籍制度改革的呼声越来越高。在城镇化的过程中应当按照中共中央、国务院的要求，以形成有利于人口合理有序流动的管理体制为目标，加快户籍管理制度改革的步伐。户籍制度的变革有两种方式：一是裂变式改革，即直接取消户籍制度，采用身份证制度或者社会福利号等方式来代替，并取消与户籍制度相关的种种规定。二是采用渐进式的改革，取消户口在社会福利、子女受教育等方面的歧视性政策，淡化户口的作用，减少农民进城的后顾之忧。这就需要做到如下两点：一是放宽农民进城的户籍限制。降低农民进城的门槛，允许具备一定条件的农民自由进入一定规模的城市或者城镇。民族地区城镇化目标之一在于转移农村剩余劳动力，如果对劳动力的转移采用了种种限制措

施，不啻于用绳索束缚住自己的手脚，根本谈不上人口的集中和城镇规模的扩大。二是放宽户口迁移的限制。为了防范人口无目的的流动，在城镇化的过程中的确需要采用一定的限制措施。各地可以根据当地的经济和社会发展的需要及承受能力，确定基本落户的条件，并且加强对长住和暂住人口的统计工作，尤其要加强管理。

（二）培育劳动力市场

坚持城乡统筹就业的改革方向，逐步建立统一开放、竞争有序、城乡一体的劳动力市场。如果说工业化是城市化的经济基础，那么，就业制度就是工业化带动城市化的直接桥梁。[①] 培育劳动力市场，就意味着就业思想的转变和就业制度的创新。民族地区在鼓励农村剩余劳动力就地转移的同时，也应当积极引导农村劳动力的跨区域流动。这就要求劳动力输出的地方政府努力做到：（1）为劳动力流动提供信息指导，避免盲目性；（2）对劳动力就业途径进行调研，并提供岗前培训。劳动力输入的地方政府也应当做到：（1）在招收人员就业时应当消除对农民的歧视，给广大的农民以发展的机会；（2）结合户籍制度改革，给劳动力进入小城镇提供平等的机会；（3）完善劳动保障制度，改变我国目前劳动保障资金分配偏向城镇居民的政策，为进城务工的农民建立失业和医疗保险，条件具备的地方也可以逐步推进农民工的养老保险制度。

（三）完善政府行政职能

在市场经济的条件下，政府在经济发展的过程中一方面充当市场经济运行的调节和干预的主体，另一方面又充当市场化深入发展的推动者。我国政府在社会和经济发展过程中由于受到传统

---

① 李学春：《中国西北民族地区农村城市化道路问题研究》，第 262 页，民族出版社，2003 年版。

的社会主义政府理论的影响较深，通常对经济运行的干预较多。这种情况严重地阻碍了市场在经济运行中基础性作用的发挥，必须进行坚决改革。中央政府应当主要从宏观上担负起确保经济良性运行的重任，地方政府则应当在教育、治安、地方性基础设施建设方面起到保障作用，各级政府都应当尽量减少对经济运行的干预行为。中央政府应当加大对民族自治地方的财政转移支付，因为财政转移支付制度是中央政府向地方政府拨付财政资金，是中央政府进行宏观调控，促进区域经济协调发展的手段。当前的财政转移支付制度中税收等补偿利益机制不完善，影响了东西部之间的关系和政府职能的有效发挥。另外，财政拨款也是民族地方城镇建设的重要资金来源，应当建立起科学的财政转移支付制度。

第四章　民族地区城镇化建设中的产业结构调整

产业结构是指产业间的技术经济联系与联系方式。它一方面动态地揭示产业间技术经济联系与联系方式不断发展变化的趋势，显示主导或者支柱地位产业部门不断替代的规律及其相应的结构效益；另一方面静态地呈现一定时期内产业间的投入产出关系。民族地区的产业结构不合理、层次低，尚处在钱纳里所言的“工业化初期阶段”。民族地区城镇产业结构的调整和优化，不仅关系到城镇自身的发展，而且关系到整个民族地区经济的发展。要加速民族地区的经济社会发展，就必须在城镇化建设中因地制宜地调整和优化产业结构。调整和优化民族地区产业结构，应当顺应经济全球化的潮流，适应中国加入 WTO 后的发展环境，顺应科技的飞速发展，充分发挥市场对资源配置的基础作用。调整民族地区产业结构，必须遵守产业结构发展演进的规律，有利于区域经济社会的可持续发展，依法进行。民族地区产业结构优化调整要充分发挥小城镇的桥梁纽带作用，在培育主导产业的同时开发民族地区特色产业，大力发展国有中小企业和乡镇企业，扶植发展以第三产业为标志的私营企业等。

第一节　产业结构的基本理论

一、产业结构的涵义

产业（industry）在不同的场合有不同的涵义。在历史学和政治经济学中，产业主要是指工业，如“产业革命”、“产业工人”等。在传统的社会主义经济理论中，产业的主要内容是指与服务业相对应的物质资料生产部门。本书从产业经济学的角度使用产业，它是介于微观经济组织和宏观经济组织（国民经济）之间的集合概念。产业既是具有某种同一属性的企业的集合，又是国民经济以某一标准划分的部门，其范围包括国民经济的各行各业，大至部门小至行业，从生产流通到服务、文化、教育，等等。结构是指某个整体的各个组成部分的搭配和排列状态，它较早地被用于自然科学的研究中。在经济领域，产业结构这个概念始于20世纪40年代，到60年代产业结构的涵义和用法还不规范。它既可以用来解释产业内部之间的关系和产业与产业之间的关系，也可以用来解释产业内部的企业关系结构和产业的地区分布。直至20世纪70年代初，日本的经济理论专家极力做了一些澄清。现在，一般认为产业结构专指产业关系结构。但是仍然有人将研究产业间关系结构的“产业结构理论”视为狭义的产业结构理论，认为广义的产业结构理论还应包括研究产业内的企业间关系的“产业组织理论”。

本书所称的产业结构是指产业间的技术经济联系与联系方式。这种联系与联系方式可以从两个角度来考察：一是从“质”的角度动态地揭示产业间技术经济联系与联系方式不断发展变化的趋势，揭示经济发展过程中的国民经济各产业部门，其主导或者支柱地位产业部门的不断替代的规律及其相应的结构效益，形成产业发展形态的理论。它反映一国经济的发展水平、发达程度、内在活力与增长潜力。一般有两个指标来衡量，一个是价值指标，如某一产业部门所创造的国民收入占全部国民收入的比例，或者某一产业的资本占全社会资本额的比例；另一个是就业指标，如某一产业部门就业人数占总就业人数的比例。二是从“量”的角度静态地研究和分析一定时期内产业间联系以及联系方式的技术经济数量比例关系，即产业间的投入产出关系，从而形成产业联系理论。这种关系说明国民经济各产业之间的联系是：一个产业的产出就是另一个产业的投入，一个产业的投入就是另一些产业的产出。

二、产业的分类

按照不同的方法可将产业进行不同的分类。经济学上的产业分类法较多，有三次产业分类法、关联式分类法、国际标准分类法、两大部类分类法、农轻重产业分类法、生产要素集约分类法、四次产业分类法、霍夫曼产业分类法、钱纳里产业分类法，等等。本书囿于研究目的，仅择其中较常见的几种进行阐释。

（一）两大部类分类法

马克思在分析社会再生产过程时，为了揭示资本主义生产的本质和剩余价值产生的秘密，根据产品在再生产过程中的经济用途，把社会总产品划分为生产资料和消费资料，从而把社会生产划分为生产资料的生产和消费资料的生产这两大部类。同理，为揭示工业生产运动的总规律，科学地说明工业生产的过程，可将工业产品划分为生产资料和消费资料，进而把工业生产划分为生产资料的工业即甲类工业，以及生产消费资料的工业即乙类工业。世界许多工业发达国家一直保留这种分类。我国目前的工业也分为甲乙两类。两大部类分类法是马克思研究资本主义再生产过程的理论基础，这一分类法的提出和运用，对揭示资本主义生产的本质和剩余价值产生的秘密，具有非常重要的意义。不过将它运用于产业结构分析，则有一定的局限性：（1）它没能涵盖所有产业，不利于对产业经济的全面分析。（2）许多商品难于归类，给产业经济的研究工作带来困难。（3）这种分类法不够细化，不能深入地分析产业结构变化对经济增长的影响。（4）这种分类法在方法上与其他分类法相差甚远，分析口径不一，其分析结果也很难进行比较。

（二）农轻重产业分类法

农轻重产业分类法就是将经济活动中的物质生产部门分成农业、轻工业、重工业三大部门。其中，农业包括种植业、畜牧业、林业和渔业等；轻工业是主要生产消费品的工业部门，包括纺织、服装、食品、饮食、印刷、家具、制革等工业部门；重工业是主要生产资料的工业部门，包括冶炼、钢铁、煤炭、电力、石油、化工、机械等工业部门。这种分类法是以马克思关于两大部类分类的原理为依据，来源于前苏联，在社会主义国家曾被广泛使用。在今天，资本主义国家和许多国际组织也常常使用它。我国曾长期把农轻重分类法作为制定国民经济发展规划的最主要的产业分类工具。同两大部类分类法一样，农轻重分类法运用于现代产业结构分析，存在一些局限性：(1) 它仍然是针对物质生产领域的，没有涵盖非物质生产部门，不利于对产业经济问题进行比较全面系统地研究。(2) 随着科学技术的快速发展，传统的农轻重界限越来越模糊，相当多的产业特别是新兴产业难于归类到哪一具体部门。(3) 这种分类法也不够细，一方面很难从深层次解释农轻重结构变化对经济发展的影响，另一方面也难于对统计结果进行比较，这些都给产业经济的分析和研究工作带来困难。

（三）三次产业分类法

这是迄今为止运用最广泛的一种产业分类法。其创始人是英国经济学家阿·格·费希尔和科林·克拉克。1935 年费希尔在《安全与进步的冲突》一书中，在前人提出的第一、第二次产业的基础上，以社会生产发展阶段为依据，以资本流向为主要标准，提出了三次产业分类。它将处于初级阶段上的产业称为第一产业，包括种植业、畜牧业、狩猎业、渔业和林业；把处于第二发展阶段的产业称为第二产业，包括采掘业、制造业、建筑业、运输业、通讯业、电力和煤气等；把处于第三发展阶段的产业称为第三产业，包括商业、旅游业、运输、贸易、娱乐、文化艺术、教育、科研、保健、卫生、政府公共行政事务等。1940 年英国经济学家科林·克拉克在《经济进步的条件》一书中，在费希尔研究成果的基础上，依据产业距离消费者的远近程度、产品是否有形、生产过程与消费过程是否可分离三个标准，将国民经济分为三次产业。第一产业包括农业、畜牧业、林业和渔业；第二产业包括制造业和矿业；第三产业包括建筑业、运输业与通讯业、商业、金融业、专业性服务和个人生活服务、政府行政和律师事务、军队等。克拉克还对三次产业结构的变化与经济发展的关系进行了大量的实证分析，总结出三次产业结构变化规律及其对经济发展的作用，从而开拓了产业结构理论研究的新领域。三次产业分类法也被称为“克拉克分类法”。

现代的三次产业分类标准与其创始人的分类标准有较大差异，更多地以经济活动与自然界的关系为标准进行划分。将直接从自然界采取产品的物质生产部门划分为第一产业，将加工取自自然界的物质生产部门划分为第二产业，将从第一、第二次产业的物质生产活动中衍生出来的非物质生产部门划分为第三产业。在具体标准和实际操作上，各国也不完全一致。我国从 1985 年开始采用三次产业分类法。1985 年国务院办公厅批转的《国家统计局关于建立第三产业统计的报告》，规定了我国三次产业划分的标准：（1）第一产业：农业（包括种植业、林业、牧业和渔业）。（2）第二产业：工业（包括采掘业、制造业、自来水、电力、蒸汽、热水、煤气）和建筑业。（3）第三产业：除第一、第二产业外的其他各业。可分为流通部门和服务部门两个部分。具体又分为四个层次：第一层次是流通部门，包括运输业、邮电通讯业、商业、饮食业、物资供销和仓储业。第二层次为生产和生活服务的部门，包括金融业、保险业、地质勘探业、房地产业、公用事业、居民服务业、旅游业、咨询信息服务和综合技术服务业、水利业、公路及内河（湖）航道养护业。第三层次为提高科学文化水平和居民素质服务的部门，包括文化、教育、广播电视、科学研究、卫生、体育及社会福利事业等。第四层次为社会公共需要服务的部门，包括国家机关、政党机关、社会团体及军队、警察等。三次产业分类法使人们对社会经济活动有了更全面、深入的了解，为社会经济统计和经济管理提供了现实可行的简便方法，对研究工业的发展和工业化的实现起了指导作用，因而被广泛接受。世界银行等国际组织和许多国家的政府部门和产业研究部门都采用这种分类法。但是，随着科学技术的发展和人类经济活动的日益复杂化，这种分类法的缺陷和局限性日益明显：(1) 有些产业的归类上存在争议，如第二产业的采掘业和矿业，是直接从自然界获得产品，按目前的分类标准应当归入第一产业。(2) 三次产业分类法以产业发展为经济发展的根本目标，把产业系统封闭在经济系统内，很少考虑生态系统、社会系统与经济系统的内在联系与协调发展，并且片面强调经济系统向自然生态系统的单向索取，造成资源的掠夺式开发、环境的污染与破坏、生态的损坏与退化。(3) 第三产业内容过于庞杂，不能全面反映产业发展的新内容、新趋势，不能准确地揭示现代产业结构变化与现代经济可持续发展之间的规律。因而难于总结它们的特点和发展规律来为政府制定政策服务。1962 年美国经济学家马克卢普在《美国的知识生产与分配》一书中，首次提出知识产业和信息服务的新概念，把教育、研究与开发、通讯媒介、信息设备和信息服务等五大类划分为第四产业。在我国，还有学者将生态产业称为第五产业。①

（四）标准产业分类法

① 刘思华：《创建五次产业分类法，推动 21 世纪中国产业结构的战略性调整》，《生态经济》2000 年第 6 期。

标准产业分类法可分为国家标准分类法和国际标准分类法。国家标准分类法是指一国（或者一地）政府为了统一该国（或者该地）产业经济研究的统计和分析口径，以便科学地制定政策和对国民经济进行宏观管理，根据自身实际而编制和颁布的划分产业的一种国家标准。世界上许多国家都有自己的国家标准分类法。我国于1984年由国家标准局发布了《国民经济行业分类与代码》。将国民经济划分为16个门类、92个大类、300多个中类和更多的小类。这16个门类依次是：A 农业、林业、渔业、畜牧业（含5个大类）；B 采掘业（含7个大类）；C 制造业（含30个大类）；D 电力、煤气、给水的生产和供应业（含3个大类）；E 建筑业（含3个大类）；F 地质勘查业和水利管理业（含2个大类）；G 交通运输、仓储及邮电通信业（含9个大类）；H 批发和零售、贸易、餐饮业（含6个大类）；I 金融、保险业（含2个大类）；J 房地产业（含3个大类）；K 社会服务业（含9个大类）；L 卫生、体育和社会福利业（含3个大类）；M 教育、文化、艺术和广播电视业（含3个大类）；N 科学研究和综合技术服务业（含2个大类）；O 国家机关、政党机关和社会团体（含4个大类）；P 其他行业（含1个大类）。国际标准分类法是联合国为了统一世界各国的产业分类，于1971年编制和颁布的《全部经济活动的国际标准分类索引》。它将全部经济活动分为大、中、小、细四个层次，并规定了相应的统计编码。第一层次为10个大项，分别是：（1）农业、狩猎业、林业和渔业；（2）矿业和采石业；（3）制造业；（4）电力、煤气、供水业；（5）建筑业；（6）批发与零售业、餐饮和旅店业；（7）运输业、仓储业和邮电业；（8）金融业、不动产业、保险业和商业性服务业；（9）社会团体、社会及个人的服务业；（10）不能分配的其他活动。国际标准产业分类法具有较高的科学性，能反映和适应该国或者该地区产业发展和变化，并且这种分类法与三次产业分类法相一致，其分类标准中的门类或大项，可分别纳入第一、第二、第三次产业之中。

（五）生产要素集约分类法

这是根据不同的产业在生产过程中对资源的需求种类和依赖程度的差异对产业进行划分的一种方法。这种以生产要素集约程度的不同作为标准的分类法将产业分为劳动密集型产业、资本密集型产业、技术密集型产业和知识密集型产业。生产要素集约分类法有利于将各个产业使用的各种生产要素的组合在产业之间进行比较，有利于研究产业之间对生产要素依赖程度的差异，对于求得最佳宏观经济效益和制定经济发展战略具有重要的意义。其缺点是划分标准有很强的相对性，各种产业类型的划分范围不易界定。譬如，电子计算机软件产业既可看作是技术密集型产业，又可看作是劳动密集型产业，还可看作是知识密集型产业。

（六）产业地位分类法

这是以产业在国民经济中的地位和作用的不同为标准进行产业分类的方法。这种分类法将产业分为基础产业、瓶颈产业、支柱产业、主导产业和先导产业等类型。基础产业是指在产业结构体系中为其他产业的发展提供基本条件并为大多数产业服务的产业。瓶颈产业是指在产业结构体系中未得到应有发展而已严重制约其他产业和国民经济发展的产业。支柱产业是指产业结构体系的总产出中占较大比例的产业。主导产业是指在产业结构体系中处于迅速发展并对相关产业发展具有引导和支撑作用的产业。先导产业是指产业结构体系中关系未来国民经济发展的需要，必须先行发展而又能够带动和引导其他产业发展的产业。产业地位分类法有利于研究产业与经济发展的关系，有利于政府通过制定相关产业政策和进行相关产业管理，促进产业发展并带动整个国民经济发展。但是这种分类法强调产业之间的横向地位问题，容易忽视产业之间的纵向关系和产业群的培育与形成。

三、产业结构演进规律

配第·克拉克定理。17世纪英国经济学家威廉·配第曾经揭示过产业间收入相对差异和劳动力转移的关系。他认为制造业比农业，进而商业比制造业能够得到更多的收入，这种收入的差异会促使劳动力由低收入部门向高收入部门转移。英国经济学家G.G.克拉克在配第研究的基础上，通过对主要发达国家劳动力转移的实证研究得出结论：随着经济的发展和人均收入的提高，劳动力首先由第一次产业向第二次产业转移，进而向第三次产业转移，第一次产业的劳动力日益减少，第二次产业特别是第三次产业劳动力将不断增加。后人将他们的理论合称“配第·克拉克定理”。

钱纳里的经济发展阶段理论。美国经济学家钱纳里对世界34个准工业国的经济发展进行研究，发现这些国家和地区的经济发展都会规律性地经过6个阶段，任何一个阶段的跃升都是通过产业结构转化来推动的：第一阶段是传统社会阶段。产业结构以农业为主，现代化工业没有或极少，生产力水平很低，基础设施和技术水平都很落后。第二阶段是工业化初期阶段。产业结构逐步向以现代工业为主的工业化结构转变，工业中则以食品、烟草、采掘、建材等初级产品的生产为主，产业以劳动密集型产业为主。第三阶段是工业化中期阶段。制造业内部迅速重工业化，重工业成为支柱产业，非农业劳动力开始占主体，第三产业迅速发展，产业以资金密集型为主。第四阶段是工业化后期阶段。在第一、第二产业协调发展的同时，第三产业开始由平稳增长转入持续的高速增长，成为区域经济增长的主要力量。第五阶段是后工业化社会。制造业内部结构向技术密集型转换，生产的专业化及社会化分工已广泛发展。生活方式现代化，高档耐用消费品在广大群众中推广普及。第六阶段是现代化社会。第三产业开始分化，智能密集型和知识密集型产业开始从服务业中分离出来，并占主导地位。主导产业是知识密集型和现代化的生产、生活服务产业。这是一个多样化和追求个性的社会。

库兹涅茨的产业结构演变规律。美国经济学家库兹涅茨在克拉克研究成果的基础上，对产业结构的演变规律作了进一步的探讨。他在《各国的经济增长》一书中，从国民收入和劳动力在各产业间的分布变化两个方面，对产业结构的变化进行研究得出结论：(1) 随着国民经济的发展，第一产业实现的国民收入在整个国民收入中的比重与第一产业劳动力在全部劳动力中的比重一样，在不断下降。(2) 第二产业实现的国民收入在整个国民收入中的比重，大体是上升的；工业部门劳动力的比重则大体不变或者略有上升。(3) 第三产业实现的国民收入一般较难确定，甚至可能表现出下降趋势，但是劳动力的比重几乎在所有国家都呈上升趋势，这就说明服务业具有很强的劳动力吸附特性，但其劳动生产率提高往往并不快。

罗斯托的主导产业扩散效应理论。美国经济学家罗斯托认为，无论在什么时期甚至在一个已经成熟并且持续成长的经济体系中，经济增长之所以能够保持，是因为为数不多的主导部门迅速扩大的结果，而且这种扩大又产生了主导产业的扩散效应，包括回顾效应、旁侧效应和前向效应。回顾效应即向后关联，指主导产业对向自己提供投入的部门的影响。如汽车工业对钢铁、橡胶、石油等工业的影响。旁侧效应指主导产业对其他方面的影响，如汽车工业对公路系统建设的影响。前瞻效应指主导产业对新工业、新技术、新材料和新能源等产业的诱导作用，如汽车工业对环境保护的影响。

四、产业结构调整的方向

(一) 产业结构合理化

产业结构合理化主要是指产业与产业之间协调能力的加强和

关联水平的提高。它是一个动态的过程，包括供给和需求的相互适应、三系产业以及各产业内部各部门之间发展的协调，产业结构效应的充分发挥等。衡量产业结构是否合理的关键在于判断产业之间是否有因其内在的相互作用而产生的一种不同于各产业能力简单之和的整体能力。如果产业之间相互作用的关系越协调，结构的整体能力就越高，与之相适应的产业结构也就越合理。反之，如果结构关系不协调，结构的整体能力就会降低，与之相适应的产业结构就不合理。对产业结构合理化程度的判断，一般可从如下四个方面进行考察：(1) 与“标准结构”进行比较。标准结构为美国著名经济学家钱纳里等人所倡导。他们通过对大量的历史数据进行统计和分析，得出了判断产业结构是否合理的标准结构。标准结构反映产业结构变动的一般规律，有一定的科学性，可以作为认识和判断各国产业结构变动是否合理的参照系。但是由于各国国情的差异和发展战略的不同，标准结构只能作为参考，不能成为绝对的判断标准。(2) 产业间的比例关系是否协调。各个产业之间客观上存在相互需求产品或者服务的关系，其比例关系是否协调直接影响一国或一地区经济的发展，极为重要。譬如，能源与交通等基础产业，如未得到充分发展，就会成为瓶颈产业，制约其他产业的发展。(3) 是否与需求结构相适应。在市场经济条件下，经济活动的目的是为了满足市场的需求。产业结构作为一个资源转换系统，其最基本的要求就是它的产出能满足市场需求。随着经济的发展和人民生活水平的提高，人们的需求结构会不断提升和变化，而供给结构很难及时完全适应这一变化。为了满足不断变化的需求结构的要求，必须通过调整供给结构的办法来实现两者的均衡，两者适应程度越高，产业结构就越合理，否则产业结构就不合理。(4) 能否充分有效地利用各种资源与分工。在一定的时期和条件下，一国或者一地区的各种资源总是有限的。为了实现资源的优化配置，必须建立有利于充分发挥本国或者本地区资源优势的产业结构。同时，生产力发展水平和空间分布从来是不均衡的，取长补短，充分利用国内外两个市场和两种资源，成为一国或者一地区生产力发展的客观要求。通过与外部的经济交往，克服内部需求与资源不足的矛盾。因此，合理的产业结构应当是开放型结构。

（二）产业结构的高度化

产业结构高度化主要是指产业结构从低水平状态向高水平状态的发展，是一个动态的过程。它是产业结构在需求拉动、科技带动、竞争促进等动因作用下的演进过程，不断向深加工化、高附加值化发展，从而更充分更有效地利用资源，更好地满足社会发展需求的一种趋势。它主要表现在如下四个方面：(1) 高加工化。即工业结构表现为以原材料工业为主向以加工、组装工业为主的发展趋势。(2) 高附加值化。即产业结构选择朝着附加值高的部门发展的趋势。(3) 技术集约化。即工业资源结构趋向于以技术为主体的演进过程。随着工业结构高加工化的发展，技术资本的质量和劳动力质量将成为工业资源结构中最重要的因素。(4) 工业结构软化。即知识和技术日益渗透到工业生产活动中，从而使工业生产中知识和技术密集型产品的比重和地位日益提高。值得注意的是一个良好的产业结构，合理化与高度化是缺一不可的。缺乏高度化的合理化是低层次的产业结构；没有合理化的高度化是虚高度化。

第二节　民族地区产业结构的现状分析

一、第一、第二、第三产业间比例不合理，难以发挥产业间的协调和关联效应

由于西部地区是少数民族的主要聚居区，本节运用的数据资

料都是有关民族地区的。分析和研究表明，民族地区产业结构的现状可以概括为不合理、层次低，尚处在钱纳里所言的“工业化初期阶段”。民族地区的产业结构与中部地区存在不小差距，与东部地区差距更大。从产值看，民族地区第一产业比重偏高，第二、第三产业比重偏低。2001 年全国与东中西部地区的三次产业结构分别为 15.3 : 51.1 : 33.6、12.2 : 45.3 : 42.5、18.1:45.8:36.1、20.5 : 40.2 : 39.3，产业结构排序都是“二三一”；按照“威廉·配第”规律，比发达国家和地区的“三二一”型结构都要落后。相比之下西部地区第一产业比重比中部高 2.4 个百分点、比全国高 5.3 个百分点、比东部高 8.3 个百分点；第二产业比重比中部低 5.6 个百分点、比全国低 10.9 个百分点、比东部低 5.1 个百分点。第一产业比重偏高、第二产业比重偏低的现象十分明显。西藏的三次产业结构为 27:23.2:49.8，虽然第三产业比重接近 50%，产业结构却处于“三二一”的农牧业经济结构形式，属于产业结构低层次上的第三产业虚高度化，是全国最落后的地区之一。(详见表 4－1)

表 4－1 2001 年东中西三地三次产业结构比较

地区	三次产业结构	地区	三次产业结构	地区	三次产业结构
东部 11 省区	12.2:45.3:42.5	中部 8 省区	18.1:45.8:36.1	西部 12 省区	20.5:40.2:39.3
北京	3.3:36.2:60.5	山西	9.6:51.6:38.8	重庆	16.7:41.6:41.7
天津	4.3:49.2:46.6	吉林	20.1:43.3:36.5	四川	22.2:39.7:38.1
河北	16.4:49.6:34	黑龙江	11.5:56.1:32.4	贵州	25.3:38.7:36
辽宁	10.8:48.5:40.7	安徽	22.8:43.0:34.2	云南	21.7:42.5:35.8
上海	1.7:47.6:50.7	江西	23.3:36.2:40.5	西藏	27.0:23.2:49.8
江苏	11.4:51.6:37.0	河南	21.9:47.1:31	陕西	15.6:44.3:40.2
浙江	10.3:51.3:38.4	湖北	14.8:49.6:35.5	甘肃	19.3:44.9:35.8

续表

地区	三次产业结构	地区	三次产业结构	地区	三次产业结构
福　建	15.3:44.8:39.9	湖　南	20.7:39.5:39.8	青　海	14.2:43.9:41.9
山　东	14.4:49.3:36.3			宁　夏	16.6:45.0:38.4
广　东	9.4:50.2:40.4			新　疆	19.4:42.4:38.2
海　南	37:20.4:42.6			内蒙古	23.2:40.5:36.3
				广　西	25.2:35.5:39.3
全　国	15.2:51.1:33.6				

注：本表摘自中华人民共和国统计局编《中国统计年鉴2002》，第61页表3—9，中国统计出版社，2002年版。

从就业构成看恰恰相反，全国与东中西部分别为：50.0:22.3:27.7、36.9:28.5:34.6、53.7:18.1:28.2、60.8:13.0:26.2。西部地区60.8%的就业人口集中在产出仅占20.5%的第一产业中，使大量的劳动力从事效率与比较利益低下的劳动，造成了劳动力资源的浪费，也造成了第一、第二、第三产业之间的结构矛盾。(见表4－2)

表4－2　2001年东中西三地三次产业就业结构比较

地区	三次产业就业结构	地区	三次产业就业结构	地　区	三次产业就业结构
东部11省区	36.9:28.5:34.6	中部8省区	53.7:18.1:28.2	西部12省区	60.8:13.0:26.2
北　京	11.2:33.5:55.3	山　西	46.9:24.5:28.6	重　庆	54.7:15.4:30.0
天　津	20.0:39.3:40.7	吉　林	50.7:18.6:30.8	四　川	58.8:14.6:26.6
河　北	49.6:25.4:25.0	黑龙江	49.6:20.8:29.7	贵　州	66.4:9.4:24.2
辽　宁	37.2:25.2:37.7	安　徽	58.7:16.3:25.0	云　南	73.6:9.0:17.4
上　海	12.5:41.7:45.8	江　西	51.6:14.3:34.1	西　藏	71.8:6.5:21.7

续表

地区	三次产业就业结构	地区	三次产业就业结构	地　区	三次产业就业结构
江　苏	41.4:30.1:28.6	河　南	63.1:18.1:18.8	陕　西	55.7:16.7:27.6
浙　江	35.7:32.2:32.0	湖　北	48.4:18.1:33.5	甘　肃	59.4:13.4:27.2
福　建	45.8:25.1:29.1	湖　南	60.5:14.4:25.1	青　海	60.0:13.0:27.0
山　东	52.3:23.9:23.8			宁　夏	56.5:18.2:25.2
广　东	40.0:27.3:32.7			新　疆	56.6:13.4:29.9
海　南	60.3:9.7:30.0			内蒙古	53.9:16.0:30.1
				广　西	61.8:10.1:28.0
全　国	50.0:22.3:27.7				

注：本表摘自中华人民共和国统计局编《中国统计年鉴 2002》，第 119 页表 5 - 3，中国统计出版社，2002 年版。

二、产业内部结构不合理，制约着产业的发展

从第一产业来看主要表现在两个方面：一是种植业比重过大，农林牧渔全面发展的格局尚未形成。2001 年西部地区农、林、牧、渔的产值比重为 59.0:4.0:33.7:3.3，农业比重虽大绝对量却很小，仅为 3525.1 亿元，占全国的 30.8%，为东部的 57.4%。[1] 这种结构严重影响了西部地区农民的收入，制约着第一产业的发展。二是产业化程度低。单户农民因受生产能力、技术、信息等多种因素的制约，无法适应现代社会发展的要求。因而农业产业化是大势所趋。《中华人民共和国宪法》第 8 条规定，农村集体经济组织实行家庭承包经营为基础、统分结合的双层经

---

① 中华人民共和国统计局编：《中国统计年鉴 2002》，第 386 页表 12 - 6，中国统计出版社，2002 年版，数据系整理计算得出。

营体制。西部地区（主要是政府）在这一方面做得显然不够。从产业化组织的地区分布看，1997 年东部地区有 6611 个，占 55.9%，中部地区有 4336 个，占 36.7%，西部地区仅有 877 个，占 7.4%。东部与中部的产业化，主要采取龙头企业带动、中介组织和市场带动三种模式，三者合计占全部类型的 85% 以上；而西部地区三者合计仅占总数的 2/3 左右，市场化程度较低。①

从第二产业来看主要也表现在两个方面：一是西部地区资源丰富，而工业基础、投资环境等发展第二产业的环境远不及东部及中部。长期以来形成了西部开发资源，东部加工制造的垂直分工格局，使采掘工业、原材料工业成为西部地区多年来的支柱产业。这一结构制约着西部地区工业化的深化与发展。二是国家因建设“三线”的战备需要在西部地区兴办的军事工业和重工业，因其保密性质或者管辖权归属中央，无法对地方产业产生扩散效应和关联作用，从而难于带动地方经济的发展。

第三产业则主要表现在三个方面：一是一些产业如交通运输业一直是西部地区发展的瓶颈产业。2001 年西部 12 省区旅客周转量为 2898 亿人公里，货物周转量为 5862.4 亿吨公里，分别仅占全国的 24% 和 13.8%。② 二是现代化的服务业如金融保险、科技和综合技术服务业的比重过低，发展缓慢。2001 年西部地区金融保险业国内生产总值为 588.61 亿元，科技和综合技术服务业为 128.49 亿元，分别仅占第三产业的 8.4% 和 1.8%。三是服务行业质量太差。这也是制约西部地区发展的一个重要因素。近

---

① 参见杨开忠等著：《中国西部大开发战略》，第 188—189 页，广东教育出版社，2001 年版。

② 中华人民共和国统计局编：《中国统计年鉴 2002》，第 38 页表 2-7，中国统计出版社，2002 年版。

年来西部不少地方大力开发旅游业，实施旅游带动战略。然而不少游客去后都有一种“不可不去，不可再去”的感觉。“不可不去”是因为风景确实美丽迷人不看遗憾；“不可再去”是因为各种服务太差去了活受罪。

三、产业结构层次低，缺乏市场竞争力

西部地区的产业总体上尚处在原材料供应与初加工阶段，产品的附加值低。在国内的区域分工上，主要是向东部提供原材料。著名的“西气东输”、“西电东送”工程虽然对全国的经济发展具有不可估量的战略意义，西部地区也获益匪浅，但同时也充分说明了西部地区产业结构层次低的问题。由于人才、制度、环境等多种原因，西部地区产业的科技水平和经营管理水平极低。因而产品在市场上缺乏竞争力，效益极低。2001 年西部地区规模以上工业利润总额为 444.5 亿元，不及上海、浙江、山东、黑龙江一个省多；净利润 231.35 亿元，仅占全国当年净利润的 6.39%，不及上海、江苏、浙江、山东、黑龙江一个省多。（见表 4－3）

表 4－3　2001 年东中西三地规模以上工业效益比较

单位：亿元

指标 地区	规模以上工业总产值	利润总额	亏损总额	净利润	净利润占全国比重
北　京	2908.82	136.98	44.91	92.07	
天　津	2940.4	185	50.12	134.88	
河　北	3766.85	188.21	43	145.21	
辽　宁	4480.32	144.46	69.52	74.94	
上　海	7003.9	450.01	96.05	353.96	

续表

地区＼指标	规模以上工业总产值	利润总额	亏损总额	净利润	净利润占全国比重
江　苏	11747.83	419.85	82.07	337.78	
浙　江	7882.47	459.51	27.8	431.71	
福　建	2945.02	118.22	36.36	81.86	
山　东	9377.37	560.91	46.08	514.83	
广　东	14035.35	595.6	152.04	443.56	
海　南	219.5	7.17	4.36	2.81	
东部 11 省区	67307.83	3265.92	652.31	2613.61	72.18
山　西	1396.73	39.86	22	17.86	
吉　林	1876.65	85.62	38.54	47.08	
黑龙江	2365.44	493.87	34.51	459.36	
安　徽	1824.64	62.64	22.29	40.35	
江　西	1016.02	13.49	17.6	-4.11	
河　南	3843.18	141.62	41.43	100.19	
湖　北	3239.51	134.49	40.46	94.03	
湖　南	1811.22	51.42	30.11	21.31	
中部 8 省区	17373.39	1023.01	246.94	776.07	21.43
重　庆	1072.83	23.82	22.36	1.46	
四　川	2304.51	84.77	36.48	48.29	
贵　州	696.63	18.59	13.5	5.09	
云　南	1157.4	82.19	20.6	61.59	
西　藏	17.88	2.77	0.61	2.16	
陕　西	1338.2	62.96	30.56	32.4	
甘　肃	951.21	7.68	17.05	-9.37	
青　海	194.16	5.26	7.94	-2.68	
宁　夏	268.84	4.3	6.27	-1.97	
新　疆	876.57	95.59	21.19	74.4	
内蒙古	830.32	19.46	15.14	4.32	
广　西	1059.23	37.11	21.45	15.66	
西部 12 省区	10767.78	444.5	213.15	231.35	6.39
全　国	95448.98	4733.43	1112.41	3621.02	100

注：资料来源于刘世庆著：《中国西部大开发经济转型》，第 322—323 页，经济科学出版社，2003 年版。

四、主导产业的选择与发展存在的误区

产业结构调整的核心问题是主导产业的选择与发展。主导产业选择过多是西部地区存在的第一个误区。西部很多省区在选择主导产业时往往选择过多。如四川省主导产业就有电子信息业、机械制造业、冶金业、建筑业、建材业、饮料与食品加工业、制药业、化工业和旅游业等9大类。到地区、县一级时，再“根据上级规划、结合自身实际”进行选择，以致不少地区主导产业动辄十几个。政府的力量和各种社会、自然资源都是有限的，主导产业选择过多势必影响产业政策，造成资源分散配置，无法形成发展重点，主导产业不成“主导”。忽视主导产业的培育与转换是西部地区选择主导产业存在的另一个误区。罗斯托认为经济发展的过程是一个产业发展的过程，在不同的发展阶段由不同的主导产业发挥作用。我们应当站在社会经济、科学技术发展的前沿，注重新旧主导产业的转换，培育新的主导产业，以主导产业的转换带动产业结构的优化升级。而西部地区在选择主导产业时往往是以现时的、甚至是过去的支柱产业为主导产业，支柱产业与主导产业是有区别的。同样以四川为例，四川所选择的9大类主导产业都对四川的经济发展做出过巨大贡献，如机械工业在全国就占有一定地位。但随着经济的发展、科技的进步、新兴产业的崛起，特别是随着中国加入WTO，这些产业的技术已显得相对落后，生产能力过剩已经进入产业的衰落期，无法再发挥主导作用。因此，在西部地区选择和培育新的主导产业势在必行。

五、产业结构趋同，无法发挥地区优势

20世纪80年代我国开始进行财税体制改革，地方政府成为利益主体。各地方政府从地方本位出发，纷纷上马一些需求弹性系数高、价高利大的项目如电视机、电风扇、洗衣机等。到90

年代初，又纷纷选择产业关联度大、投资技术要求高的产业如汽车、电子、石油化工等为本地区的主导产业。以致从区域来看，东中西部之间、各省区之间产业结构趋同的现象非常严重。西部12省区除西藏和云南外，其余省区的结构相似系数都高于0.8（见表4－4）。对西部地区来说，产业结构趋同造成两个恶果：一是无法发挥地区优势。西部地区的科技水平、发展环境远不及东部地区，国家的政策支持也长期向东部倾斜，相同项目进行竞争总体上西部自然只有吃亏的份。像长虹集团那样屹立不倒一枝独秀的只是特例。二是导致过度竞争和生产能力闲置，市场集中度低。由于大家都发展同样的产业，生产同样的产品，企业的发展空间小，难于壮大，市场集中度自然就低。在狭小的市场上生存过多的企业，必然引发过度竞争和生产能力闲置，造成社会资源的巨大浪费。

表4－4　各省市产业结构相似系数比较分析

年度 地区	1981	1987	1991	1995	2000
北　京	0.85	0.95	0.96	0.91	0.90
天　津	0.90	0.97	0.97	0.93	0.94
河　北	0.90	0.98	0.98	0.96	0.95
山　西	0.67	0.80	0.71	0.70	0.71
内蒙古	0.77	0.87	0.87	0.83	0.80
辽　宁	0.77	0.96	0.96	0.95	0.94
吉　林	0.88	0.95	0.96	0.94	0.91
黑龙江	0.67	0.77	0.69	0.67	0.70
上　海	0.86	0.96	0.94	0.90	0.86

续表

地区＼年度	1981	1987	1991	1995	2000
江苏	0.91	0.97	0.96	0.94	0.92
浙江	0.93	0.96	0.94	0.92	0.91
安徽	0.84	0.93	0.96	0.90	0.88
福建	0.81	0.94	0.94	0.92	0.93
江西	0.84	0.98	0.98	0.96	0.94
山东	0.93	0.96	0.97	0.94	0.93
河南	0.91	0.98	0.98	0.97	0.96
湖北	0.88	0.99	0.99	0.98	0.95
湖南	0.86	0.98	0.98	0.96	0.95
广东	0.89	0.99	0.98	0.93	0.92
广西	0.83	0.93	0.91	0.87	0.84
海南			0.92	0.89	0.91
重庆	0.87	0.98	0.98	0.95	0.94
四川	0.87	0.98	0.98	0.95	0.95
贵州	0.83	0.90	0.85	0.83	0.87
云南	0.70	0.80	0.70	0.67	0.72
西藏	0.72	0.67	0.47	0.50	0.47
陕西	0.91	0.96	0.96	0.93	0.94
甘肃	0.72	0.92	0.89	0.88	0.84
青海	0.87	0.97	0.95	0.92	
宁夏	0.75	0.92	0.92	0.89	
新疆	0.72	0.73	0.69	0.71	0.80

注：资料来源于江世银著《区域产业结构调整与主导产业选择研究》，第61页，上海人民出版社，2004年版。

第三节　因地制宜调整民族地区产业结构

一、调整民族地区产业结构的指导原则

（一）调整民族地区产业结构应当依法进行

依法调整产业结构是民族地区调整产业结构的第一原则。产业结构调整是一个无终结的动态工程，牵涉到诸多方面，具有长期性与复杂性。民族地区只有通过调整与优化产业结构来获得较高的发展速度，以逐步缩小东西部之间的差距。也只有用法律保障决策与行为的程序性、科学性与民主性，产业结构调整才有望不断取得成功。日本在20世纪50年代开始调整产业结构和推动产业结构优化升级时，就制定了《产业振兴法》，这一点值得我们借鉴。产业政策应当在法律的框架内发挥作用。这里无意贬低产业政策在产业结构调整过程中的作用。脱离法律或者违背法治精神，政策只能成为一种人治的工具。产业结构调整是一个长期的过程，政策的易变性使其难于单独作为产业结构调整的规则依据。譬如，某自治州州长将椪柑种植作为带动当地农民脱贫致富的产业，在其任期内制定了不少有关椪柑种植的政策，并运用行政手段大力推广椪柑种植面积。最先种植椪柑的农民确实获利，后来由于种植的人过多，对外销路又没有打开，椪柑价格急剧下降，并且年年有大量的椪柑积压。领导班子换届后新任州长认为烟叶种植可以大幅度增加财政收入，于是转而大力推广从云南引进的优质烟叶，缩小椪柑种植面积。通过分解任务下达指标，要求农民将超量的椪柑树挖掉转种优质烟叶，以保证优质烟叶的种植面积。这一来一往不知浪费了多少人力物力！我们应当将产业结构调整各方面的基本规则以法律的形式进行规范，再用产业政策将法律的要求具体化，以法律的稳定性应对产业结构调整的长

期性，以政策的灵活性应对产业结构调整的复杂性，这样才能减少和避免产业结构调整的一波三折。

（二）调整民族地区产业结构应当顺应时代潮流

调整民族地区产业结构应当顺应经济全球化的时代潮流。加入WTO中国就在更深的层次上和更广的范围内融入这一潮流。中国的产业不仅要在国内市场上进行竞争，还要在国际市场上参与日趋激烈的国际竞争，并根据自己的资源禀赋和竞争力在国际分工中获得相应的地位。民族地区产业结构调整，毫不例外地也要适应这一潮流和发展环境。应当在全球化的大背景下，制定产业发展的法律和产业政策。要考虑全球化对民族地区产业结构调整的影响，注意吸收国外的先进经验与国际接轨，还要有适度的超前性。应当在全球大市场的大背景下，分析民族地区的比较优势和竞争优势，选好主导产业。有的产业虽然在国内市场有竞争优势，在国际市场上却无法与发达国家竞争，随着中国市场的进一步开放，需要重新定位。有的产业虽然在国内没有市场，却能打开国际市场，可以重点发展甚至作为主导产业。应当迅速提高市场集中度，发展壮大企业集团增强竞争力。在激烈的市场竞争中，中小企业固然也有某些优势和效率，但从总体来看，大企业能够从事高水平的专业化分工协作，采用大型、高效的专用设备，进行现代化的管理，具有雄厚的经济、技术实力，使得大企业具有明显的规模经济效率、较高的组织效率和强大的技术创新能力，比中小企业更有能力开发新产品、采用新技术并降低交易成本，具有更强的竞争力。民族地区由于低水平重复建设现象比较严重，市场分散，能称得上国内大企业的很少，更不用说国际大企业了。在调整产业结构的过程中，必须充分考虑到这一点。调整和优化民族地区产业结构，应当顺应社会主义市场经济发展的潮流，充分发挥市场对资源配置的基础作用。从根本上讲，区域产业结构调整的现实依据就是市场需求。民族地区应当以市场为导向，根据国际国内市场变化的要求，充分利用区域资源优势，以城镇为依托，加快发展那些市场容量大、产业关联度高、科技含量多、带动作用强的产业和产品，培植区域新的经济增长点。对那些市场容量已经或者趋向饱和的产业、本区域在市场上没有竞争优势的产业，不宜盲目发展或者作为主导产业来发展。调整民族地区产业结构应当顺应科技飞速发展的潮流。面对世界和国内科技日新月异的趋势，要加快科技引进和科技攻关，利用先进的适用技术改造和发展区域内的基础产业、支柱产业和主导产业，推动区域产业技术升级换代，提高区域产业和产品的科技含量，促进区域经济向优质高效的方向发展，增强区域产业的竞争力。

（三）调整民族地区产业结构应当符合本地区的实际情况

调整民族地区产业结构应当充分利用区域内的各种自然资源和社会资源。西部地区资源丰富，能源和矿产资源非常突出。拥有全国 61.5%的煤炭、70%的天然气，拥有 80%以上的稀土、钾盐、云母、盐矿等，拥有 60%以上的汞、锰，35%以上的铜、铅、锌等，水能理论蕴藏量占全国的 85.8%，太阳能和风能都具有很大的开发利用价值。此外，西部地区风景迷人，发展旅游业得天独厚。西部地区丰富灿烂的民族文化和多姿多彩的民族风情，对旅游业的开发与发展，效益之大，不可估量。充分利用这些丰富的自然资源，是西部发展的一篇大文章。

调整民族地区产业结构应当充分发挥区域的比较优势。要避免新一轮的“大而全”、“小而全”、低水平重复建设和盲目建设。不少学者在论及民族地区产业发展时，强调要变资源的比较优势为竞争优势，但不能因此而忽略比较优势的发挥。发挥比较优势是变为竞争优势的第一步。没有资源优势的发挥，西部地区要建立竞争优势是相当困难的。调整民族地区产业结构应当量力而行，逐步发展。西部地区经济社会发展远远落后于东部，因而调整民族地区产业结构在尽力而为的同时，还要量力而行，尽量减少和避免波折与浪费。要避免盲目求“高”。高度化是产业结构演进和调整的方向，追求高度化是合情合理的。但是，脱离自身的发展基础和条件，离开合理化去追求高度化，就会使产业结构变成“虚高度化”，从而引发发展波折，造成资源浪费。也要避免盲目求“大”，虽然总体上说大企业在市场竞争中比小企业具有更大的优势，但是大企业需要更多的资金投入、更高的管理水平和科技水平。在资金、管理和技术难于支撑的情况下，盲目追求大的规模结果会适得其反。

（四）调整民族地区产业结构应当尊重客观规律

调整民族地区产业结构应当遵守产业结构发展演进的规律。客观规律是事物发展的内在联系，人们只能遵守它而无法改变它。配第·克拉克、钱纳里等著名学者发现总结的产业结构发展演进的规律是客观规律，我们同样只能遵守而不能改变。民族地区极其有限的经济社会资源经不起折腾与浪费，违背客观规律不仅仅会造成波折与浪费，更严重的是往往会导致发展机遇的丧失。新中国成立后我国就因此丧失了不少发展机遇，经过改革开放才搭上了20世纪的末班车。民族地区产业结构调整应当充分吸取这些教训。制定的各种规则、实施的各种行为都应当严格遵照产业结构演进的规律。调整民族地区产业结构还应当遵守经济建设的其他规律。产业结构调整本身就是经济建设大项目中的一个子项目。产业结构调整要不断取得成功，就应当严格遵守经济建设的其他规律。由于我国实行社会主义市场经济体制，民族地区产业结构调整尤其要遵守市场经济的客观规律。

（五）调整民族地区产业结构应当注重区域的可持续发展

调整民族地区产业结构必须有利于区域经济社会的可持续发展。任何国家和区域的经济发展及其产业结构的调整，都是在开发利用它所拥有的自然资源优势和潜力的基础上实现的。区域经济的发展及其产业结构的调整过程，实际上就是对区域自然资源和生态环境进行开发利用和调整的过程。资源的种类、性质、多少及开发条件与区域产业结构的形成和发展息息相关。资源种类的多样性和差异性是形成区域产业结构的重要条件，生态环境的优劣对产业结构也会产生重要影响。如果一个区域任意地浪费资源或者破坏环境，即使能够获得一时的发展，资源的枯竭和环境的恶化终究会影响到区域经济的发展。“大跃进”时代的“大炼钢铁”不仅造成了铁矿、煤矿和森林资源的极大浪费，还严重破坏了生态环境。“以粮为纲”时代的“毁林开荒”和“围湖造田”，所造成的对生态环境的破坏至今使我们深受其害。调整民族地区产业结构还应当注重产业结构自身的可持续发展能力。区域产业结构不是一成不变的，而是不断的发展变化的动态过程。产业结构调整就是要使产业结构不断向合理化、高度化发展。如果区域产业结构转换能力强，则调整起来比较顺利，速度快、代价小，对区域经济发展有利。反之调整起来就困难重重，速度慢、代价大。因此，应当使区域产业结构具有较强的应变能力和转换能力，以适应市场与科技的变化和发展。

二、以小城镇为依托优化产业结构

城镇是民族地区产业结构调整的依托。城镇是经济要素高效配置的空间区域，是产业集中的地方。这种特征使城镇能影响和辐射周围的区域，在其自身发展的同时，能够作为“增长极”对周围地区的经济发展起到关联和带动作用。民族地区城镇产业结构的调整优化，不仅关系到城镇自身的发展，也关系到整个民族地区经济的发展。因而民族地区产业结构优化调整，要以小城镇为依托，充分发挥小城镇的桥梁和纽带作用。西部地区城镇化建设和产业结构调整，理想状态是形成一个城镇网络群，由大城市对中等城市、中等城市对小城镇、小城镇对农村，一层一层进行影响和辐射，从而推动整个西部地区经济和社会的发展。

民族地区调整产业结构应当从如下几个方面下功夫：(1) 采取各种措施进一步促使政府和民众观念的转变。尤其要鼓励富余的劳动力到东部沿海地区打工，这不仅可以使民工筹到发展资金、接受劳动技术培训，更重要的是能在实践中改变他们的观念。(2) 改革各种落后的制度和机制，为第一产业劳动力向第二、第三产业转移，为产业的竞争和人才的竞争创造一个良好的制度环境，并用制度来保证政府决策和行为的程序性、规范性和科学性。(3) 通过科学论证，选准并不断培育主导产业、开发特色产业，以富有特色的主导产业开拓国际国内市场，带动民族地区经济的发展。(4) 从自身的基础条件出发发展中小企业。通过完善的法律政策制度支持，使产业和企业在市场竞争中不断发展壮大。(5) 积极扶植私营企业，通过私营企业的发展来弥补民族地区资金的不足。(6) 政府要集中力量来引导发展主导产业、规范市场秩序、提供各种社会服务。

第四节 在培育主导产业的同时开发民族地区特色产业

一、主导产业是小城镇经济持续发展的重要保证

主导产业的选择与培育是民族地区产业结构优化调整的核心内容。(1) 民族地区的主导产业能够带动众多相关产业的发展，从而带动民族地区小城镇经济发展。一般而言，主导产业的产品市场需求量大、规模加大，其自身的发展就足以使民族地区经济和社会发展的指标上扬。同时，通过对为其提供原材料、销售市场或者相关服务的产业产生扩散效应和作用，刺激和带动相关产业的发展。(2) 民族地区的主导产业能够带动相关产业的优化升

级，促进民族地区小城镇产业结构的高度化。主导产业一般都是技术比较先进、或者采用新材料新能源的产业，在整个产业结构中处于前沿地位，主导产业通过对为其提供原材料、半成品、销售市场和其他服务的产业提出新的技术要求和服务方式，带动相关产业向高度化方向发展，从而带动整个产业的优化升级。(3)民族地区的主导产业能够发挥地区优势，实现资源的合理配置和生产的地域分工。主导产业一般都是其所利用的自然资源或者社会资源具有明显的区位优势和比较优势的产业。民族地区主导产业的发展，能够为民族地区小城镇的产业在国际和国内市场上找到合适的分工地位，并通过其扩散效应实现区域内资源的合理配置。(4) 民族地区主导产业能够促进第一产业劳动力向第二、第三产业转移，从而加快民族地区城镇化进程的步伐。民族地区主导产业通过自身发展和带动第二、第三产业的发展，提供大量的城镇就业机会，从而增强第二、第三产业消化吸收劳动力的能力，加速并巩固农村人口向城镇集中，加快民族地区城镇化进程。(5) 民族地区主导产业能够保证民族地区小城镇经济社会的持续发展。不同的经济发展时期有不同的主导产业，通过主导产业的不断变化为产业的发展不断地注入新的动力和活力，从而实现经济和社会的持续发展。

总之，民族地区小城镇建设和经济社会的发展，都离不开主导产业的选择与培育。没有选择和培育或者没有选择和培育好主导产业，民族地区小城镇产业就没有开拓市场的“拳头产品”，第二、第三产业就难于发展，民族地区小城镇就会变成“空壳城镇”。

二、特色产业是小城镇经济充满活力的重要条件

特色产业能发挥民族地区资源禀赋优势，是民族地区小城镇经济内在活力的保证。一个区域乃至一个国家其空间总是有限

的，不可能囊括现代经济社会发展所需的所有资源。由于所处的地理环境不同，各个国家各个区域的自然资源禀赋总是存在差异，并各具特点的。同样，由于历史经历和发展程度各不相同，各个民族在资本、劳动、科技水平、企业家才能等方面也各不相同，风俗习惯和宗教信仰等文化传统更是千姿百态。无论自然资源还是社会资源或者是两者的结合，民族地区与国内其他地区相比乃至与国外相比，都有自身的特点与优势。一方面，这些特点与优势是发展民族地区特色产业的坚实基础；另一方面，只有充分利用资源的特点与优势才能扬长避短，保证民族地区经济的内在活力。

特色产业能使民族地区产业最大限度地占领市场，保证民族地区小城镇外在的生存空间。民族地区特色产业的产品和服务，能够最大限度地满足消费者的需求，进而最大限度地占领市场。在市场经济条件下，产业和企业的产品，最终要经过市场的检验和认可。市场占有额的大小，直接关系到企业、产业、地区乃至国家的兴衰。市场占有额的大小，又取决于产品和服务的竞争力。影响竞争力的因素很多，关键的是要得到消费者的认可。影响消费者认可的因素很多，归根到底只有两个：一是产品和服务在多大程度上满足消费者的利益需求，能否使消费者获得更多实惠；二是产品和服务在多大程度上满足消费者的精神需求，能否使消费者获得更多的心理满足。企业千方百计提高、改进产品质量和服务质量，无非是要满足消费者的利益需求；企业在包装设计动脑筋，就是为了满足消费者的心理需求。民族地区的特色产业由于具有区位优势和比较优势，能够最大限度地满足消费者的需求。尤其是多姿多彩的民族文化更能满足消费者的精神需求，获得消费者的认可，进而使民族地区独具特色的产品和服务，在激烈的竞争中占有更多的市场份额。建构在资源比较优势和独具特色的文化底蕴基础之上的民族地区特色产业，能够提供独具一格的产品和服务，消费者在市场上难于找到替代品，越是民族特色的就越是世界的。

三、因地制宜开发各种特色产业

民族地区开发特色产业要充分利用各种资源，发挥资源的特点与优势。民族地区的资源与国内其他地区乃至国外相比，有自己的特点与优势。民族地区应当在充分利用这些特点与优势的基础上开发特色产业，将最具特点与优势的产业作为主导产业，再围绕主导产业开发、培育一系列的特色产业群，形成一个以特色主导产业为核心的特色产业结构系统。只有如此，才能在经济社会发展水平相对落后的条件下，在激烈的国际国内竞争中求得一席之地。民族地区培育特色产业要充分开发、利用民族文化，在民族文化产业化上做文章。经过千百年的发展，少数民族各自形成了绚烂多彩的文化。这些民族传统文化，在现代交通和信息技术条件下很有市场。譬如，湘西土家族苗族自治州凤凰古城在文化旅游开发方面，就做出了可喜的成绩。他们首先在沱江两岸大建“吊脚楼”，重现大文豪沈从文先生笔下《边城》的风貌。随后又在沱江的小木船上安排苗家姑娘唱苗歌，游客既可以洗耳恭听也可以与之对唱。在古城石板街两旁的商店里，有琳琅满目的民族服饰、民族工艺品以至民族用具出售。南方长城、凤凰古城与民族文化风情的结合，使凤凰县旅游产业快速崛起。

民族地区培育特色产业还应当实现产业发展规则的特色化。一是要充分利用民族区域自治法律制度，将经济社会发展自治权用足。《民族区域自治法》规定了很多具体的自治权，如制定自治条例和单行条例、对上级政策指令的变通执行和停止执行，等等。民族地区在制定产业发展的规则时应当充分运用自治权利，形成产业法规和产业政策的特色。二是要充分利用西部大开发的机遇，将西部大开发的优惠政策用够。西部大开发不仅仅表现在中央给项目，还表现在给优惠政策。民族地区在制定产业政策时应当充分利用中央的优惠政策。民族地区的眼睛不要仅仅盯在项目、资金上，更重要的是盯在法规政策上。

第五节 民族地区应大力发展国有中小企业和乡镇企业

一、国有中小企业和乡镇企业在民族地区经济发展中的作用

依照《中华人民共和国中小企业促进法》第2条的规定，中小企业是指在中华人民共和国境内依法设立的有利于满足社会需要，增加就业，符合国家产业政策，生产经营规模属于中小型的各种所有制和各种形式的企业。其划分标准由国务院负责企业工作的部门根据企业职工人数、销售额、资产总额等指标，结合行业特点制定，报国务院批准。依照《中华人民共和国乡镇企业法》第2条规定，乡镇企业是指农村集体经济组织或者农民投资为主，在乡镇（包括所辖村）举办的承担支援农业义务的各类企业。从民族地区现实情况看，乡镇企业几乎都是中小企业。但从理论上和发展前景看，我们不能排除乡镇企业发展成大企业甚至国际大企业的可能。

发展国有中小企业和乡镇企业可以解决当前民族地区第一产业和第二、第三产业之间的结构性矛盾，使产业结构合理化。西部地区60.8%的就业人口集中在产出仅占20.5%的第一产业中，是当前西部地区产业结构中非常突出的问题。这一结构性矛盾不仅造成第一产业人多资源少、效率低下，资源特别是人力资源浪费，还使农民收入难于增加，城乡“二元结构”的状况难于改变，从而制约了西部地区经济社会的进一步发展。因此，将第一产业富余的劳动力转移到第二、第三产业，是当前西部地区产业

结构调整亟待解决的第一要务。劳动力的转移必须依赖于法律、政策、制度的支持，但是能否转移、转移的结果则直接取决于第二、第三产业吸纳劳动力的能力，即第二、第三产业能否提供更多的就业机会。发展国有中小企业和乡镇企业就能够直接增强第二、第三产业吸纳劳动力的能力，为第一产业富余的劳动力提供一条较好的出路，从而解决西部地区产业的结构矛盾，促进产业之间关系的协调。

国有中小企业和乡镇企业的发展是民族地区小城镇经济社会发展繁荣的保证与标志。发展国有中小企业和乡镇企业能保证西部地区小城镇经济的发展，缩小东西部地区之间的差距。对西部地区来说，城镇化、产业结构调整、经济发展是相辅相成、三位一体的。城镇是产业结构调整和经济发展的平台，产业结构调整和经济发展是城镇化的内容。通过发展国有中小企业和乡镇企业可以带动轻工业，促进第三产业的发展，从而保证小城镇经济的繁荣，缩小东西部之间的差距。发展中小企业还能够增加财政收入，增强民族地区的“造血功能”。当前民族地区财政收入低，很多地方是“吃饭财政”，资金上严重“贫血”，关键就是中小企业和乡镇企业没有发展起来。国有中小企业和乡镇企业权属地方管辖，税交地方财政，发展国有中小企业和乡镇企业，就能够增强民族地区“造血功能”，从内部解决“贫血”问题。国有中小企业和乡镇企业能够提供就业机会，解决下岗失业人员的再就业问题，从而提高西部地区人均收入并保证社会的安定。随着经济改革的进一步深入，国有大型企业的改革与调整、国家行政机关精简人员、事业单位的改革，都会释放出大量富余人员。如果这些人都无法就业不仅会影响西部地区的人均收入，而且必然影响社会的稳定。

国有中小企业和乡镇企业的发展能够提高民族地区农业的产业化程度，带动第一产业的发展。西部地区的农业发展水平落后于东部地区和中部地区，其中的关键原因就是农业产业化水平不高，尤其是市场导向性的专业化组织太少。国有中小企业和乡镇企业进入农业领域，一方面可以促进农业开发，拉长农业产业链，提高农副产品的附加值，推动西部地区农业的产业化和市场化；另一方面，可以通过建立中小企业、乡镇企业与农户的利益联结机制，发展特种种养业和农产品加工业，强化第二、第三产业对第一产业的带动作用，促进民族地区第一产业的发展，增加农民收入。

国有中小企业和乡镇企业可以促进民族地区市场经济的形成发育，并培养民族地区的企业家。国有中小企业和乡镇企业较早面临市场竞争，其竞争行为促进了市场的形成和发育。从计划经济时代开始，资源配置政策倾斜总是照顾大企业，国有中小企业总是受到种种歧视。而乡镇企业一开始就是在国家计划之外开办的，难于从国家计划中得到原材料、设备、人员和资金方面的保证，其产品也无法由政府包销统销。因而国有中小企业和乡镇企业比大企业更早地面对市场竞争。而激烈的市场竞争造就了国有中小企业和乡镇企业灵活的运作机制和竞争策略。它们在竞争中发展，它们的竞争行为对市场经济的形成与发育也起到了推动和促进作用。国有中小企业和乡镇企业由于规模较小，其经营管理者往往身兼数职，既是决策者、组织指挥者又是监督者，还是产品研制、开发生产的参与者，多重角色使这些经营者在激烈的市场竞争中，比大企业的经营者具有更多的锻炼机会和更大范围的实践，使他们有机会成为叱咤商场的企业家。

二、国有中小企业和乡镇企业发展的内在问题及外部环境

国有中小企业和乡镇企业内部治理结构不合理。民族地区国有中小企业和乡镇企业的内部治理结构尚处在探索阶段。一些改革开放中探索出来的新做法因缺乏系统配套的制度来充实而存在

较多问题，未能形成现代化的治理结构模式。如股份合作制，这本是我国改革开放后城乡集体经济中摸索出的一种新的企业组合形式。但是在这类企业中，内部股与外部股之间的矛盾，企业内部职工之间持股不均等引起的矛盾，以及合作制实行“一人一票”的企业民主管理与股份“一股一票、同股同权”的矛盾，都严重影响企业的发展。民族地区政企不分的现象依然严重。由于思想观念的落后和改革步伐的相对缓慢，行政主体对企业的控制仍然非常严格，国有中小企业和乡镇企业经营管理人员由行政主体任命的现象十分普遍。一些厂长、经理成为县长、乡镇长、村长的代言人，对内为所欲为，牟取私利、对上溜须拍马。对一些效益较好的企业，当地行政实权人物安排“自己的人”轮流去当家、挂职，“好处大家拿”、“油水大家捞”。一些乡镇企业甚至被那些“地头蛇”所把持，成为他们横行乡里的有力工具。

民族地区国有中小企业和乡镇企业管理水平低。民族地区国有中小企业和乡镇企业经营管理者的素质普遍较低，企业基本没有发展战略。“人往高处走”，近年来企业改制有本事的都“东南飞”了，留下来的顶多算是“矮子中的长子”。由于行政官员总是千方百计在企业中安排自己的人，以使自己随时能够“方便”地用钱，这些“长子”在企业中往往也难于出头。民族地区国有中小企业和乡镇企业缺乏管理组织能力，在生产管理上处于混乱状态，在组织经营上处于无序状态，企业没有很细致的管理分工，整个决策、指挥、组织、监督缺乏制度程序。厂长、经理想干什么就干什么，主观随意性太大。

民族地区国有中小企业和乡镇企业严重缺乏资金。中小企业和乡镇企业的投资者由于自身就缺乏资金，投入到企业中的资金本来就不多，造成国有中小企业和乡镇企业资金上的先天不足。由于自有资金少、资信不高，中小企业和乡镇企业融资十分困难。在中小企业的主要融资方式中，银行信贷的比例高达

76.6%左右，但在目前国有商业银行只对大企业和重点行业服务，支持中小企业发展的主导银行只有城市商业银行、城市信用社和民生银行。而这三家金融机构的资产占全部金融机构资产的比重只有15%，贷款额占全部金融机构贷款的比重只有6%。[①] 这样的融资支持与中小企业和乡镇企业在国民经济中所处的地位极不相称。在税负上，国有中小企业和乡镇企业就比大型企业要重，减税、免税的优惠中小企业难于享受，乡镇企业还要交农林特产税。作为地方财政收入的主要来源，国有中小企业常常被作为达到财政收支平衡和专家负担的对象。企业税负、社会负担越来越重。地方政府还把国有中小企业和乡镇企业作为摊派各种费用的对象。

民族地区国有中小企业和乡镇企业技术创新能力弱，科技水平低。在民族地区除了一些新兴的高新技术企业外，大部分国有中小企业和乡镇企业技术创新能力都很弱。原因有三：(1) 中小企业由于自身弱小的经济实力，无力在技术研发上加大投入，在技术创新上往往心有余而力不足。(2) 在东西部地区间的人才竞争中，西部总是处于劣势。西部地区通过考研究生、调动等方式外流出去的人才难于统计。(3) 在民族地区内部人才的竞争中，中小企业和乡镇企业与行政机关、事业单位、大型企业相比毫无竞争力。人才缺乏使得国有中小企业和乡镇企业不仅在经营管理上，而且在技术研发上无人才可用，加剧了技术需求和技术创新能力之间的矛盾。

国有中小企业和乡镇企业发展的社会服务体系尚未建立。西方发达国家为中小企业的发展都建立了健全的社会化服务体系，我国这一体系尚未建立，民族地区更不用说了。从软件系统看，

① 揭筱纹等著：《西部地区中小企业发展研究》，第218页，西南财经大学出版社，2001年版。

中小企业和乡镇企业发展所需的政策法规系统、投资融资系统、咨询和中介系统、教育培训系统、司法服务系统、社会保障系统等，有的没有建立，有的亟待完善，行政管理系统在某种程度还起了阻碍国有中小企业和乡镇企业发展的作用。从硬件系统看，物业管理系统、信息网络系统尚未建立，而基础设施系统、环境系统均未健全和完善。

三、发展乡镇企业的制度措施

建立健全乡镇企业发展的社会化服务体系。民族地区要发展乡镇企业，就必须建立、健全和完善社会化服务体系，建立起咨询和中介系统、教育培训系统、物业管理系统和信息网络系统。咨询和中介系统、信息网络系统的建立，能够使乡镇企业获得发展所需的信息资料，为他们解决经营管理、生产技术、产品销售等方面的难题。教育培训系统的建立，能提高乡镇企业经营者、技术人员和一般工人的素质，从而推动整个乡镇企业经济效益的提高。物业管理系统的建立，能使物业管理社会化和专门化，使乡镇企业能够集中精力从事企业事务，从而更快地发展。同时要完善政策法规系统、司法服务系统和行政管理系统。为中小企业和乡镇企业发展服务的《中小企业促进法》和《乡镇企业法》都已颁布实施，但是在民族地区这两部法律并未得到较好的贯彻执行，有法不依、以权代法的现象依然存在。为乡镇企业服务的司法服务系统虽然已经初步建立，但对乡镇企业权利的维护力度远远不够。行政管理系统仍然保留着很深的计划经济的烙印，很多时候对乡镇企业发展的促进力度，还不如阻碍力度大。要健全基础设施系统、投资融资系统、社会保障系统和环境系统。基础设施和环境系统都是国有中小企业和乡镇企业发展的硬环境，譬如交通、水电，交通不便，企业原材料的购买、产品的销售就会增加很多成本；

水电不足，企业就无法完全开工，造成生产能力闲置。投资融资系统的健全，能使乡镇企业发展所缺的资金得到保障，从而促进企业的生产销售和技术开发。社会保障系统的健全就能减轻企业的负担，使企业能轻装上阵，更快地发展。

推动乡镇企业向规范的现代企业方向发展。民族地区的乡镇企业要在市场竞争中继续占有一席之地，就必须朝现代企业方向迈进。乡镇企业是在计划经济向市场经济转变的过程中发展起来的，在与国有企业的竞争中，乡镇企业因一开始就在国家计划之外，没有受计划太多的束缚，按市场组织生产和销售，因而能够得到迅速发展。随着中国加入 WTO，乡镇企业不仅要面对国内竞争，还要面对国际竞争。如果乡镇企业还继续按照过去那种不规范的方式进行管理，继续靠打一些“擦边球”来取胜，在市场规则日益成熟的今天显然不可能再奏效。与市场接轨、与现代化接轨、与国际接轨走规范的现代企业之路，是乡镇企业获得发展的大势所趋。民族地区的乡镇企业要克服自身存在的固有矛盾和问题，也应当朝现代企业方向发展；政府要引导乡镇企业的制度变革朝着产权清晰的规范的现代企业方向发展。

要组建乡镇企业的动态联盟。动态联盟就是“企业群体为了某一市场机遇，把一复杂产品迅速开发出来并推向市场，他们从各自公司中选出生产新产品的优势部分，然后组成一个经营实体从事开发生产任务。”① 它是一个临时性的联盟，其大小随着市场机遇的不同而不同，随着市场机遇的出现而出现，随着市场机遇的消失而消失或者重组。随着科技的日新月异，用户需求的多样化、个性化发展，企业已经很难通过“大而全”、“小而全”的发展战略立足于市场。企业必须用有限的资源建立和维持自身的

① 林汉川、汪前元著：《中国中小企业改制模式研究》，第 421 页，中国财政经济出版社，2001 年版。

核心力量，以自己的核心力量与其他相关企业的核心力量进行合作，完成产品的开发、设计、生产和销售，在与其他企业的有效合作过程中弥补薄弱环节，实现资源共享，获得竞争优势。这就是竞争理论中的“合作竞争”，是当代企业发展的一种新趋势。民族地区的乡镇企业不论资金、技术、生产规模，还是销售量和市场份额，都无法与外部的企业单独抗衡，联合起来十分必要。(1) 组织动态联盟可以避免重复建设，实现企业资源共享。企业在不同的发展阶段和时期对资源有不同的需求，某种资源紧缺而另一种或者几种资源有富余，如果组织动态联盟就能适时地进行调剂，实现资源共享。(2) 组织动态联盟可以节约交易成本。美国学者科斯认为，交易成本包括市场搜寻成本、讨价还价成本、拟定和监督合同成本等。在传统的交易关系中，由于双方立场对立、信息不完全等原因，交易成本相当高。动态联盟内部的合作可较大幅度的降低交易成本。(3) 组织动态联盟有利于分工协作，分担风险。在现代市场条件下，无论是新产品、新技术的开发，还是产品的生产、销售或者其他商机，总是有不同的技术或者其他要求，且利润与风险同在，组建动态联盟既可以分工合作更好地把握商机，又能分散和避免风险。

第六节　民族地区要扶植发展以第三产业为标志的私营企业

一、第三产业是社会经济发展程度的重要标志

依照现行的法律制度，私营企业是指雇工在 8 人以上存在雇佣劳动关系的由私人开办的经营实体，没有雇工和雇工在 8 人以下的私人开办的经营实体叫个体工商户。但从产权的角度看，这一划分已经没有实质性的意义。因此本书所称的私营企业包括现

行法定的私营企业和个体工商户。

在产业演进的理论中，配第·克拉克定理、钱纳里的经济发展阶段理论、库兹涅茨的产业结构演变规律都告诉我们：随着经济发展水平的提高，劳动力将从第一产业逐步向第二、第三产业尤其是第三产业转移，而第三产业的国民生产总值和国民收入也随之提高。反过来说，第三产业发展程度越高表明社会经济发展水平越高，第三产业是衡量社会经济发展程度的重要标志。通过对三次产业的产出结构的国际比较，能很好地说明这一点（见表4-5）。（1）1998 年低收入国家第三产业占总产出的比重为38%，中等收入国家为 58%，高收入国家为 65%，经济最发达的北美和西欧第三产业比重都在 67%以上，最高达 75%。这就充分说明第三产业的比重和社会经济发展水平成正比。(2) 不论国民收入高低，所有国家的第三产业比重，从 1980—1998 年，都有不同程度的提高。这又说明第三产业的比重是随着经济发展水平的提高而增加的。

表 4-5　三次产业的产出结构的国际比较（%）

地区	国　家	1980 年			1998 年		
		第一产业	第二产业	第三产业	第一产业	第二产业	第三产业
东亚	中　国	30	49	21	18	49	33
	日　本	4	42	54	2	37	61
	韩　国	14	40	46	5	43	52
	新加坡	1	38	61	0	35	65
	香　港	1	32	67	0	15	85
	印度尼西亚	24	42	34	20	45	35
	马来西亚	22	38	40	13	44	43
	菲律宾	25	39	36	17	32	51
	泰　国	23	29	48	11	41	48

续表

地区	国家	1980 年			1998 年		
		第一产业	第二产业	第三产业	第一产业	第二产业	第三产业
北美	美国	3	33	64	2	26	72
	加拿大	4	38	58	2	23	75
	墨西哥	8	31	61	5	27	68
西欧	法国	4	34	62	2	26	72
	德国	5.8	42.8	51.4	1	32	67
	英国	2	43	55	2	31	67
	意大利	6	39	55	3	31	67
世界	低收入国家	31	38	30	23	39	38
	中等收入国家	12	42	46	9	33	58
	下中等	15	41	44	11	34	54
	上中等	11	42	47	8	32	60
	高收入国家	3	37	59	2	30	65
	全球平均	7	38	55	4	32	62

注：世界银行编《2000 年世界发展指标》，第 184—186 页，中国财政经济出版社，2000 年版。引用时作了一些形式上的变动，其中德国的数据和加拿大 1998 年的数据，出自日本银行国际局编《国际比较统计》，第 34—35 页。

二、私营企业是社会主义市场经济的重要组成部分

私营经济产权关系明晰，运行机制灵活，在激烈多变的市场竞争中表现出极强的适应性和生命力。但是长期以来，私营经济

处在夹缝中生存。正确认识和公正评价私营经济在社会主义市场经济中的地位和作用，对于纠正人们对私营经济的偏见、为私营经济的发展创造一个良好的环境，从而推动民族地区经济的发展具有十分重要的意义。

（一）私营企业是市场经济的重要组成部分

私营企业对国民经济的发展做出了重要贡献。国有和国有控股的大型企业是国家安全的主要保障，是国民经济和行业发展的支柱，体现了国家的技术和经济实力。但是，私营企业仍然是创造市场活力、拉动经济增长的基本力量。2000 年，中国工商局注册的私营企业 176.2 万户，个体工商户 2571.4 万个。非国有部门对 GDP 的贡献率已超过 60%。自 1980 年以来，非国有部门产值以年均 20~30%的速度递增，与国有部门年均递增 5~10%相比，非国有部门在近 20 年为拉动经济增长做出了令人瞩目的贡献。此外，私营企业为国家税收做出了重要贡献。据国家税务部门公布，私营企业所缴纳的税收总额占工商税收总额的 8%，这是一个相当大的数字。在地方税收中，私营企业的作用更大，一些地方私营企业所缴纳的税额，甚至占地方税收入总额的 60~70%，为地方财政做出了巨大贡献。私营企业还是国家出口创汇的有生力量。20 多年来，我国约 50%以上的出口交货值是由私营企业创造的。国家对私营企业的态度，经历了一个禁止、观望、承认到鼓励的发展过程。新中国成立后经过“三大改造”，私营企业濒临死亡，很长一段时期它又成为“资本主义尾巴”遭到禁止。1979—1987 年，随着改革开放私营企业开始萌芽并且出现了雇佣关系，当时国家对私营企业持谨慎态度。1987 年中共中央在《关于把农村改革引向深入的决定》中正式提出，对于私营企业也应当采取允许存在、加强管理、兴利除弊、逐步引导的方针。此后私营企业的地位随着改革开放的深入而不断提高。1988 年《中华人民共和国宪法修正案》第 1 条规定：“国家允许私营经济在法律规定的范围内存在和发展。私营经济是社会主义公有制经济的补充。”① 1999年《中华人民共和国宪法修正案》第14条增加了“国家在社会主义初级阶段，坚持公有制为主体、多种所有制经济共同发展的基本经济制度，坚持按劳分配为主体的、多种分配方式并存的分配制度。”② 第16条确认“在法律规定范围内的个体经济、私营经济等非公有制经济，是社会主义市场经济的重要组成部分。”“国家对个体经济、私营经济实行引导、监督和管理。”③ 2004年《中华人民共和国宪法修正案》第21条还规定：“国家鼓励、支持和引导非公有制经济的发展，并对非公有制经济依法实行监督和管理。”④

（二）私营企业对民族地区经济的发展具有独特的作用

虽然民族地区经济相对落后，私营企业的发展水平远不如东部地区，但私营企业对民族地区经济社会的发展发挥了独特的作用。（1）私营企业是民族地区增加就业岗位的主要渠道。2000年西部12省区，私营企业有28.4万户，从业人数413.2万人；个体工商户632.9万户，从业人数1063.7万人，两者合并占西部地区总就业人口8.1%。⑤ 近年来行政、事业单位改革，富余人员下岗分流；国有企业改革和经济结构调整，国有企业和集体企业的从业人员不断减少，就业形势非常严峻。正是私营企业的发展缓解了社会就业的压力，为社会稳定做出了巨大贡献。（2）私营企业是推动民族地区市场化进程的重要力量。私营企业与市场

① 《中华人民共和国宪法修正案》，《中华人民共和国常用法律大全》（上卷），第20页，法律出版社，1996年版。

② 《中华人民共和国宪法修正案》，《国务院公报》第341页，1999年第10期。

③ 同上，第341页。

④ 《中华人民共和国宪法修正案》，《国务院公报》第4—5页，2004年第13期。

⑤ 中华人民共和国统计局编：《中国统计年鉴2001》，表5-17、表5-18，中国统计出版社，2001年版，数据系整理计算得出。

经济有着天然的联系，是民族地区经济发展的活力源。私营企业产权清晰，对市场反应灵敏，与顾客和市场联系紧密；私营企业产品结构、技术结构相对简单，应变能力强；私营企业经营灵活，劳动用工制度、薪酬制度都可根据市场竞争需要自主决定和调整；私营企业一般投资较小，追求利润动机强，富于创新精神，敢于承担风险。私营企业正是利用机制灵活的优势，活跃在大企业尚未涉足或者不愿涉足的领域，活跃在品种多、批量小的加工、配套、维修领域，活跃在零售、服务等本小利薄的领域以及需求分散、个性化要求高的领域。由于私营企业的积极参与，使得这些领域竞争更加充分、市场更加灵活。(3) 私营企业是民族地区国有企业改革和发展的重要依托。国有企业比重大是民族地区经济的一大特点，国有企业改革能否成功直接关系到民族地区经济的发展。私营企业的发展为国有企业的改革提供了有利的支持：私营企业能够吸收国有企业改革产生的富余人员；国有企业改革与私营企业发展结合起来，通过联合、兼并、购买，实现资源的合理配置与双赢；私营企业灵活的运行机制为国有企业改革提供了参照系；私营企业和国有企业合作做到了优势互补，达到双赢。(4) 私营企业的发展有利于增加民族地区的财政收入。从改革开放以来，各种经济在财政收入中的增长率可以看出，私营企业对财政收入的增长贡献最大。据统计在财政收入中，1978—1995年间，国有经济一直处于主导地位，平均比重高达77.8%；集体经济的平均比重为16.3%；其他经济所占比重仅为6%。但从增长率来看，情况正好相反。1978—1995年间，财政收入增长率平均为10.83%。其中，国有经济平均增长率为9.54%，低于总体平均增长率；集体经济平均增长率为13.5%；其他经济则增长最快，平均增长率高达35.89%，远远超过平均增长率。在一些私营企业比较发达的东部省区，私营企业所缴纳的税金已占财政收入的50～60%。民族地区经济相对落后，财政收入仅占全国的9.5%，这无疑与民族地区私营企业发展较慢有直接关系。因此，必须把私营企业的发展作为民族地区新的经济增长点。

三、民族地区小城镇第三产业的性质是私营

民族地区的私营企业主要集中在第三产业。第三产业所要求的成本较低，技术层次多样化，相对第二产业来说更适合私人开办。从2000年西部地区私营企业和个体工商户从业人数的行业分布情况，就可清晰的证明这一点（见表4－6）。

表4－6　2000年西部12省区私营企业和个体从业人数行业分布　　单位：万人

	农、林、牧、渔业	采掘业	制造业	建筑业	交通运输仓储和邮电通信	批发零售贸易和餐饮业	社会服务业	其他行业	合计
就业人数	41.1	20.9	261.2	39.9	93.7	809.2	180.6	30.1	1476.7
所占比重	2.8%	1.4%	17.7%	2.7%	6.3%	54.9%	12.2	2%	100%

注：中华人民共和国统计局编《中国统计年鉴2001》，表5－15，中国统计出版社，2001年版，数据系整理计算得出。

西部地区私营企业和个体工商户从业人数在第一产业的仅占2.8%；在第二产业的仅占21.8%；第三产业的从业人数比重高达75.4%，主要集中在批发零售贸易和餐饮业，因为这类产业成本要求不高，也不需要很先进的技术水平和管理水平。私营是国有中小企业和乡镇企业改革的主要方向。从理论上说，国有企业和乡镇企业的所有权属于国家和集体。在传统体制下，国有企业和乡镇企业的所有权由行政主体来行使，也就是由行政官员来行使，但是企业的利益与行政官员本身的利益没有直接的关系。

由于权、责、利的脱钩，经营管理人员以至其他人员与企业经营的好坏也没有太大的利害关系，他们在经营活动中总是先考虑自身的利益，千方百计的损公肥私。正因如此，国有企业的改革才会有经营权的改革转向产权改革。不少学者提出，国有中小企业和乡镇企业的改革方向是私营化，要由经营者占大股，使产权清晰。东部不少地区也已经成功地走出了这一步。西部地区虽然经济相对落后，私人资本比较弱小，但从发展趋势看，将民族地区小城镇第三产业的性质定为私营应该是恰当的。

四、扶植发展私营为主的第三产业的制度措施

把城镇规划与扶植发展私营为主的第三产业结合起来。城镇是产业发展的依托，产业发展是城镇化的主要内容，两者必须结合起来。民族地区小城镇规模小、基础差、底子薄，其城镇规划和产业发展一开始就应当有计划、有统筹。要吸取东部地区城镇建设的经验和教训，眼光要放长远一些。新城区初建就应当搭起现代化城市所应具备的骨架，注意克服私营企业盲目性和自发性的毛病，在产业布局上统筹规划，引导产业集中发展。集中发展既便于政府管理，规范企业的竞争行为，又便于企业参与市场竞争形成规模优势。东部地区很多闻名全国的小商品批发市场就是私营企业集中发展的结果。

加强小城镇硬件设施建设，为私营企业发展提供良好条件。硬件建设是民族地区小城镇产业发展的先决条件。在资金困难的情况下，要注重依靠解放思想、观念灵活解决问题。在教育干部群众正确认识发展私营企业和建设小城镇关系的基础上，注重投资的多元化。千方百计多渠道多方式筹集资金，譬如财政出面担保贷款、吸引不同所有制参加。要鼓励私人资本积极参与公共设施建设，按照他们的付出给予相应的回报。这样一方面通过硬件建设促进私营企业的发展，另一方面又通过私营企业的发展促进

硬件设施的建设，形成一个互动的良性循环。

按照公平、公正、公开的原则，落实“国民待遇”，打破私营企业的准入壁垒。目前私营企业在第三产业的很多领域如金融保险、邮政通信、传媒等还存在准入障碍，这不仅违背法律公平的原则，也与市场经济竞争的精神不符，在不同程度上制约了改革开放的步伐和经济发展的速度。“十一五”规划建议明确提出，要取消一切限制企业和社会投资的不合理规定，在市场准入、土地使用、信贷、税收、上市融资、进出口等各个方面，对不同所有制企业实行同等对待。这就为民族地区实行公平、公正、公开的投资政策指明了方向，提供了政策依据和制度保障。除关系国家安全和必须由国家垄断的领域外，其余领域都应当允许私营企业投资进入。至少要做到与外资同等待遇，凡是已经对外商开放的领域，都要对私营企业开放；对加入 WTO 后承诺对外开放的领域和控股比例要求的行业，也应当向私营企业开放。此外，凡是对国有、外资投资实行优惠政策的领域，其优惠政策对进入该领域的私营企业同样适用，如对国有企业的贴息技改政策也要对私营企业同等对待。

完善小城镇社会化服务体系，保证私营企业的持续发展。民族地区私营企业的发展不仅需要有良好的硬件环境，更需要有良好的软环境。民族地区小城镇应当从如下几个方面完善社会化服务体系：一是建立信息、咨询等中介服务机构。私营企业一般实力弱、规模小。受信息不完全的影响大，技术困难也多，经营者很难做出适时和合理的决策。建立、完善这类服务机构，就能使私营企业避免决策上的失误和经营上的风险。二是建立和完善教育培训机构。民族地区缺乏人才，民族地区的私营企业更缺乏人才，私营企业的发展更重要的要依靠培养当地的人才，这就需要有一个完善的教育培训体系。通过不断的教育培训，逐步提高私营企业管理人员、技术人员和一般工人的素质。三是建立现代化的合理的人才流动机制。目前造成私营企业高层次人才缺乏的原因固然有就业观念的问题，但更主要的应当是人才流动机制，人才流动后带来的系列社会问题使人不敢轻易迈步。譬如现在的人才流动，不仅仅要牵涉到自身流进后是否还能流出，还牵涉到户口、配偶迁移、子女入学、职称评定等诸多问题，任何一个问题没解决，都会影响人才流动。

采取多种措施,破除私营企业发展障碍。私营企业不仅在市场准入上有诸多限制,在融资、税收负担、土地使用等方面也受到“所有制歧视”,这些障碍不排除,私营企业就不可能得到长足的发展。必须进行税费整顿,减轻私营企业负担;对税外收费的行为,应当坚决制止。必须转变政府职能,强化服务意识。目前民族地区许多政府部门,未能正确认识纳税人的地位,对私营企业存在“所有制歧视”,私营企业有事难于找政府部门解决。必须切实转变政府职能,完成政府对企业的规范、引导、协调等职能,强化服务意识,为私营企业的发展创造良好的宏观调控氛围。必须创建公平的融资体系,拓宽私营企业融资渠道。私营企业发展面临的一个难点就是资金紧张而缺乏公平的融资渠道。目前要解决这一难题需要从两个方面作出努力:一是国有商业银行体制改革,证券市场不断完善与规范;二是私营企业本身必须克服资信差、还贷无保证的弱点,强化企业自律。对此,民族地区小城镇既不能坐而等待,也不能操之过急,一方面要做好自己能办的事,譬如当地国有金融机构在存贷、结算、汇总、转账等方面,应当为私营企业提供高效优质的服务;在贷款担保、审批、利率计算等方面与国有企业平等对待。同时,政府可在其权力范围内考虑建立私营企业投资担保机构,为私营企业融资提供担保。

第五章　民族地区城镇化建设中的资源利用

民族地区能够有效利用的土地和矿产资源并不多，在民族地区城镇化建设中必须高度重视城镇生态环境的保护，合理利用自然资源特别是有限的土地资源。在民族地区城镇建设发展之初，远期发展规划未能跟上城镇建设的步伐，在发展过程中产生了一系列生态环境问题。必须避免走“先污染、后治理”的老路子，大力建设生态城镇走可持续发展的道路。民族地区旅游资源优势突出、禀赋较高，有效开发利用好这一资源优势，能够促进民族地区城镇化建设快速发展。必须牢固树立科学发展观，正确评价民族地区旅游资源的优势和特色，积极探索资源保护和合理利用的渠道，保障民族地区旅游业的可持续发展。科学技术是第一生产力，人力资源是最重要的资源，在民族地区城镇化建设中要高度重视人力资源的开发工作。民族地区的人力资源合理开发与有效利用是实现追赶型战略的可能选择。民族地区人力资源开发要从各民族地区发展的实际出发，把人力资源开发与该地区经济社会发展的需要联系起来，积极探索适合各地区发展的各具特色的人力资源开发之路。

第一节　民族地区城镇化建设中自然资源的利用与保护

一、民族地区城镇化建设中自然资源的合理利用

西部地区自然环境存在四大特点：（1）海拔高。西部地区海

拔高度低于100米的区域仅占本地带的0.9%，中部和东部则为14.4%和41.1%。海拔在1000米以上区域在本地带所占比例，西部高达82.7%，中部和东部仅为29.4%和5.9%。（2）山地多、平原少。西部地区山地占53.1%，平原占27.1%，丘陵占19.8%。（3）可耕地少。在宜农耕地、耕地、一等耕地三种不同质量的耕地中，西部仅为7.3%、7.2%和1.9%，远远低于中部和东部。（4）新疆、内蒙古、甘肃等内陆地区是降雨量很少的干旱、半干旱地区，其中年降雨量最少的地区只有25毫米左右。[①] 这即是说尽管民族地区地域辽阔、矿产资源丰富，但是能够有效利用的土地资源并不多，由于地处高寒和干旱、半干旱地区，生态环境十分脆弱。因此，在民族地区城镇化建设中，我们必须高度重视城镇生态环境的保护，合理利用自然资源，特别是有限的土地资源。在美国西部开发初期，就因为严重地掠夺式开发造成了生态环境的严重破坏，为此付出了惨重的代价。在我国西部城镇化建设的过程中，我们一定要避免走“先污染、后治理”的路子，切实加强城镇资源环境的保护和建设，走出一条适合西部民族地区实际情况的可持续发展的道路。

自然资源是人类赖以生存和发展的基础，是国计民生的基本保障，是国家实现现代化的重要条件。自然资源过去仅指自然环境中的原材料，譬如森林、草原、矿产、燃料等；现在则扩展到包括整个自然环境在内。由大气到海洋，由沙漠到极区等一切可为人类利用的自然要素，如土壤、水、森林、草场、矿物、野生动植物、阳光、空气无不囊括在内。[②] 发展城镇经济应当与可持续发展的原则相结合，实现经济与人口、资源、环境的协调发

① 参见卢正惠：《论西部少数民族地区的城市化》，《思想战线》2002年第6期。

② 杨紫烜、徐杰主编：《经济法学》，第324页，北京大学出版社，2001年第3版。

展。自然资源的永续使用，是城镇经济可持续发展的物质基础。在民族地区城镇化建设中，要发挥西部矿产资源的优势，进行有计划的开采；要促进可再生资源的利用率，发展与资源相配套的冶炼、石化等重工业，实现产品的深度开发，避免走廉价原料和初级产品的粗放式开发的老路子；要本着“谁开发，谁保护”、“谁破坏，谁恢复”的原则，依法保护生态环境。在西部大开发中要特别重视工业产值“东迁”而污染“西移”问题，防止将东部原来那些物耗、能耗高，污染严重的行业和被淘汰的机器设备引进西部地区，形成实物性的污染转移。要以环境保护为前提，保护水源、集约用地，尤其是土地资源的合理利用和开发，对民族地区城镇化建设来说最为紧迫。21 世纪初在民族地区推动城镇化进程，如果仍然无节制地用地，城镇化便失去了它应有的意义。

（一）发挥规划龙头作用，合理利用城镇土地资源，夯实城镇发展的基础

民族地区城镇化建设的推进，必须按照统一规划、合理布局的原则，编制好民族地区城镇发展规划，因地制宜，循序渐进，既可以集中有效地使用土地指标和建设资金，又可以避免因“一哄而上，遍地开花”造成基础设施和土地资源浪费。城镇土地资源利用总体规划为城镇发展提供空间定位和发展空间。通过积极供地、限制供地和禁止供地，作为配合城镇发展规划实施的有利手段。对于重点发展的城镇，可以通过规划合理预留一定的建设用地，在符合规划的前提下要千方百计地保证其项目用地；对于暂缓发展的城镇，要严格控制用地指标。城镇建设规划是在土地利用总体规划确定的城镇建设用地范围内，优化土地资源利用的根本手段。高水平的建设规划，可以在明确城镇功能定位的基础上，对城镇进行合理的功能分区，如工业区、居住区、商务区等，对教育、卫生、文化设施等进行有效配置，既能强化城镇功

能，又能大幅度提高土地利用率，缓解建设用地紧张。产业规划是城镇经济发展成败的关键，它同时决定着土地利用总体规划和建设规划的思路和落脚点。具有明显地域特征产业的发展和壮大，决定产业规划的合理性和准确性，是劳动力就业、增强和发展城镇经济实力的载体和灵魂。搞好产业规划是必须抓好抓紧的一项重要基础性的工作。合理利用城镇土地资源必须坚持如下原则：(1) 城镇规模必须控制在土地利用总体规划确定的城镇建设用地规模范围内；(2) 在考虑城镇发展的方向时，要多用非耕地，尽可能不占耕地，严禁占用基本农田保护区内的耕地；(3) 城镇道路规划要与城镇人口规模相适应；(4) 城镇规划要按城市化要求制定功能分区详细规划，对工业尤其是污染工业实行集中布置和集中治污，对规模效益明显与专业技术协作要求高的商业用地要定位规划，对居住用地、一类工业用地、无特殊要求的公共用地等兼容性用地，应采用"活性用地"进行定性分区控制；(5) 引导土地集约化利用，适当提高城镇地区建筑容积率。

（二）用足土地置换和整理政策，服务城镇建设

民族地区城镇化建设的推进要通过农民居住向城镇集中，加快农村城市化步伐；乡镇企业向工业小区集中，增强企业的积聚效应；耕地向规模经营集中，适度扩大农业的规模经营，推动土地置换和土地整理工作，加强存量建设用地的调整和挖潜工作，为城镇建设提供发展空间。在农民向城镇和中心村集中、企业向工业小区集中过程中，将农民原使用的宅基地和企业原使用的生产场地复垦为耕地。在不超过原建设用地总量的前提下，经土地行政主管部门审核批准，可以将复垦耕地等量置换为本地区城镇的建设用地，或者部分置换、部分作为耕地占补平衡指标有偿调剂使用，有偿使用的收入专项用于城镇建设。在耕地向规模经营集中的过程中，加强对农业用地范围内的田、水、路、林、村的综合整治，将原布局不合理的林带，实施新型节水灌溉措施后废

弃的沟渠以及路网进行重新规划调整，增加有效耕地面积。新增加耕地面积的 60%，经土地行政主管部门核准，可以折抵为建设用地指标。

（三）培育城镇土地市场，开辟建设资金筹措新渠道

民族地区城镇化建设要建立集体土地流转的“准市场”机制。在符合土地利用总体规划和城镇建设规划前提下，积极探索农村集体土地使用权的流转办法，允许集体土地作价入股参与城镇建设，允许乡镇村办企业用地、个体工商业生产经营性用地、私企用地、私人住宅用地流转，允许农民宅基地异地置换进城镇或者建设社会主义新农村。土地仍然是农民收益的主要来源，必须稳妥处置好农民土地权，切实维护农村的稳定和农民的切身利益，促进农业的发展。一是要切实赋予农民在土地管理中的知情权和监督权，建设用地征地方案应予以公告，并听取农村集体的组织和农民的意见。二是要妥善处理征地中的遗留问题，切实保障征地前后农民土地权的利益。对符合规划的可享受新分宅基地农户，允许其在 1 年内将其房产和宅基地转让给村内；对不符合规划的原则上予以退耕。对农民土地承包经营权允许一次性转让，但必须保证处于耕地状态，也可以予以收回或者折股分红。

民族地区城镇化建设用地除法律规定可以划拨的以外，一律实行有偿使用。商业、旅游、娱乐和房地产开发等经营性用地，一律通过招标、拍卖方式实行有偿使用；结合乡镇企业改制，逐步推行企业用地的有偿使用；城镇居民、已经拥有一处标准宅基地的本地农民和非本集体经济组织的农民，申请进镇建新房的一律申请国有土地，并实行有偿使用。城镇现有建设用地的有偿收益，全额留给镇级财政，统一用于城镇的开发建设；城镇新增建设用地的有偿使用收益，要优先用于重点城镇补充耕地，实现耕地占补平衡。政府土地管理部门，在年度土地利用计划的总规模内，根据市场供求状况和经济发展需要，合理制定城镇的土地供

应计划，调节总量，稳定地价水平，制定有偿使用的最低限制标准，避免恶性竞争和国有土地收益流失。规范和指导城镇土地供应信息的发布和土地市场的建设工作，有条件的可以设立固定的土地交易中心。一般城镇的黄金地段、临街地块、有特定区位优势的住宅和工业用地，如果土地使用者和土地用途没有特别限制，应采用拍卖方式供应土地，以取得土地的最大收益，为城镇建设筹集尽可能多的资金，尽快建立“以地生财，以财建镇”的良性互动机制。

（四）规范耕地开垦资金征管和使用，确保占补平衡

民族地区城镇化建设要建立土地开发整理基金，乡镇也应当建立专项资金，实行土地开发整理专项资金专户储备。土地开发整理基金应当本着“取之于土，用之于土”的原则，以增加耕地面积和提高土地质量为目的，实行专款专用。加大对耕地开垦复垦的投入，对于建设单位的造地工程款（即耕地开垦费）要全额投入，要制定耕地开垦复垦资金投入管理办法，调动各县（区）、乡镇积极性以及社会组织的积极性，确保耕地占补平衡。

二、民族地区城镇化建设中资源环境的保护

（一）历史教训和国外经验的借鉴

千百年来由于大自然的恶化和人类肆意地改造自然的活动，致使西部地区特别是大西北的生态环境变得十分脆弱和恶化。历史上著名的城镇由于生态环境恶化而没落的事例屡见不鲜。譬如，历史上著名的楼兰古城、高昌古城、交河故城等，已经成为人们考古和旅游探奇的所在地；敦煌、吐鲁番、喀什等历史文化名城，也已处于沙漠戈壁的包围之中和边缘地带。民族地区城镇化要汲取历史的教训，城市的发展应该与资源环境保护相结合。国外的经验也值得借鉴。19 世纪的美国西部开发是一个疯狂探险和野蛮掠夺的时代。采矿者不惜损坏环境，四处挖掘，盲目开

采，不计后果。放牧者恣肆杀戮，所有的野牛被屠宰一空，剥皮弃骨，腐尸遍野。农民毫无节制地开垦，毁林毁草，泥土随水流淌，随风飞扬。美丽富饶的中部大草原变为干旱的沙漠，大风乍起飞沙走石。所有这些草原过牧、森林过度砍伐、土地滥用等，对城市发展产生了严重的后果。针对这种情况，美国政府先后制订了《泰勒放牧法》、《土壤和水资源保护法》等多部法律，使过去开发造成的生态环境损失得到补偿。日本振兴欠发达地区就非常重视资源环境保护，其地区产业开发政策避免了企业过度集中，有效地防止了水土流失，利于国土保护建设。①

民族地区城镇化建设要尽力推行环境质量保证体系，对主要城市进行生态定位，制定和实施水气污染物排放总量控制计划，对城乡各项开发建设必须进行环保的可行性评估。要注意加强环保领域的国际合作，在小流域治理、酸雨控制、乡镇企业环境污染治理、城市生活垃圾无害化和资源化处理、清洁生产等方面，引进国际先进机制和管理经验。譬如，“中国西部小城镇环境基础设施经济适用技术及示范”项目，就是中荷两国政府达成的双边合作项目，对民族地区城镇化建设中的资源环境保护具有积极意义。该项目以示范工程为平台，通过技术集成为西部小城镇建设提供经济适用技术，以克服技术缺乏的障碍；通过政策制定克服融资渠道不畅、市场化机制缺乏和政策法规不健全的障碍；通过建立信息系统和国内外培训提高西部小城镇各级管理人员和技术人员的能力水平；把活动所取得的成果扩散到整个西部地区，以促进其他小城镇的环境基础设施建设。总之，只有注意经济、社会、生态等效益的结合，民族地区城镇化建设才能真正走向持续、快速的发展道路。

---

① 参见梁德阔：《国外开发欠发达地区的经验教训对我国西部城镇化的启示》，《开发研究》2003 年第 3 期。

（二）民族地区城镇化建设中资源环境保护的不力

民族地区城镇建设之初远期发展规划未能及时跟进，有的甚至被忽略，更不用说制定生态环境规划，于是在城镇建设过程中产生了一系列生态环境问题：（1）土地资源浪费比较普遍。城镇是农村经济发展到一定阶段而形成的。在城镇发展初期，许多地方对城镇的功能、性质和定位认识不够明确。一味求大求全，盲目向外扩张，有的甚至放弃已经形成的旧集镇，重新征地建设，造成大量的土地资源破坏和浪费，使农村人地矛盾显得更加突出。据资料显示，从1986—1999年，全国每年城镇建设要占用耕地150万亩，这其中5%闲置，40%属于低效率利用。（2）资源利用率不高。目前民族地区城镇建设中规划不够完善与不重视规划延续性的现象比较普遍，建设不能严格按照规则实施。同时由于资金和其他原因，编制的规划未能付诸实施，致使重复建设也较为普遍。城镇内的工业、商业、住宅等功能区分布不合理，相互混杂，各功能区发展不够协调，对资源的合理开发和有效利用不够，有的地方已经造成生态的严重破坏。（3）环境污染相当严重。支撑城镇经济基础的多是乡镇企业。目前我国乡镇企业大多以原料开采、冶炼及简单的加工制造业为主，对环境的污染相当严重。“全国乡镇工业污染源调查公报”显示，乡镇工业主要污染物在全国工业污染物排放总量中均达到或者超过半数，成为我国环境的突出问题和影响人体健康的重要因素。部分地区的乡镇企业甚至对环境造成了毁灭性破坏。另外，一些大中城市正在将大量有污染的工业向城镇和农村转移，城镇面临的环境问题将会更加严峻。（4）基础设施相对落后。就全国而言，城镇年产生活垃圾1.5亿吨，每年以8~10%速度增长；垃圾存量60亿吨，占地5亿平方米；垃圾处理率50%，只有10%达到无害化处理标准。全国70%城镇缺水；90%的城镇水域和65%的饮用水源受到不同程度的污染，50%重点城镇集中饮用不符合取水标准的水源；污水处理率 36%；水污染造成经济损失为 GDP 的 1.5～3.0%。[①] 较之全国民族地区城镇化建设中垃圾处理和水资源问题更为严重。不少城镇基础设施建设不配套，城市生活污水集中处理设施、中水回用设施、城市生活垃圾资源化处理根本就没有，脏乱差现象突出。(5) 环境监管不力。在城镇的建设发展问题上，很多地方都不同程度地存在着重建设、轻管理的倾向，有的地方城镇已发展到相当规模，但在城镇的管理上仍没有专门的机构、专业的队伍、必备的设施以及相关的法律制度，致使城镇的管理特别是环境卫生的管理成为死角。

（三）民族地区城镇化建设中资源环境保护的对策

民族地区城镇化建设中资源环境保护必须考虑如下对策：(1) 完善法律法规体系，加强职能机构的建设。相对于城市环境保护和工业污染防治而言，城镇环境保护工作尚处于起步阶段，基础较为薄弱。要尽快研究制订农药、化肥、农膜、生活污水污染防治，秸秆禁烧与综合利用，农村生活垃圾收集与处置，重要资源开发利用等方面的法律法规和标准。要落实城镇政府对环境保护工作的责任。《中华人民共和国环境保护法》第 16 条规定："地方各级人民政府，应当对本辖区的环境质量负责，采取措施改善环境质量。"[②] 城镇政府及其主要领导要依法履行环境保护职责，建立责任制，一把手亲自抓，并把辖区内环境质量作为考核政府主要领导人工作的一项重要内容。要加强执法检查，加大执法力度。尚未设立环保机构的城镇，其环境执法监督工作由上一级环保部门负责落实。(2) 普及公众的可持续发展知识，加强

① 邹秀英：《试述城镇化进程中环境保护的有关问题》，《经济师》2005 年第 2 期。

② 《中华人民共和国环境保护法》，《中华人民共和国常用法律大全》（下卷），第 1234 页，法律出版社，1996 年版。

可持续发展的规划。城市化进程要符合可持续发展的要求，关键在于普及和提高全民的可持续发展意识。要加强对城市决策管理部门的可持续发展培训，尤其是对各级管理干部、特别是各级决策层干部的可持续发展培训，应当放在极其重要的位置，使政府管理与决策部门克服自身的短视观念，不要只注重眼前的经济利益。要加强可持续发展在普通市民中的宣传和普及，充分利用电视、电影、广播、报刊、书籍、互联网等媒体积极宣传，把可持续发展观念灌输于民。要建立和加强舆论监督，完善信访、举报制度，充分发挥社会公众参与环境保护与生态建设的积极性。城市规划是合理推进城市化的保证，也是处理好整体与局部、长期与短期、经济发展与环境保护的关系。各个城市需要根据自身的特点，探索适合的可持续发展模式。要在城镇规划设计过程中，通过分析、预测规划实施后所产生的不良环境后果，使将要产生的环境问题在源头上得以解决，并能调控规划实施的失误和失效，从而找到城市环境、社会和经济的最佳结合点，促进城市社会、经济、环境的协调发展。(3) 加大资金投入，加快城镇环境基础设施建设。在城镇快速发展的过程中，环境基础设施相对滞后。除了认识上的原因外，主要是由于资金投入严重不足。要坚持“污染者付费，开发者保护，受益者负担”的原则，采取国家、集体、个人、外资多元投资的方式，多渠道筹集资金，保证稳定有效的环保资金投入。积极引入市场机制，特别是要鼓励个人出资参与城镇环境建设。同时，积极探索建立生态环境效益补偿机制。制定相关优惠政策，推动城镇环境综合整治工作。加强政策引导，在金融、信贷等方面对城镇污水处理、畜禽粪便综合利用、秸秆综合利用等工程项目给予政策扶持。(4) 依靠科技，注重发展有长期效益的环境基础设施建设。解决工业化、城市化进程中环境问题的根本途径在于依靠科技，改革传统产业，用生态学理论与方法建立生态工业园区、积极引进各种有利于生态产业发展的新技术（包括循环、利用和替代技术、能源技术、水处理技术、环境监测技术）、新工艺、新材料、新产品，实施清洁生产，实现循环经济、保证环境的良性发展。(5) 建立和完善决策人责任追究制度。"破坏性建设"的发生是一种机制问题而非单纯的官员个人品质问题。现行的行政体制与可持续发展存在着矛盾，片面不合理的政绩评估机制在某种程度上鼓励近期经济利益，导致许多官员利用非经济的短期行为和反市场的行政措施来满足过于强烈的政绩需求。要使官员的决策行为变得符合可持续发展的要求，就必须对政绩进行真实合理的评估。必须真正做到政企分开，转变政府职能，制定能够切实反映环境资源等社会成本的经济效益或者政绩评估体系，并将其置于阳光之下接受人民的监督。(6) 增强信息的透明度与共享性，鼓励公众特别是专家参与决策，保证决策的科学性。政府应及时有效地制订由一系列具体政策组成的可持续发展政策体系，改变过去各部门闭门造车式的制定和实施经济社会环境政策的做法，强调综合决策和公众特别是专家参与决策相结合，提高政府制定政策的科学性。在事关公众切身利益的敏感问题和重大事项上，必须实行"阳光作业"，让权力运行公开透明，做到重要问题以公开求保证。[①]

三、可持续发展战略与生态城镇建设

(一) 生态城镇建设

生态城镇建设成为现代城市建设的新潮流是适应可持续发展的需要而形成的。在对工业化给生态环境带来破坏的反思中，人们已经认识到人类本身生存是自然环境的一部分，与自然环境休戚相关。因此，可持续发展成为现代城市建设的必然选择。生态

① 参见邹秀英：《试述城镇化进程中环境保护的有关问题》，《经济师》2005 年第 2 期。

城镇成为现代城市建设的新潮流也是人们生活质量进一步提高的要求。随着工业社会的发展和科技水平的提高，人们对生存环境和生活质量的要求越来越高。掠夺自然资源和破坏生态环境换取经济增长的方式严重威胁人类的长期生存和生活质量的持续提高。通过生态城镇的建设，处理好人与自然的互动关系，形成一种和谐的社会环境及自然生态系统，使城市成为一种可持续发展、生态平衡的居住体，已逐渐成为人们规划城镇建设的基本理念。城镇生态环境建设是一个复杂的区域性系统工程。其基本目标是以市区为中心，扩及环城相关地域，建设城乡一体、人工与自然复合的较为完整的生态系统。其具体内容主要为植树种草，扩大林草植被面积，提高整体生态功能；治理环境污染，改善环境质量，倡导发展生态产业；兴建水利设施，保护和节约利用水资源，保持水资源动态平衡；保护天然植被、湿地和野生动植物资源，保持生物多样性。通过生态建设和环境保护，恢复和重建生态系统，不断提升自然资源的生态价值和环境自净能力、缓冲能力、抗逆能力，实现生态良性循环，优化人居环境，保障经济社会可持续发展。①

（二）实现城镇可持续发展的若干措施

城镇建设只有做到经济、社会和环境效益的高度统一和协调，才能促进城镇化健康有序的发展。这就要求城镇的决策者、建设者和管理者要高度重视城镇的生态环境问题，将生态环境保护贯穿于城镇的规划、建设和管理之中，围绕建设生态城镇这一目标，采取切实有效措施，尽量避免和克服短期行为，防止片面追求经济效益而造成资源和环境的破坏，影响城镇今后的长远发展。

---

① 参见沈茂成：《建设生态城市势在必行》，载《光明日报》，2002年9月19日，第3版。

第一，确定以生态城镇为发展目标的规划原则，坚持“规划一张图、审批一支笔、依据一个法、建设一盘棋、管理一条龙”，以法律规范的强制力来监督城镇规划的实行，这是城镇可持续发展的制度保障。粗放型经济增长的城镇建设，常常会由于缺乏长远规划或规划缺乏科学性，给城镇建设带来很大盲目性，导致城镇的人口、资源、环境各不协调，从而影响到城镇的可持续发展。必须使城镇建设在规划科学化、法律化、适度超前化的前提下，以法律规范的强制力来监督城镇规划的实施，从而为城镇可持续发展保留后劲。在城镇总体规划中除着重考虑经济发展目标、城镇发展方向和用地规模等因素外，对城镇的生态环境建设还应遵循以下原则：(1) 保护和改善生态环境原则。在修编新一轮城镇建设总体规划的同时，要制定环境保护规划，加紧制定城镇“十一五”环保治理计划。(2) 合理布局原则。在一个城镇里功能区要有适当划分，区域内和区域间要用道路、公共设施及人为的、自然的生态环境来调节，形成生活和发展的空间。(3) 规模适度的原则。要根据地区人口密度、经济发展水平和后劲及其现有的城镇体系的布局、吸纳劳动剩余力等方面的情况，合理确定本地区发展城镇的规划面积、人口数量和经济容量等。

第二，依靠科技进步，科学合理规划资源开发城镇可持续发展的资源保障。粗放型增长的城镇经济是一种“遍地开花”式资源经济。这种滥采乱挖、采富弃贫、抢占资源型的粗放型经济，虽然能够带来眼前的经济效益，但却是以牺牲城镇的可持续发展为代价的。这种经济由于缺乏一个科学合理的资源开发规划，必然造成大量的人、财、物的浪费，造成城镇资源开发年限的缩短，从而给城镇的可持续发展带来困难。因此，城镇建设必须依靠科技进步，科学合理地规划资源开发。科学技术是第一生产力，科技的发展可以创造新资源；能够使各类资源均衡协调，共融互生；还能够对短缺资源产生巨大的升值和提高利用率的作用。要依靠科技进步，在条件允许的城镇有计划地选择那些市场前景好的资源加工项目，充分利用资源优势，获得长久经济效益。

第三，严格对城镇企业的环境管理，建设具有超前意识的基础设施是城镇可持续发展的物质保障。粗放型增长的城镇经济，重复投资、乱铺摊子，浪费现象极为严重。转变经济增长方式后的城镇，则会加强对企业的管理，使乡镇企业相对集中和连片发展，提高基础设施利用率，节约资金和土地。在城镇建设上要优先考虑基础设施建设，包括城镇供水、供电、供气等设施的完善以及排污设施的规划建设，尤其是城镇污水处理、垃圾处理及管网等基础设施，要一次规划、分期建设，避免以后的重复建设。

第四，克服地域封锁、条块分割的弊端，鼓励区域联合，建立城乡一体的城镇新格局是城镇可持续发展的空间保障。粗放型增长的城镇经济，由于地域封锁，各自为政，导致产业结构雷同，产品缺乏特色，科技含量不高，以至于在竞争中失去优势，造成企业生产经营困难。为了改变这种状况，应鼓励城镇走区域联合的道路。区域联合应包括如下两方面的内容：一是把地缘比较接近的几个城镇联合起来，从而扩大信息交流，促使产业结构合理化。区域联合的目的是通过发挥地区优势，取长补短，优势互补，以提高区域经济的整体水平和长远效益。二是城乡一体化即通过区域联合，促进城乡一体化，使城镇的布局视野得到扩大，为城镇的可持续发展提供更广阔的空间。

第五，发展环境资源市场，克服“环境无价”的偏见，改善城镇生态环境是城镇可持续发展的环境保障。粗放型增长的城镇建设为了追求眼前利益，走的是一条“先污染、后治理”的路子，兴办了不少污染企业，明显地危害着城镇的生态环境和人体健康，影响着城镇的可持续发展。只有建立生态型城镇，才能真正提高城镇生态经济效益，从根本上解决城镇环境、资源、人口的协调发展问题，实现城镇可持续发展。要建立生态城镇就必须加强对环境资源的管理，发展环境资源市场，依靠供求关系来调整环境资源价格。民族地区可以收取城镇开发生态环境补偿税，这既可以在城镇经济发展中提高环保意识，又可以为城镇生态环境保护、建设和管理集聚必需的资金，从而实现城镇的可持续发展。

第二节　民族地区城镇化建设中的旅游资源开发

一、旅游资源的基本内涵

民族地区的旅游资源既具有旅游资源的基本特征，又因为植根于民族地区而具有其自身独有的魅力和特色。民族地区旅游资源优势突出、禀赋较高，有效开发利用好这一资源优势，能够促进民族地区城镇化建设快速发展。在民族地区城镇化建设中如何加强对旅游资源的保护和开发，以促进民族地区旅游业可持续发展是当前亟待解决的问题。

（一）旅游资源的一般概念

旅游资源原本是客观存在的自然风景和人文景观的共同组合。随着现代旅游业的飞速发展，旅游资源的涉及面被日益拓展，其内涵和外延都不断发生着新的变化，不再囿于原始的自然风景和人文景观的范畴。随着社会生产力的提高和物质产品的日益丰富，人类的活动范围和认知能力不断扩大，旅游经营者的开阔视野和开发项目也不断创新。因而不断有新的旅游资源被发掘和创造出来，任何事物在特定条件和环境下都有可能成为旅游资源的组成部分而存在，其涉及范畴的不断扩大几乎涉及人类社会的所有领域。从总体上把握，旅游资源必须具备的五要素是：

(1) 具有旅游吸引功能和旅游价值。自然禀赋的、历史遗存的和人工创造的客观实体多种多样，文化的、艺术的和教育的非物质形态的因素更是名目繁多，但并非都是旅游资源。只有那些可以向旅游者提供审美和愉悦，对旅游者具有旅游吸引力的，并可能被旅游企业所利用的内容才算是旅游资源。(2) 包括未开发和已开发的内容。旅游资源常因其他目的而生成或者存在，只是由于人们关注目的改变的缘故，而在一定历史时期才成为旅游资源。作为一种资源形态，旅游资源主要存在于一种潜在的待开发的状态，包括已开发但尚未耗竭其旅游价值的那一部分资源。(3) 包括物质的、有形的内容以及形态的、行为的内容。物质的、有形的旅游客观实体（如名山、秀水、溶洞、瀑布、湖泊、古遗址、古建筑、珍稀动植物等），这是旅游资源中重要的一部分。那些无形的、非物质的旅游资源（如文化艺术、文学、科技、技艺、神话故事、生活习俗、文化氛围等），不易被人们理解与认可，他们属于非物质的、精神的旅游资源。(4) 包括原生的内容和人造的内容。多数作为旅游资源的自然存在、历史文化遗产，都不是出自为满足旅游者需要的缘故而将它们生产出来并经营出去。它们之所以成为旅游资源，主要是自然的无意识造化或者人类因其他功利性目的而创造的成果，是为旅游而客观存在着的自然或者人文因素。应该承认，人造模拟景观是旅游开发的一大趋势，它依靠资金和智力更多地融入了现代高技术，或者模仿、或者创造、或者二者兼而有之，把世界上已经存在的知名度很高的旅游资源移到他地，弥补了当地旅游资源的不足，充实了旅游的内容。(5) 旅游资源的范畴在不断扩大。知识经济带来了新的社会经济模式、新的社会生活模式和新的社会消费模式，同时也带来了新的旅游需求和新的旅游产品。人们旅游需求的多样化和个性化，要求旅游资源的范畴不断加以扩大。旅游活动已不再局限在地面上，开始向空中、水下发展；不再局限在山水观光，更多地向参与性专项旅游发展；不再局限于自然风光，更多地向生态旅游、特色旅游发展。

（二）旅游资源的主要特征

旅游资源的特征主要表现在如下几个方面：（1）多样性。相对于其他资源形式而言，旅游资源的品种极为丰富，类型比较复杂，表现形态各异，开发方式多样。（2）吸引性。吸引力是旅游资源开发和生存的重要依据。旅游资源的吸引功能是旅游资源区别于其他资源的最根本的特征，也是旅游资源的核心所在。旅游资源吸引功能的实质在于旅游资源本身所具有的独到特色和美学特征。（3）变化性。旅游资源的形式和内容并不是一成不变地存在，它总是随着时间、空间以及人类物质生活的丰富和精神文化的进步而不断发展变化。旅游资源的吸引力随着旅游者旅游兴趣的转移而转变，使旅游资源地也具有了不同的生命周期变化。另外，旅游资源的表现形式还会因季节、工程、战争、地质活动等多种因素的影响而产生变化，这些变化都会在一定程度上波及到旅游资源的吸引力。（4）地域性。旅游资源在空间分布上往往具有一定的地域特征。由于地理位置、气候条件、历史事件、民族分布、文化传统等一系列与地域分布有一定关系的因素存在，导致旅游资源常呈现出明显的地域特征。（5）永续性。在有效保护的前提下，绝大多数旅游资源都具有长期重复使用的价值。旅游资源开发使用的永续性并非是绝对的，它是以有效保护为前提的。旅游资源一旦遭到破坏，又存在着不可再生性的一面。（6）复杂性。旅游资源在利用过程中，预期走上可持续发展的健康道路，但旅游资源本身所具有的易损和脆弱特质却让资源的永续使用期望与现实条件形成了一定的反差；由于旅游资源本身的多样性和变化性呈现出难以某种标准统一衡量的问题；由于旅游资源表现为多种资源形式和内涵的集合，使旅游资源的保护工作形势极为复杂。

二、民族地区旅游资源的整体优势

从总体上看，目前民族地区的经济发展水平相对落后，但是自然、人文资源却极其丰富，民族地区的旅游资源是一个突出的亮点，这就为促进民族地区经济社会发展奠定了厚实的基础。

(一) 民族地区旅游资源丰富

在旅游自然资源方面，历史上地质运动的结果以及气候特点的变化，在民族地区广袤的土地上造就了复杂多样的自然形态，为旅游自然资源增添了丰富的底蕴。(1) 地质地貌。由于历史上地质运动的结果，使得主要位于中国西部民族地区的地质地貌呈现出与众不同的独特魅力。珠穆朗玛峰、雅鲁藏布大峡谷、塔克拉玛干沙漠、青藏高原、喀斯特地貌、冰川遗迹和古生物化石等地质地貌资源，使民族地区的旅游自然资源具有了更高的天然禀赋。(2) 奇山险峰。中国的五大高原——青藏高原、黄土高原、云贵高原、内蒙古高原、帕米尔高原全都位于西部民族地区，几乎所有的巨型山脉都集中在这里。据初步统计，中国名山资源的23%都集中在西部地区。[①] (3) 名湖大川。西部民族地区是中国几条著名大江大河的发源地，世界闻名的长江、黄河、澜沧江就发源于此。地处这些大江大河的上游或中游地区，形成了自己独具特色的名湖大川。据不完全统计，全国约1/4的瀑布、1/3的名泉和温泉、矿泉都分布在西部民族地区。[②] (4) 气候天象。由于民族地区多数位于祖国西部，受地理位置的特殊性和多样性的影响，使得这一地区的气候与天象也经常呈现出奇异的景观来。“一山有十里，十里不同天”，这句谚语反映的就是西部地

---

① 刘锋著:《中国西部旅游发展战略研究》，第12页，中国旅游出版社，2001年版。

② 同上，第15页。

区变幻多端的气候条件。(5) 自然生态。各式各样的地理特征和气候水文条件综合作用后动态地反映在自然界中，就直接表现为千奇百怪的自然生态环境。自然地理环境复杂、气候水文条件多样的西部地区为种类繁多的动植物提供了良好的生存繁衍环境，各种奇花异草、珍禽异兽共同构筑了民族地区气象万千的自然景致。

在人文旅游资源方面，西部地区曾经是人类最早的发祥地之一，也是全国少数民族人口最多和最集中的地区，各民族人民创造了丰富的民族文化。(1) 历史遗迹。西部地区留下了早期人类活动的众多痕迹。同时历史上部分朝代在这里留下了故都遗址、陵寝墓葬文物和古建筑遗址，为民族地区的人文旅游资源增添了厚重的历史底蕴。(2) 宗教圣地。佛教、伊斯兰教、道教都在西部地区保留着最为古老和直观的宗教圣地，它们为丰富西部地区的人文旅游资源宝库提供了珍贵的素材。(3) 革命遗址。在近、现代中国历史的发展过程中，西部地区留下了许多可歌可泣的光辉事件和保存完好的革命遗址，使这片土地成为中国革命教育的一个优秀基地。(4) 民俗风情。民族节日、民族特色建筑、民族歌舞器乐、民族饮食、服饰、婚丧嫁娶、民间艺术、生活习惯等众多风俗民情，共同构筑了民族地区生动丰富的人文旅游资源宝库。(5) 旅游商品。西部地区拥有丰富的物产资源和多彩的民族文化，为旅游商品的不断创新和发展提供了强劲动力，主要反映在工艺美术品、土特产品和各种名菜小吃上。

(二) 民族地区旅游资源特色鲜明

民族地区的旅游资源呈现出多样性、独特性的总体特征，具有特色鲜明、禀赋极高的魅力。(1) 民族众多，风情万千。民族地区是中国民族文化百花齐放的大观园，这里的少数民族具有悠久的历史、浓郁的民族风情，对国内外宾客具有独特的吸引力，为旅游资源增添了别样的风韵。(2) 品位较高，精品荟萃。在民族地区丰富的旅游资源中，多数都具有无与伦比的资源价值。其自然、人文旅游资源在数量、质量、分布等方面所具有的优势是其他国家和地区难以比拟的。(3) 自然与人文有机和谐统一。民族地区的许多自然旅游资源和人文旅游资源是有机统一结合在一起的，相互呼应、互为补充、协调配合、相得益彰，为民族地区的旅游资源注入了别样的内涵。(4) 藏量丰富，后劲雄厚。在民族地区蕴藏丰富的旅游资源中，已经被开发出来并成为“热点”和“卖点”的仅仅只是其中的极小部分，还有更多更广泛的旅游资源等待人们的进一步认识和发掘。国家已经做出了决策，在西部地区优先建设旅游扶贫实验区、生态旅游示范区、国家旅游度假区，重点培育西部旅游重点项目，将西部地区蕴藏的旅游资源优势转化为现实的经济竞争力。[①]

(三) 民族地区旅游资源开发条件优越

民族地区不仅拥有丰富多样的旅游资源，同时也因为其自身开发条件的优良[②]，为民族地区发展旅游业提供了坚实的基础。(1) 民族地区旅游资源的独特性与广泛性兼备，自然风光与人文胜迹融为一体，有利于多目标、多层次综合开发。民族地区的各主要风景旅游区，不仅主体景观风貌的个性特色十分突出，而且各风景区规模一般都很大，内部多由数个二级景区构成，为特色景区建设和多目标综合开发提供了极为有利的条件。省际旅游资源的区域互补性较强，关联度较大，使民族地区的旅游资源形成一个各具特色的统一整体。(2) 西部地区的旅游资源具有很好的组合性。其丰富性决定了综合性，尤其是自然景观与民族风情相

① 葛全胜、徐继填、魏小安著：《西部开发旅游发展战略》，第 20 页，中国旅游出版社，2002 年版。

② 刘锋著：《中国西部旅游发展战略研究》，第 22 页，中国旅游出版社，2001 年版。

互融合，在很大程度上避免了自然景观单一性和同质性，民族地区的旅游资源不仅具有种类上的综合性，最主要是有整体组合上的综合优势。(3) 西部地区与东部地区的旅游资源和市场有很强的互补性。西部地区的许多景观和风情都是东部地区所不具备的。现代旅游需求的日益多样化和多层次性，往往会追求所谓“非现代”、“原始性”和“古朴性”的旅游产品，这在理论上就可以使生产力发展水平不高的西部地区天然具有特殊优势，从而使东部与西部具有市场和资源的双重互补性。(4) 民族地区的生态旅游资源丰富，拥有浓郁的自然氛围。与东、中部地区相比，西部地区由于经济发展相对滞后，交通相对闭塞，工业化水平较低，人口密度不高，社会生产和居民生活对自然生态环境的影响较小，自然环境质量较高。再加上当地民俗民风古朴，民族传统文化丰富，因而具备发展以回归自然为主题的生态旅游、探险旅游和休闲度假旅游的良好资源基础。

三、在城镇化建设中开发利用好民族地区旅游资源

旅游资源是民族地区得天独厚的资源优势。在民族地区城镇化建设中，要十分重视和珍惜旅游资源的开发利用。民族地区发展特色经济，其中，很重要的内容就是大力发展民族地区的旅游事业，这也是国家产业政策所明确鼓励的。为了进一步科学开发和合理利用资源，以保障优势资源的可持续利用，在民族地区城镇化建设中开发旅游资源时，必须牢固树立科学发展观，正确评价民族地区旅游资源优势和特色，积极探索资源保护和合理利用的科学渠道，保障民族地区旅游业的可持续发展。

第一，重视对民族地区旅游资源的再认识，建立科学的开发决策机制。发展民族地区城镇旅游事业，必须重视对民族地区旅游资源的再认识工作，明确旅游资源的界定是处于不断的发展变化中。在保护和开发工作中，不能被过去的旧有概念和思维所禁

锢，在传统旅游资源的保护之外，忽略对许多正在生成或可能生成旅游资源的关注和研究工作。在民族地区城镇化建设中发展旅游事业，除了对山水景致、文物古迹等有形物质加以开发和保护以外，还要重视无形文化遗产的保护和利用，防止破坏性的建设。尤其是民族地区众多民俗民情和生活气息所构筑的旅游氛围，更为外地游客所青睐。在对旅游资源科学认识的基础上，要建立科学的开发决策机制。必须建立一种科学的、负责任的决策机制，防止违背客观经济规律、社会规律和自然规律的重大决策失误的发生。

第二，注重旅游资源开发与地区经济社会的全面协调发展。在民族地区城镇化建设中，加快旅游资源开发的目标是通过旅游业的发展带动当地经济的快速发展。但是经济发展并非促进旅游业发展的唯一目标，在推进经济发展的同时，加强经济社会的协调发展才是科学发展观提倡的发展之道。国内外发展旅游的部分经验告诉我们，如果忽略了对经济社会协调发展的重视，往往导致旅游目的地出现社会风气倒退、社会环境恶化、传统文化遭受冲击等现象。因此，在加快民族地区旅游资源开发工作的同时，必须把促进经济社会发展放在同等重要的地位。民族地区城镇化建设中的旅游资源开发，必须以科学发展观为指导，在发展旅游业的同时加强城镇精神文明建设，在开发旅游资源的同时注重对传统文化的保护和弘扬，走一条全面协调发展之路。

第三，统筹人与自然和谐发展，切实促进民族地区旅游资源的可持续利用。为促进民族地区旅游资源的可持续利用，必须在科学分析、评估民族地区旅游资源的基础上，重视对资源和环境的保护工作，统筹人与自然和谐发展，切实促进民族地区旅游资源的可持续利用。民族地区的大部分旅游资源属于不可再生性资源。从纯粹的旅游价值观的角度看，它们的自然状态或者原始性才是吸引旅游者的根本属性。然而人们对旅游资源的开发，常常易于破坏其自然状态和原始风貌；来自旅游对环境的各方面影响，更会对民族地区的旅游资源造成了相当大的损耗。特别是民族地区的城镇化建设，由于涉及到土地的征用和对环境的重新规划，自觉不自觉地对原有的自然和社会环境都有一定程度的破坏，必须从长远考虑，充分协调人与自然和社会环境的关系。因此，民族地区要在总结旅游资源保护实践经验的基础上，采取有力措施，将保护旅游资源提升到保护旅游业和保护生态环境的战略高度，以实现可持续旅游发展的战略目标。

第四，旅游资源的保护要纳入法制化的轨道，建立健全完善的管理体制和监督机制，促进民族地区旅游业可持续发展。在民族地区旅游资源开发工作中，许多破坏现象之所以屡禁不止，其中一个重要原因就是国家尚未出台相关法律法规加以规范，即使制定了地方法规，但由于部分省、区、市执法力度不够，导致许多旅游开发过程失去有力的监控。因此，加强对民族地区旅游资源开发过程中的保护，必须以完善的法律保障形式加以规范，严格执行已经颁布实施的有关法律法规，抓紧制定颁布相关法律法规，完善对资源和环境保护工作的管理体制。同时要强化对保护工作的执法监察力度，加强自上而下的执法监督，严格依法行政，促进资源和环境保护工作的顺利开展。民族地区还要进一步加强有关旅游资源和环境保护方面的立法，加强对旅游者、旅游经营者和旅游管理者的行为规范。民族地区应当根据国家和地方政府制定的有关旅游资源和环境保护的法律法规，针对不同类型的旅游资源，制定出保护和管理的具体措施，从而加强对世界自然和文化遗产、风景名胜区、历史文化名城及森林公园等方面的法律性、政策性和技术性保护与管理。对于那些会导致景区内水体、空气污染的旅游活动项目，要采取严格措施加以限制甚至拒之门外；要严禁杀鸡取卵式的短期行为，不允许任何破坏性、掠夺性的旅游开发行为得以实施；对于那些以保护珍稀野生动植物为目的而设置的自然保护区，要限制旅游活动的空间范围，科学规划“核心区”、“缓冲区”和“实验区”，将旅游活动尽可能控制在实验区内，适度向缓冲区伸展；针对假日旅游和旅游旺季人满为患的状况，要采取有效措施对游客进行疏导、分流或者限制；要采取各种宣传措施和奖惩措施对游客的行为进行规范化引导和管理。在民族地区城镇化建设中，要大力宣传依法保护旅游资源，在城镇居民中形成一种遵纪守法的社会风尚。地方政府要以身作则，依法履行保护旅游资源的法定职责。

第三节　民族地区城镇化建设中的人力资源开发

一、人力资源的一般概念

人力资源包括“人力”与“资源”两个方面。人力资源主要是指能够推动整个社会和经济发展的具有智力劳动能力和体力劳动能力的人们的总和，它包括数量和质量两个指标。[①] 所以，人力资源并不是泛指所有的人，只有那些能为经济社会发展做出贡献并愿意做出贡献的人才是人力资源。

人力资源具有如下几方面的属性：(1) 能动性。能动性是人力资源一个根本的属性，体现了人力资源与其他一切资源的本质区别。人力资源的能动性首先是指当人力资源作为生产要素的一部分进入生产过程，在生产活动中居于中心位置。其间不仅能发挥其自身资源的功效，而且在整个过程中能够发挥引导、操纵、控制其他资源的功效。其次是指在人类社会活动中，人力资源是

① 胡君辰、郑绍濂著：《人力资源开发与管理》，第 1 页，复旦大学出版社，1999 年版。

唯一具有创造性的资源，在顺应一定的社会历史条件发挥其应有之功效的同时，还具有发展、创新的能力，对其他资源的效用能起到调整、组合、补充的作用，甚至还能够改变某些不适时宜的陈规陋习，并能有所发展和创新。(2) 时限性。人力资源时限性的内涵有三层：一是指人力资源的形成必须要有一个过程、一定的时间，而且时间的长短尤其是受教育时间长短和所从事专业工作时间长短，对其资源效用的形成有着直接的影响。二是指人力资源具有鲜明的时代特征。人生长在一定的时期和特定的时代，那个时代的政治、经济、文化、教育，甚至世风民俗，在人力资源上烙下深深的时代印记。三是指人力资源效用的时间限制。人力资源的时限性与其他资源相比较有着特定的内涵，它要求必须及时开发和使用。如果储之不用或者没有充分使用，即便拥有按照素质衰退理论，其才能也会逐步退化和消失。(3) 再生性。人力资源的再生性是指其效用的再生性。与物质资源的一次性开发不同，人力资源可以在其使用的过程中不断地进行效用开发，在其不断消耗的同时能实现资源效用的再生。这也是由人力资源的能动性派生出来的属性。因为人是有思想的高级动物，使用、消耗其现有资源效用的过程，也是其经验积累、知识储存、并孕育着另一种资源功效的过程。(4) 损耗性。人力资源除了具有与其他资源共有的损耗外，还有其自身特有的损耗性。其共有的损耗性是指人力资源在使用过程中，有其自身伤残、衰老、消亡的有形损耗；还有因社会发展、科技进步所形成的知识、技能老化等无形损耗。同时它还具有其特定的损耗即闲置损耗。(5) 资本性。人力资源作为一种经济性的资源，既具有资本的属性，又与一般形态的资本存在着重要的区别。一般的实物资本普遍存在的收益递减的规律，而这一规律就不适用于人力资源。这是由人力资源的能动性和再生性决定的。现代社会经济实践已证明：人力资本体现了收益递增的规律，它的收益份额大大超过了自然资源和资本资源。同时，人力资源的高增值性特征也构成了人力资源的特殊资本性。(6) 流动性。[①] 人力资源的流动性是指人力资源拥有者的每个个体，因为种种因素的影响而发生随时随地甚至随心所欲的转移。一般说来自然资源不具有流动性，资本资源中一部分具有流动性，如设备、厂房的拆迁，资金投向的转移等。人力资源作为每个社会成员自身拥有的东西，投放的随意性就大得多。

二、在民族地区城镇化建设中开发人力资源

(一) 更新观念，重视现有劳动力资源的开发

民族地区的城镇化建设必须重视人力资源的开发。一项成熟的研究成果表明：人力资源开发对提高经济增长率最为有效。据舒尔茨计算，美国1929—1957年形成的“增长剩余”达710亿美元，其中36~70%源于教育和培训而提高劳动质量的结果，而劳动力质量的提高是投资于人力资源开发所形成的人力资本的结果。[②] 从经济学研究不难看出，拉动一个国家或者地区的经济发展的因子中最重要的是人力资源。因为无论是自然资源、资本还是技术，只有具备一定数量和质量的人力资源才能发挥它们的效用。本地人力资源是民族地区城镇化建设的主体力量，吸引外来人力资源只是一种补充和强化。新中国成立以来，西部地区积累了大批人才，无论在“三线建设”时期，还是在后来的改革开放时期，东部、中部的大批知识分子自愿到西部投身于西部建设之中。但是由于种种原因这些人才的作用发挥得不够充分，甚至有的地方出现人才浪费的严重现象。西部地区许多省区将人力资源

① 张劲：《试论人力资源的流动性》，《山东经济》2002年第2期。

② 舒尔茨著：《论人力资本投资》，第2—3页，北京经济学院出版社，1990年版。

开发等同于引进外来人力资源，争先恐后地制定各种优惠政策引进外来人力资源。引进外来人才固然十分必要，但留住用好本地人力资源是基础。本地人力资源不仅熟悉本土社会环境、本土观念强，与西部人民建立了深厚的感情，他们大多有为家乡或者第二故乡的繁荣富强贡献力量的主观愿望，用好用足本土的人力资源是最为经济的和最根本的人力资源开发。

（二）拓宽思路，分步骤开发人力资源

民族地区的城镇化建设是一项全面的、系统的工程，不可能一蹴而就。民族地区的人力资源开发应当渐进式地推进，分步骤地进行：（1）21 世纪头 10 年以抓好义务教育和基本医疗保障为基础，实行适度从紧的人口增长政策，重点开发、利用现有的劳动力资源，解决经济上的贫困。我们应该把民族地区人力资源开发始终同民族地区的经济社会发展相结合，只有在民族地区经济社会发展的基础上，才能获得开发民族地区人力资源的物质基础和社会环境。任何脱离民族地区实际的开发措施或者策略都不符合民族地区最广大人民的根本利益，也就不会得到民族地区人民的认可和拥护。（2）到建党 100 周年时，改革完善教育体系和社会保障体系，全面提高劳动者的素质，解决劳动者能力上的贫困。人们习惯以经济指标来衡量贫困状况，但更深层次的贫困是能力的贫困。民族地区经济经过一段时间的发展，逐步缩小了与东部地区的差距。这时人力资源开发的重心就要转移到全面提高劳动者的素质，努力解决劳动者能力的贫困上。这就要靠改革现行的教育体系，全面推行素质教育，在各级各类教育中贯彻创新思想和创新理念，使创新思维成为教育的主流。同时要对社会保障体系进行全面的改革，使社会保障成为所有人享有的社会福利，而不能成为某些人的特权。（3）到新中国成立 100 周年时，完善教育体系和社会保障体系，营造一个学习型的民族地区，实现人的全面发展和社会的可持续发展。要打破一次性教育定终身的观念，对劳动力资源不断地通过继续教育、职业技术培训等方式，再现人力资源的活力和创造力，构建学习型、研究型、创造型的社会，更好地服务于民族地区的经济社会发展。

（三）强化举措，用立法保障人力资源开发

到目前为止还没有专门就民族地区人力资源开发进行的立法，人力资源开发的有关内容只散见于《宪法》、《民族区域自治法》、《教育法》、《义务教育法》《职业技术教育法》以及诸于《面向21世纪教育振兴行动计划》、《全国民族教育发展与改革纲要》等规范性文件中。《中华人民共和国宪法》作为国家的根本大法确立了民族地区人力资源开发的基调，第122条第2款规定："国家帮助民族自治地方从当地民族中大量培养各级干部、各种专门人才和技术工人。"①《中华人民共和国民族区域自治法》第36条以法律的形式规定了民族地区举办教育自主权。②《中华人民共和国职业教育法》第7条规定："国家采取措施，发展农村职业教育，扶持少数民族地区、边远贫困地区职业教育的发展。国家采取措施，帮助妇女接受职业教育、组织失业人员接受各种形式的职业教育，扶持残疾人职业教育的发展。"③虽然法律规定了国家对少数民族地区的职业教育负有保障开发的责任，但是采取何种措施、怎样扶持却显得比较灵活。各级政府操作起来就比较有弹性，不利于民族地区人力资源开发。民族地区人力资源开发是一项综合系统工程。所以有关民族地区人力资源开发的法律规范也要有系统性。对系统性的理解要从两个方面去把握：一方面是在有关人力资源开发内容上的系统性问题，也就

① 《中华人民共和国宪法》，《中华人民共和国常用法律大全》（上卷），第19页，法律出版社，1996年版。

② 《中华人民共和国民族区域自治法》，第26页，法律出版社，2001年版。

③ 《中华人民共和国职业教育法》，《中华人民共和国常用法律大全》（上卷），第1000页，法律出版社，1996年版。

是现实人力资源开发和潜在的人力资源开发；初次人力资源开发、成人资源开发尤其是人力资源“二次”开发。另一方面是有关人力资源开发法律规范的系统性问题，法律规范不仅要有权利义务性规范，而且应该有禁止性、惩罚性规范。目前有关人力资源开发的法律规范大都只有权利与义务方面的规定，少有甚至没有禁止性规定，对违法者没有有效的制约条款。在立法和执法方面必须切实抓好如下几点：(1) 立足《宪法》和《民族区域自治法》，按照《立法法》的要求加紧制定符合民族地区实际的人力资源开发法律法规。各民族自治地方为了加快本地发展，可以制定符合本民族特点的人力资源开发的单行条例。(2) 落实与《民族区域自治法》相配套的法律法规建设，细化法律条款内容，增强可操作性，提升法律效率。关于民族地区人力资源开发的法律法规，要明确细化开发主体、开发对象之间责权利，不用或者少用“国家应当给予”、“适当给予”这样一些模糊字词，增加一些有利于操作的具体规定。如在义务教育经费的投入上，应明确各级政府的投入比例，投入的增长速度，真正做到依照《义务教育法》规定对所需事业费和基本建设投资“予以保证”，确保财政拨款增长比例高于财政经常性收入增长比例，以实现《中国教育改革和发展纲要》提出的教育投入达到国民生产总值4%的目标(这是上个世纪末应达到而未实现的目标)。这既是国家和政府的职责，也是履行义务教育法规定的义务。(3) 加大民族地区人力资源开发禁止性条款研究力度，增强法律规范的系统性。任何法律规范都应有而且必须有禁止性规定，这是保障法律的有效性的前提条件之一。否则会增加法律执行的随意性，有害法律的权威性和应有的法律效力。所以，对人力资源开发法律法规建设中就免不了要对违法、乃至犯罪行为的惩处。(4) 发挥法律监督在民族地区人力资源开发中应有的作用。建立、健全监督机制，加大监督力度是创建良好法治环境的有效保障。“执法不严”、“违法不究”、“超权执法”、“违法行政”是我国法律实施中存在的突出问题。这就需要建立、健全对执法者的监督制约机制。“责任监督”是民族地区人力资源开发重要保障。

（四）革新机制，以市场经济手段开发和配置人力资源

民族地区的城镇化建设和人力资源开发是在社会主义市场经济体制下实施的。因此，民族地区的人力资源开发必须遵循市场经济最基本的规律，如“等量交换”的价值规律、“优势劣汰”的竞争规律和“权利与义务对等”法治规律。在研究和实施民族地区人力资源开发时，我们要摈弃计划经济体制下不尊重市场经济规律的做法，充分发挥市场机制的作用，大力做好民族地区的人力资源开发，为民族地区经济社会发展注入长久的动力。(1)明确劳动力产权，遵循价值规律，运用价格机制刺激人力资源开发。工资是一种比执行行政命令更有效的实际利益导向，它不但可以直接调节劳动力在各部门的分配和流动，而且还可以调动人力资源开发的积极性。因为在劳动力市场上交易的不是劳动者本身，也不是劳动力所有权，而是劳动力的使用权。劳动力的价值由生产劳动力商品的社会必要劳动时间决定，劳动力的生产主要依赖于生活资料的消费、教育训练和经验的积累。一般而言，如果劳动力所受的教育和训练较少，经验积累越薄弱，那么他在劳动力市场上的价格就越低。反之，如果劳动力所受的教育训练越多，经验积累越丰富，那么他在劳动力市场上的价格就越高。所以在做到劳动力产权明晰的前提下，充分发挥劳动力价格指示器作用有利于激发人力资源开发的热情。(2)发挥竞争机制在人力资源开发中的作用，为人力资源开发创造公正、公平的环境。在市场经济中，供求机制是市场上劳动力供给和需求之间通过竞争的内在联系和作用形式。由于科技进步带来劳动生产率的提高和产出结构的不断调整，劳动力的供给和需求之间总是处于不平衡、不适应的矛盾变化中。这种供求状况通过劳动力市场反馈给

劳动力市场的主体——劳动者和用人单位，以实现劳动力供需的平衡，使人力资源与生产要素有机结合。市场经济的基本规律之一就是承认竞争并鼓励合法竞争。旧体制在人力资源开发上的封闭性主要表现在：城乡分割、地区分割、所有制分割和行业分割，从而导致了人力资源不能按照市场经济的供求规律合理有效的流动，不能按照竞争规律来使优质的人力资源获得较高的回报，这样一方面限制了人力资源效用的发挥；另一方面却鼓励了懒惰和浪费。这样的体制制约着西部地区人力资源与优势资源的结合，限制了人力资源向现实的经济优势的转换。西部开发就是要打破旧体制的封闭性，实现人力资源自由竞争机制。具体地说，就是指劳动者为追求有限的理想职业岗位而展开质量、智慧、技能的竞争，用人单位也为争夺有限的人力资源而展开竞争。在这个竞争的过程中，人力资源与生产资料就伴随着就业与失业、稳定与流动实现了最佳的配置。也就是通过人力资源市场建设，运用和遵循市场经济的基本规律，为人力资源合理、合法的竞争创造一个公正、公平的环境。总之，民族地区人力资源开发没有一个现成的模式和一个标准的答案可以直接运用，我们唯有从实际出发，从各民族地区发展实际出发，把人力资源开发与该地区经济社会发展的需要相联系，运用创新的思维积极探索适合各地区发展的各具特色的人力资源开发之路。

第六章 民族地区城镇化建设过程中的财税管理

第一节 民族地区城镇化建设的财税状况分析

一、国家对民族地区的财税政策及措施

(一) 改革开放后国家在财税政策上长期倾斜于东部沿海地区

自20世纪70年代特别是改革开放以来,国家投资布局的重点逐步由内地向沿海地区转移。1978—1997年,沿海地区国有单位基建投资占全国的比重由40.1%迅速提高到53.3%,而中部地区由30.6%下降到23.6%,西部地区则由20.4%下降到15.7%,中、西部地区分别下降了7.0和4.7个百分点。如果以内地国有单位基建投资为1,1970年沿海与内地投资之比率为0.41,1978年该比率提高到0.79,1985年提高到1.08,1988年又迅速提高到1.37。在治理整顿期间,沿海与内地投资的比率曾有所下降,之后又出现逐步上升的趋势,到1996年该比率已达到1.41,1997年下降到1.36。[①] 国家将投资布局的战略重点转移到东部沿海地区,主要是出于迅速扩大经济总量、提高经济效益和增强国家竞争能力等方面的考虑。由于东部地区的经济效益较高,加上投资总量的显著增加,自改革开放以来东部地区经济获得了巨大发展。这

① 中国社会科学院课题组:《实施西部大开发的国家财政投资政策》,《财贸经济》2001年第2、3期。

期间虽然西部地区也因体制改革的因素获得了相对较快的经济增长,但由于资金总量投入不足,再加上自身投资效益不高,东西部地区发展差距进一步拉大。总体来说,财税政策上的长期倾斜使本来就较落后的西部地区处于更加落后的状态,使包括城镇化建设在内的各种建设基本处于滞后状况。

（二）实施西部大开发战略后，国家对西部地区的财政支持力度迅速加大

为了支持以城镇化为代表的西部地区的基础设施建设，仅在2000年一年就动用国债投资及中央财政预算内基本建设资金共计700多亿元，一批在建的大中型基建项目当年完成投资762亿元，新开工了10个重大项目，当年完成投资200多亿元。2001年国家支持西部大开发的国债资金和预算内资金均超过2000年，新开工的12个重点项目，工程总投资达3000亿元。所有这些，都充分表明了国家对西部地区城镇化建设的高度重视和支持力度。① 财政支持的主要途径是加大基础设施建设资金投入力度，提高中央财政性建设资金用于西部地区的比例。国际金融组织和外国政府优惠贷款，在按贷款原则投放的条件下，尽可能多安排西部地区的项目。到2004年底，陆续开工60多个重点工程，投资总规模达到8500多亿元，涉及交通、能源、教育、卫生、环保等多方面。国家对西藏自治区的发展给予特殊安排，仅1994—2001年，国家在西藏就直接投资39亿元人民币，建设了30项工程。第十个五年计划（2001—2005年）期间，中央政府在西藏投资312亿元人民币，建设了117个项目。②

---

①　宋才发：《西部民族地区城镇化建设的法律保障探讨》，《广西民族研究》2004年第2期。

②　国务院新闻办公室：《中国的民主政治建设》，载《光明日报》，2005年10月20日，第7版。

（三）国家对西部大开发的税收优惠政策及措施

现阶段国家对西部大开发的税收优惠政策主要体现为有关部委的几部法规文件为主体，若干其他税收优惠政策为补充的政策体系。这里所称的几部文件即国家发展计划委员会 2004 年修订的《中西部地区外商投资优势产业指导目录》、国家税务总局 2002 年 5 月 10 日颁布的（国税发［2002］47 号）《关于落实西部大开发有关税收政策具体实施意见的通知》和财政部、国家税务总局、海关总署 2001 年 12 月 30 日联合颁布的（财税［2001］202号）《关于西部大开发税收优惠政策问题的通知》。在实践中，这些税收优惠政策对西部地区的经济和社会发展起到了重要的促进作用。2005 年 5 月 11 日出台的《国务院实施 < 中华人民共和国民族区域自治法 > 若干规定》，根据民族区域自治法的原则，进一步强调了三个方面的措施：一是上级人民政府要支持民族自治地方实现“三个确保”即确保国家机关正常运转、保证财政供养人员工资足额发放、保证基础教育正常经费支出；二是上级人民政府对其出台的税收减免政策造成民族自治地方财政减收部分酌情给予适当的补贴照顾；三是针对财政困难的地市难以保证将国家财政转移支付、税收返还等优惠政策落实到所辖自治县的问题，特别强调了省级财政的责任，规定要规范省级以下财政转移支付制度，确保将有关优惠政策落实到县。可以预见，今后国家还将根据实际情况陆续出台其他西部税收优惠政策。

二、民族地区城镇化建设的财税状况

（一）民族地区财税总体分析

从统计资料来看，2003 年民族自治地方完成地方财政收入 673.97 亿元，比 2002 年增长 13.3%，增幅提高 4.2 个百分点。

地方财政支出2109.3亿元，比上年增长9.5%。[①]但是，财政收入的增幅仍然低于沿海发达地区甚至是中部地区，绝对差距和相对差距都进一步扩大。而且财政支出迅速膨胀，很多民族地区财政赤字（包括显性和隐性的）数量惊人，蕴藏了系统性的财政风险，对推进民族地区城镇化建设等各项建设项目极为不利。

(二) 民族地区财政对促进城镇化建设的情况

在基础设施建设方面，民族地区近年来加快了城市给排水、道路、燃气、环卫、园林绿化等市政公用基础设施项目建设。到2003年底，民族自治地区城市数已经达到97个，其中地级市31个，县级市66个，人口已经达到3961.37万人。从城市设施水平来看，年末实有公共汽（电）车达到20302辆，公共绿地达到13.61千公顷，年末实有铺装道路面积达到21143.86万平方米，公共厕所已有9961座。[②]但是从总体来看，民族地区对城镇化建设的财政投入与城镇化建设所需的大量资金之间，仍然存在着巨大的缺口。而且从财政支出结构来看，还存在着效益不高、资金投向不合理等问题。

(三) 在民族地区城镇化建设中财政支持存在的主要问题

由于民族地区生产力水平低，底子薄，贫困人口多，导致资金短缺问题依然十分突出。中央政府虽然已明显加大向西部地区资金投入倾斜的力度，但是中央财政支持的能力有限，投入总量仍然较低。城镇化建设中财政支持存在的主要问题是：(1) 西部地区内部资金积累能力弱，经济基础薄弱，企业盈利能力差，市场竞争力不强。(2) 税收结构不合理，资源型税收和消费型税收比重过大，造成地方政府税基弱，财政支持能力差，发展后劲不足。(3) 与经济基础相比，政府机构规模过于庞大，财政供养人

---

① 《中国民族统计年鉴2004》，第46页，民族出版社，2004年版。

② 同上，第322—323页。

员过多，使得西部地区财政大多属于“吃饭”财政，政府往往没有能力进行大规模的基础设施和生态环境建设。(4) 财政税收管理能力弱，制度建设落后，人员素质较差，进而造成财税系统行政效率低下，学习和创新能力差。(5) 税收工作中存在执法不严的现象。有的地区税收流失严重，有的地区违法进行税收优惠，有的地区存在提前收税、乱收税、乱收费、乱摊派的情况。(6) 由于受到不合理的政绩观、发展观以及官员考核体制的影响，有的地区把本来就极为短缺的城镇化建设资金投入到“政绩工程”、“面子工程”中，造成投资效益低下，基础设施和生态环境建设中财政缺位与越位现象严重。(7) 缺乏相应的法律法规，难以限定、约束和规范财政投融资体系的投资范围和投资方向。由于管理不善以及制度上的缺陷，致使一些国家投资项目的效率不高，有的甚至把资金挪作他用；没有以法律形式保障财政投融资机构在不超过规定范围和方向的前提下为实现保本微利经营原则而应拥有的项目自主选择权。①

第二节 民族地区城镇化建设的政府财政支持

一、财政支持是进行民族地区城镇化建设的必要条件

(一) 城镇财政的重要功能是提供城镇公共物品

城镇公共物品是指以实现城镇的可持续发展为目标，以保证城镇居民的健康和人身安全为前提，为城镇化社会进步和发展所提供的城镇内部的公共产品和公共服务。它包括地方教育、公

① 中央党校“新世纪小康社会建设研究”课题组：《西部大开发中的财政投资问题及发展策略》，《广东行政学院学报》2001 年第 6 期。

安、消防、公路、桥梁、航空设施、公共交通、供水、废水处理、内河航道、港口、水源、固体废弃物与有害废弃物处置设施、公共建筑与庭院、通讯系统，等等。可以说城镇公共物品是一个城镇得以发展的前提和基础，是城镇经济的重要组成部分。

一个国家或者地区的城镇化是一个漫长的渐进过程，伴随着经济、政治、文化等领域的深刻变革。其重要特征之一就是在推进城镇化的过程中，与农村居民生产生活需要相比，城镇建设和市民生活对公共物品服务，提出了更多、更高的要求，包括供电、供水、供气、桥梁、道路、交通、运输、邮电、通讯等城市公用设施建设，环境保护，城市行政管理、法律秩序，精神文明建设等。社会公共需要的数量与质量出现了质的变革。城市财政提供公共服务的能力与水平，要与国家城镇化进程整体水平相一致，推动这一历史进程的实现。一方面通过加快城镇化进程，改善人民生活，提高生活质量，促进产业结构升级，大力发展第二、第三产业，特别是第三产业，逐步消除经济发展中的“二元结构”，缩小城乡差距、地区差距，全面实现我国经济社会发展的工业化、现代化、信息化，提高社会的整体文明水平。另一方面，在制度上，有效防范和解决出现“贫民窟”、交通拥挤、环境污染、社会治安恶化、失业严重、道德滑坡、社会文明水平下降等“城市病”问题。在现阶段比较迫切的问题是，在各类城市逐步解决进城经商务工农民在户籍管理、住房、子女教育、医疗、就业、养老等公共服务方面的不公平待遇，使生活在同一区域的居民都能享受到基本均等的公共物品服务；在新建小城镇建立健全公共财政体系，为居民生产生活提供高质量的公共服务，适应居民生活质量提高和小城镇经济社会发展的要求。① 在西部

① 温来成：《城镇化进程中的中国城市公共财政建设》，《北京财会》2003年第7期。

地区城镇化建设中，财政部门必须以提供公共物品为工作中心，以弥补市场失灵为切入点，克服缺位、越位与错位的现象，退出一般性竞争行业，把有限的财政资金尽可能投入到非公有资本不愿进入，但对城镇化建设至关重要的基础设施领域，支持好、经营好城镇建设。

（二）在民族地区城镇化建设中，城镇财政提供城镇公共物品的主要途径

在民族地区城镇化建设中，城镇财政提供城镇公共物品的主要途径是进行基础设施、公用事业和公益性项目建设。基础设施建设、公用事业和公益性项目建设主要包括：(1) 公用设施。城镇建设和市民生活对供电、供水、供气、桥梁、道路、交通、运输、邮电、通讯等城市公用设施建设服务，提出了更高的要求。(2) 科技支出。科学技术是第一生产力，现代化的城市建设和管理离不开科学技术的进步。而科技的进步需要大量的财政投资。(3) 教育支出。在城镇化进程中教育承担着提高进城农民素质，将其转化为非农业劳动力，为城镇建设提供所需人力资源的繁重任务。城市财政需要承担基础教育支出、扶持重点高等教育、支持职业技术教育等支出。(4) 文化支出。城市财政需要增加公共图书馆、博物馆、文化馆等文化基础设施建设，提升城市文明水平，提高居民生活质量。(5) 公共卫生支出。随着城镇的发展，人口的增加，城市财政需要增加公共保健、防疫、地方病防治、环境卫生等公共卫生支出。(6) 社会保障支出。在农民进入城镇转化为非农业人口后，失去了土地对其基本生活的保障，需要政府建立和完善养老、医疗、失业等保险制度，保证其基本生活需要。(7) 环境保护。小城镇的建立、发展和城市规模的扩展，生活垃圾处理，废水、废气排放和噪音污染等环境保护和治理的任

务日趋繁重，政府财政支出增加。[①] 在现阶段民族地区城镇化建设中，由于受到资金不足、管理体制落后、对财政监督机制的内在和外在约束较弱等因素的制约，很多地区财政提供城镇公共物品处于严重缺位状态，极大地影响了民族地区城镇化的实际进程。

（三）在民族地区城镇化建设中，财政资金能够起到“种子”启动资金的作用

在民族地区城镇化建设中，只有财政资金先行投入，搞好基础设施、公用事业和公益性项目建设，并创造好良好的投资环境以后，非国有资本才会大量进入民族地区城镇化建设市场，这是由资本的逐利本质决定的。国内外学者普遍认为，在城镇建设中，财政资金能够起到“种子”启动资金的作用。以城市基础设施的投资为例，美国的著名学者戴卫·阿什奥尔研究并测算了基础设施对经济发展的直接效应，结果发现“公共基础设施投资每增加 1 美元，国民生产总值将增加 4 美元”。也就是说，财政资金的投入具有乘数效应，具有“放大器”的功能。对此可以列一公式加以说明，即：$\Delta GDP = \Delta I * p$，公式中 ΔGDP 为 GDP 的增量，ΔI 为公共基础设施投资的增量，p 则为乘数指数（按照戴卫·阿什奥尔的测算约为 4）。这种效应对于民族地区城镇化的长远发展无疑具有重要意义，也给财政资金投入基础设施建设的必要性提供了理论基础。

二、民族地区城镇化建设中的财政制度创新

（一）继续争取国家财政支持西部开发，优化国家西部开发财政资金的来源模式

① 温来成：《城镇化进程中的中国城市公共财政建设》，《北京财会》2003 年第 7 期。

除少数地理区位优、经济基础好、自然资源丰、发展起步早的小城镇外，我国大多数小城镇尤其是中、西部地区的广大中小城镇，在城镇建设中尤其是初期阶段，如果缺乏了国家财政和特殊政策的有力支持，其发展之路将会是非常缓慢与艰难的。在经济全球化、一体化发展的今天，国家有责任与义务去扶持小城镇的建设和发展，因为这不仅关系到数亿农村剩余劳动力的出路和我国农村与农业发展的步伐，更关系到国家整体经济发展的速度与效益。[①] 就我国国情而言，必须通过加大国家财政资金的投入，逐步改善西部地区的投资环境，吸引和诱导民间资本尤其是企业、私人和外商参与西部地区开发。具体说来，国家财政支持西部开发将主要体现在三个方面：一是通过发行国债、生态环境建设彩票、利用外国政府和国际金融组织贷款等途径，增加国家对西部地区重大基础设施、生态环境建设等的投资；二是建立规范的财政转移支付制度，逐步加大中央对西部落后地区的财政转移支付力度，以提高西部地区政府公共支出的水平；三是借鉴国外政府支持落后地区开发以及过去中央支持沿海地区开发的经验，采取财政贴息、低息、投资补贴、减免税收等政策，诱导民间资本参与西部开发，促进西部地区调整产业结构，发展特色产业。[②] 具体到每个地区而言，由于国家财政资金也存在一定的波动性，争取来源多元化不但可以增加财政资金投入西部地区城镇化建设的总量，而且可以分散资金短缺的风险，做到以多补少，以丰补歉，使得民族地区城镇化有持续稳定的资金来源。

（二）建立民族地区城镇化建设专用基金

① 陈红爱：《突破筹资瓶颈加快小城镇建设》，《中共山西省委党校学报》2002年第1期。

② 中国社会科学院课题组：《实施西部大开发的国家财政投资政策》，《财贸经济》2001年第2、3期。

在城乡发展中通常把城市发展看成是政府的事，而把农村发展看成是农民自己的事。"城乡二元论"深刻地反映在我国各个领域，财政部门也不例外。在税费征收方面，城乡负担就有很大的不同：譬如城建税，城乡税率不同；教育事业费附加税，城乡办法不同；乡镇自筹资金筹收对象是乡镇集体企业，其他所有制企业不负担等。在支出方面，城市公共基础设施建设和公益事业，主要由财政支出，而农村主要由"三提、五统"解决。城乡之间的这种差别对待，严重地影响了农村经济的正常运行，不利于城镇化的有效发展。因此要建设新型的城镇财政，就必须消除长期形成的"城乡二元论"影响，消除城镇化的体制和政策障碍，坚持以城市化的思想来指导城镇财政的运行。[①] 为此，市（县）财政在编制年度行政事业单位预算时，应当单列小城镇建设事业经费指标，安排一定数额的城镇化规划建设事业补助费。并且还可以在有条件的地方进行试点，通过发行地方市政建设债券等方法筹集财政资金，建立民族地区城镇化建设专用基金。建立该基金的目的在于：（1）对该基金的资金做到由职能部门统筹规划，统一安排，专款专用，提高资金的使用效率；（2）按照"有权必有责，权责相统一，用权受监督，滥用受制裁"的管理原则进行权力和职责的合理分配，促使职能部门谨慎高效地行使权力；而且将城镇化建设专款纳入基金统一调度，在很大程度上方便有关监督部门的审计和检查，可以减小贪污挪用等腐败行为发生的概率。

（三）健全各级财务监督机构，监督资金的合理使用

财政在保工资发放、保机构运转的同时，要合理安排好建设资金，特别是要着力解决好当前镇级财政在支出上存在的"越位"与"缺位"问题。财政性资金要退出经营性领域，重点满足

① 苏小燕：《关于构建新型城镇财政的思考》，《小城镇建设》2004 年第 2 期。

城镇化发展与建设中各类公共基础设施建设的支出需要。在政府机关内部确立节约成本、提高效益的财政目标管理制度，减少浪费，提高效率；各级财政要加强对财政性投资项目的工程预算审核，核减不合理的支出；必须强化预算约束，提高财政预算的科学性、合理性，增加财政支出的透明度，在执行中避免随意性；强化财政性投资的监督管理，加强对支出使用情况的评估考核，及时发现、查处违纪违规问题，防止公共支出的损失浪费，提高资金使用效益；要引入民众的监督机制，公共财政就是政府用公共的钱办公共的事，政府要了解公众需要什么，民众要提高政府责任意识。

三、民族地区城镇化建设与民族自治机关的财政管理自治权①

（一）民族自治机关财政管理自治权概述

民族自治机关财政管理自治权就是国家在财政收支划分和管理权限上给予特殊地照顾，使各民族自治地方拥有比一般地方更多的管理财政的自主权。民族自治地方相对独立支配财政的自主权力，以及依法享受上级国家机关给予的财政上的各项优惠权利，构成了民族自治地方财政管理自治权的基本概念和含义。它既表现了具有国家意志的财政权力的共同含义，又表现出民族自治地方管理财政自身的特点。我国的民族自治地方财政，是我国社会主义多民族国家财政的有机组成部分，属于地方财政的范畴。

（二）民族自治机关财政管理自治权在城镇化建设中的重要作用

民族自治机关财政管理自治权是宪法和法律赋予民族自治地

① 以下内容主要参考宋才发主编：《民族区域自治法通论》，第212－220页，民族出版社，2003年版。

方的重要权利，用好用活民族自治地方财政管理自治权，对于民族地区城镇化建设来说具有极为重要的作用：

1. 在民族自治地方财政体制方面：（1）凡是依照国家财政体制属于民族自治地方的财政收入，都应当由自治机关自主地安排使用。这一规定从财政体制上保证了自治机关可以根据本地方发展经济、文化等事业的需要，自主地安排财政支出。在民族地区城镇化建设中，面临的一大难题就是财政资金不足，对属于民族自治地方的自治机关自主安排和使用的这一部分财政收入，上级国家机关不应当随意下达支出指标而加重民族自治地方的财政负担。（2）民族自治地方的财政收入和财政支出的项目，由国务院按照优待民族自治地方的原则规定，即在中央和地方以及地方之间的财政收支划分时，对哪些项目的收入和支出划给民族自治地方，应当按照优待的原则来确定，以保证民族自治地方的自治机关管理财政收支的权限范围大于一般地区。这样民族自治地方的财政机关在民族地区城镇化建设中就拥有比一般地区的财政机关更大的自主权，具有更大的灵活性，能投入更多的资源进行城镇化建设。（3）自从1980年国家实行“划分收支、分级包干”的财政体制以后，民族自治地方依照国家财政体制的规定，凡财政收入多于财政支出，定额上缴上级财政，上缴数额可以一定几年不变。凡收入不敷支出的，由上级财政机关予以补助。民族地区城镇化建设中也可以争取上级财政机关予以补助，资金来源上做到多样化、广泛化。

2. 国家对民族自治地方在财政上的帮助和扶持，给民族自治地方予以特殊照顾，使自治机关拥有更多的管理财政的自主权。国家设立各项专用资金，扶助民族自治地方发展经济和文化建设事业，并规定国家设立的各项专用资金和临时性民族补助专款，任何部门不得扣减、截留、挪用，不得用以顶替民族自治地方正常的预算收入。上级国家机关在合理核定或者调整民族自治地方的正常收入和支出基数时，应当扣除各种补助专用资金数额。民族自治地方财政基本上属于“吃饭财政”，自身发展能力较弱，没有国家的支援和帮助是不可能搞好城镇化建设的。

3. 民族自治地方的自治机关对本地方的各项开支标准、定员、定额，根据国家规定的原则，结合本地方的实际情况，可以制定补充规定和具体办法。这就决定了民族自治地方的自治机关可以针对本地区实际，制定支持城镇化建设的财政制度和规范，灵活地运用好民族自治机关财政管理自治权。总之，应当对民族自治机关财政管理自治权进行研究、落实、细化和创新，为搞好城镇化建设服务。

四、民族地区城镇化建设中政府财政支持的法律保障

（一）宪法和其他相关法律法规中对民族地区财政支持的规定

《中华人民共和国宪法》第117条规定：“民族自治地方的自治机关有管理地方财政的自治权。凡是依照国家财政体制属于民族自治地方的财政收入，都应当由民族自治地方的自治机关自主地安排使用。”① 第122条还规定：“国家从财政、物资、技术等方面帮助各少数民族加速发展经济建设和文化建设事业。”② 这两条规定是对民族地区财政支持的宪法保障。

《中华人民共和国民族区域自治法》在颁行17年之后，于2001年2月重新修改并颁布实施。这次修改反映在民族自治地方与上级财政的关系方面，首先集中地体现在对下列条文的删除上：“上级国家机关合理核定或者调整民族自治地方的财政收入和支出的基数”（原《民族区域自治法》第58条）；“民族自治地

① 《中华人民共和国宪法》，《国务院公报》第16页，2004年第13期。

② 同上，第17页。

方的财政收入和财政支出的项目，由国务院按照优待民族自治地方的原则规定”；“民族自治地方依照国家财政体制的规定，财政收入多于财政支出的，定额上缴上级财政，上缴数额可以一定几年不变；收入不敷支出的，由上级财政机关补助”（原《民族区域自治法》第33条）。其次体现为对下列条文的增加上：《民族区域自治法》第32条第3款规定：“民族自治地方在全国统一的财政体制下，通过国家实行的规范的财政转移支付制度，享受上级财政的照顾。”[①]《民族区域自治法》第62条规定：“随着国民经济的发展和财政收入的增长，上级财政逐步加大对民族自治地方财政转移支付力度。通过一般性财政转移支付、专项财政转移支付、民族优惠政策财政转移支付以及国家确定的其他方式，增加对民族自治地方的资金投入，用于加快民族自治地方经济发展和社会进步，逐步缩小与发达地区的差距。”[②] 这些修改表明国家对民族自治地区的财政支持力度进一步加大，措施更加具体有效，为民族地区城镇化建设提供了宏观上的法律保障。

《国务院实施〈中华人民共和国民族区域自治法〉若干规定》第7条规定：“上级人民政府应当根据民族自治地方的实际，优先在民族自治地方安排基础设施建设项目。中央财政性建设资金、其他专项建设资金和政策性银行贷款，适当增加用于民族自治地方基础设施建设的比重。国家安排的基础设施建设项目，需要民族自治地方承担配套资金的，适当降低配套资金的比例。民族自治地方的国家扶贫重点县和财政困难县确实无力负担的，免除配套资金。其中，基础设施建设项目属于地方事务的，由中央和省级人民政府确定建设资金负担比例后，按比例全额安排；属

① 《中华人民共和国民族区域自治法》，第25页，法律出版社，2001年版。

② 同上，第33页。

于中央事务的，由中央财政全额安排。”[①] 第10条又规定：“国家设立各项专用资金，扶助民族自治地方发展经济和社会各项事业。中央财政设立少数民族发展资金和民族工作经费。资金规模随着经济发展和中央财政收入的增长逐步增加。地方财政相应设立并安排少数民族发展资金和民族工作经费。”[②] 这两条对于民族地区城镇化建设中财政支持的资金来源提供了有力的法律保障，目前关键的问题在于如何按照各民族地区的实际情况，制定相应的实施细则，把《国务院实施〈中华人民共和国民族区域自治法〉若干规定》的精神落到实处。

（二）世界各国城镇化建设中对财政支持的法律规定

在世界各国城镇化建设的过程中，发达国家往往通过制定相应的法律法规，划分各部门职责和权限，目的之一就是使城镇化建设有稳定的财政资金来源，为城镇化建设的顺利实现提供法律保障。譬如，美国曾经制定了《陆上运输援助法》、《联邦资助公路法》等法律；德国分别颁布了《联邦城市建设法》和《城市建设促进法》等法律；日本政府制定了《下水道法》、《工厂排水法》和《环境标准》等法律；瑞士则颁布了《垃圾堆积法》等法律法规。这也是法治国家依法行政、依法建设、依法筹集资金的必然要求。我国可以借鉴国外的先进经验，把民族地区城镇化建设纳入法制化的轨道。

（三）民族地区城镇化建设中的财政支持存在的法律问题

现阶段民族地区城镇化建设中的财政支持主要存在如下法律问题：(1) 法律空白和缺失过多，不利于依法建设。我国在财政法方面存在着严重的立法不足现象，只有一部有待于进一步完善

① 《国务院实施〈中华人民共和国民族区域自治法〉若干规定》，《国务院公报》第7页，2005年第20期。

② 同上，第8页。

的《预算法》，而对于国债法、转移支付法等付之阙如，甚至连一部作出全面规定的行政法规都没有。[①] 因此不仅是民族地区城镇化建设中，而是在整个财政体制运行中都存在着法律空白和缺失现象。这是不能满足依法行政和建设法治国家要求的。没有法律的约束和调整，财政体制运行就会出现大量的盲区和空白区，不仅降低了运行的效率，还为腐败行为大开方便之门。(2) 财政法律法规执法不严情况比较严重。对于现有的财政法律法规存在着执法不严的情况。有的地方没有按照《中华人民共和国预算法》的要求对小城镇所辖各单位实行部门预算，对预算内外财力也没有综合统筹，小城镇预算编制不科学、随意性大，甚至无预算。财政法律法规极易被地方性的"土政策"或者"领导的意见"等所取代，或者被其他方式扭曲执行，法律的严肃性得不到保障。出现这种现象的原因很多，主要有法律责任制度规定操作性差、行政责任追究机制不完善、执法主体与监督主体互动机制设计不当等。(3) 变相举债等隐形违法现象突出。《中华人民共和国预算法》第 28 条规定，地方各级预算按照量入为出、收支平衡的原则编制，不列赤字。除法律和国务院另有规定外，地方政府不得发行地方政府债券。但目前地方政府变相发债现象非常普遍，地方各级政府出于各种目的借债，其债务数额巨大，种类繁多。而且由于这种行为既不合法也不符合财经纪律，地方财政只能进行暗箱操作，管理上出现混乱，形成腐败的温床，系统性的财政风险正在逐渐酝酿。由于民族地区各级财政财力弱，城镇建设资金缺口大，该问题更加突出。

（四）建立和完善民族地区城镇化建设中财政支持的法律保障体系

在民族地区城镇化建设中如果没有一个合理完善的法律保障

---

① 张守文：《"第一税案"与财税法之补缺》，《中国法学》1999 年第 4 期。

体系作支撑，政府的财政支持将缺乏稳定性和可预期性，难以从制度层面为建设提供保障和服务。对此我们有如下几点建议：

第一，进一步完善我国人民代表大会制度和政治协商制度，以此作为建立和完善民族地区城镇化建设中财政支持法律保障体系的总体思想和指导原则。这样就可以让法律和政策的制定更好地代表公民的利益，依宪法和法律的规定施政，形成纳税人依法自觉纳税（其代表通过参政议政进行公共税收资金决策），政府作为用税人依法使用公共资金（纳税人享受城市建设收益）的良性循环。而且从我国的具体国情出发，选择以上策略对政府的财政支持进行宏观指导和监督，应当是可行性和可操作性较强的选择。

第二，健全财政违法行为责任追究机制。只有用法律的力量才能解决政府官员在民族地区城镇化建设中“拍脑袋、拍胸脯”式的不科学决策和片面追求政绩的决策模式，财政违法行为人必须依法承担法律责任。应当将政府的公共决策和行政管理用法律进行调整和规范，改善公共决策系统，提高公共政策质量。

第三，加强行政立法和行政执法，依法约束政府行为，实现政府公共财政过程的程序化、科学化和民主化。这就需要在财政管理体制、政府预算编制与审查、决算以及地方税费制度建设等方面，进一步加大改革力度，规范城市财政运行机制，提高透明度，使广大人民充分发扬民主，积极参与城市建设，支持政府依法理财。

第四，重点研究和调查地方政府债务问题，通过法律对地方政府举债行为进行规范。在民族地区城镇化建设中，对满足财政风险条件、有可观预期效益的，可以适度发行地方政府债券并专款专用、严格监督使用；对不符合以上条件的，应当依法坚决制止，并追究相关责任者的法律责任，以降低财政风险。

第五，在法律的制定实施过程中，必须坚持财政资金效益最大化的原则，同时兼顾经济效益和社会效益。财政资金偏紧，将是民族地区城镇化建设中长期存在的客观制约条件。因此，追求财政资金效益最大化的原则，应当体现在相关法律法规的指导思想中，体现在法律实施的过程中。只有这样，才能在财政资金紧缺的约束条件下顺利搞好民族地区城镇化建设。

第六，民族地区在城镇化建设过程中可以而且应当依托《宪法》和《民族区域自治法》以及《国务院实施〈民族区域自治法〉若干规定》赋予民族地区的特殊政策，以法律途径争取更好的建设条件。以上这些法律法规对民族地区的财政支持都作出了相关规定，现在的关键是将这些规定通过细化形成有利于民族地区城镇化建设的具体措施，并保证其顺利施行。当然，这也有赖于各项配套制度的建立健全，以及中央政府、民族地区各级政府的共同努力。

第三节　民族地区城镇化建设的多元投资政策

一、多元投资是民族地区城镇化建设的必由之路

城镇建设需要大量的资金，单纯靠政府投资无疑是不现实的。应当开辟城市建设多元投资渠道，改变单一的政府投资格局。城镇基础设施建设应当从单一的公益型转变为公益型和经营开发型并举。《中华人民共和国国民经济和社会发展第十个五年计划纲要》提出：必须广辟投资渠道，建立城镇建设投融资新体制，形成投资主体多元化格局。在政府引导下主要通过发挥市场机制作用建设城镇化，鼓励企业和城乡居民投资。这是新时期城镇化建设中多元投资政策的指导性纲领，也是符合民族地区城镇化建设实际的。民族地区城镇化的实际情况是资金来源少、缺口大，城镇自我

建设自我发展的能力弱。因此,大力推行和促进多元投资对于民族地区城镇化建设有着更为重要的作用和意义。本书将对民族地区城镇化建设中多元投资的几个主要问题进行分析。

二、民族地区城镇化建设市场的开放与准入

民族地区城镇化建设中蕴藏着巨大的商机，它本身就是一个很大的市场。应当允许和鼓励国外资本、民间资本等非国有资本进入民族地区城镇化市场，从而丰富建设资金来源。但是在我国现阶段，由于旧观念、旧制度的惯性作用，部分政府官员的寻租活动以及部门利益和地区利益交错等因素的影响，大量的规则（包括法律法规和政策等）和潜规则给非国有资本进入民族地区城镇化市场设置了许多不合理的限制，这是与 WTO 原则相违背的，也是与建设中国统一大市场的改革方向背道而驰的，应当依法废除和改革那些不合理的民族地区城镇化市场准入制度。

必须鼓励私人对民族地区城镇化建设进行投资。这是我国城市基础设施投资和建设的重要资金来源，而且有利于提高社会资金的利用效率。由私人来进行城市基础设施建设，在许多国家不但得到认可而且得到了充分的发展。在这个方面我们可以借鉴国外的做法，放开我国城市的基础设施建设市场，允许和鼓励私人投资。在国外私人对于基础设施的投资比例，一般占全部城市基础设施投资总额的 12～18%，譬如，在阿根廷私人对于基础设施投资的比重则高达 70%；在香港特别行政区，具有私人参与除供水之外所有基础设施部门投资的传统；在菲律宾私人投资也高达 40%。[①] 某些提供能源等实物产品的行业，如煤气、供热、供电等，还有某些交通运输部门，完全可以引进市场机制，由政

① 邢福俊：《试论城市财政对城市公共物品的适度供给》，《财经论丛》2000 年第 6 期。

府委托民间建设与经营。许多西方国家有的已经把原来由政府经营的城市基础设施建设部门逐步私营化。譬如日本，城市煤气和集中供热，基本上就是由民间企业经营的。我国一些大中城市在这方面也已取得了可喜的成绩。如河南省许昌市在液化气、公共交通和西湖公园的经营上就率先引入市场机制，由集体和个人出资 1040 万元兴办液化气公司、中巴公司和西湖公园部分游乐设施。[①] 从实际情况来看，非国有资本进入民族地区城镇化建设市场的主要障碍来自于两个方面：一是现有的国有垄断企业，二是与这些企业密切相关的行政部门。由于非国有资本的进入，必将在一定范围和一定程度上影响他们的既得利益，在很多情况下两者会形成显性或者隐性的利益共同体，具有强烈的寻租动机，于是制定许多规则来阻碍非国有资本的准入，维护其共同利益。要解决这个棘手的问题，一要靠法律手段，二要靠经济手段。法律手段是指严格执行《行政许可法》等相关法律，对非国有资本的准入不恰当地设立行政审批的，一律加以废除；经济手段是指对相关领域的国有垄断企业，可以对其实施股份制改革，使得非国有资本可以采取持股的方式进入民族地区城镇化建设市场。

三、民族地区城镇化建设中的项目融资

目前在我国城镇化建设中进行项目融资的主要有 BOT 和 TOT 两种方式和途径。

（一）所谓 BOT（Build - Operate - Transfer）投资，其实质就是项目融资（Project Finance）的一种新形式。BOT 的基本含义是经过国家特许，在适当的合同框架内，私人投资者对特定项目（基础设施项目较多）承担建设责任；项目建成后按照合同规定

① 陈红爱：《突破筹资瓶颈加快小城镇建设》，《中共山西省委党校学报》2002 年第 1 期。

进行提供公共产品的经营活动，获得收益；合同期满后，私人投资者将项目设施转让给政府有关部门。在民族地区城镇化建设中推广 BOT 模式融资，有如下几个方面的好处：（1）加速基础设施建设，使原本急需而政府又没有资金投入的项目可以提早建成投产，从而加速社会生产力的发展。（2）使项目立项更合理。依靠国外或者国内有经验的项目发起人和债权人的积极参与，可以对项目的可行性研究、评估立项，从不同角度进行更深入的研究和复核，从而保证项目的立项建立在更科学的基础上。（3）可以借鉴外来的先进经验。利用国外或者国内先进地区的开发建设、管理和运营经验，加快工程的建设工期，节约投资，提高项目的运作效率。（4）大大减少政府方的风险。BOT 项目大部分风险由贷款人和项目公司承担，政府方承担的风险很少。[①] 在我国目前境外融资中，西部地区所占数量很少，西部开发和民族地区城镇化建设必须加大境外融资力度，在有条件的地方和项目上尽量争取非国有资金的流入。

（二）TOT 就是“移交－经营－移交（Transfer - Operate - Transfer）”的简称，它是项目融资的一种形式，具体是指中方在与外商签订特许经营协议后，把已经投产运行的基础设施项目移交给外商经营，凭借该设施在未来若干年内的收益，一次性地从外商手中融得一笔资金，用于建设新的基础设施项目；特许经营期满后，外商再把该设施无偿移交给中方。因此，TOT 方式与 BOT 方式的根本区别在于“B”上，即不需直接由外商投资建设基础设施，因而避开了在“B”段过程中产生的大量风险和矛盾，比较容易使中、外双方达成一致。积极采用 TOT 方式发展直接融资，对于加快民族地区城镇化建设尤为必要。与 BOT 模式相比，TOT 具有如下优势：（1）TOT 融资方式只涉及经营权转

① 李英民：《浅析西部开发的多元融资问题》，《济南金融》2002 年第 1 期。

让，不存在产权、股权之争。基础设施采用TOT方式融资，转让的只是特许经营期内的经营权，不涉及产权、股权这些敏感问题，巧妙地回避了国有资产的流失问题，保证了政府对基础设施的控制权，易于满足我国特殊的经济及法律环境的要求。因此，在现行条件下较易推广进行。（2）有利于盘活国有资产存量，为新建基础设施筹集资金，加快我国基础设施建设步伐。利用TOT融资方式，其一是盘活现有基础设施的存量资产，实现国有资产的保值增值；其二是为拟建新的基础设施项目融入了资金，缓解了资金短缺的矛盾，加快了基础设施的建设速度；其三是外资增量的进入，有利于提高国有经济的整体质量和素质。（3）有利于提高基础设施的技术管理水平，加快我国交通现代化的步伐。采用TOT融资方式引入外资，可以打破国家对基础设施的垄断经营状态，有利于逐步建立起开放、有序、公平竞争的基础设施经营市场，加快我国基础设施的市场化进程。①

但是也应当清醒地看到，BOT和TOT都不是万能的。它们只适用于那些建成后有收益，并且收益与成本相抵后仍然有可观利润的项目。而对于那些只有投入，没有资金回报的城镇化建设项目（如路灯），资本出于逐利的本性就不愿进行投入。如果缺乏相应的法律监督机制作为保障，BOT和TOT往往就会容易成为腐败的温床，投资者和官员就会采用串通招投标、在招投标中不恰当地限制其他竞争者、压低国有资产评估价值或者抬高投资者回报等方法来为自己牟取私利，导致国有资产的流失和当地人民负担的增加。同时由于政府换届，还有可能导致不严格遵守合同的情况发生。因此，在现阶段的民族地区城镇化建设中，与沿海发达地区相比，BOT和TOT方式采用得很少，其原因除了民族地区经济比较落后、资金回报率较低以外，与思想意识上的落

① 晓泉：《TOT融资：交通设施新亮点》，《中国外汇管理》2002年第3期。

后和制度上的不健全也有很大关系，必须抓紧研究，搞好制度，特别是有关运作规范方面的法律法规建设。

四、民族地区城镇化建设中的金融融资

民族地区城镇化建设离不开金融业的支持，同时城镇化也给各类金融机构提供了巨大的商机。城市数量增多了、城市规模扩大了，一方面更适合于大型商业银行的集约化经营，另一方面也会向银行和其他金融机构提出更多的服务需求，如工商信贷需求、消费信贷需求、财产保险需求、寿险需求，以及直接融资规模扩大带来的金融需求，等等。在信贷支持方面，国家信贷管理政策也应当适度向西部地区倾斜，以引导国内外资金向西部地区流动。国家开发银行、农业发展银行等政策性银行，应当明确其贷款的投向主要是中西部地区，以支持中西部地区的基础设施建设、农业开发、基础产业发展和生态环境保护。此外，还要进一步提高国际金融组织和外国政府优惠贷款用于西部地区项目的比重，并在贷款担保和归还方面给予相应的支持。世界银行等国际金融机构对西部普及教育、医疗、卫生等社会发展项目的软贷款，要由中央政府提供担保，并从中央财政预算中拨专款偿还，以减轻其对西部地方财政的压力。对一些资金利税率低、银行贷差较大的西部地区，可设置有一定浮动的贷款差别利率，或者通过财政贴息，支持西部企业的间接融资。[①] 另外，要尽快出台《西部开发促进法》，以法律的形式规定政策性银行扶持西部发展的义务，继续加大政策性银行的低息贷款力度，选择对于民族地区城镇化有重大意义的基础设施建设项目进行扶持，同时要加强管理，提高贷款的综合效益。

---

① 中国社会科学院课题组：《实施西部大开发的国家财政投资政策》，《财贸经济》2001 年第 2、3 期。

五、民族地区城镇化建设中的地方政府债券融资

地方政府债券是指地方政府根据信用原则、以承担还本付息责任为前提而筹集资金的债务凭证。从民族地区城镇化建设的实践来看，应当允许部分有条件的城市发行市政建设债券，建立相应的偿付机制并加强管理监督。[①] 在美国、日本等市场经济发达国家，一般都允许地方政府根据自身需要，在一定前提条件下发行地方政府债券。这种债券通常是为了特定目的，如建设某个大型项目、修建基础设施而发行的。如美国地方政府发行的一般责任债券，就是由地方政府及其管理部门发行的，以发行者的资信和征税能力作为还本付息的保证。发行此种债券的地方政府往往将所筹资金用于修建高速公路、飞机场、公园以及市政设施等。通过发行债券，可以筹集到进行基础设施建设所必需的投资额，而且由于其具有追索偿还权，所以又会激励城市政府去加强对于城市基础设施建设的管理，提高资金的利用效率。[②]

我国目前不允许地方政府发行地方政府债券。《中华人民共和国预算法》第 28 条规定："地方各级预算按照量入为出、收支平衡的原则编制，不列赤字。除法律和国务院另有规定外，地方政府不得发行地方政府债券。"[③] 学者们认为，从我国目前情况看，现行《预算法》第 28 条原则上不允许地方政府发行债券、对城市建设融资的制约作用最大，是减缓城镇化建设、妨碍城市生产力发展和城乡人民生活质量提高的主要法律障碍。修改《预

① 中国社会科学院课题组：《实施西部大开发的国家财政投资政策》，《财贸经济》2001 年第 2、3 期。

② 邢福俊：《试论城市财政对城市公共物品的适度供给》，《财经论丛》2000 年第 6 期。

③ 《中华人民共和国预算法》，《中华人民共和国常用法律大全》（下卷），第 1724 页，法律出版社，1996 年版。

算法》第28条，打破地方政府不能发行地方公债的禁区，给予城市政府发行市政建设债的应有权利，不仅可以促进城市建设，而且还能够有力地推动全国经济的发展。[①] 中国社会科学院的专家还认为，从一些国家的经验看，在合理规范、严格秩序、限定条件的前提下，地方政府以其资信和征税能力作为还本付息的保证，发行合理限度的地方债券应该是可行的。[②] 由于民族地区各级财政财力弱，城镇建设资金缺口大，该问题更加突出。我们认为进行地方政府债券融资的关键，是能否设计出良好规范的运作机制，使得地方政府能够谨慎地估计市场风险，搞好风险管理，做到权责统一、权责匹配。我们认为中国社会科学院课题组专家的下述建议是可以考虑的：(1) 对现行的《预算法》进行适当修改。规定符合条件的地方政府可以发行地方债券；如果修改法律的时机还不成熟，可以先由国务院作出一个特别规定，为符合条件的地方政府发行地方债券提供法律依据。(2) 建立和完善地方债券管理体制。建议由国务院计划部门和财政部门共同负责我国地方债券市场的管理，并在分工的基础上相互协调，保证地方债券市场的稳定发展。计划部门主要是根据我国国民经济发展规划和经济结构调整的要求，把握资金的使用方向；财政部门则主要是根据宏观经济政策的具体要求，确定地方债券发行的总规模。(3) 硬化地方政府发行地方债券的约束。一是未经中央政府批准，任何地方政府不得发行地方债券；二是只有符合条件的地方政府才能发行地方债券；三是对地方债券资金的使用方向、使用方式、使用效果进行严格的监督和检查。(4) 建设和完善地方债

① 马跃敏，张义栋：《城镇化建设的财政政策选择——呼唤市政建设债券发行》，《经济发展导刊》2003年第12期。

② 中国社会科学院课题组：《实施西部大开发的国家财政投资政策》，《财贸经济》2001年第2、3期。

券市场相应的市场环境。这主要有加强地方债券市场的发行市场和流通市场建设（如柜台交易市场），大力发展市场中介机构（如投资银行、信用评级机构、会计审计机构等），必要时可以考虑通过保险公司对发行的地方债券进行保险。(5) 地方债券市场的开放要循序渐进、逐步推开。可以先在一些经济基础较好、市场较为发达、城市规模较大的发达地区、沿海开放城市进行试点，待取得经验后再在全国推开。在发行方式上，可以先由中央政府代替地方政府发行债券，由地方政府负责还本付息，待各方面条件成熟后再由地方政府自行发债，或者两种方式并行。①

六、民族地区城镇化建设的其他融资形式

民族地区城镇化建设还应当具有其他融资形式。这些融资方式主要有：(1) 通过土地批租等城市有价资源和无形资产的经营，使城市在经营中发展。在此过程中，一要依靠市场自身的调节，二要注意社会公平问题。如果过度依赖于出让土地和征收各种费用，将会导致房价上涨，提高农民进城的门槛，这与加快城镇化建设是背道而驰的。② (2) 对民族地区城镇化建设企业实行适度的投资补贴。从一些市场经济发达的国家经验看，中央政府对落后地区的援助大多采取投资补贴的形式。如美国联邦政府为支持落后地区的经济发展，对在经济开发区投资且符合条件的项目供大约 1/3 的投资补助。荷兰政府为鼓励工商业扩散到兰斯塔德（Randstad）大城区以外的地区，对在北部和南部地区扩建的工商业企业提供 10～30% 的奖励金，而对新企业提供 15～35%

---

① 中国社会科学院课题组：《我国已经具备开放地方债券市场的条件》，《中国经贸导刊》2001 年第 12 期。

② 中国社会科学院课题组：《实施西部大开发的国家财政投资政策》，《财贸经济》2001 年第 2、3 期。

的奖励金。英国政府则对落后地区实行多种形式的资金补贴。但是在加入 WTO 后，政府补贴一直是一个敏感问题，其实施面临着诸多障碍。另外，投资补贴容易产生政府官员寻租和企业垄断问题，对其风险要多加研究和防范。(3) 通过买卖冠名权、规划权、经营权、管理权、开发权、许可权（如买卖排污权）等，为民族地区城镇化建设筹集资金。

七、民族地区城镇化建设中多元投资政策的法律保障

城镇化建设融资要做到安全、规范、有效就必须转变政府职能，改革财政体制和融资体制，完善法规建立监督机制。在城市基础设施的规划设计、项目筹资、投资建设、企业及城市基础设施使用等过程中，有关政府部门、相关企业和城市居民的责任、义务、权利，都应当用法律的形式确定下来，以杜绝责权不清的现象。建立健全民族地区城镇化建设中多元投资的法律保障体系，必须认真做到如下几点：

第一，健全行政立法和执法体系，规范政府行为，做到依法行政、依法融资。由于我国民族地区市场主体的力量比较单薄，行政力量相对强大，对其监督力度相对较弱，容易出现政府权利失控、设租寻租以及政府官员为追求政绩盲目违法招商引资等现象。有的地方政府在城镇化建设过程中，违反国家法律法规（特别是土地和税收方面的法律法规），盲目低价甚至免费出让国有土地，或者非法将耕地擅自转为工商业用地，或者违法减免税收来进行招商引资，目的就是为了片面追求短期效益，片面追求以 GDP 为核心的政绩指标。要应对和妥善处理这些问题，关键是要健全行政立法和执法体系，用法律来规定哪些行为是政府应当为的，哪些行为是政府不应当为的，违反了这些规定后政府，特别是决策者和直接责任人必须承担哪些责任；完善行政诉讼体制并改革以 GDP 为核心的政绩指标，从而规范政府行为，真正做到

依法行政、依法融资。

第二，以法律形式清除民族地区城镇化建设中不合理的市场准入障碍。在我国民族地区城镇化建设中，市场发育不完善，市场化水平不高，建设资金紧缺。但是与此同时，不合理的市场准入障碍却大量存在，有的基础设施项目不允许外资和民间资本进入，或是给其进入设置隐形的壁垒。应当承认，有的项目、有的行业出于国计民生的考虑必须由国有资本垄断，但是这些项目和行业是极少的，绝大部分项目和行业是应当允许和鼓励外资和民间资本进入的，只有这样才符合 WTO 规则和建设统一大市场的要求。为此就应当检查和清理现行法律法规和行政制度，发现有不合理的市场准入障碍应当及时清除。另外，建议从保护行政相对人合法利益的角度考虑，改革现有的行政诉讼制度，允许对部分抽象行政行为提起诉讼。如果法院判决某些市场准入障碍非法，即可判定其行为无效。

第三，针对 BOT、TOT 等项目融资方式制定具有可操作性的法律调控规则。政府应当完善行政立法与改善行政执法，在项目设计、规划和实施过程中充分发挥法律专业人士的作用，利用招投标方式确定项目发起人，不搞暗箱操作。制定一套项目的特许协议范本以备参考，应当依照风险分配的国际惯例以及利益平衡原则与私人投资者合理分担风险，秉承严守契约的理念，全面履行和遵守合同。这样必将极大地改善投资环境，加快吸引私人投资于基础设施建设的步伐。

第四，用法律手段规范政策性银行对民族地区城镇化建设的支持模式。1994 年作为我国金融体制改革的一项重大举措，国家决定设立国家开发银行等三家政策性银行。政策性银行，主要是指国家开发银行。政策性银行成立以来，在各自的业务领域发挥了重要作用，对西部大开发也起到了一定的促进作用。但是政策性银行对民族地区城镇化建设的支持力度不是很大，扶持的方法、程度具有较大的随意性，贷款投向有待调整。出现这些现象主要原因在于中国在出台了《商业银行法》后，关于政策性银行的立法却一直没有出台。因此，在未来的《政策性银行法》和《西部开发促进法》中，有必要规定政策性银行对西部地区倾斜的原则，确定扶持手段和额度，并制定可操作性强的法律制度，确保民族地区城镇化建设的顺利实施。

第五，在认真做好风险防范的基础上，制定法律法规允许符合条件的民族地区地方政府发行地方建设债券。当我们研究美国城镇化发展道路后，就可以发现美国地方政府的公共债券在城市化发展中起到了非常大的作用，这种作用不仅仅是筹到了资金用于建设，而且还使西部政府的业绩体现在债券的价值上，能够使老百姓监督政府。因为买了债券的老百姓和市民就更加关心政府的行为，关心城市的建设效果。我国在现阶段还没有允许地方政府发行公共债券，有关的管理条例尚在草拟中，但已有一些城市政府在尝试运用这一手段来筹资。[①] 如果以发展的眼光来看，法律迟早会允许符合条件的民族地区地方政府发行地方政府建设债券，关键是要对地方政府未来的偿债能力作出预测和判断，研究和设计好风险应对机制，以法律形式规定所筹集资金的投向，并严格管理、严格监督。

第四节 民族地区城镇化建设的税收优惠政策

一、现阶段民族地区的税收优惠政策

现阶段国家对民族地区的税收优惠政策主要体现为以法律和

① 翟峰：《西部城镇建设多渠道融资》，《城市建设》2004 年第 6 期。

行政法规为主导，其他税收优惠政策为补充的政策体系。这里的法律和行政法规主要是指《中华人民共和国民族区域自治法》和《国务院实施〈中华人民共和国民族区域自治法〉若干规定》，其他税收优惠政策包括国家发展计划委员会 2004 年修订的《中西部地区外商投资优势产业指导目录》、国家税务总局 2002 年 5 月 10 日颁布的《关于落实西部大开发有关税收政策具体实施意见的通知》（国税发［2002］47 号）和财政部、国家税务总局、海关总署 2001 年 12 月 30 日联合颁布的《关于西部大开发税收优惠政策问题的通知》（财税［2001］202 号）。

与民族地区城镇化建设关系较为密切的优惠政策主要有：(1)《民族区域自治法》第 34 条规定："民族自治地方的自治机关在执行国家税法的时候，除应由国家统一审批的减免税收项目以外，对属于地方财政收入的某些需要从税收上加以照顾和鼓励的，可以实行减税或者免税。自治州、自治县决定减税或者免税，须报省、自治区、直辖市人民政府批准。"[①] 第 63 条还规定："上级国家机关在投资、金融、税收等方面扶持民族自治地方改善农业、牧业、林业等生产条件和水利、交通、能源、通信等基础设施；扶持民族自治地方合理利用本地资源发展地方工业、乡镇企业、中小企业以及少数民族特需商品和传统手工业品的生产。"[②] 2005 年 5 月 31 日起施行的《国务院实施〈中华人民共和国民族区域自治法〉若干规定》第 9 条第 3、4 款规定："上级人民政府出台的税收减免政策造成民族自治地方财政减收部分，在测算转移支付时作为因素给予照顾。国家规范省级以下财政转移支付制度，确保国家对民族自治地方的转移支付、税收返

① 《中华人民共和国民族区域自治法》，第 26 页，法律出版社，2001 年版。

② 《中华人民共和国民族区域自治法》，第 33—34 页，法律出版社，2001 年版。

还等优惠政策落实到自治县。”[①]（2）《关于西部大开发税收优惠政策问题的通知》第2条规定，经省级人民政府批准，民族自治地方的内资企业可以定期减征或免征企业所得税，外商投资企业可以减征或免征地方所得税。中央企业所得税减免的审批权限和程序按现行有关规定执行。（3）《关于西部大开发税收优惠政策问题的通知》第5条规定，对西部地区公路国道、省道建设用地，比照铁路、民航建设用地免征耕地占用税。享受免征耕地占用税的建设用地具体范围限于公路线路、公路线路两侧边沟所占用的耕地，公路沿线的堆货场、养路道班、检查站、工程队、洗车场等所占用的耕地不在免税之列。（4）《关于落实西部大开发有关税收政策具体实施意见的通知》第2条规定，对在西部地区新办交通、电力、水利、邮政、广播电视基础产业的企业，且上述项目业务收入占企业总收入70%以上的，实行企业自行申请，税务机关审核的管理办法。经税务机关审核确认后，内资企业自开始生产经营之日起，第1—2年免征企业所得税，第3—5年减半征收企业所得税；外商投资企业经营期在10年以上的，自获利年度起，第1—2年免征企业所得税，第3—5年减半征收企业所得税。以上这些政策通过税收杠杆对民族地区城镇化建设起到了很大的促进作用，可以预见国家今后还会继续出台类似的政策，支持民族地区城镇化建设。

二、现阶段民族地区税收优惠政策的局限性

国家未赋予民族自治地方政府必要的税收立法权。分税制财政体制运行以来，赋予民族自治地方政府必要的税收立法权的呼声越来越大。主要是由于随着社会主义经济发展和地方权利意识

---

① 《国务院实施〈中华人民共和国民族区域自治法〉若干规定》，《国务院公报》第8页，2005年第20期。

的强化，地方政府在社会经济事务中，特别是在向当地居民提供所需要的公共服务中，日益扮演着一个中央政府无法取代的重要角色，客观上要求赋予其自身组织收入方面的充分灵活性。另外，治理“三乱”的可行性举措就是实行某种形式的“费改税”，这就要求赋予地方一定的税收立法权。否则，地方政府在推行此项改革中就会处于缺乏法律依据的难堪境地。[①] 另外由于受各方面因素的影响，《民族区域自治法》赋予的民族经济管理自治权未能得到很好的落实，并未体现出国家照顾和帮助民族地区的立法意图，民族自治地方政府在用好、落实、细化自治机关的税收管理自治权方面作为不大。

东部沿海地区的税收优惠政策对民族地区城镇化建设形成了负面影响。如国家规定从 2000 年 1 月 1 日起，设在中国中西部地区的国家鼓励的各类外商投资企业，在现行税收优惠政策执行期满后 3 年内，按 15% 的税率减征企业所得税。在本项税收优惠期间，企业同时被确认为先进技术企业或产品出口企业，且当年出口产值达到总产值 70% 以上的，可减半征收企业所得税，但减半后的税率不得低于 10%。这项政策从表面上看，或者从西部以前与现在不同时期的纵向比较看，确实使得在中西部地区投资的外商投资企业的税负有所降低。但如果横向比较，同样的外商投资企业如果在沿海地区投资，其税负远远低于西部地区。因为税法同样规定，凡是在经济特区开办的外商投资企业，在经济特区设立机构、场所从事生产、经营的外国企业和在沿海港口城市的经济技术开发区、上海浦东新区开办的生产性外商投资企业，其企业所得税都减按 15% 的税率征收，这里减按 15% 的税率征收是没有 3 年期限的。此外，再加上东部地区自行制定的一些税收先征

① 刘虹：《对欠发达民族地区实行特殊税收优惠政策的几点建议》，《新疆社科论坛》2000 年第 1 期。

后返的政策力度远远大于西部地区，从而造成东西部投资实际税负的较大差距。[①] 税收优惠政策的扶持也许在经济特区开发初期是必要的，但当特区已经启动并有了一定的发展以后，继续实行这些税收优惠政策对于中西部地区和经济贫困地区来说就有欠公平。而且由于经济特区和沿海城市的这些税收优惠政策，使得本来要扩散的民族地区城镇化建设密切相关的重工业反而继续留在特区和沿海城市，这无疑延缓了经济扩散过程，弱化了经济扩散效应，导致民族地区城镇化建设市场对资本吸引力的下降。

现行政策未能很好地体现和贯彻国家产业政策。现阶段西部的税收优惠在区别不同类别的产业和不同规模的项目以及投资周期、利润水平、风险系数等因素，实施区别对待的优惠措施方面做得不够，从而使境外一些并非先进的技术、品位较低的中小资本大量流入，规模小、技术含量少、污染大、投资周期短的劳动密集型企业占有很大比重，形成不合理的投资结构。2001 年以前国家对西部地区的税收优惠主要体现在外商投资企业方面。实际上由于受区位条件和投资环境的制约，目前西部地区实际吸引的外商直接投资很少，外商投资对地区经济发展的贡献不大。据统计，自 1989 年以来，我国所有的经济特区都集中在沿海地区的 12 个省份，而 90%以上的外资都集中于此。而且在当前国内资金并不十分短缺的情况下，过多地给外商投资企业较多的税收优惠，也容易在内外资企业之间形成一种体制断层，影响企业的公平竞争。[②] 这种对外商投资企业“超国民待遇”的做法近几年来有所改观，但仍然没有完全实现不同所有制企业之间统一公平的税收机制。从法理上来说，这种做法有对内资企业的歧视之

① 曹燕萍：《论西部大开发中的税收优惠》，《财经科学（增刊）》2001 年。

② 中国社会科学院课题组：《实施西部大开发的国家财政投资政策》，《财贸经济》2001 年第 2、3 期。

嫌，是不符合 WTO 非歧视原则的，从长远来看对民族企业的壮大和中国经济的发展是不利的，应当在不久的将来予以纠正。只有这样，各种所有制企业才能有一个公平竞争的环境，才有利于企业的优胜劣汰。

三、完善税收优惠政策促进民族地区城镇化建设

民族地区幅员辽阔，资源禀赋富于多样性，经济发展水平参差不齐，不能搞“一刀切”式的税收优惠政策，而应当根据各地不同情况，对中心城市区、资源富集区、贫困地区、边境地区和生态脆弱地区等，因地制宜地采取不同的优惠办法。鉴于中西部省份大多属于资源输出省份，为把资源优势转化为经济和财政优势，可以考虑适当提高现行资源税率，扩大资源税的征收范围，增加的税收作为地方财政收入，增加的税负通过提高资源性产品的价格，转嫁到资源的加工环节。① 这也是缩小东西部差距的税收调控手段之一。我国应当建立多层次、有区别的科学的民族地区税收优惠政策体系。

要继续清理或者取消集中于东部经济发达地区的各种税收优惠政策，并在一定期限内保留或者适当增加对西部地区的税收优惠。对东部沿海各类经济开放区域的税收优惠政策的制定，目的在于鼓励企业向高、精、深方向发展，因而应当以国家的产业政策导向来确定优惠税率，并附加有关的限制条件。要坚决取缔东部地区自行制定的一些税收先征后返的政策，还要取消目前对东部地区投资一律减按 15% 的税率征收企业所得税的地区优惠。税收优惠的力度要力争使西部的高于东部沿海地区。只有这样投资者通过西部与沿海地区的比较能首先选择西部，这才是优惠力

① 中国社会科学院课题组：《实施西部大开发的国家财政投资政策》，《财贸经济》2001 年第 2、3 期。

度的体现。同时，只要优惠力度高于沿海，沿海一些富余、闲散资金才能及时回流到西部投资，这样才能大大减少国家对西部大开发的直接财力投入。

实行与企业所有制无关的公平的国民待遇税率。要逐步统一内外两套所得税税制，给予外商投资企业的待遇同样适用于内资企业，这样才能吸引来自不同国家和地区的投资，促进西部地区的经济发展。

以税收优惠为手段实现国家产业调整政策。税收优惠政策应当对农业、能源、交通运输、原材料通讯、生态环境整治、建筑业等与民族地区城镇化建设息息相关的基础工业和基础设施建设，对高新技术产业以及对国家认定的高新技术企业、先进技术企业以及符合国家产业政策，具有西部特色的优势产业，如利用新技术对资源产品实施深加工，促进西部传统产业更新换代和升级的产业，给予不同程度的税收优惠，缩小税收优惠政策的梯度差，使全国产业结构趋于合理。应当将目前的排污费和超标排污费改为环境保护税，按照"谁污染谁交税"的原则征收。通过环境保护税所筹集的资金要尽量用于西部地区环境污染的治理和保护。应当对环保产业实施税收优惠，即对在西部进行环保产品的引进、研究、开发和生产的企业实行减税，同时对环保产品的出口，应加大出口退税力度。[①]总的来说应当发挥税收在产业调整中的杠杆作用，引导各种资源加大对民族地区城镇化建设的投入，使其出现蓬勃发展的势头。

适时提高出口产品退税率支持西部地区外贸出口。目前的出口退税率虽然已比较接近增税税率，但仍然没有完全恢复到正常出口"增多少，退多少，彻底退税"的水平，征税率与退税率的

① 李建英：《税收优惠政策——西部开发的助推器》，《财经科学》2001 年（增刊）。

差额要转嫁出口企业销售成本，实际上直接剥夺了出口企业的部分销售利润，影响了出口企业扩大出口创汇的积极性，也间接削弱了本国产品在国际市场上的竞争力，不利于外贸出口的稳定与增长。对此应加大对开发西部地区政策扶持的力度，优先将重点扶持省份出口退税率全面恢复到征税税率水平，推动西部地区的外贸出口增长。尤其对高新技术产品的出口更要优先扶持，在与其他出口企业同等条件下，优先办理出口退（免）税。①

四、民族地区城镇化建设中税收优惠政策的法律保障

以整个国家效益最大化的思路来设计税收优惠政策和法律。法律经济学上最为重要的思想之一就是在资源稀缺的约束条件下，通过法律和政策等制度设计，追求效益的最大化。整个国家效益最大化并不意味着部分地区效益最大化，而是东部、中部、西部地区以及民族和非民族地区整体效益的最大化。民族地区是祖国不可缺少的重要部分，但是由于各种因素的制约发展相对滞后，如果这种情况继续下去，既不能实现民族地区效益的最大化，更不能实现整个国家效益的最大化。从目前的实际情况来看，税收优惠法律应当向西部民族地区倾斜，给予民族地区城镇化建设更大的财力支持。

必须依法有序地制定民族地区城镇化建设中的税收优惠政策，既不能搞违法优惠，也不能违法乱收税费。在设计民族地区城镇化建设中的税收优惠政策时，一定要慎重做好可行性研究，不能盲目进行税收优惠，更不能把税收优惠作为地区间招商引资竞争的唯一手段，搞低税竞争。在实际工作中征收机关为了完成税收任务，征“过头税”、预征税款、借款缴税、贷款缴税、集

① 王珏，莫予：《税收优惠政策与西部经济发展》，《中山大学学报论丛》2002年第4期。

资缴税、虚列收支、乱收费、乱罚款等违反税法的现象时有存在，这种依任务征税现象在经济落后地区尤其严重。实际上，作为指令性计划的税收收入任务数额，与按照税法和实际税源计算的应征税款不可能完全一致，如果以支出和任务压力为理由，不顾实际税源情况，违反税法规定多征、预征税款，必然导致税收任务与依法治税的矛盾。① 在民族地区城镇化建设实践中，有的地方政府财政资金吃紧，又为了追求政绩超前进行城镇化，大搞形象工程、首长工程，资金上的缺口只能下压到税务工商部门，导致出现了违法乱收税费的情况。因此严格执行税法，按照法定程序制定民族地区城镇化建设中的税收优惠政策是十分必要的。

必须赋予民族自治地方政府地方税收立法权。《宪法》、《民族区域自治法》及其他一些法律、法规，在涉及少数民族税收问题时都有优惠条件的规定，也有若干条款对民族自治地方的税收政策的照顾内容和优待性、自主性进行了规定，体现了国家依据我国是个多民族国家的国情，采取区别对待的方针，对民族自治地方给予照顾的精神。我国幅员辽阔，经济发展程度和水平千差万别，地区间资源优势和税源条件各不相同。中央政府的管理半径有限，获取信息的能力也是有限的。实践表明税收立法制度，由中央集中全部税收立法权、统一配置资源的作法是低效的，与其由中央统一制定一些难以实施的税法，不如授予地方一定的税收立法权，允许地方根据当地经济、税源状况、财政收支需要、经济发展目标等客观情况，确定税基，选择税种，调整税率。地方享有税收立法权，既有利于增强地方责任感和参与意识，又有

---

① 陈雄：《西部大开发税收优惠政策实施中的矛盾透视》，《四川财政》2002 年第 12 期。

助于约束和防止中央集权、专权。[①] 从实质上来说，它反映的是中央与地方的关系，特别是利益和权利分配的关系。它直接关系到国家的长治久安，关系到民族的兴衰荣辱，如此重要的关系必须通过法律来加以调整，这就要求建立国家多层次的、符合国情的税收法律体系，赋予民族自治地方政府地方税收立法权。

落实民族地区自治机关的税收管理自治权，利用税收优惠推动民族地区城镇化建设。《民族区域自治法》第 34 条规定："民族自治地方的自治机关在执行国家税法的时候，除应由国家统一审批的减免税收项目以外，对属于地方财政收入的某些需要从税收上加以照顾和鼓励的，可以实行减税或者免税。自治州、自治县决定减税或者免税，须报省、自治区、直辖市人民政府批准。"[②] 第 60 条规定："上级国家机关根据国家的民族贸易政策和民族自治地方的需要，对民族自治地方的商业、供销和医药企业，从投资、金融、税收等方面给予扶持。"[③] 这两条规定是民族地区自治机关的税收管理自治权的法律渊源，决定了民族地区自治机关比一般地方政府享有更大的自主权，体现了民族区域自治这个国家基本政治制度的优势。但是也应该看到，民族自治地方自治机关的税收管理自治权在实际落实上存在很大问题，今后必须用好、用活、用足税收管理自治权，对与民族地区城镇化建设密切相关的原材料、能源、交通、运输、建筑等行业实行税收优惠，使得国外和国内其他地区的资金能够顺利地进入这些行业，促进民族地区城镇化建设。

---

① 傅红伟：《论授予地方税收立法权的必要性与可行性》，《行政法学研究》2002 年第 2 期。

② 《中华人民共和国民族区域自治法》，第 26 页，法律出版社，2001 年版。

③ 同上，第 33 页。

第五节　民族地区城镇化建设的财政转移支付政策

一、财政转移支付在民族地区城镇化建设中的意义和作用

政府间财政转移支付是指一个国家的各级政府之间在既定的职责、支出责任和税收划分框架下财政资金的无偿性转移。一般说来，财政转移支付包括横向平衡和纵向平衡。前者是为保证各地方政府提供的公共服务水平基本均衡而给予的补助；后者则是上级政府对下级政府的拨款。促进资源在区域间的合理配置是政府的一项重要职能，运用财政转移支付可增加对落后地区的资金投入，促进其资源开发、基础设施和公共项目建设，引导资源向落后地区流动，协调区域经济发展。财政转移支付对于民族地区城镇化建设具有重要的意义和作用。(1) 财政转移支付是民族地区城镇化建设资金的重要来源。西部地区很多地方的财政属于紧缺财政，自身发展能力差，中央财政转移支付资金对于民族地区城镇化建设来说具有比东部发达地区更为重要的意义。(2) 财政转移支付对民族地区城镇化建设发展导向具有重要的调控作用。通过财政转移支付，国家可以执行产业发展政策，扶持对民族地区城镇化建设具有重要意义的原材料、能源、交通、运输、建筑等行业，并抑制污染环境行业的发展。而且财政转移支付资金对民族地区城镇化建设的扶持是公共服务均等化实现的必然要求。公平与效率是公共财政政策所追求的目标，是衡量转移性支付政策效应的最主要标志。有效的转移性支出，应当使东部、中部和西部各地区间公共服务水平大致均等。从原则上说，一个地区得到的转移性支付应当与支出需求量呈正相关关系，与自身收入呈负相关。

二、现阶段民族地区财政转移支付的实际状况

自 1994 年实行分税制以来，我国采取了过渡时期的转移支付办法，其转移支付数额很小。1995 年全国转移支付补助仅有 20.71 亿元，1996 年为 34.65 亿元，1997 年为 50.21 亿元，1998 年为 60.54 亿元。虽然 4 年内国家财政转移支付增长了将近 2 倍，但总量规模仅占中央本级财政支出的 1.9%，远远不能适应经济发展的需要。而且现行的转移支付基本上采取“大锅饭”的形式，1995 年全国有 18 个省区享受转移支付补助，1998 年则扩大到 22 个省市区。西部地区享受的转移支付补助，1995 年为 10.32 亿元，1998 年增加到 29.65 亿元，但其占全国的比重却由 49.8%下降到 49.0%。即使包括广西和内蒙古在内，西部地区转移支付补助占全国的比重也由 1995 年的 67.0%下降到 1998 年的 63.4%。[①] 自从“西部大开发”战略实施以来，中央加大了对西部地区转移支付的力度。如 2001 年中央财政通过增收和调整支出结构筹集资金，使过渡期转移支付规模达到 138.16 亿元，比 2000 年增加 52.71 亿元。其中对西部地区转移支付 75.65 亿元，比 2000 年增加 23.15 亿元。另外，中央财政从 2000 年起，专门安排了针对民族地区的转移支付补助。2000 年为 25.53 亿元，2001 年达到 32.99 亿元，比 2000 年增加 7.46 亿元。此项补助每年随着中央财力增加和民族地区经济发展而增加。[②] 总量上仍显不足，在中央财政支出中所占比重仍然较低，对民族地区城镇化建设的作用尚不明显，更谈不上使东部、中部和西部各地区间公共服务水平大致均等。

---

① 中国社会科学院课题组：《实施西部大开发的国家财政投资政策》，《财贸经济》2001 年第 2、3 期。

② 《中国财政年鉴（2002）》，中国财政杂志社，2003 年版。

三、现阶段民族地区财政转移支付中存在的问题

第一，由于转移支付资金总量较小，对民族地区城镇化建设的作用不大。以2000年为例，东部的财政支出总额为3915.42亿元，而西部的财政支出总额仅为1848.51亿元。造成了西部公教人员工资水平低，公共设施质量低、数量少，社会发育迟缓。由于财力不足，西部财政处于低水平状态，事业发展受制，农业投入不足，生态日益恶化，道路交通、通信设备难以跟上发达省份。[①] 而这些都是对民族地区城镇化建设具有重要作用的产业，离开这些产业的充分发展，民族地区城镇化建设将会举步维艰。从地区受益情况看，现行的过渡期转移支付基本上采取“大锅饭”的形式，1995年全国有18个省区享受转移支付补助，1998年则扩大到22个省市区。受补助面积占全国近90%，受补助人口约7.7亿，占全国人口达62%。在2002年开始的所得税分享体制下，也只是上海、广东等8个地区作贡献，其他地区均享受转移支付的好处，这种作法实际上对民族地区城镇建设没有起到特殊扶持的作用。

第二，税收返还作为财政转移支付的手段之一，对民族自治地方的财政收入作用很小，相反对东部发达地区则非常有利。从1994年开始实行分税制改革，现行的财政转移支付制度即是以分税制为基础的，它包含如下主要内容：按照中央与地方政府的事权划分，确定各级财政的支出范围；根据财权与事权相结合的原则，合理划分中央与地方收入，将税种划分为中央税、地方税、中央地方共享税，分别建立中央和地方两套税务征管体系；通过核定地方收支，实行中央财政对地方的税收返还和转移支

① 付志宇：《关于加大中央对西部地区财政转移支付力度的思考》，《经济问题探索》2003年第5期。

付；转移支付分无条件拨款和有条件拨款，具体包括中央对地方的税收返还、原体制补助与体制上解、中央对地方的专项拨款、年终结算补助和其他补助等。以分税制为基础的现行财政转移支付制度，无论是在制度设计上，还是在具体实施过程中都存在缺陷。[①] 现行的转移支付的方式实行以税收返还为主，体制补助为辅。这两项补助均属于均等化转移支付，没有顾及西部的特殊因素。税收返还实行的是以 1993 年财政收入为基数，按照 1:0.3 的系数采取无地区差别的返还。西部由于受原有的经济水平限制，财政收入低，所获得的财政返还也低；东部经济发达，财政收入高，获得的财政返还也高，这在一定程度上加剧了东西部财力分配的不均。而主要针对西部的体制补助又是一定几年不变，没有考虑物价等因素，实际补助逐年递减。这样的转移支付制度忽视了西部地区的特殊性，没能实现调节区域发展，缩小地区差距的目标，存在很大的不合理性。[②] 这种目前规模最大的无条件拨款形式，未能发挥它在协调区域经济发展中应该起到的作用，不仅没有均衡各地区的人均财政支出差距和社会经济发展水平差异的均等化效果，反而扩大了各地区间财政收入能力和基本公共服务水平的相对差距，使得西部经济欠发达地区长期处于不利地位。

第三，资金和项目分配方式不够规范。突出的问题反映在两个方面：一是转移支付类型过于复杂，项目杂乱无章，什么支出项目都可以有中央专款。在分税制国家里，有条件拨款的范围一般都限定在具有明显的外溢性、需要两级或者多级政府共同分摊

① 李宁：《建立规范的财政转移支付制度，加快民族地区社会经济发展》，《湖湘论坛》2003 年第 6 期。

② 付志宇：《关于加大中央对西部地区财政转移支付力度的思考》，《经济问题探索》2003 年第 5 期。

其成本费用的某些基础性项目和公益事业项目内，有条件拨款资金的分配使用一般都有基础设施建设法规或者单项事业发展法规作依据。与之相比，我国目前中央对西部有条件拨款范围太宽，几乎覆盖了所有的预算支出科目，并且补助对象涉及到各行各业，到处“撒胡椒粉”；同时不少专项资金的分配使用缺乏事权依据，亦无相应的基础设施建设法规和单项事业法规可依，费用分摊标准和专项资金在各地区之间的分配方法缺乏严格的制度约束，随意性大，客观性差，难免出现资金使用的分散、浪费和低效率。二是大部分项目分配过程不够规范，转移支付的公式化和透明度远远不够。专款分配上随意性比较严重，缺乏透明度，也给不正之风以可乘之机。由于在西部实施的是无区别的普遍支持，而中央政府又没有相应足够的补助能力，实际获得中央政府补助的多少，往往取决于各省区向中央“争取”的能力。结果可能是真正需要得到补助的地区没有得到或者得到很少，而相对条件好的地区则可能得到的补助较多，从而使国家的补助偏离目标，形成地方政府不在开源节流上努力，反而竞相以争取补助款的多少为能事，恶性循环的结果将导致地方政府的支出无效率的扩大，造成地方财政日益困窘，中央财政负担水涨船高。

第四，横向转移支付较为困难。早在 1979 年 7 月，中央就作出了组织发达省市实行对口支持边境地区和少数民族地区的决定，确定了 6 个发达省市分别支持 8 个省、自治区以及全大陆支持西藏的安排。1984 年 9 月，又增加了一些沿海省市的对口支持任务。1996 年，中央扶贫开发工作会议决定在全国开展东西扶贫协作，确定东部 13 个省市（包括 6 省、3 个直辖市、4 个计划单列市）对口帮扶西部 10 个省区。据初步统计至 2000 年，东部 13 个省市政府和社会各界累计向西部捐款和赠物折款 10 亿元，双方签订项目协议 2600 个，实际投资 40 亿元，从贫困地区定点输出劳动力 25 万人次，劳务收入 8 亿多元。对口支持和帮扶促进了西部落后地区特别是少数民族地区和贫困地区的经济社会进步，但随着各省级政府财政自主权的进一步强化，横向转移支付的规模始终较小，道义上的补助承诺难以长时期兑现。从沿海发达地区的补助看，现在更多的是采取互惠互利的经济技术协作形式，市场调节的成分越来越大，如果进行过多的行政干预，只会造成发达地区效率的损失。2002 年企业所得税改为中央地方共享后，中央的增量部分全部用于对中西部的转移支付，这才使得横向转移支付开始有了一定的突破。①

第五，对专项经费使用监督约束不力。从整体上看，无论是国家无条件拨款还是有条件拨款，都存在着缺乏有效的约束和监督机制的问题。中央对西部转移支付在资金的使用方面还没有建立起一套行之有效的监督、审计系统，对资金是否做到专款专用，还不能及时准确地掌握信息，对违反财经规定的地方政府，也没有相应的处罚措施。有条件拨款有时运作不够规范，某些使用环节缺乏有效的监督，挪用专项经费的问题相当严重。由于很多地方政府连最基本的支出都难以保证，有的甚至连年赤字，因此，专款经费拨下去后往往成了挪用的对象，很难做到专款专用。为了保证部分刚性支出，对于上级拨款补助的专款大都用于“吃饭”，有的甚至挪用专款用于购车、购房或者搞集体福利支出，等等。

四、建立促进民族地区城镇化建设财政转移支付制度的法律保障体系

第一，借鉴发达国家转移支付制度的经验，完善我国财政转移支付制度。发达国家一般将转移支付的原则、内容、方式、依

① 李波：《西部财政转移支付制度的渐进式改革》，《中南财经政法大学学报》2004 年第 1 期。

据、程序等以立法的形式加以规范，保障其稳定有序地运行，如日本的《地方自治法》、《地方预算法》、《地方税法》，德国的《税收分配法令》、《联邦与州间财政平衡法令》等，都对财政转移支付问题均有明确规定。[①] 使得财政转移支付的具体运作纳入到法制化轨道，这些做法值得我们借鉴。我国《民族区域自治法》第 32 条第 3 款规定："民族自治地方在全国统一的财政体制下，通过国家实行的规范的财政转移支付制度，享受上级财政的照顾。"[②] 该法第 62 条还规定："随着国民经济的发展和财政收入的增长，上级财政逐步加大对民族自治地方财政转移支付力度。通过一般性财政转移支付、专项财政转移支付、民族优惠政策财政转移支付以及国家确定的其他方式，增加对民族自治地方的资金投入，用于加快民族自治地方经济发展和社会进步，逐步缩小与发达地区的差距。"[③] 这就是法律对民族地区财政转移支付的主要法律规定，上级财政对民族自治地区实行转移支付的最根本目的，就是为了体现对民族地区的照顾和支持。但是这些规定显得十分原则化，与此相配套的实施细则迟迟没有出台，使得这些规定在实践中大打折扣。应当借鉴国外的成功经验，建立促进民族地区城镇化建设的财政转移支付制度的法律保障体系，使财政转移支付的具体运作制度化、法律化、规范化；必须认真把上述法律规定通过制订实施细则等途径，通过自治地方自治机关制定自治条例和单行条例的方式，保证财政转移支付制度在民族地区城镇化推进过程中得到切实贯彻执行，成为加速民族地区城镇化建设的推进器。

① 陈志勇：《促进西部经济发展的财政转移支付制度建设》，《湖北财税》2001 年第 6 期。

② 《中华人民共和国民族区域自治法》，第 25 页，法律出版社，2001 年版。

③ 同上，第 33 页。

第二，财政转移支付应当具有足够的规模，支付规模的确定应有严格的立法和制度保障。目前我国在严格意义上作为转移支付的过渡期，转移支付规模相对很小，而且每年支付规模的确定随意性较强，这就使得通过转移支付对民族自治地方进行财政扶持难以起到更积极的作用。与此同时，其他各种不够规范的政府间财政资金转移和专项补助资金项目繁多、金额庞大、使用分散。应该尽快创造条件将这些资金集中起来，纳入到统一的转移支付体系中，并通过法律或者制度化的方式，严格保障转移支付的规模和支付方式。[①] 从市场经济国家的普遍做法来看，只有通过立法形式才能合法稳定地保障财政转移支付具有足够的规模，我国应当参照市场经济成功国家的做法。有的学者提出，应当制定《民族自治地方财政转移支付制度实施办法》，对民族地区的财税、金融等优惠政策通过制定《实施办法》，以具体法规的形式加以确定，通过具体可行的法律条款来规范和约束政府行为，保证民族地区享受的财税、金融优惠政策得以贯彻执行。[②] 我们认为，这些设想是具有积极意义的，我国应当通过立法的途径和方式促使财政转移支付具有足够的规模，保障支付规模的确定具有严格的法律规范。

第三，修改并完善国家《预算法》，使其适应民族地区城镇化建设的需要。1994 年的《预算法》在一些方面已经明显的落后于财政预算改革和发展的实际，这就使得法律的效能受到影响，而且使新建立的规范制度缺乏法律的保证。建议高度重视国家《预算法》修改，尽快用法律形式规范中央与民族地区的事权

① 王朝才，王继洲：《在建立规范的财政转移支付制度中扶持民族地方发展的措施研究》，《经济研究参考》2004 年第 12 期。

② 李宝奇，刘建华：《财政转移支付制度在民族自治地方的理论与实践》，《延边大学学报》2004 年第 1 期。

关系、财权关系以及转移支付制度。建立日常监督与重点监督相结合的完备的财政监督体系，特别是要加强人大对政府财政运作全过程的监督和指导作用。[①] 只有加强监督机制的设计和运作的研究，才能保障财政转移支付制度不会成为滋生腐败的温床。

① 李波：《西部财政转移支付制度的渐进式改革》，《中南财经政法大学学报》2004 年第 1 期。

第七章　民族地区城镇化建设中的户籍制度改革

一个国家或者地区的城镇化水平和速度受到政治、经济、社会多方面因素的影响。在这些影响中，制度是容易被人们所忽视的重要因素。实际上制度创新对城镇化的贡献丝毫不亚于经济的增长。城镇化不仅是企业和人口在空间上的集中，更表现为人类竞争和合作的游戏规则（制度），是在城镇化发展中不断发育和完善的过程。户籍制度是影响和制约民族地区城镇化发展的主要制度因素之一。我国现行的户籍制度主要由户口登记制度、居民身份证制度、户口迁移制度三部分组成。新中国户籍制度的形成与发展大致可分为三个阶段，即自由迁徙期、严格控制期和半开放期。改革开放以来，我国的经济体制和所有制形式都发生了深刻变化，原有的户籍制度及其功能，在变化了的经济基础和经济体制面前，已显示出诸多的缺陷和不适应。现行的户籍制度人为的分割城市人口和农业人口，导致中国城市化与工业化过程被人为隔离，加剧了城乡二元结构的矛盾。民族地区要抓住西部大开发的战略机遇，进行户籍改革在内的一系列制度创新，以加速城镇化的进程。[①] 民族地区城镇化中的户籍制度改革应当以科学发展观为指导，适应社会主义市场经济发展的需要，为经济和社会发展服务，走出一条具有民族地区特色的城镇化道路。

---

① 参见宋才发：《西部民族地区城镇化建设的法律保障探讨》，《广西民族研究》2004年第2期。

第一节 中国的户籍制度

一、户籍制度的基本内容和功能

户籍制度产生的最初目的是为了掌握社会人口状况，对人口进行有效的管理。中国现行的户籍制度是在新中国成立后，随着各级政权组织的建立，社会生活趋于安定而逐步建立起来的。起初户口由公安部门或者基层政权组织实施管理，以行政区域为单位，登记造册、发放证件，主要用于统计人口、维护治安、管理迁移、发放票证等。在当时不是户口迁移决定人口流动，而是人口流动决定户口迁移。随着时间的推移，户籍的功能发生了显著变化。由于居民居住地的不同，产生了重大的利益差别，户口的利益分配功能随之膨胀起来，户口分类的宝塔式等级结构逐步确立。在这种宝塔式结构中，处于最底层的户口类别是“农民户口”，循此逐级上升，分别是非农户、城镇户、城市户、大城市户、直辖市户，越处于下层的户口类别分布越广，户数、人口数量就越多。

中国现行的户籍制度主要由三部分组成：一是户口登记制度。它包括常住、暂住、出生、死亡、迁入、迁出、变更、更正等内容。二是居民身份证制度。改革开放以来，商品经济迅猛发展，流动人口大量增加。为了更好地为公民正常的社会活动提供方便，保护公民的合法权益，防范和打击违法犯罪活动，1985年第六届全国人大常委会第12次会议通过了《中华人民共和国居民身份证条例》，决定实行居民身份证制度，为16周岁以上的公民颁发居民身份证。三是户口迁移制度。公民常住地发生变化后，按法律规定应当将其户口迁移到现住地。

户籍管理是国家行政管理的重要组成部分。通过对公民身份情况的登记，户籍管理为政府实施行政管理，包括制定国民经济和社会发展规划、分配劳动力资源等提供人口数据和相关的基础性资料；户籍确认公民的民事权利能力和行为能力，证明公民身份，便利公民参加各类社会活动。此外，户籍管理是治安管理的基础和重点，在维护治安、打击犯罪方面起到巨大作用。户籍制度既具有社会管理功能，又具有巩固经济基础和促进经济发展的经济功能。社会管理功能是指户籍制度为社会管理活动提供人口诸多项目及其变动的记录和统计，对社会秩序的建构发挥一定的功能。经济功能是指户籍制度对生产、交换、分配、消费等经济活动的影响和制约。户籍制度的社会管理功能相对于经济功能来讲具有稳定性，而经济功能的发挥往往需要根据经济活动发展的内在需求不断地进行调整，其具有相对灵活性。

二、中国户籍制度的形成和发展

新中国成立以来，户籍制度的形成与发展大致经历了三个发展阶段。第一阶段为新中国成立初期至 1957 年，户籍制度初步形成，户籍呈现自由迁徙的特点。在此阶段计划经济体制的弊端尚未明显化。第二阶段为 1958—1978 年，户籍制度正式形成。在僵化的计划经济体制影响下，户籍制度在变迁中逐步强化其控制效果。第三阶段为 1978 年以后，户籍制度进一步发展，半开放与逐步开放成为这一阶段的特点。此阶段也可称为中国户籍制度的改革和创新阶段。

（一）1958 年以前的自由迁徙期

这一时期户籍管理逐步制度化。1951 年 7 月公安部公布了《城市户口管理暂行条例》，开始对城市居民依属地进行户口登记与管理。该条例是为“保障人民之安全及居住、迁徙自由”而制定的，没有限制居民的迁移。1955 年 6 月，国务院全体会议通过了《国务院关于建立经常户口登记制度的指示》，要求在全国范围内建立城乡人口按居住地进行户口登记的制度。为了更好地开展户口登记工作，同年 11 月国务院公布了城乡划分标准，明确了城镇和乡村的界限。但这里的划分只是为了便于户口登记，并不因城乡界限的划分而限制人口迁徙，允许城乡居民在城乡之间和城镇之间自由迁徙。1956—1957 年，国务院曾先后三次发布指示或者通知，要求防止农村人口盲目外流。总的来说虽然管理逐步制度化，但还是比较宽松，对公民迁徙的限制也不多，城乡居民互动也很频繁。在第一个五年计划实施过程中，农业生产得到迅速发展，效率不断提高，国家开展了大规模的工业建设，城市从农村吸纳了大量的劳动力。这一阶段的户籍制度基本上体现了新中国第一部宪法的精神："公民有居住和迁徙的自由"。

（二）1958—1978 年的严格控制期

这个阶段是户籍制度曲折发展的时期，也是城乡分割的刚性户籍制度确立的时期。20 世纪 50 年代初期农民向城市迁移，满足了大规模的城市经济建设对劳动力的需求。但是无限制的农民进城，特别是"大跃进"冒进政策的推波助澜，导致流向城市的农民人口急剧增加，给城市粮食供应、住房、交通、就业以及社会服务等方面造成了极大的压力。在这种情况下，维持社会均衡的办法就是构筑择业壁垒。于是 1958 年 1 月第一届全国人大常务委员会通过并颁布了《中华人民共和国户口登记条例》。这是新中国成立以来正式产生的第一部关于户籍制度的法律文件，它标志着我国户籍制度的正式形成。该条例第 2 条规定：中华人民共和国公民，都应当依照本条例的规定履行户口登记。第 6 条规定：公民应该在经常居住的地方登记为常住人口，一个公民只能在一个地方登记为常居住人口。第 10 条还规定：公民由农村迁往城市，必须持有城市劳动部门的录用证明、学校的录取证明或者城市户口登记机关的准予迁入的证明，向常住地户口登记机关申请办理迁出手续。由于当时政策的不稳定，《中华人民共和国户口登记条例》未能很好地贯彻执行，农村流向城市的人口有增无减，严重地影响了国家经济的正常运行。1959 年 2 月的《中共中央关于制止农村劳动力流动的指示》和 3 月的《中共中央和国务院关于制止农村劳动力盲目外流的紧急通知》，再一次强化农村人口流向城市的审批；公安部就此作出了相应的规定，强制性地阻止农村人口向城市的流动。

在 20 世纪 60 年代，我国户籍制度进一步强化了农村和城市的界限。1963 年公安部依据是否吃国家计划供应的商品粮，将户口划分为“农业户口”和“非农业户口”。1964 年 8 月，国务院批转了公安部《关于处理户口迁移的规定》，其中不仅对农村人口流向城镇，而且对集镇人口流向城市都作了严格的限制。在此之后，国家又制定了与这三种户籍制度相配套的一系列生活资料供给制度、就业制度、福利制度等。只有持有“非农业户口”的城镇居民，才能获得国家配给的基本生活资料，才能由城镇劳动就业部门安排工作，才有资格享受各种福利，等等。这样户籍制度在实践中形成一个基本的特点——户口的不可迁移性，也就是把“城市人口”和“农村人口”截然地划分为两个不同的社会群体。除个别的特例外，两者之间几乎不可能合法地互换角色。社会人口既不能自由地从农村迁往城镇，也不能从小市迁到大市。公民所拥有的“居住和迁徙自由”这一基本权利被剥夺了，城乡之间形成了一道壁垒森严而难以推倒的“户籍墙”。从而造成了一个城乡分割的二元社会结构，即以市民为主体的城市社会和以农民为主体的农村社会的对立，农村与城市在经济、政治、社会利益诸多方面都存在着显著差别和突出矛盾。1975 年修正后的《宪法》取消了关于公民迁移自由的条文。1977 年 11 月国务院批转《公安部关于处理户口迁移的规定》，确立了控制从农村迁往城市，从小市迁往大市的 10 条原则，并制定了相当多的具体细则。这无异于证明从农村到城市、从小城市到大城市的户口迁徙都被严格禁止。

在以上两个阶段，户籍制度主要是通过管理功能来完成一种政治制度的调控职能，它是特定历史条件下的产物。此项制度的设计来源有三个原因：(1) 经济原因，即国家在消费品严重短缺的情况下，所实行的只能是与计划经济体制紧密相关的政策制度。(2) 政治原因，即为了稳固新生的共和国政权，打击敌对势力的渗透，确保共和国的安全。(3) 理想原因，它源于“跑步进入共产主义”的乌托邦梦想，为了更高效地集中全社会的资源，必须提高全国人民的组织化程度，使得他们都变为组织的一员。在计划经济体制下，户籍制度顺应了当时国家对劳动力、消费品等实行计划分配和严格控制城镇人口增长的需要，维护了城乡社会的稳定。实事求是地说，户籍制度在建立之初不一定是一项歧视性的制度，只是实施紧缺生活品配给的手段之一，是适应当时计划经济体制需要的，在我国工业化初期曾经发挥过一定的历史作用。

(三) 1978 年以后的半开放期

始于 1978 年的家庭联产承包责任制改革，实质上是解体中国二元社会结构下的农村人民公社制度。从实行家庭联产承包责任制开始到 20 世纪 80 年代中期，国家在意识到农民向城市流动是必然趋势的情况下，其主导性的政策是“离土不离乡”，农民就地消化。“离土不离乡”政策的变通，表现在农民进入集镇落户的出现，这在事实上突破了城乡割裂的户籍管理制度。1984 年 10 月 13 日《国务院关于农民进入集镇落户口问题的通知》(以下简称《通知》) 颁布。《通知》规定：凡申请到集镇务工、经商、办服务业的农民和其亲属，在集镇有固定住所，有经营能力，或在乡镇企事业单位长期务工的，公安部门应准予落常住户口，及时办理入住手续，发给《自理口粮户口簿》，统计为非农业人口；对到集镇落户的，要实现办好承包土地的转让手续，不得撂荒；一旦因故返乡的应准予迁回落户，不得拒绝。该规定对于突破封闭的城乡户口管理制度具有历史意义。

从 20 世纪 80 年代中期开始农村通向城市的大门略微打开。其标志是 1985 年中央一号文件和公安部的《关于城镇暂住人口的暂行规定》以及 1987 年通过的《把农村改革引向深入》的决议。1985 年中央一号文件规定：在各级政府统一管理下，允许农民进城开店设坊，兴办服务业，提供各种劳务。[①] 与之相配套，公安部同年制定了一项针对进城农民的管理办法——《关于城镇暂住人口的暂行规定》。这个规定开创了“暂住证”制度，它规定“对暂住时间拟超过 3 个月的 16 周岁以上的人，须申领《暂住证》”，“暂住人口需租赁房屋的，必须凭原单位或常住户口所在地乡镇人民政府的证明，由房主带领房客到当地公安派出所申报登记”。[②]《把农村改革引向深入》的决议允许农村剩余劳动力向劳动力紧张地区流动。

进入 20 世纪 90 年代以后，随着我国经济市场化进程的加快和城镇化战略的提出，户籍制度逐渐成为中国进行渐进式制度变迁的主要议题。户籍制度的进一步改革是在 1997 年。1997 年国务院批转公安部的《小城镇户籍管理制度改革试点方案》和《关于完善农村户籍管理制度的意见》，规定从农村到小城镇务工或者兴办第二、第三产业的人员，小城镇的机关、团体、企业和事业单位聘用的管理人员、专业技术人员，在小城镇购买商品房或者有合法自建房的居民，以及与其共同居住的直系亲属，可以办理城镇常住户口。但同时继续严格控制大中城市特别是北京、天

---

① 中共中央文献研究室：《第十一届二中全会以来重要文献选读》，第 811 页，人民出版社，1987 年版。

② 国家工商行政管理局个体经济司：《个体工商产业政策法规汇编（二）》，第 458 页，经济科学出版社，1987 年版。

津、上海等特大城市人口的增长。《小城镇户籍管理制度改革试点方案》比《国务院关于农民进入集镇落户口问题的通知》前进了一大步，明确提出农民可以进入小城镇（含县级市和建制镇），而不仅仅是小集镇（含建制镇和其他集镇）。但是，该文件仍然在制度上对农民进城落户有一定的限制，主要表现在两个方面：（1）农民进入小城镇必须购买商品房或者有合法的自建房，实际上是以货币的形式在农民面前筑起了一道门槛，将大批低生活水平的农民拒之城镇门外。（2）农民如果进入小城镇落户，必须放弃土地承包权，并且不给予补偿，这使得农民进入小城镇不仅要失去他们实际上已经占有并受益的土地使用权，而且由于国家的社会保障制度还没有涵盖农村，失去土地对于农民而言就意味着失去生存保障。这对于原来只存在就业不足而没有就业风险的农民来说，要求其在未来还不稳定的情况下交出土地，无疑是切断了他们进城的后路。因此，尽管公安部的《小城镇户籍管理制度改革试点方案》在制度上有很大突破，对于向往城镇生活已久的农民具有较大的刺激作用，实际效果并不好。1998 年国务院批转公安部《关于解决当前户口管理工作中几个突出问题的意见》，开始实行婴儿落户随父随母自愿的政策，放宽解决夫妻分居问题及老人到城市投靠子女的户口政策，允许在城市投资、兴办实业、购买商品房的公民及随其共同居住的直系亲属在该城市落户。

为了进一步推动小城镇的发展，《中共中央、国务院关于促进小城镇健康发展的若干意见》指出："为鼓励农民进入小城镇，从 2000 年起，凡在县级市市区、县人民政府驻地镇及县以下小城镇有合法固定住所、稳定职业或生活来源的农民，均可根据本人意愿转为城镇户口，并在子女入学、参军、就业等方面享受与城镇居民同等待遇，不得实行歧视性政策。对在小城镇落户的农民，各地区、各部门不得收取城镇增容费或其他类似费用。”① 2001年3月，国务院批转公安部的《关于推进小城镇户籍管理制度改革的意见》，提出对办理小城镇常住户口的人员，不再实行计划指标管理，这表明小城镇户籍制度改革将全面推进。2003年8月国务院公布了30项便民利民措施，其中有7项与户籍制度有关：新出生婴儿的常住户口登记，随父、随母自愿选择；在大、中城市落户的高中级专门人才到小城镇或者农村工作的，可以不迁户口；到西部地区工作的应届大学毕业生，可以根据本人意愿，将户口迁到工作地区，也可以迁回原籍；到西部地区投资、兴办实业的人员以及西部开发建设所需要的各类人才，可以不迁户口，户口迁入西部地区的，如果今后返回原迁出地工作、生活，也可以将户口迁回原迁出地；考取普通高等学校、普通中等专业学校的学生，入学时可以自愿选择是否办理户口迁移手续；取消出国、出境1年以上的人员注销户口的规定（在国外、境外定居的除外）；取消被判处徒刑、被决定劳动教养的人员注销户口的规定。其中“婴儿随父落户不再有年龄限制”的规定，是对1998年《关于解决当前户口管理工作中几个突出问题的意见》的相关规定的完善。近年来不少省市开始了户籍制度的改革尝试。譬如，2001年底广东省决定按照实际居住地登记户口的原则，实行城乡户口登记管理一体化。2003年湖北省选定在武汉、襄樊和黄石三市为试点，取消农业户口和非农业户口性质，统一登记为“湖北居民”户口。2004年山东实行城乡统一的户口登记制度，不再收取城市增容费。从2005年开始浙江省取消农业和非农业户口，实行城乡统一户籍管理制度。迄今为止，除了北京、深圳、上海等少数大城市户籍管制仍然较严，许多省市

① 《中共中央、国务院关于促进小城镇健康发展的若干意见》，《小城镇建设》2000年第7期。

已经在户口登记方面放宽了限制，即使户籍管理较严的大城市也采取了一些措施。2004 年北京市取消了外地人购房、申请安装固定电话的审批制度；2005 年 3 月北京市又宣布取消外地户籍人士买车不允许上北京牌照的规定。

在这一阶段户籍制度逐渐由社会管理功能为主而向以管理功能兼顾经济功能转变，这是市场经济发展的必然结果，我国的户籍制度正在逐步步入正轨。经过一系列的改革和推进，制约城镇化人口聚集的户籍管理制度已经开始适应城镇建设发展的需要。但是制度障碍依然存在，并没有从根本上得到消除。

三、中国现行户籍制度的局限性

改革开放以来特别是 20 世纪 80 年代中期以来，原有的户籍制度及其功能在变化了的经济基础和经济体制面前，已显示出诸多的缺陷和不适应。实行户口二元管理结构，人为分割城市人口和农业人口，导致中国城市化与工业化过程被人为隔离，转移人口的出路问题成为中国新时期经济社会可持续发展的战略性问题。户口迁移限制太死，户口登记不够严密，出生不报、死亡不销户口，以及户口变更、更正不及时等问题十分突出；一些地方户口审批制度不严格，政出多门、多头审批，等等。户籍制度作为上层建筑的组成部分，由经济基础决定并与经济基础借以运作的经济体制和管理形式有着密切的关系。随着我国经济体制的改革，特别是社会主义市场经济的逐步建立和完善，我国现行户籍制度的局限性越来越突出。

（一）剥夺了“公民有居住迁徙自由”的基本权利，制造了不公平的国民待遇

新中国第一部宪法中明确规定：中华人民共和国公民有居住迁徙的自由。但是，现行户籍制度实质上是严格控制人口迁移的。虽说改革开放以来的户籍改革已经大大淡化了其负面效应，

但户口的功能还是被异化为限制劳动力和人口的跨地域流动，而不是主要用于治安、纳税和国情资料统计服务。社会成员不能自由流动的社会，是一个没有生机和活力的社会。现行户籍制度制造了人为的城乡差别和宝塔般的户口等级，实施着不公平的国民待遇。在我国户籍制度改革过程中，包括“离土不离乡”、“自理口粮户口”、“暂住证”等政策的实施，事实上都没有脱离歧视农民这一出发点。这种改革仍然不是建立在给农民这个社会最大困难群体提供公平机会的基础上。户籍制度带来的歧视性成为社会不公平的重要诱因，出生在农村的孩子或者有一方父母是农民的孩子，除非考上学、当上兵才有机会跳出农门之外，否则祖祖辈辈、子孙后代就只能永远当农民。在户口等级制完备之日，户籍的功能也就由对人口和家庭自然面貌的登记注册，变成为对人的社会地位的区分。户口本来是人的社会行为的结果，现在却变成了人的社会活动的前提。户口等级造成了就业机会不均等、受教育机会不均等以及其他的不均等。就连国家投资兴建的大量公用设施，如图书馆、影剧院、展览馆、公园、商场等，持有不同户口的人受益的程度也是不一样的。现行的户籍制度，对工业一个样，对农业另一个样；对城里人一个待遇，对农村人另一个待遇。由这种不平等的国民待遇所引起的种种问题，已成为当今中国非改不可的重要社会问题。

（二）阻碍了经济的发展和社会主义市场经济体制的完善

我国的户籍制度是计划经济的产物。以往认为工业部门是经济迅速增长的催化剂，发展中国家要以工业化为促进整个社会经济发展的主要动力。在这种战略思维定势主导下，农业部门成为工业部门的陪衬。改革开放以前，中国政府推行重工业优先发展战略，把城乡经济关系变成了计划控制的组成部分，城乡之间劳动力流动被人为阻断。重工业的资本密集程度高，劳动吸纳能力较弱，因而推行重工业优先发展战略，意味着牺牲掉大量的就业机会。因此国家要针对就业问题，做出相应的制度安排，户籍管制便应运而生。正是户籍管制造成了中国产业结构的畸形发展，即第一、第二产业过重，第三产业严重滞后。改革开放以后，国家加大了对户籍制度的改革，但仍未能从根本上动摇其计划经济的本质，只是从细节上进行了一系列的修修补补。显然现行的户籍制度不可避免地阻碍了经济发展和社会主义市场经济体制的完善，阻碍了劳动力资源的市场化配置，从总体上降低了生产效率、影响了经济增长。首先现行的户籍制度限制了劳动力的自由流动，阻碍国内统一劳动力市场的形成，导致劳动者就业缺乏竞争。竞争是市场经济不可分割的组成部分，甚至是它最内在的要求，损害或者阻碍竞争都将制约经济的发展和导致市场经济制度的失灵。由于户籍制度的存在，不仅城乡之间一体化的劳动力市场难以形成，而且一些发达地区的农村也开始以户籍的方式排斥外地劳动力。其次由于现行的户籍制度限制了劳动力的自由流动，使得我国这一最富足、最具比较优势的资源没有得到充分的利用，从而成为制约我国经济增长的障碍。由于作为生产要素中最重要组成部分的劳动力不能自由和有效地流动，从而加剧了部门、城乡和地区之间的经济发展差距。发展经济学认为，一个国家从贫困走向富强，从落后走向发达，充分利用本国资源优势，扬长避短，才是发展道路的正常和正确选择。我国的最大优势在于充足而廉价的劳动力资源。改革开放以来，中国经济增长中的20~25%是由于劳动力自由流动而带来的生产效率提高所致。因此，我们一定要利用这一比较优势推进我国经济的全面发展。这就要我们对现行的户籍制度进行根本性的变革，确保劳动力能够更加自由地、合理合法地流动。

（三）通过对农民经济利益的剥夺加剧了城乡二元结构的矛盾

户籍制度是在计划经济条件下，中央政府为了推行重工业优先发展战略而制定的，以保护城里人就业机会为基本目的的一种管理手段。为了控制劳动力从农村流出，同时保障城市居民充分就业以及其他福利的不外溢，户籍制度应运而生。由于户籍制度的存在，农村劳动力无法有效地从生产率低的农业部门真正融入到城市化过程中去，导致农业部门的生产效率无法根本提高，扩大了和其他经济部门的差距。同样由于农村劳动力无法在城市永久居住，使得城乡间的人口比例一直无法迅速提高，这样也无法从根本上提高农民收入，农民的经济利益被剥夺。发达国家的经验告诉我们，缩小差距的重要方式就是通过人口的自由迁移实现地区间的平衡发展，而任何劳动力流动的障碍都会加剧部门之间、城乡之间和地区之间的经济发展差距。通过对户籍的严格管理把农民限制在有限的土地上，剥夺了其迁徙的权利，严重阻碍了劳动力这一重要生产要素在城乡间的自由流动。这样城乡差距就无法通过城乡人口的流动而自然地拉平。由于户籍制度的存在，农民经济利益遭到剥夺，农民数量长期不能下降，最终必然加剧和加深城乡二元结构的矛盾。

第二节　民族地区城镇化建设中的户籍制度障碍

一、城镇制度创新与城镇化进程

一个国家或者地区的城镇化水平和速度无疑受到政治、经济、社会等因素的影响。在这些影响中制度是最容易被人们所忽视的重要因素。制度是指约束人们行为及其相互关系的行为规则。它可以分为正式制度和非正式制度两类：正式制度是指人们有意识地以成文方式建立起来的明确的行为规则体系；非正式制度是指人们在社会中逐渐自发形成的惯例。这些惯例包括意识形态、伦理道德、文化传统以及风俗习惯等。

新制度经济学将制度因素视为与技术同等重要，甚至是更为重要的影响经济增长的因素。该学派认为，任何社会的生产过程不仅是人与自然的技术关系，而且要涉及到人与人之间的交往和合作。在生产过程中，一方面存在与技术应用有关的直接成本，另一方面存在因人与人之间的利益冲突而导致的间接成本。前者称之为生产成本，后者称之为交易成本。技术进步的功能在于降低生产活动的直接成本，而制度的运作有利于规制人与人之间的相互关系，减少信息成本和不确定性，把阻碍合作的因素降低到最低限度，从而降低交易成本。人是社会的人，在一切社会活动中既面临人与自然的关系，又面临人与人之间的关系。在任何生产过程中，直接成本和交易成本的存在不可避免。技术进步只是经济增长的必要条件，而不是充分条件。要保证先进技术充分发挥作用，就必须有相应的制度安排和意识形态的调整。否则先进技术不仅得不到充分的利用，还可能被扼杀在创新的萌芽状态。相反在某些情况下，即使没有技术创新，通过有效的制度安排也可以推动经济社会发展。这一点已经被人类社会发展的历程所证明。新制度经济学家诺思认为，发达国家与发展中国家最大的差距是制度，而不是过去人们所认为的技术、资本、劳动力等因素。在经济全球化的背景下，技术、资本、劳动力、信息等都可以自由地从一国转移到另一国，但经济社会发展的制度因素却难以从一国移植到另一国。在有效率的制度下，即使没有先进设备也可以激励劳动者创造出更多的财富；在低效的制度环境中，再先进的技术设备效率也是低下的。借助新制度经济学理论，我们可以更好地认识城镇化。城镇是人类活动的一种组织形式，是为了节省市场运行的交易成本而产生的一种制度安排，制度创新对城镇化的贡献丝毫不亚于经济的增长。城镇区别于乡村的主要特征是：不仅拥有更高的社会分工和专业化水平，而且人们的行为方式更趋向组织化和制度化。制度对于经济增长、社会发展和城镇化进程都起着极其重要的作用。

历史和现实都表明，户籍制度、劳动就业制度、土地制度、社会保障制度、教育制度、住房制度、行政管理制度等，是影响和制约我国城镇化发展的主要制度因素。这些制度并不是孤立存在的，它们相互联系、相互制约、相互促进，构成复杂的制度体系。要促进城镇化的健康发展，必须建立与社会主义市场经济体制和城镇化相适应的制度体系。这与经济增长对城镇化的推动作用同样重要。目前我国正处于非常重要而又特殊的社会转型时期，计划经济体制退出历史舞台，市场经济体制正逐步建立。如何根据城镇化的自身规律，通过体制改革和制度创新，促进城镇化的健康发展，是值得我们认真思考和探讨的重大问题。城镇化的过程是包括制度在内的现代化的过程，制度现代化是国家现代化和城镇现代化的制度保证。中国城镇化进程落后于经济发展水平、落后于工业化，原因之一就是现行的城乡分割的户籍制度的制约。民族地区的城镇化进程又落后于全国平均水平，尤其需要包括户籍改革在内的制度创新。

二、户籍制度阻碍了民族地区城镇化进程

由于现行户籍制度严重地阻碍着非农业户口的增长，我国工业化迅速发展而城镇化进程缓慢，劳动力配置结构很不合理。1949—1978 年近 30 年间，我国农业人口比重仅由 89.4%下降为 83.6%。改革开放以来，虽然农业劳动力大规模转向非农业，农业人口的比重有所下降，但维持在 70.96%，城市化水平仅为 29.04%。这与著名发展经济学家钱纳里的标准结构（标准结构为49%）相差近20个百分点[①]。由此可见我国城市化水平偏低。我国的现状是，一边是农村劳动力过剩，一边是城市工业品过剩。这些都从整体上束缚了我国消费水平的提高和消费结构的升级，从而制约了经济的进一步发展。基于上述原因，从20世纪80年代开始，我国采取了多种措施将农业劳动力向非农产业转移，譬如进城务工、创办乡镇企业，等等。应该说改革开放以来的户籍制度改革，已经大大淡化了户籍制度的负面效应，但是户籍制度对农村人口的流动仍存在很大的限制作用。这些已经成为导致城乡二元结构和城镇化发展缓慢的重要原因。

近年来民族地区的城镇化虽然有一定的发展，但是依然存在着产业集聚度不高、城镇体系结构不合理、城镇质量不高、农村生态环境破坏严重等问题。"离土不离乡"、"进厂不进城"的农业劳动力转移格局，使大批农民在职业转换后仍长期滞留在农村，影响了农业规模经营的顺利发展和农业劳动生产率的提高，阻碍了农业现代化水平的提高；县城和中心城镇的积聚力和辐射力不强，众多分散的小城镇更是功能不全，有的甚至是村庄的简单扩大；第三产业不够发达，基础设施建设和社会文化事业发展滞后，环境质量低下，吸纳资本、人才的能力弱；乱占滥用耕地，使农村生态环境受到严重破坏，影响了农村的可持续发展。总的来看，民族地区的城镇化水平甚低，发展很不平衡。民族地区的城镇化比全国低5～6%，除成渝地区外其他都没有形成城市群。由于城市化程度低，人口和产业聚集程度低，公共基础设施的利用效率低，导致工业和其他各种非农产业的发展所必须支付的基础设施成本过高，非农产业效率难以提高，民族地区城镇

① 著名发展经济学家钱纳里曾对1950—1970年间101个国家的有关数据进行归纳分析，证明一定的人均国民生产总值发展水平要与一定的生产结构、劳动力结构和城市化水平相适应。

化发展速度受到限制。

由于城市化水平低下，缺少城市发展过程中的人口积聚效应，使民族地区生活的各个方面难以社会化，各种服务业难以发展，就业也难以增加，农业劳动力向非农产业转移的过程更加缓慢。突出表现在：(1) 民族地区大中城市对农民的开放程度仍然不够。当前对农村居民全面开放的只是小城镇，农民到大中城市落户的制度障碍依然存在。传统僵化的户籍管理体制，在城乡居民和劳动力的自由流动上设置了一道人为的墙，抑制了城乡劳动力的合理流动。如不及时加以解决，将会直接影响到城镇化进程。(2) 对农民进城的经济水平要求过高。农民进入大中城市一般必须以购买住房作为获得城镇户口的条件，城市的房价又很高，而农民的财富积累又非常有限，往往无力支付高额的房价。因此对普通农民来说，依然难以逾越这种以货币构筑的新门槛。(3) 户籍制度改革与其他制度改革不同步。一般来说，户籍制度改革的目标就是要淡化户籍管理，而其他制度却强化了户籍的重要性。譬如中小学招生只面向本地生源，在就业制度中对拥有本地户口的居民实行保护等。(4)“城中村”问题十分突出。“城中村”产生的根源，在于我国长期以来存在的城乡二元结构在城市化进程中没有得到较好的解决。一方面在现行户籍制度下，能够进城经商的农民仍然是“农业户口”，久而久之这一游离阶层在许多大中城市形成了独特的“城中村”。另一方面，就是来自大中城市行政区划调整和城市扩展过程中的当地农村人口。采用这种扩展模式的大中城市，普遍都会遇到“城中村”问题。“城中村”导致城市与乡村共存，不少城市管理措施难以涉入。这必然迟滞城市的发展和带来一系列的经济社会问题。妥善解决大中城市的“城中村”问题非常重要。对“城中村”的改造要依据各地不同情况采取不同措施。要采取政策引导，在改造中充分考虑和照顾各方利益；要加强扶持，立足于长远发展，在政策上予以倾斜；要进行市场运作，利用市场资源进行优化配置，通过政府对市场的调控创造“城中村”改造的市场条件，形成“城中村”的改造与城市经济发展的良性互动。

三、西部大开发与民族地区户籍制度创新

西部大开发战略是党中央、国务院高瞻远瞩、总揽全局，面向 21 世纪做出的重大决策。西部地区是我国少数民族的主要聚居区，5 个少数民族自治区、78 个地级自治州市、643 个县级自治县或自治旗，共计 726 个民族自治地方绝大部分分布在实施西部开发的 12 个省市区。这 12 个省市区面积占全国国土总面积的 62.4%，总人口为 1.6404 亿，其中少数民族人口为 7447.8 万，占全国少数民族人口的 86%。[①] 西部大开发实际上就是民族地区的大开发。城镇是一定区域内的政治、经济、文化中心，城镇化是带动农村经济和社会发展的一个大战略，也是促进民族地区摆脱贫穷落后的大战略。民族地区要抓住西部大开发的战略机遇，进行户籍改革在内的一系列制度创新，加速城镇化进程。如西部大开发战略把基础设施建设作为首要任务，就为民族地区城镇基础设施建设提供了有利的机会；“退耕还林”政策的实施，在一定意义上意味着许多西部民族牧业县必须调整产业结构、地域结构以及所有制结构，培育非农产业，加快城镇化进程。所有这些在一定意义上说，是民族地区牧业县加快城镇建设步伐的一次历史机遇。

民族地区的户籍制度改革，为西部大开发提供了极大的政策支持。国务院西部开发办公室在《关于西部大开发若干政策措施的实施意见》中规定：改革户籍管理制度，凡在西部地区地级以

---

① 国家民族事务委员会经济发展司、国家统计局国民经济综合统计司编：《中国民族统计年鉴 2001》，民族出版社，2001 年版，上述数据系整理计算得出。

下城市（含地级市）和小城镇有合法固定住所、稳定职业或者生活来源的人员，可以根据本人意愿办理城镇常住户口；西部地区的直辖市、副省级城市可以根据当地经济和社会发展的实际需要及综合承受能力，在城市规划和人口规划的指导下，以有合法固定住所、稳定职业或者生活来源为基本落户条件，调整户口迁移政策，放宽各类人才户口迁移限制；改革户口“农转非”计划管理体制，对到西部地区落户的人员，各部门均不得收取城镇增容费或其他类似费用。《中共中央、国务院关于进一步加强人才工作的决定》中着重指出：发展人事代理业务，改革户籍、人事档案管理制度，放宽户籍准入政策，推广以引进人才为主导的工作居住证制度，探索建立社会化的人才档案公共管理服务系统；加强对人才流动的宏观调控，采取有效措施，引导人才向西部地区、基层和艰苦地区等社会最需要的地方流动，鼓励人才安心基层工作；进一步做好西部和民族地区人才工作，要树立正确的用人观念，制定灵活的用人政策，创造良好的用人机制和环境，稳定和用好现有人才，重视开发少数民族人才，积极引进急需人才；逐步提高西部地区各类人才的收入水平，制定鼓励人才到西部地区工作特别是长期工作的优惠政策；坚持产业聚才，项目引才，积极构建吸引各类人才到西部建功立业的事业平台；采取灵活多样的人才柔性流动政策，支持大中城市专业技术人员到西部地区基层提供服务，把引进人才与引进智力结合起来；进一步加强对西部和民族地区人才工作的支持，完善中央国家机关、东中部地区与西部和民族地区干部交流机制，加大县处级以上党政主要领导干部的交流力度；继续做好对口支援西藏、新疆以及其他地区的工作。

城镇化过程是一个农业人口不断减少，从事非农产业人口不断增加的过程。改革开放 20 多年来，已使我国从事农业的人口下降到 70%左右，沿海发达地区已下降到 50%左右，而民族地区从事农业生产的人口还在85%左右。因此，积极引导农业剩余劳动力向城市集中，向第二、第三产业转移，让一部分农民离土又离乡、进厂又进城，有利于推进城镇化进程。对东部发达地区的大城市而言，通过户口手段进行必要的人口限制是有必要的。但如何通过各项改革特别是户籍制度改革来加速西部地区城镇人口集聚却更加重要。我国正处于城镇化高速发展时期，哪个地区在户口制度上改革力度大，哪个地区的城镇发展就受益，既促进工业化发展又促进城镇化发展。因此，在实施西部大开发中为加快城镇化进程，西部地区应该大胆地进行体制创新，包括创新户籍制度、创新城乡土地制度、创新社会保障制度、创新人口政策、创新设市体制等。要尽快取消现行户籍制度对人口自由流动的诸多限制，特别是对广大农牧地区人口进入各类城镇的限制，降低农民进城的门槛，引导农村人口向城镇合理有序地流动。凡在城镇有固定住所、有稳定经济收入或生活来源的农村人口可以在城镇落户。

城镇化的普遍规律与特定区域的自然、经济和社会特征相契合，会表现出多样化的城镇化道路。在西部地区市场的主导下，民族地区的城镇化建设必然表现出多元化的格局：[①] (1) 规模结构多元化。从区域具体情况出发，不搞一个模式，大小适宜，形成分工合理、各具特色的城市和城镇体系。(2) 城镇空间布局多元化。实现人与自然的和谐，保持城镇体系对自然和环境的亲和与协调，根据具体的自然地理状况和生态承载能力来决定城镇空间的布局。(3) 城镇产业定位多元化。发挥比较优势，发展特色城镇，防止产业趋同，合理进行产业分工。(4) 城镇扩张多元化。可以采取旧城改造为主的内涵扩张方式，也可以采取外延扩

① 参见毛生武：《西部城镇化：路径选择和制度创新》，载《人民日报》，2002年12月14日，第6版。

张方式，还可以采取跳跃式的新城建设方式，不强求一律。（5）城镇人口聚集多元化。既鼓励农牧区人口向东中西部城市迁移，实现异地城镇化，又提倡就地向小城镇迁移，特别是把退耕还林（草）工程和生态移民结合起来，加速人口的聚集。（6）区域城市层级多元化。既以现有首位城市为核心建立区域城镇网络体系，培育周边的大中小城市，又加强二级中心城市功能，发展区域性中小中心城市。《中共中央关于制定国民经济和社会发展第十一个五年规划的建议》强调指出："有条件的区域，以特大城市和大城市为龙头，通过统筹规划，形成若干用地少、就业多、要素集聚能力强、人口分布合理的新城市群。人口分散、资源条件较差的区域，重点发展现有城市、县城和有条件的建制镇。"①民族地区地广人稀，生态环境脆弱，不宜盲目地建设新城市群，而应该在中央"十一五"规划和西部大开发政策的指引下，因地制宜、循序渐进，加强包括户籍制度改革在内的制度创新，按照多元化的城镇化道路，重点发展现有城镇。

第三节　在民族地区城镇化建设中完善户籍制度

改革和创新户籍制度是中国经济和社会发展的大势所趋。打破户籍管制使人口得以更自由地流动，既是社会发展到特定阶段的必然现象，也是现代化进程得以进行的一个必要条件。打破区域壁垒促进人口流动是贯彻科学发展观，全面建设小康社会以及实现和谐发展的现实需要。实行这一变革有着多重价值取向，在

① 《中共中央关于制定国民经济和社会发展第十一个五年规划的建议》，《求是杂志》第7页，2005年第20期。

制度层面上，是对人的基本权利——居住和迁徙自由、择业自由的重新肯定，应当予以法律保障。在国家发展战略上，是为推进“十一五”规划的城镇化发展战略提供制度保证，让人们的迁徙、移居自由取决于更市场化的城市管理制度。在市场经济发展层面上，是有利于促进人口的合理流动，建立全国城乡统一的劳动力市场。在社会发展层面上，是为建立全面的社会保障系统和个人信用系统提供一个基本的制度模板。在人口管理的技术层面上，是要废除抑制社会发展的二元管理结构，建立科学化、高效率、城乡一体化的户籍登记、迁徙、管理体系。民族地区城镇化水平较低，制约城镇化的因素很多，尤其要大力改革包括户籍制度在内的一系列制度性羁绊，为城镇化的全面、协调、可持续发展奠定制度基础。

一、民族地区城镇化建设中户籍制度改革的指导思想和基本原则

《中共中央关于制定国民经济和社会发展第十一个五年规划的建议》中着重指出：全面建设小康社会的难点在农村和西部地区，要从社会主义现代化建设全局出发，统筹城乡区域发展；坚持把解决好“三农”问题作为全党工作的重中之重，实行工业反哺农业、城市支持农村，推进社会主义新农村建设，促进城镇化健康发展；坚持大中小城市和小城镇协调发展，提高城镇综合承载能力，按照循序渐进、节约土地、集约发展、合理布局的原则，积极稳妥地推进城镇化；有条件的区域，以特大城市和大城市为龙头，通过统筹规划，形成若干用地少、就业多、要素集聚能力强、人口分布合理的新城市群；人口分散、资源条件较差的区域，重点发展现有城市、县城和有条件的建制镇；建立健全与城镇化健康发展相适应的财税、征地、行政管理和公共服务等制度，完善户籍和流动人口管理办法，统筹做好区域规划、城市规

划和土地利用规划，改善人居环境，保持地方特色，提高城市管理水平。

依据中央的文件精神和民族地区城镇化建设的实际状况，民族地区城镇化中户籍制度改革的指导思想应该是：以科学发展观为指导，适应社会主义市场经济发展的需要，为经济和社会发展服务；打破城乡二元结构的束缚，建设社会主义新农村；积极稳妥地推进城镇化，走出一条具有民族地区特色的城镇化道路。其基本原则可归纳为：（1）把解决“三农”问题放在首位的原则。[①] 户籍改革涉及全社会，但重点和核心是农（牧）民的城镇化，是农村剩余劳动力和人口的城镇化。我国几亿人口在农村，只有农民的城镇化问题得到了解决，中国的城镇化才得以成功，中国的一切问题才能更好地解决。要改变民族地区城镇化滞后的现状，促使人口城镇化与经济发展同步进行，就必须改变城乡结构，加快变农（牧）民为市民的历史进程。要通过户籍制度改革和创新来实现这一质的飞跃，就必须切断户籍背后的利益链条，让户籍只承担人口统计和管理职能。（2）统筹兼顾、协调发展的原则。户籍制度改革是涉及方方面面的社会系统工程，要把户籍制度改革同劳动就业制度、土地产权制度、社会保障制度等各项社会改革结合起来，建立适应民族地区经济社会可持续发展的健全统一的社会保障新体系。（3）因地制宜、循序渐进的原则。我国幅员辽阔，地区间经济社会发展不平衡，民族地区的情况更是具有特殊性。要从本地区的实际情况出发，因地制宜制定户籍改革方案，在辖区内试行。中央负责方向指导，总结各地经验加以推广，逐步探索出一套基本适用于全国的新户籍制度。按照《中华人民共和国宪法》和《中华人民共和国民族区域自治法》的规

① 参见傅崇兰、陈光庭、董黎明等著：《中国城市发展问题报告》，第165页，中国社会科学出版社，2003年版。

定，民族自治区享有立法自治权，可以制定自治条例和单行条例以及变通规定和补充规定。《民族区域自治法》第19条规定："民族自治地方的人民代表大会有权依照当地民族的政治、经济和文化的特点，制定自治条例和单行条例。自治区的自治条例和单行条例，报全国人民代表大会常务委员会批准后生效。自治州、自治县的自治条例和单行条例报省、自治区、直辖市的人民代表大会常务委员会批准后生效，并报全国人民代表大会常务委员会和国务院备案。"第20条还规定："上级国家机关的决议、决定、命令和指示，如有不适合民族自治地方实际情况的，自治机关可以报经该上级国家机关批准，变通执行或者停止执行；该上级国家机关应当在收到报告之日起六十日内给予答复。"① 这就充分表明，民族地区城镇化中的户籍制度改革，较之其他地区享有更大的自主权。目前关于民族地区城镇户籍改革步伐的意见大体上有两种：一种是渐进式创新，即户籍制度仍然保留，可以允许一部分在城镇有固定职业和住房、有技术、有资金的农牧民变为城市居民，淡化户籍制度的"福利化"色彩，使户口迁移变得更容易。而当户口迁移成为举手之劳，户口又变得几乎没有什么附加价值时，城乡隔离的传统户籍制度对城镇化的限制作用也就自然消失，户籍制度创新的任务就彻底完成了。另一种是裂变式创新，一步到位以身份证制度替代户籍管理，并取消户籍制度以及与此相关的种种制度规定，如就业、升学中关于户口的规定。这一改革虽然迅速，但在广大的民族地区，短时间内迅速消除与每一个公民都密切相关的户籍制度是不太容易的。同时，传统而僵化的户籍制度毕竟在我国实行了近50年，户口观念已深入人心，并且对其他社会管理制度的影响也非常深远。几乎所有

① 《中华人民共和国民族区域自治法》，第22页、第22—23页，法律出版社，2001年版。

研究此问题的学者都认为户籍改革不宜选择这条裂变式变革、一步到位的路径，而应该采取循序渐进的方式，在这一点上已经达成了共识。

二、民族地区城镇化建设中户籍制度改革的基本内容

我国近年来正在积极稳妥地推进户籍制度改革。户籍改革最终的目标是逐步打破城乡分割的二元户口管理结构，建立城乡统一的户口登记制度，但不会取消户口，只是要更加科学更加合理地予以管理。这是国家有关部门进行户籍管制改革探索的一个出发点。我国户籍制度改革的基本思路是：实行公民在居住地登记户口的原则，形成由户口登记、迁移为基础，居民户口簿、公民身份证两种证件和常住、暂住两种户口组成的管理制度，建立起以《中华人民共和国户籍法》为基础的科学完备的户籍法规体系，逐步形成一套适应社会主义市场经济体制的城乡统一的户籍管理制度。具体措施有五个方面：建立城乡统一的户口登记制度，打破城乡分割的农业、非农业二元户口管理结构，废除由二元户口管理结构衍生的“农转非”计划管理政策及蓝印户口、自理口粮户口、地方城镇户口、农场商品粮户口等多种户口形式；严密户口登记，强化户籍管理基础性工作；积极调整户口迁移政策，逐步放宽户口迁移限制，引导人口的合理有序流动；加快户籍管理立法步伐；加快人口信息计算机管理系统建设步伐，提高户籍管理科技含量。

遵照国家户籍改革的总体思路，结合民族地区的实际情况，民族地区城镇化中户籍制度改革的基本内容体现在如下 6 个方面：

第一，完善对户籍管理的立法，加强依法行政和规范执法。1958 年《中华人民共和国户口登记条例》（以下简称《条例》）的颁布实施，为新中国户籍管理工作奠定了重要的法律基础。70

年代以来，国家又陆续出台了一系列的户口政策，对促进城乡经济社会的发展，保障公民合法权益，维护社会稳定等方面发挥了积极的作用。随着经济发展和社会进步，特别是改革开放的深入和社会主义市场经济体制的逐步建立，户籍管理工作面临的新情况、新问题不断增多，而现行的《条例》又难以解决。这主要表现在《条例》中的部分内容已与现行的刑法、刑事诉讼法相抵触；现行的户口迁移政策和《暂住证申领办法》等部分规章早已突破了《条例》的有关内容；群众违反有关户口管理规定，如出生迟报和不报、死亡不销、户口项目随意变更等问题相当突出。对此每年全国人民代表大会和全国政协代表大会期间，有关部门和社会各界的许多人士和政协委员就此提出建议和提案，要求加强户籍法制建设。改革户籍制度，需要通过一种权威力量来实现城乡居民的身份平等，以宪政形式尽快出台一部新的《户籍法》，以推进户籍制度创新。新的户籍法需要充分体现和遵循宪法对公民权利的保护原则和精神，以保护公民的迁徙、居住和身份平等的权利，以及规定公民应履行的义务、规范管理行为为目标。新的户籍法的出台及实施必然会推进科学完备的户籍管理法规体系的建立，一套适应社会主义市场经济体制的城乡统一的户籍制度也会因此而逐渐完善。目前，随着国家经济、社会结构的调整和有关部门相关改革措施的出台，户籍制度的改革也已启动，这就为制定户籍法创造了有利条件。民族地区应当依据新的户籍法，结合民族自治地方的经济、文化、社会特点，行使立法自治权，完善户籍法律制度，并加强自治机关的依法行政和规范执法，为城镇化提供法律保障。

第二，转换户籍管理的功能。要逐步削弱户籍制度控制流动和执行分配依据的功能，加强其为人口信息和民事关系证明提供服务的功能。从我国户籍制度的发展状况来看，新中国户籍制度建立之初，其主要目标是为了了解人口情况和证明公民身份。随着各种利益的分配与户口相关联，户籍的意义发生了变化，户籍管理的目标也随之而变。户籍制度成为保证利益分配稳定性的核心手段。今天户籍制度的信息服务功能逐渐弱化，户籍登记已不能较准确的反映真实情况，人户分离、空挂户口、重登、漏登和不登记现象较为普遍，而登记内容的准确性也非常值得怀疑。之所以造成这种情况是由多种因素综合作用的，其中起决定因素的就是户口与多方利益的挂钩，人们往往会隐瞒或改变事实来尽量获得更多的利益。户籍制度必须价值中立才能真正为人口和公共事务服务，而户籍制度这一功能的提升，正是市场经济战胜、超越计划经济的标志。民族地区的户籍管理也存在上述问题，需要大力解决，切实转换户籍管理的功能。

第三，打破城乡户口的二元结构，完善公民身份证制度。城乡户口的划分是人为地在公民之间划定界限，有意对公民加以区分的制度设置。这一措施会有意无意地界定公民的身份等级，为社会不平等提供滋生的土壤。随着我国经济、社会的发展，单纯依靠户口登记制度已很难进行有效地管理和监控，人户分离是突出的问题。由于城乡户口二元结构的诸多弊端，实施公民身份证制度不失为解决这一问题的良方。民族地区要按照这一方向实施户籍改革，从以户籍管理为主向以人口管理为主过渡，最终以人口管理代替户籍管理。

第四，逐步改革居民迁移和流动的户口控制方式。社会成员的迁移行为是一种理性选择的行为。在不妨碍公共秩序或损害他人利益的前提下，个人自由迁徙和选择居住地，是每个公民都可以享有的权利。如果政府出于公共利益和公共管理的目的，需要进行调控的话，完全可以通过税收、土地、房产价格等宏观经济的杠杆来调节流向大城市的人口量。在非户口歧视的前提下，可以通过各种宏观经济措施，根据需要适当增加迁移和流动的成本，来引导人口的合理流动，促进社会的健康发展。民族地区的人口开始只在本地区城镇间流动，以自治区、州、县的首府最为集中。据统计，20 世纪 90 年代末期，乌鲁木齐市外来人口是 264850 人，其中少数民族人口有 45979 人；依据 1996—1998 年间 3698 份问卷统计，拉萨市流动人口中以外地区汉族为主，占流入人口的 74.7%，其次是藏族占 14.8%，主要来自区内各地。① 归根结底城乡人口迁移的动因是比较利益的获得，抓住了这一点就抓住了问题的关键所在。民族地区要严格依法管理流动人口，对流动人口的管理服务工作，要按照以人为本的理念，由过去的防范控制型管理转变为管理和服务并重的服务型管理。要建立社会化的管理模式，实现工作时单位管、暂住地由社区管、党团员由组织管、系统问题部门管、治安问题公安管的工作格局。特别要注意处理好各民族间的关系，正确执行党的民族政策。

第五，从户籍身份上逐渐剥离各种特权和利益。我国传统户籍制度强调户籍身份在分配中的作用，使户籍身份带有世袭的特点，导致个人与个人之间初始机会的不平等，使社会的差别带有先决性。不平等的分配原则以及世袭因素在分配中的决定作用，不仅可能使处在优势地位的个人不思进取，而且可能使处在劣势地位的人失去进取的动力，整个社会的创新和进取风气难以形成。不平等的分配体制常常也是社会冲突和社会问题产生的重要根源。改革开放初期，生活物品短缺的问题解决了，但公共产品短缺的问题却更加凸现。户口的含金量不仅没有下降，反而更重了。到 20 世纪 90 年代中期，随着各种资源向特大城市的聚集，小城镇（市）的公共资源相对枯竭，小城镇（市）户口的含金量下降。到 20 世纪 90 年代后期，小城镇的户口几乎不值钱了。而北京、上海、深圳这样的城市市民的福利待遇，远远高于周边城

① 转引自郑信哲、周竞红著：《少数民族人口流动与城市民族关系研究》，《中南民族大学学报》2002 年第 4 期。

市和乡村的公民待遇。因此，这些城市的户口不仅没有因为开放户口的呼声高涨而取消。相反这些城市的户口制度成为一部分人（城里人）排斥另一部分人（城外人）的“电网”。有学者认为，北京、上海等城市的户籍具有吸引力的原因是它背后的利益，比如就业、补贴、社会保障，等等。如果户籍背后这最关键的几项都不存在了，那么户籍的含金量也就微乎其微了。因此，必须从户籍上逐渐剥离各种特权和利益，还户籍以本来面目。民族地区的大中城市也存在类似问题，尤其以自治区首府最为突出。

第六，做好户籍制度改革的配套改革工作。户籍制度改革必须同劳动就业制度、土地产权制度、教育制度、社会保障制度等各项社会改革结合起来，建立起健全统一的社会保障新体系。统一城乡户籍的意义不仅仅是简单地从户口本上改变公民的户口标签，更关键的是要给乡村居民和城市居民以平等的国民待遇。户籍改革真正的价值在于改革户籍制度背后的社会制度。一部分地区为了提高“城市化水平”，将大批土地被征用后的农民的身份转换为“居民”，但是由于就业、社会保障等一系列问题没有及时得到解决，出现了一些“种田无地、就业无门、保障无份”的“三无居民”，对社会稳定带来不利影响。如浙江某地农民，变成“城里人”之后又向政府要求将户口迁回农村，以便得到承包土地维持最起码的生计。具体而言，与流动人口相关的社会保障主要是社会保险、社会救助和住房保障。社会保险包括养老保险、失业保险、医疗保险等，是社会保障体系的核心。社会救助主要表现为面向城市居民的最低生活保障。社会保险与社会救助的一个主要区别在于前者需要通过单位或者个人缴费才能够获得资格。从养老保险看，2001年中国政府开始进行完善基本养老保险制度改革试点，主要包括逐步做实个人账户，实现部分基金积累，探索基金保值增值办法；将基础养老金水平与职工参保缴费年限更紧密联系；统一灵活就业人员的参保缴费办法等。实际上养老保险难以覆盖到流动人口。不仅是因为这些人口灵活就业的特点，而且来自于当前现收现付体制存在的问题，使得缴费主体缺乏信心。在社会救助体系方面，我国仍是地区性的。城市低收入人口（包括新迁移人口）一旦由于种种原因丧失获取收入的能力，仅限于具有本地户口的当地人享有最低生活保障。在住房方面，我国城市实行了以住房公积金制度、经济适用住房制度、廉租住房制度为主要内容的城镇住房保障制度建设，经济适用房建设在全国大面积铺开。但在实际操作中，无论是经济适用房还是廉租房，其适用对象都是具有户籍的本城市低收入人口。如北京市，无北京户口的外地人均不能购买经济适用房。同全国其他地区一样，民族地区的户籍制度改革必须做好配套工作。否则，户籍制度改革难以落到实处，城镇化的制度性障碍难以消除。

三、民族地区城镇化建设中户籍制度改革的程序和方法

要统筹城乡发展避免城乡差距的进一步扩大，就要对传统的城乡二元体制进行逐步调整。改革城乡二元政策尤其是取消现行户籍制度是必须的，但要注意改革的程序和方法。民族地区城镇化中的户籍制度改革也概莫能外。以1958年通过的《户口条例》为标志，中国的户籍制度建立已经50余年，其他一系列偏向城市居民的政策是随后才逐步发展起来的。这些政策以保证城市居民充分就业以及各种福利为核心，广泛涉及社会生活的方方面面，其内容之繁杂和全面，在世界上是绝无仅有的。这要求我们对这一系列盘根错节的体制安排有一个清醒的认识。我们已经注意到，一系列排斥农民的政策无一例外都是以户籍制度为基础的。只有通过它才能严格区分和分割城乡人口，并对农民实行所谓“歧视性待遇”。因此，户籍制度实际上处于基础和核心的地位。从这个角度来说，把改革的矛头指向户籍制度似乎是切中要害。但是，一旦取消对进城农民的户口管制，本来限于城市居民

享受的福利和公共资源将会骤然极度短缺，甚至会对城市带来破坏性的冲击。这其中的道理是很明显的：在城乡收入和福利差距如此巨大、城市化严重滞后的条件下，户籍制度如果立即取消，城乡制度完全一体化，大量人口的涌入必然导致城市陷入混乱和崩溃。这对一些特大城市和传统体制浓重的城市来说是尤为危险的。虽然户籍制度是其他制度安排的基础和前提，并且形成于其他制度之前，但根据现实的情况，改革的次序只能是反向的。也就是说，应先逐步取消城市居民享有的各种优惠待遇，降低城市户口的含金量，然后才能完全废除现存的户籍管理体制，归还宪法所赋予的迁移自由，实行国际通行的登记户口制。民族地区户籍改革必须渐进有序而不能冒进。如郑州市曾经大开门户，将城市户籍四处派发，但在 2004 年 9 月却又不得不叫停。这并不能认为是在走回头路，而是迫于市场压力而不得不采取的措施。户籍问题的所指并不在于户籍管理本身。中国户籍制度的独特之处在于依附在户籍之上的各种权利和福利在城乡居民之间的二元安排，这才是不合理之所在。实践已经证明，取消城乡居民的户口差异容易得可以一蹴而就，而使进城农民享受同等的权利和福利却难上加难。

片面强调把户籍制度改革作为一项消除城乡差别的措施难免会让改革流于形式，甚至演变成一项政府官员作秀的“政绩工程”。中国的城乡发展差距问题，主要不是市场自发形成的，或者说主要不是市场的问题，而更多的是机制安排以及“城乡分治、重城轻乡”的政策效应所致。鉴于我国城乡发展失衡的特殊成因及其机理，特别是其现实影响，“解铃还须系铃人”，城乡差距还是需要借助政府的力量来缩小。发挥政府的主导作用并不等于采取完全强制性的行政行为，而是在尊重市场的资源配置基础性作用、尊重市场导向的城乡融合与城乡互动的规律基础之上，政府适当采取倾斜的制度供给、体制创新、政策创新、发展战略创新的具体措施，使长期以来处于相对落后的农业、农村、农民得到补偿性的发展，促进“三农”问题的有效解决乃至城乡的协调、平等发展。“三农”问题的有效解决，存在“外化解决”、“内化解决”和“一体化解决”三种方式。所谓“外化解决”方式是指“三农”外向的转化，走农村城市化、农民市民化、农业非农化的道路，这是经济结构、产业结构调整的历史大趋势。所谓“内化解决”方式是指“三农”内在的提升，即要探索如何建设新农村、塑造新农民、发展新农业。所谓“一体化解决”方式则是“外化解决”与“内化解决”方式同时并举以及城乡优势互补、交融整合地发展。对待“三农”问题有一种急于求成的心态和浮躁情绪，表现为一些地方政府和实际工作部门，不考虑各地的历史与现实的客观条件差异，存在着只讲“外化解决”方式，忽视“内化解决”方式，并把“一体化解决”方式作为体现政府政绩的一项工程来抓的倾向，试图通过设几个“试点区”，搞几个“样板点”，在短短的时间内以“做高”农业工业化、农村城市化、农民市民化的数字指标，就匆匆作出了实现“城乡一体化”发展的结论。然而过去的历史教训表明，今天投入了多大的热忱“作秀”，到头来就会受到多大的、甚至更大的惩罚。具体地说，总体上政府在统筹城乡发展的不同时期，又有一个作用、定位的转换问题。就近期而言，政府首先要“补位”，通过制度创新、制度供给、创设城乡统筹发展的实现机制。政府还应当按照WTO所允许的“绿箱”政策，大力投资农业基础设施建设、农村保险、农民教育等方面，积极推动农村生产和生活方式现代化与自然环境和社会环境的和谐发展，繁荣农村经济，建设新农村；采取和推广多方筹集培训经费的办法，实行国家、地方、乡村、个人分担培训费或以联合办学等形式发展农民培训，对农民开展新知识、新技术、新工艺培训，培养大批知识技术农民，使农民从传统体能型转换为智能型、技术型的新农民；增加对农业的科研推广、质量安全和检验检测等方面的投入，加快农业科技进步，形成高科技含量、高附加值、高效益的新农业，有效地促进“三农”的内在提升。此外，政府还应对过去城市偏向、工业优先的发展政策进行调整，制定与反哺、扶助“三农”相配套的城乡协调发展政策和措施，在保存和发展城市与乡村鲜明特色的前提下，改善城乡结构和功能，协调城乡利益和利益再分配，实现城乡资源的优化配置和平等发展，积极寻找城乡互融、互补、互惠、良性互动的“一体化”新型发展的有效途径。

民族地区的户籍制度改革必须有步骤、分阶段进行。按照国家的“十一五”规划和西部大开发政策精神，民族地区的户籍制度改革可以分三阶段进行：第一阶段从现在起到2010年，放开地级市（包括地级市）以下城市的户籍制度，允许农（牧）民自由进入。凡是在城镇有合法的固定住所和生活来源的，均可落户，享受城镇居民待遇。城镇居民的管理实行身份证管理，按照居住地和职业划分农业人口和非农业人口。为了避免刚进城的农（牧）民有后顾之忧，可以在自愿的前提下，允许他们在3—5年内保留在农村的承包地。第二阶段到2015年，彻底放开副省级城市的户籍，允许有合法住所、固定职业和生活来源的中国公民落户。第三阶段是在2020年以后，放开省会城市的户籍，按照居住地和职业划分农业和非农业人口，实行身份证管理。

第八章 民族地区城镇化建设中的社会保障创新

市场经济和社会保障是现代社会发展的两翼。没有社会的安定就没有社会的发展；而没有社会保障，就没有社会的安定。社会保障法律制度是调整社会保障实施过程中发生的各种权利义务关系的法律规范的总称。新中国的社会保障立法始于20世纪50年代初，80年代中期以来，我国的社会保障事业进入了全面改革和发展的阶段。城镇化进程受到经济社会发展和制度建设的双重制约。我国城镇化严重滞后于经济社会发展的事实说明，中国城镇化滞后固然受到发展的制约，但更主要是受到制度的制约。社会保障制度是城镇化的关键，城镇化建设呼唤全方位的、规范的社会保障制度。民族地区农村社会保障制度的缺失和城镇社会保障制度的封闭性，严重地阻碍了民族地区的城镇化进程。民族地区城镇化建设需要完善社会保障制度，需要建立同民族地区经济社会发展水平相适应的，覆盖城镇和农村的社会保障体系。民族地区农村和农民工社会保障制度的创新，以及民族地区小城镇社会保障制度的改革是其突破口。

第一节 我国的社会保障制度

一、社会保障制度的内涵

社会保障来源于英文的“Social Security”。社会保障是指一个国家或者地区为了保持经济发展和社会稳定，对公民在年老、疾病、伤残、失业、遭遇灾害、面临生活困难的情况下，由政府和社会依法给予物质帮助，以保证公民基本生活需要的制度。在1935年美国的《社会保障法》中，官方首次使用了“社会保障”一词。在1986年9月通过的《中共中央关于制定国民经济和社会发展第七个五年计划的建议》中，中国第一次在国家最高层次的文件中明确提出社会保障的概念。社会保障不是自发产生的，它是国家为了整个社会的利益通过立法强制实施的。因此，社会保障制度从其诞生之日起就是一种法律制度，它是调整社会保障实施过程中发生的各种权利义务关系的法律规范的总称。从社会保障的发展历程来看，世界各国社会保障制度的建立，都是以制定和实施社会保障法律制度为起点的。任何类型的社会保障制度都必须在法制的轨道上和法治的氛围中才能良好运行，社会保障制度的发展历程体现了道德法律化的过程。

社会保障制度具有如下基本特征：(1) 强制性。世界上实行社会保障制度的国家，都选择了通过立法来规范这一制度的主要内容，并采取强制措施加以推行。各国的社会保障法律都规定了社会保障制度的各个环节、各个项目和具体制度，明确了每个社会成员在社会保障方面的权利与义务。譬如，社会保障法规定在国家法律指定的范围内，每一个社会成员都必须依法参加社会保障，同时每一个受保人也必须根据法律规定承担缴纳社会保障费的义务，这是一种被强制执行的义务。社会保障法因为具有了强制性的特征，才能保证社会保障基金有可靠的来源，真正实现被保险人获得社会帮助的权利。(2) 社会性。社会保障法的适用对象是全体社会成员，社会保障基金除来源于国家财政支持外，主要来源于用人单位和劳动者个人。体现在社会保障经办机构的社会性方面，社会保障法规定社会保障经办机构应当是能够实现政府部分职能的社会性机构，既非只保护本单位职工的利益，也非以盈利为主要目的。体现在社会保障法主要功能的社会性方面，主要功能之一就是具有社会“安全网”和“减震器”的作用，即通过满足社会成员的基本生活需求，来达到稳定和发展社会的目的。(3) 福利性。社会保障法所规范的社会保障制度是国家和社会为全体社会成员举办的一项社会公益事业，其最终目标是促进社会公平和全社会的发展与进步。所有符合法律规定的资格条件并依法履行了相应义务的劳动者，均享有在其遭遇生、老、病、伤、残、失业、死亡等不幸事件时，从国家和社会获得一定物质帮助的权利。这些帮助都是非盈利性的，因而具有福利性。(4) 互济性。互济性是指通过社会保障法律制度的实施，实现社会成员之间的互助共济。“人人为我，我为人人”，是社会保障法律制度存在和发展的道德基础。社会保障法的互济性贯穿于社会保障基金筹集、管理和支付的全过程之中。

社会保障法是一个多层次的法律体系，一般包括社会保险法律制度、社会救济法律制度、社会优抚法律制度和社会福利法律制度等。第一，社会保险法律制度是指国家通过立法建立的，旨在使劳动者在年老、患病、失业、工伤、生育等情况下，能够从国家和社会获得一定物质帮助和补偿的社会保障法律制度，它是社会保障法律制度的核心内容。世界各国由于社会制度不同，社会政策目标不同，社会保险法律制度的内容也不尽相同。在我国现阶段，社会保险法律制度的内容主要包括：(1) 养老保险法律制度。它是指国家通过立法建立的，旨在使特定社会成员在达到一定年龄、丧失劳动能力、退出社会劳动过程时，能够从国家和社会获得维持基本生活的物质帮助的社会保险法律制度。(2) 医疗保险法律制度。它是指国家通过立法建立的，旨在使社会成员在因疾病引起经济困难时，能够从国家和社会获得一定经济补贴和医疗服务保障的社会保险法律制度。(3) 失业保险法律制度。它是指国家通过立法建立的，旨在使劳动者在由于非本人的原因暂时失去工作、中断收入、丧失生计来源时，能够从国家和社会获得物质帮助的社会保险法律制度。(4) 工伤保险法律制度。它是指国家通过立法建立的,旨在使劳动者在因生产或工作发生受伤、残疾、职业病或死亡,本人及其家属丧失收入来源时,能够从国家和社会获得一定物质帮助的社会保险法律制度。(5) 生育保险法律制度。它是指国家通过立法建立的,旨在使妇女劳动者在因生育子女而暂时丧失劳动能力时,能够从国家和社会获得必要物质帮助的社会保险法律制度。第二,社会救济法律制度是指国家通过立法建立的,旨在使社会成员在遭受自然灾害或者生活发生严重困难时能够获得物质帮助的社会保障法律制度。第三,社会优抚法律制度是指国家通过立法建立的,旨在由国家和社会对军人及其家属提供社会优待和物质帮助的社会保障法律制度。第四,社会福利法律制度是指国家通过立法建立的,旨在使不同社会成员在分享社会发展成果方面能够获得物质帮助的社会保障法律制度。

二、新中国社会保障制度的历史进程

(一) 社会保障制度的创立阶段 (1949 - 1957 年)

新中国的社会保障立法始于 20 世纪 50 年代初。在新中国建立之初,起到临时宪法作用的《中国人民政治协商会议共同纲领》,就作出了要在企业中"逐步实行社会保障制度"的规定。1951 年 2 月,政务院发布了由劳动部和中华全国总工会拟定的《中华人民共和国劳动保险条例》(以下简称《劳保条例》),对职工的生、老、病、伤、残、死等生活待遇、医疗保健和社会福利事业做出了相应的规定,初步建立了企业职工社会保险体系。1953 年,在我国经济状况出现好转和经济建设走上正轨的背景下,国家对 1951 年的《劳保条例》进行了修订,扩大了实施范围,提高了保险待遇。《劳保条例》是新中国成立后的第一部综合性的社会保险法规,是保障我国城镇劳动者基本权益的重要法律依据。它构筑了我国"国家保障"与"企业保障"相结合的社会保障基本格局和以劳动保险为中心的社会保障基本框架，奠定了我国社会保障法律制度的基础，在中国社会保障立法史上具有划时代的重要意义。

在建立企业职工社会保险制度的同时，国家也开始着手建立针对国家机关和事业单位职工的社会保险制度。1950 年 12 月内务部颁布了《革命工作人员伤亡褒恤暂行规定》，对国家机关和事业单位工作人员因工因战伤残，部分或者全部丧失劳动能力的保险待遇以及伤亡的抚恤和丧葬做了规定。1952 年 6 月政务院颁布了《关于各级人民政府、党派、团体及所属事业单位的国家工作人员实行公费医疗预防的指示》；9 月又颁布了《各级人民政府工作人员在患病期间待遇暂行办法》，从而在国家工作人员中建立起了医疗服务和疾病津贴制度。1954 年 4 月颁布了《关于女工作人员生育假期的规定》，初步确立了女工作人员的生育保险制度。1955 年 12 月国务院发布了《国家机关工作人员退休处理暂行规定》以及《国家机关工作人员退职暂行规定》，初步确立了养老保险制度。到 1955 年底，国家工作人员的社会保险体系初步建立起来。除社会保险立法外，政府还着手建立了一系列有关社会救济、社会福利以及社会优抚的基本制度。在社会救济方面，鉴于当时农村受灾严重和普遍贫困，城市工厂倒闭以及大批工人失业等情况，国家于 1950 年颁布了《救济失业工人暂行办法》；1953 年颁布了《农村灾荒救济粮款发放使用办法》；1954 年颁布了《关于加强沿海盐民生产救济工作的通知》；1956 年颁布了《职工生活困难补助办法》等。在社会福利方面，国家于 1956 年发布了《关于国家机关和事业、企业单位 1956 年职工冬季宿舍取暖补贴问题的通知》，1957 年发布了《关于职工生活方面若干问题的指示》，并修改颁布了《国务院关于国家机关工作人员福利费掌管使用的暂行规定》等。在社会优抚方面，国家于 1950 年颁布了 5 个关于军人优抚的条例。经过上述工作，与计划经济体制相适应的包括社会保险、社会救济、社会福利和社会优抚安置在内的中国社会保障制度基本上建立起来。这一制度的建立在相当长的时期内，对发展我国国民经济，巩固国家政权，保障人民生活起到了重要作用。

（二）社会保障制度的调整阶段（1958－1966年）

在回顾和总结了新中国成立后8年间社会保障制度的实施情况的基础上,为了适应形势发展,国家在这一阶段对一些不适应经济建设的社会保障制度进行了必要的改革。（1）统一了企业与国家机关工作人员的退休退职制度。1958年2月国务院公布了《关于工人、职员退休处理暂行规定》,这是我国第一部统一养老保险制度的单独立法,统一的内容包括退休条件、退休待遇、工商退休和补贴待遇、退休医疗待遇以及死亡补贴等。（2）改革了公费医疗和劳保医疗制度。1965年9月卫生部和财政部联合发出了《关于改进公费医疗管理问题的通知》,对公费医疗制度作了适当改革等。这一时期的社会保障立法主要是对那些不适应形势发展的社会保障制度进行了一些修正和调整,从而完善以社会保险为中心的社会保障制度。而关于社会保障的一般原则和基本体制则没有实质性的变化,仍然以其创建时期颁布的各项基本法律、法规为依据。

（三）社会保障制度遭受重大挫折阶段（1967－1977年）

十年"文化大革命"使我国社会保障法制建设遭受到了巨大的挫折与破坏，处于一片混乱状态。工会、劳动部门和内务部门先后被撤销，社会保险无人管理，社会保险基金的征集、管理和调剂使用制度被迫停止。国家机关、企事业单位职工正常的退休制度被中断，致使全国几百万老弱病残职工办不了退休手续。财政部于1969年2月发布了《关于国营企业财务工作中几项制度的改革意见（草案）》，规定国营企业一律停止提取劳动保险金，使社会保险完全倒退成企业保险。十年动乱给我国社会保障事业带来了灾难性的影响。

（四）社会保障制度恢复、补充阶段（1978－80年代初）

"文化大革命"结束后我国恢复了退休制度,建立了离休制度。

1978年6月国务院颁布了《关于安置老弱病残干部的暂行办法》和《关于工人退休、退职的暂行办法》，将1958年统一起来的国家干部和企业职工的退休、退职制度重新分开，实行不同的制度。1980年3月国家劳动总局和全国总工会联合发布了《关于整顿和加强劳动保险工作的通知》，该通知连同上述有关退休、退职的暂行规定，使得“文化大革命”前的劳动保险制度基本上得到恢复。在医疗保险、社会福利、社会优抚等方面也都有一定的恢复。总之，这一阶段逐步恢复了停滞不前和遭受破坏的社会保障机制，为80年代后期以来的社会保障制度的全面改革和发展奠定了基础。

三、我国社会保障制度的全面改革和发展

进入20世纪80年代中期以来，随着我国经济体制改革的逐步推进，国企改革不断深化，尤其是劳动用工制度改革。《中华人民共和国全民所有制工业企业法》、《中华人民共和国公司法》和《企业破产法》等法律制度的实施，使原有的社会保障制度越来越不适应经济社会发展的需要。因此，在1985年9月通过的《中共中央关于制定国民经济和社会发展第七个五年计划的建议》中，第一次明确提出了“社会保障”的概念，将社会保险、社会福利、社会救济和社会优抚等制度，统一纳入了社会保障体系。

党的十四大确立了建立社会主义市场经济体制的宏伟目标后，建立与社会主义市场经济体制相适应的社会保障制度，成为经济社会发展的迫切需要，成为国家和人民的共同要求。党的十五大报告指出，要建立社会保障体系，实行社会统筹和个人账户相结合的养老、医疗保险制度，完善失业保险和社会救济制度，提供最基本的社会保障。此后，国务院决定组建劳动和社会保障部，第一次着手在全国建立统一的社会保障管理体制。党的十六大报告又进一步指出：“建立健全同经济发展水平相适应的社会保障体系，是社会稳定和国家长治久安的重要保证。坚持社会统筹和个人账

户相结合,完善城镇职工基本养老保险制度和基本的医疗保险制度。健全失业保险制度和城市居民最低生活保障制度。"① 2004年的宪法修正案中加入了"国家建立健全同经济发展水平相适应的社会保障制度。"② 这就说明我国已经把社会保障提到了一个前所未有的高度,也表明国家建立健全社会保障体系的决心。

我国社会保障事业进入了一个崭新的全面改革和发展阶段。这主要体现在如下几个方面:(1)养老保险法律制度的改革和发展。1991年国务院发布了《关于企业职工养老保险制度改革的决定》,实行养老保险费社会统筹。1995年国务院发布了《关于深化企业职工养老保险制度改革的通知》,并同时出台了两个具体操作方案,明确规定了将职工和企业缴纳费用分为"社会统筹"和"个人账户"两部分。1997年7月国务院颁布了《关于建立统一的企业职工基本养老保险制度的决定》,提出了全国统一的养老保险办法。(2)失业保险法律制度的建立。由于意识形态等方面的原因,我国长期否认失业现象的存在,失业保险在我国社会保险体系中一直处于空白状态。1986年国务院颁布了《国营企业职工待业保险暂行规定》,中国的失业保险法律制度从此迈出了艰难的第一步。为了完善该制度,1993年4月国务院颁布了《国营企业职工待业保险规定》。1994年国家劳动部门正式公布将待业保险改为失业保险。1999年1月22日,朱镕基总理发布中华人民共和国国务院令(第258号),公布实施《失业保险条例》,中国的失业保险法律制度至此终于建立起来。(3)医疗保险法律制度的改革与发展。由于"文化大革命"后劳保医疗完全成为企业保险,企业按有关规定提取工资总额的11%为职工福利经费(主要用于医疗费

① 《全面建设小康社会,开创中国特色社会主义事业新局面》,载《光明日报》,2002年11月19日,第A3版。

② 《中华人民共和国宪法修正案》,《国务院公报》第5页,2004年第13期。

用），总量由各企业控制。所以，改革主要在医疗费用完全由国家财政拨付的公费医疗中进行。1989 年 8 月卫生部和财政部联合颁布《公费医疗管理办法》，1993 年 10 月两部又联合下发了《关于加强公费医疗用药管理的意见》。此外，劳动部于 1992 年 9 月发布了《关于试行职工大病医疗费用社会统筹的意见的通知》，使我国“大病统筹”制度逐步建立和完善。1993 年 10 月劳动部发布了《关于职工医疗保险制度改革试点的意见》，提出了医疗保险的目标、基本原则以及基金的组成等内容。1994 年 4 月国务院体改委、财政部、劳动部、卫生部联合下达了《关于职工医疗制度改革的试点意见》，进一步明确提出了改革的目标、基本原则和试点的主要内容等。1994 年 11 月国务院下达了《关于江苏省镇江市、江西省九江市职工医疗保障改革试点方案的批复》，我国开始在镇江、九江两市进行医疗保险改革的试点工作。（4）其他社会保障法律制度的改革和发展。20 世纪 80 年代以来，我国在社会救济、救灾制度、社会优抚、社会福利以及农村扶贫制度改革等方面都取得了较大进步；在保障妇女儿童、未成年人、残疾人和老年人特殊权益的立法上也取得了较大进展，其中蕴含着许多有关社会福利的内容。

四、我国现行社会保障制度存在的主要问题

（一）社会保障立法工作严重滞后，立法层次低

社会保障必须以社会立法为手段，才能使其运作法制化、规范化。纵观世界各国社会保障制度建立和发展的历史，无一不是立法在先。早在 19 世纪 80 年代，德国就先后颁布了三部著名法律，率先成为世界各国社会保障立法的楷模。美国也因于 20 世纪 30 年代颁布了世界上第一部比较完整的社会保障成文法典而闻名于世。社会保障法律制度在当代世界各主要发达国家的法律体系中均占有十分重要的地位。到目前为止，我国尚未颁布一部

综合性的社会保障法律，专门性法规的建设也相当薄弱。作为社会保障制度核心内容的社会保险制度，理应在社会保障法律体系中率先问世，但我国统一的《社会保险法》至今仍未出台，使得社会保险费用的征缴、支付、运营、管理等工作极不规范。1999年国务院颁布的两个条例也不能解决这些问题。此外，社会保障制度中的其他项目，如社会救济、社会福利及其社会优抚等，则基本上处于立法的空白地带。社会保障国家立法的滞后势必造成社会保障制度在实施过程中缺乏足够的法律依据，只能靠政策规定和行政手段来推行。从地位上讲，社会保障法是市场经济法律体系中一个重要的独立法律部门，理应同其他各部门法一样由全国人民代表大会制定，其效力应当仅低于宪法。但现实情况是，我国社会保障人大立法少，行政法规多，立法层次较低。就是仅有的几部由全国人大通过的与社会保障相关的法律，也是与其他方面的内容混合在一起出台，并非专门针对社会保障领域的问题而制定。由国务院及其相关部委颁布的各种社会保障行政法规至少有上百部之多，这些法规大多是以“规定”、“决定”、“意见”、“通知”的形式出现，它们是我国长期以来解决社会保障问题的主要法律依据。这种现状显然与社会保障法的地位不相符合，导致了社会保障立法权威性和稳定性的严重缺乏。

（二）现有的社会保障体系不健全，社会保障的范围过窄

社会保障法作为一个独立的法律部门应有自己完整的体系。全国人大至今没有制定出专门的社会保障基本法，而社会保障行政法规之间缺少必要的衔接，不能形成配套的法律体系，实践中有许多问题无法可依。同时由于我国长期以地方分散立法的体例来开展社会保障立法工作，使得统一的社会保障制度实际上处于被分割的状态。完整的法律规范应当包括假定、处理和制裁等要件，无法律责任和制裁措施的法律规范是一个有严重缺陷的系统，无法发挥法律规范的强制性功能。在我国已经制定出来的社

会保障法规中，普遍存在缺乏法律责任和制裁措施的现象。这导致仲裁机构和人民法院无法根据有效的法律依据进行仲裁或者判决。现代社会保障应该是一种以全体国民为对象的保障制度，它要求国家以立法的方式保证保障对象的社会化。统一的社会保障立法应当规定社会保障是全体社会成员都享有的、人人平等的公民权利。但由于目前缺乏统一的法律规范加以保障，我国的社会保障制度覆盖和保障的仍然只是一部分社会成员。我国社会保障覆盖的主要是城镇企业的职工，而没有把占总人口大多数的 8 亿农民纳入其中，这不能不说是社会保障立法工作中的一大漏洞。长期以来，我国养老保险制度基本上是在国有企业、部分集体企业和一小部分三资企业中实施。失业保险制度则基本上是在国有企业中实施，私营企业、个体经济、绝大部分“三资”企业和广大农村，均被排除在社会保障实施范围之外。我国社会保障适用对象的有限性与世界各国“社会保障实施对象是全体公民”的标准相比，明显范围过窄且不合理。

（三）社会保障法律监督和实施机制薄弱

建立健全社会保障的法律监督和实施机制是社会保障法制建设的必然要求。社会保障的法律监督是指为使社会保障的管理符合国家法规要求，从而对社会保障的管理过程和管理结果进行评审和鉴定。中国现行社会保障法律监督机制的薄弱，主要体现在社会保障法律中缺乏对社会保障基金筹集与运营的监督，导致部分负有缴纳社会保障费法定义务并具有缴纳能力的义务人拒缴、拖缴或者以各种方式逃避缴纳义务。社会保障实施机制包括行政执法、司法、争议解决的仲裁活动等。社会保障实施机制较弱的主要原因，在于我国现行社会保障法律中缺乏有关法律责任和制裁措施的规定，结果导致挤占、挪用、截留社会保险基金的违法行为十分突出，但却得不到及时和有效的惩治。《中华人民共和国刑法》第 273 条虽然对挪用社会救灾、社会救济等款物的行为规定了明确的制裁措施，但是并未将社会保险基金列入特定款物的保护范围之内，使社会保险基金的运营处于极不安全的状态，实际上弱化了社会保障实施机制。

上述这些问题的存在必然导致我国现行社会保障法律制度的种种缺陷。保障程度差，保障水平低，保障范围窄便是这些缺陷的突出表现。我国现行的社会保障制度不能适应社会主义市场经济发展的客观需要，不能保证全面建设小康社会目标的实现，必须尽快加以健全和完善。

第二节　民族地区城镇化建设亟须社会保障

一、社会保障滞后制约城镇化进程

现代社会的进步与发展需要动力机制和稳定机制。市场经济追求效率，讲究优化资源配置和优胜劣汰，从而为社会发展带来无限机遇和动力。但是，市场经济同时蕴含着其本身难以化解的种种社会风险，需要另一种机制去消除风险、稳定社会。这种机制就是被人们称为“安全网”、“减震器”、“调节器”、“抵御市场经济风险最后一道防线”的社会保障。如果一个国家缺少完备的社会保障体系，那么构建任何一种市场经济体制的努力都将难以成功。城镇化建设呼唤全方位的、规范的社会保障制度。在制约民族地区城镇化建设的制度要素中，社会保障是关键一环。

“城镇化”与“城市化”为同义语，是对外来语 Urbanization 一词的不同译法。按其科学含义看，城镇化比城市化更为确切，也更符合我国的国情。我国有关法规文件主要是从四个方面来界定城镇化的：(1) 农村人口向城镇地区转移，农业人口转化为非农业人口，城镇人口绝对量增加，城镇人口占总人口的比重提高；(2) 城镇数目逐步增加，城镇用地规模不断扩大，城镇设施的密度和质量不断提高；（3）城镇生活方式、城镇整体文化和价值观念在农村地域的扩散；（4）人们聚居形式和集聚方式及其相关制度，由传统的制度安排（村庄）向新型的制度安排（城镇）的转变。在上述界定中，一个共同的问题就是忽视了我国现阶段的城镇化是在市场经济的大背景下发生的。事实上城镇化是以人为中心，按照经济规律作出理性选择的结果。因此，城镇化主要表现为一种受经济理性原则支配的经济现象。从经济学的角度看，城镇化是一个人口和非农产业向城镇集聚的过程，是以市场为基础对劳动力、资本、土地等资源进行非农化配置的结果。这种结果反映的是理性的“经济人”——城镇化行为主体，在给定的条件下为实现其价值最大化，最终做出城镇化选择的过程。

城镇化受到经济社会发展和制度建设的双重制约。我国城镇化严重滞后于经济社会发展的事实说明，城镇化滞后固然受到发展的制约，但更主要是受到制度的制约。改革开放以来，我国城镇化进程不断加快，1978—2004 年，城镇化水平由不足 18% 提高到 41.8%。[①] 但事实上，随着我国城镇化进入有效需求不足的新阶段，城镇化的运行机制已经发生深刻变化。由于我们没有及时认识到这种深刻的变化，没有真正把握其运行的规律，没有采取有效的对策，城镇化形势已经发生逆转。这突出表现在与 20 世纪 80 年代相比，90 年代以来的城镇化速度呈下降之势，城镇化速度受体制和政策的深度制约日益明显。1978—1993 年我国城市化水平每年平均提高 0.68 个百分点，而 1996—1998 年，城市化水平每年平均提高 0.45 个百分点。[②] 虽然政府多次改革户籍制

① 李学举：《构建中国特色城镇发展新格局》，载《人民日报》，2005 年 11 月 30 日，第 9 版。

② 国家计委宏观经济研究院：《要整体有序地实现城市化》，载《中国市场经济报》，2001 年 10 月 11 日，第 6 版。

度，逐步放宽对农民进入城镇的限制，但户籍制度改革只是城镇化的突破口，而社会保障制度才是城镇化的关键。户籍制度改革的最终成功也必须以完善社会保障制度为前提。许多历史学家认为，美国“罗斯福新政”的最大功绩不是社会需求的财政调节，而是完善的社会保障制度的建立，因为它保障了美国经济在此之后进入长期稳定的发展。我国如果能尽快完善社会保障体系，整个改革发展和城镇化的进程都可能加快。从现实经济关系的内在逻辑来看，在我国经济体制转型期，城镇化进程受阻的直接原因是就业岗位减少或者增加缓慢；就业岗位减少或者增加缓慢是因为买方市场过早形成；买方市场过早形成是因为农村市场启动困难；农村市场启动困难是因为农民收入增长缓慢；农民收入增长缓慢是因为我国农村人多地少；农村人多地少是因为剩余劳动力不能有效转移；剩余劳动力不能有效转移是因为户籍制度的束缚；户籍制度束缚是因为社会保障瓶颈的制约；社会保障瓶颈的制约使农民被排斥在社会保障制度之外；农民被排斥在社会保障制度之外使城镇化的风险增加；农民城镇化风险的增加使农民进城并不踊跃；城镇对农民吸引力不足使农民难以自愿放弃农村土地；农民不愿意放弃农村土地使规模经营难以实现；小农经济的发展又制约市场的扩大；缺乏足够市场支撑的非农产业必然难以快速发展；非农产业发展缓慢必然难以提供大量就业岗位；就业岗位减少或者增加缓慢必然使城镇化进程受阻。如此循环往复，最终形成难以打破的僵局。

打破僵局的最佳选择是完善社会保障制度。从总体上看，城镇化进程中的社会保障制度的障碍主要在于两个方面：一是农村社会保障制度的缺失；二是城镇封闭的社会保障制度障碍。在完善社会保障制度中，农村社会保障制度的创建是基础，城镇社会保障制度的开放是保证。做出这一选择的理论依据主要有两个：一是需求层次理论决定了社会保障制度建设会成为弥合城镇化机制缺失的逻辑起点。安全是人身最基本的需求，社会保障制度恰恰是满足这一需求的最基本、最有效的制度安排。二是理论创新的成功经验告诉我们，选择社会保障制度创新作为弥合城镇化机制缺失的突破口是正确的，选择社会保障制度创新作为突破口是有科学依据的。选择社会保障制度创新作为突破口就可能形成新的逻辑关系：社会保障瓶颈制约的解除会将农民纳入社会保障体系之内，这使户籍制度的彻底改革成为可能；制度障碍的消除和农民被纳入社会保障体系之内必然提高农民的城镇化倾向；城镇对农民吸引力提高会增加农民自愿放弃农村土地的可能性；农民愿意放弃农村土地使规模经营成为可能；规模经济的发展又促进农民收入的提高和市场的扩大；不断扩大的市场支撑必然会使非农产业加快发展；非农产业发展加快必然提供大量的就业岗位；就业岗位增加必然使城镇化进程加快。这样，城镇化建设和整个经济社会的发展都有可能进入良性循环。

总之，城镇化的宏观环境已经发生重大而深刻的变化，不仅城镇化的行为主体已经市场化，其运行基础也已经市场化。消除城镇化的体制和政策的障碍，理顺城镇化的宏观体制和政策环境，必须对城镇化的内在机制进行全面深入的研究，找出各种关系之间的内在逻辑和逻辑起点，并按市场经济的逻辑，提出明确可行的解决方法。社会保障制度的不完善是城镇化制度体系存在重大缺陷的表现，社会保障制度是城镇化逻辑关系的起点，社会保障制度成为城镇化逻辑关系进入良性循环的关键环节。

二、民族地区农村社会保障制度的缺失阻碍了城镇化进程

改造小农经济，减少农（牧）民，实行规模经营，完善城镇化机制，是民族地区加快城镇化建设必不可少的条件。20 世纪 80 年代中期以来，民族地区农村对城镇化的贡献虽然有量的差别，但基本停留在对城镇工业发展的市场贡献和就业扩张贡献

上，自身始终没能形成像欧美发达国家那样的通过规模经营推动城镇化的内在力量和内在机制。民族地区农村经济发展对城镇化推动力量的弱化，是城镇化机制不完善的重要表现，而深层原因是农村社会保障制度创新没有及时跟进，农村市场经济制度体系有待完善。民族地区农村社会保障制度的缺失，严重地阻碍了民族地区的城镇化进程。

（一）民族地区对农村社会保障的认识不到位

漠视建立健全农村社会保障制度的重要性与迫切性，不少的领导只是把农村社会保障工作看作民政部门的一项业务，并未认识到这是各级政府的一项重要职能。甚至有人还认为农村计划生育政策相对宽松一些，农村养老仍然可以主要依靠家庭，开展社会保险作用不大。农民家庭只要拥有一亩三分土地，土地就可以成为农村的最后保障。从农民的角度来讲，由于法律知识欠缺和社会保障意识淡薄，大多数人错误地认为社会保障纯粹是政府的责任，要求农民个人缴纳社会保障费用，那无疑是“乱收费”。此外，有一些经济发展较快、生活较富裕的乡镇，出现了包揽社会保险和生活福利事业的倾向，助长了农民的依赖心理，弱化了农民的社会保障意识。

（二）民族地区农村社会保障的覆盖面过窄

据统计，几十年来占全国人口大多数农民的社会保障支出仅占全国社会保障费的11%，而占全国人口比例较小的城镇人口却占全国社会保障费的89%。到20世纪90年代初，城市人均享受的社会保障费用是农村人均的30倍之多，两者差距之大超过了世界上任何一个国家。1990年享有养老保险的农民、五保户和定期救济抚恤的人数只占农村劳动者的1.9%，尚有4.1亿农村劳动者未被纳入社会保障体系，加上县以下城镇集体单位的1000万职工和4600万城镇个体经营者，全国乡村大约有4.7亿劳动者基本上没有享受社会保障。到1994年底，享受社会保障的农村人口有所增加，但是也只占农村人口的8.5%。1998年，合作医疗制度的人口覆盖率在农村高收入地区达22.2%，但在中等发达地区和欠发达地区仅为1～3%。此外，在农村城镇化过程中，相当一部分农村剩余劳动力流入城市，但他们难以享受到与当地职工统一的社会保障待遇，处在社会保障的真空地带。民族地区经济社会发展落后于全国平均水平，农村社会保障的覆盖面就更加狭窄。

（三）民族地区农村社会保障社会化程度低、保障能力差

在民族地区农村，按法律和政策规定本应由社会共同承担的社会福利被转嫁到了集体或者企业身上，变成了“企业保障”或者“集体保障”。加重了集体和企业的负担，使它们难以和其他市场主体站在同一起跑线上参与竞争，社会保障基金的互济功能也难以得到充分发挥。农村合作医疗制度的推行，虽在一定程度上解决了部分农民的看病难问题，但并没有从根本上解决农村人口与集体在医疗保健方面的依附关系，医疗保障的社区性很强，社会化程度很低。这种状况不仅削弱了社会保障对农民生活的保障作用，而且成为集体经济和乡镇企业进一步发展和参与市场竞争的绊脚石。社会保障资金的充足与否决定着社会保障能力的大小。当前我国民族地区农村社会保障资金严重不足。财政投入是农村社会保障资金的主渠道，近些年来，国家虽然在不断加大这方面的财政投入，如多次提高农村优抚标准，加拨农村自然灾害救济费用等。但由于其增加的速度赶不上物价上涨，尤其是粮食价格上涨的速度，因此按原物价标准核定的社会救济经费的实际保障力度只相当于原来的一半，甚至1/3。

（四）民族地区农村社会保障管理混乱、稳定性差

民族地区农村社会保障制度管理比较混乱，主要表现在多头管理、政出多门等方面。在管理机构上，一些在国有企业工作的农村职工的社会保障归劳动部门管理，医疗保障由卫生部门和职

工所在单位或者乡村共同管理，农村社会养老和优抚、救济等社会保障项目由民政部门管理，部分乡村或者乡镇企业还自行制定了一套社会保障实施办法和管理规定。由于上述各部门所处的地位和利益关系不同，在社会保障的管理和决策方面经常发生矛盾，导致互相扯皮，办事效率低下。又由于农村社会保障缺乏有效监督，透明度差，往往是少数人说了算，使农（牧）民缺乏对社会保障制度的足够信任，从而影响农村社会保障制度的功能效果。1998 年国务院设立了劳动和社会保障部，但由于缺乏相应的社会保障法规，农村社会保障制度政出多门、法令不统一的情况仍然比较严重。再加上从事农村社会保障工作的一些基层领导和人员素质较差，私欲严重，把农（牧）民交来的保命钱挪作他用的现象严重，在农（牧）民心目中造成了极坏的影响。在开展社会保障工作的农村地区，绝大多数农（牧）民能够认识到社会保障制度的好处，但是却不能完全解除思想上的顾虑，因为他们担心政策发生变化，他们的利益受损，农（牧）民的担心并非杞人忧天。我国目前在农村开办的社会保障项目中，社会优抚和社会救济制度相对来说比较稳定，而社会保障制度的主体项目——农村社会保险和合作医疗制度的稳定性和持续性就很差。我国农村社会养老保险制度的建立、运行和保险金的发放，都不是严格按照法律程序进行的，而是按照地方政府的一些规章制度进行的，主观随意性很大。1998 年以后，农村养老保险的管理虽然由民政部门移交给了劳动与社会保障部，但由于管理体制的改革、存款利息的持续下调和中央关于农村社会养老保险政策的不断变动等，全国大部分地区的农村养老保险工作甚至陷入停顿状态。这样一种很不稳定的社会保险制度，不仅不能保障农村社会的稳定，反而容易激发农（牧）民的不满情绪。

三、民族地区城镇社会保障制度的封闭性阻碍了城镇化进程

随着社会主义市场经济体制的确立，在计划经济体制下完全由政府主导的城镇化机制已基本上淡出了现实生活。在市场取向的改革过程中同其他地区一样，民族地区覆盖城镇全体居民的社会保障制度在历经阵痛后逐步建立。然而民族地区新建立起来的城镇社会保障制度，依然保持了城乡分割的格局，城乡利益差别和城乡不平等的状况并未受到根本触动。农村人口不管是农（牧）业人口还是非农化农业人口，依然基本上被排斥在城镇社会保障体系之外。城乡居民在居住空间选择、就业机会、教育机会、生活福利、社会地位等方面依然存在明显差别。城镇社会保障制度的封闭性排斥农民的加入，使农民城镇化的风险大大增加，农民的城镇化行为也因此而扭曲。

20世纪80年代中期以来,大规模的城乡人口迁移基本上是在社会保障制度缺失的条件下进行的。这种不平等的体制在某种意义上刺激了劳动力的城乡转移。与“正式迁入”人口或城镇现有劳动力相比,“非正式”流入的农村劳动力在劳动力市场上具有相对的竞争优势:(1) 由于农村剩余劳动力的存在以及较低的转移费用,只需较低的工资即可得到近乎无限的供给;(2) 农村劳动力处于传统福利制度的覆盖范围之外,雇主无需支付住房、医疗、养老、失业保险等工资以外的任何福利;(3) 由于很低的机会成本和不享有“铁饭碗”,农民工面临随时被解雇的危险,因而工作努力程度高也易于管理。因此许多用人单位乐于雇佣这部分劳动力。另一方面,进入城市的农村劳动力由于自身文化技术素质较差,绝大部分流向城市非正规部门(主要是传统型第三产业)和城市正规部门的非正式职位(如临时工),他们在总体上与“正式迁入”人口及城市现有劳动力在就业结构上形成互补关系。因此,尽管城市本身存在一定的就业压力,但城市人口(劳动力)流动制度及实践的

创新，无论对农村还是城市发展以及解决就业问题，总体上属于具有“帕累托改进”性质的制度变迁。①

处在社会保障边缘的这些事实上已经非农化、城镇化的农(牧)民，绝不可能长期被排斥在社会保障体系之外，城镇化也不可能在这样的条件下取得突破性的进展。一方面，已经进城的农(牧)民在面临较城镇居民更多更大市场风险的同时却得不到社会保障，这就使许多农(牧)民在面临特定的就业机会时，必然会权衡利弊、得失和风险，可能放弃一些就业机会从而延缓城镇化进程；另一方面，如果将非农化职工纳入城镇社会保障体系，必然要动员大量社会资源，但即使农(牧)民放弃在农村的土地也得不到经济补偿，这就使土地这一最大最宝贵的经济资源得不到有效利用，从而降低了资源配置的效率，也会影响社会保障覆盖面的扩大。总之，封闭的社会保障制度已经成为加快城镇化进程的制度障碍，并构成城乡之间最后的一道壁垒。只要消除了这道壁垒，城镇化的制度平台就可以更完善，城乡资源市场化配置的程度就会大大提高，城镇化就可能进入良性循环。因此，在改革进入了以城乡关系调整为重点的阶段后，消除城乡之间最后一道壁垒的社会保障制度创新，就必然成为制度创新的重点和核心。在21世纪改革发展的新阶段，我国城镇化机制能否由计划经济时期的完全的政府主导型变为完全的市场主导型的城镇化机制，最终取决于城镇社会保障制度对农民开放的时间、方式和程度。

城镇封闭的社会保障制度改革创新的重点是进入城镇的农民工的社会保障问题。要想完善城镇化过程中的社会保障制度，重点必须抓住两个方面：一是城镇社会保障制度中关于农民工社会保障制度的建立和完善。在整个农村人口中，率先将农民工纳入城镇社会保险制度体系，解决其后顾之忧，有利于农村的产业化

① 参见刘传江著：《中国城市化的制度安排与创新》，第177页，武汉大学出版社，1999年版。

发展和加快城镇化步伐，从而有利于提高农业生产率，提高农村劳动力的生活水平和生活质量，也有利于城乡劳动力市场的一体化发展。二是建立完善的农村社会保障制度。在建立了城镇农民工社会保障制度的同时，也要建立和完善农村社会保障制度尤其是农村社会养老保险制度，只有这样才能实现城乡社会保险制度之间的相互衔接，也为农民工正常返回农村提供制度保障。建立农村社会保障制度是完善城镇化机制的重要前提，城镇化中的社会保障问题也只有在城镇化机制的不断完善中才能建立。

第三节　在民族地区城镇化建设中完善社会保障制度

我国已经进入全面建设小康社会和构建和谐社会的时代。这样一个时代的发展绝对离不开一个健全的社会保障制度的维系。十届全国人大二次会议通过的宪法修正案，将“国家建立健全同经济发展水平相适应的社会保障制度”明确地载入了宪法。这是我国社会保障发展史上的重要里程碑，标志着我国的社会保障制度建设进入了一个新的发展阶段。民族地区城镇化建设需要完善社会保障制度，需要建立同民族地区经济社会发展水平相适应的，覆盖城镇和农村的社会保障体系。民族地区城镇化建设同全国其他地区一样，大中城市的社会保障建设已经深入展开并取得了很大的成绩。目前完善民族地区社会保障制度的重点应当放在农村、农民工以及小城镇社会保障制度的创新和改革上，这是完善城镇化机制的难点。

一、完善民族地区社会保障制度的基本原则

在现阶段民族地区各个城镇可以根据自身的条件设定不同的

保障方式：(1) 对于长期在城镇就业，收入和生活已经相对稳定，有稳定住所和工作岗位，尚无条件加入城市社会保障体系的企业职工及其他居民，一方面可以鼓励其加入商业保险机构开展的养老、医疗等保险项目，另一方面可以根据国家的统一要求和城镇的实际情况，在养老、医疗、失业等方面逐步建立社会保障制度，以增强城镇的凝聚力，保证城镇居民的基本生活质量 (2) 对于已经脱离土地，丧失了工作机会，又无其他生活来源的城镇常住居民，在收入调查的基础上，可以建立城镇生活救济制度。(3) 对于有条件的城镇可逐步建立规范的养老和医疗保障制度，纳入当地统一的社会保障体系。但是无论采用何种方式，切不可操之过急。因为一个国家或者地区的社会保障水平，既取决于其整体经济实力，又取决于采用什么样的社会保障机制。由于我国在相当长的时期内还将处于社会主义初级阶段，民族地区的经济发展水平不高，很难像某些发达国家一样实行高水平的社会保障制度。况且以财政支撑的社会保障只能控制在政府财力所能承受的限度之内，故应当大力提倡自我保障和商业保险。民族地区完善社会保障制度的基本原则是：

第一，普遍性与选择性相结合原则。普遍性是指社会全体成员都享有最基本的社会保障待遇，社会保障覆盖全社会并对全体社会成员适用相同的社会保障标准。选择性实质上是区别对待，即针对不同类型的社会成员制定不同法规和标准。对公民实行普遍的社会保障，是世界各国的社会保障法律制度共同奉行的一项基本原则。我国传统的社会保障法律制度以选择性原则为出发点，把社会成员分为干部、工人和农民三个阶层区别对待。这种社会保障体制所造成的后果就是在客观上形成了社会成员之间在社会保障方面的不平等，使社会保障覆盖面狭窄，阻碍了劳动力的合理流动。所以，有学者提出我国社会保障法应当以普遍性为原则，凡是符合法定保障条件的社会成员，都有权得到相应的保障待遇。

民族地区的社会保障应将城镇和农村全部涵盖在内，再依据经济和社会发展水平以及各地的实际情况采取不同的标准和方案。

第二，权利与义务对等原则。在完善社会保障法律制度时强调权利与义务的对等原则十分重要。社会保障法对人和物的保护与制约，主要体现在人与人或人与物的权利、义务关系上。社会保障是我国公民的一项基本权利，但社会保障的受益者并非可以无条件地享受社会保障权利，要享受法律所赋予的此项权利就必须首先认真履行相应的法律义务，否则不仅不能享受权利，还会受到法律的追究与制裁。坚持权利与义务相统一原则，有利于调动多方积极性，提高公民个人在社会保障方面的责任感和参与意识。

第三，国家责任和社会责任原则。在现代社会里，社会保障是由政府管理的一项社会事务，政府本身就是社会保障法律关系的重要主体。我国《宪法》在明确规定中国公民享有基本的社会保障权利的同时，也明确了国家和社会应为此承担的责任。国家应当而且也能够主动利用对社会的干预手段，通过立法调节利益冲突，推动符合社会公共利益的社会保障法律制度的建立与完善。坚持社会责任原则主要是为了保证社会保障的互济功能得以充分实现。国外和中国自身社会保障发展的经验教训一再告诫我们，在进行社会保障立法时，一定要体现社会责任原则，中国目前实行的“社会统筹与个人账户相结合”的社会保障改革模式，正是这一原则的具体体现。

第四，公平与效率相统一原则。公平与效率是既相互制约又相互促进的一对矛盾，也是人类社会发展的一个永恒主题。实施社会保障制度在很大程度上是为了实现社会公平，但是效率机制又是促进经济发展和社会进步的重要动力机制。因此，在完善社会保障法律制度的过程中，一定要坚持公平与效率相统一原则，因为只有这样才能理顺社会保障与经济发展之间的关系，使社会保障法律制度能够为推动国家经济建设发挥更大作用。一方面，社会保障法律制度必须体现公平性，即其实施范围应包括所有社会成员。另一方面，社会保障法律制度也必须体现效率性，在制定社会保障的待遇标准时，不应采取平均主义的分配和再分配方式，而应采取根据劳动者本人对企业和社会的贡献大小、劳动者的经济收入、国家与地方的财政承受能力等区别对待的办法。我国正在改革的国家基本养老保险实施待遇水平与缴费年限挂钩的做法，就是一种公平与效率相结合的机制。

二、民族地区农村社会保障制度的创新

农村社会保障制度创新是推进民族地区城镇化进程的重要举措。这是因为：(1) 农村的社会保障特别是社会保险还处于试点阶段，基本上是一种空白状态，具有巨大的创新空间。(2) 农村社会保险制度的建立具有很大的困难性、复杂性，只有通过制度创新才能寻找到建立农村社会保险制度的现实之路。(3) 农村人口占总人口的64%，将农村人口纳入社会保障体系本身就具有非常重大的意义。因为只有把农村社会保障体系建立起来，城镇化机制缺失才能被弥合，城镇化步伐才能加快，扩大内需的目标才能真正实现。(4) 农村社会保险制度创新的边际效应高于城镇，同样投入的社会经济效益要大于城镇。因此，应当通过加快农村社会保障制度的建设，缩小城乡在社会保障方面的差距，而不是置农村于不顾，继续提高城镇社会保障的水平。

民族地区城镇化进程中农村养老保险制度创新的主要内容。农村养老保险制度创新的主要内容如下：(1) 低标准起步以保障老年人基本生活为取向。县级农村社会养老保障属于低保障制度。一是保险费的缴纳和养老金的给付标准较之城市低，因而农村老年人的基本生活需求的保障可以低于城市水平。二是在相当长的时期，农村的生产、交换、分配形式，决定了农村人口在

60岁以后仍可创造劳动价值，在人口老龄化高峰时期应当尽可能的挖掘劳动者创造价值的时间。在农村不宜引入城市退休的概念，盲目追求城市职工的养老水平。三是民族地区广大农村经济发展很不平衡，绝大多数农（牧）民的收入水平比城市职工要低得多。因此，较低的交费标准适合广大农民的经济承受能力。四是养老保险基金的保值增值主要由国家承担，如果保障水平过高，积累资金的绝对数过大，保值增值的负担也越重，起步阶段低标准的保障水平对国家较为有利。(2) 社会养老保险与家庭养老结合。农村社会养老保险制度只是国家在农村建立的基本养老保障制度，标准较低、覆盖面大。除此之外，乡镇、村及其所属企业还可根据自己的经济力量，自办各种形式的补充养老保险，鼓励个人实行养老储蓄。同时还要充分发挥农村已有的各种基层保障的功能，形成更为完善的农村社会保障体系。(3) 个人缴费为主，集体补助为辅，国家给予政策扶持。要完善农村社会养老保险制度，从开始起就要立足于建立个人缴费、自我保障为主的机制。民族地区经济力量还不雄厚，资金紧缺，况且农村人口远比城镇职工多，因而农民养老问题决不可单纯依赖国家或者集体。农村社会养老保险金的筹集，必须坚持个人缴费为主；集体可以根据自身的经济状况给予适当补助。国家政策扶持，主要体现在对乡镇企业支付集体补助予以税前列支。这样既体现政府和集体的责任，也可以增强这项制度的吸引力。(4) 自助为主，互济为辅，采取储蓄积累形式。自助为主主要体现为缴费和领取的形式，是按照不同的缴费标准和年数，制定不同的领取标准。缴费标准高，领取标准高；缴费标准低，领取标准亦低。同一缴费标准，缴费年数多，领取标准高；缴费年数少，领取标准低。互济为辅主要是在同一年龄阶段内的人口，早逝者与长寿之间可以互相调节互济。农村社会养老保险采取"储蓄积累"形式也是与现收现付形式相区别的一个重要特点。对于投保的农民来说，积累资金记在个人名下，透明度大，个人缴纳部分与个人投保的标准和年限挂钩，60岁以后逐年返还。此外，民族地区还应当积极试点和推广以农村新型合作医疗为核心的医疗保险创新。要合理界定基本医疗的病种范围，构造足以对基本医疗风险进行保险的财务机制，要通过结构调整不断完善农村新型合作医疗制度。

三、民族地区农民工社会保障制度的创建

《社会保险费征缴暂行条例》规定，所有城镇企业及其职工都应当参加基本养老保险，其中就包括农民合同制工人。2001年劳动保障部进一步明确了农民合同制职工参保缴费、待遇计发等方面的政策。因此，农民工在城镇用人单位参保，从制度上讲是没有障碍的。但从实际情况看，大量进城务工的农民还没有纳入养老保险体系。究其原因主要包括如下几个方面：一是农民工就业不稳定，流动性大；二是现行养老保险有关政策和管理手段、工作方式与农民工的特点不相适应；三是农民工收入较低而且不稳定，缴费有困难；四是一些企业为降低成本不为农民工办理参保，个别农民工缺乏长远考虑不愿参保。

农民工的养老保险应该和农村养老保险统一起来，使其在制度上更好地与城镇社会保障制度相衔接。在一体化的制度内，社会养老保险关系随人迁移，劳动者本身不会因流动而失去保障，有利于劳动力的流动和劳动力市场的形成。农民工处于城镇化的最前沿，他们是从农民中率先分化出来的特殊群体，相对于纯农户而言，他们是城镇化的先行者，必然率先完成城镇化过程。相对城镇居民而言，他们又处于弱势地位，使其对社会养老保险的需求更为强烈。农民工作为过渡性的社会群体，给养老保险的规范化管理造成了特殊困难，这也要求为其提供一个适合其特点的制度安排：一是在城镇就业的农民工其工作的流动性很大，而目前在不同所有制部门和不同地区之间，还没有建立起社会养老保

险帐户的合理有效的转移机制。将进城民工直接纳入城镇统一社会保障制度后，也往往由于工作变化而中断社会养老保险关系。缺乏工作连续性往往使农民工在达到退休年龄后，因其缴纳保险费的期限不够而难以享受必要的保险金和生活水平。这将给财政造成潜在的压力，也使农民工的权益得不到应有的保障。二是由于乡镇企业职工工作的不稳定性和城镇社会养老保险制度利益协调和操作管理上的问题，把乡镇企业职工直接纳入现行城镇社会养老保险体系也面临上述困难。这就需要探索一种既能基本满足农民工的社会保险需求，又能同时更好地解决上述问题的制度设计。

适合农民工特点的社会养老保险制度，是根据农民工在城乡之间流动性大、具有双重收入来源等特点而设计的过渡性制度安排。一方面建立一个适合农民工特点的社会养老保险制度，强制性地将农民工纳入社会养老保险体系，但提供一个5年以上的过渡期；另一方面在过渡期内实施土地换保障或者产品换保障计划，但置换出的货币资金主要用于设立农民工养老保险金的个人账户，在完成过渡期并达到劳动关系比较稳定等条件后，该农民工将被直接纳入城镇社会保障体系；若不符合条件，该职工在城镇的社会养老保险关系将被转入农村社会保障计划体系。根据农民工的特点，通过加快农民工社会养老保险制度的建立，促进其率先完成从土地保障到现代社会保障的过渡，应当是农民工社会养老保险制度创建的现实选择。农民工社会养老保险制度设计如下：(1) 适当降低缴费率，延长缴费期限，调整计发方法。农民工社会养老保险实行完全积累的个人账户模式。雇主缴纳10%，雇员缴纳5%，规定领取养老金的标准年龄，不与法定退休年龄挂钩，适当延长缴费期限。要求提前领取养老金的最短期限为10年，但要削减待遇。同时制定一些政策鼓励有劳动能力的农民工推迟退休，每推迟1年可适当增加养老金，等等。农民工社会养老保险账户实行缴费确定型的计发方法：养老金 = 个人账户的积累额/退休时的平均预期寿命。这些政策的导向很明显，就是抑制提前领取养老金，鼓励推迟领取养老金，因而更符合公平原则，也充分体现了效率原则。实行缴费确定型的完全个人账户管理的养老保险制度，农民工在转换工作时，养老金个人账户可以随同转移，比较适合农民工工作不稳定的特点。而且缴费确定型的养老保险是一种成本更低，个人账户基金所有权明确，易于被农民工理解和接受。(2) 实施土地换保障，适当扶持农民工就业和参保。对转移农村土地使用权的农民工，可直接参加农民工养老保险，并根据农民工对农村土地使用权的不同形式和收益，折算为5年以上的个人账户累额，促进农民工从传统土地保障到社会养老保险的平稳过渡。土地使用权置换出的土地保障资金，直接进入农民工的个人账户，既增加农民工养老保险个人账户的积累，又促进农村土地经营规模的扩大，加快农民工的城镇化进程。对雇佣农民工的企事业单位，除缴纳保险费享受税前列支政策外，还可按其缴纳的保险费额度，确定给企业减免一定期限和比例的税收。这实际上是对农民工个人账户进行间接补贴，既可以挖掘就业潜力，创造更多的就业机会，又可使企业和农民工直接感受到国家财政税收政策的扶持，提高企业和农民工缴费的积极性。(3) 改进服务手段，提高管理社会化水平。要加快研制和设置社会保险关系信息库，逐步实现社会保险关系信息库在地市间、省市间的联网与信息共享，使这一系统能为频繁变动就业单位的农民工和灵活就业者建立连接的社会保险关系提供快捷、准确的服务，最终实现全国社会保险关系信息互联互换。缴费方式应该更具灵活性。通过建立社会保险关系管理中心等措施，简化参保程序，改进服务手段，使农民工参保登记、缴费、转移和接续社会保险关系更加省时、快捷。(4) 实行养老基金投资运营市场化，确保基金增值幅度。养老保险基金投资运营的市场化和确保基金一定的增值幅度，是大多数国家保障制度可持续发展的重要政策取向。养老基金投资运营市场化的方式主要包括：银行存款、购买国债、实施再保险、直接进入资本市场、直接投资回报率高的基础设施项目，甚至可以从事风险小的住房抵押贷款，建立基金分享经济发展成果的增长机制。

此外还应当优先建立农民工的大病统筹和工伤保险。应当尽快创造条件让有参保意愿的农民工个人参保，缴费比例与其他参保单位和职工一致。条件不具备的地区，可先开办农民工住院保险，平均交费标准可定为社会平均工资的4%左右。为避免参保者的"逆向选择"，可设置一定期限的缴费等待期。农民工缴费年限满30年退休后，个人不再缴费，可享受基本医疗保险待遇。对无能力参加医疗保险的农民工应纳入医疗救助制度。农民工个人参加工伤保险，按其所在行业统一确定费率。①

四、民族地区小城镇社会保障制度的改革

民族地区小城镇社会保障项目少，即使已经发展起来的社会保险项目，其有效覆盖率也非常低。这主要是由于资金有限和制度建设严重滞后。民族地区小城镇主要有两类社会保障项目：一是社会养老保；一是最低生活保障制度。医疗、失业等社会保障在绝大多数小城镇基本没有得到应有的发展，即使有也是极少数小城镇居民享有。小城镇社会保障体制建设的重点在于建立养老保险和合作医疗保险制度。② 民族地区小城镇医疗保险制度应当采取合作医疗的途径，宜采取镇办镇管方式。费用报销和补偿范

---

① 参见曾赛丰著：《中国城市化理论专题研究》，第382页，湖南人民出版社，2004年版。

② 参见秦润新主编：《农村城市化的理论与实践》，第202－205页，中国经济出版社，2000年版。

围可采取如下做法：合医不合药，合药不合医，合医又合药。合作医疗的主要模式可选择以下模式中的一种：保小病不保大病的福利型，保大病不保小病的风险型，保大病也保小病的福利风险型。在建立小城镇医疗保险制度时，究竟采取哪种模式好还需要进行深入的调查研究。

在民族地区小城镇建立个人账户、储备积累制的社会养老保险制度比较适宜。城镇职工社会保险制度主要是根据国有企业的历史和现状进行设计和改革的。从实际情况看，这种制度不太适用于民族地区小城镇。在小城镇建立个人账户、储备积累制的社会养老保险制度的主要理由是：国家无力也不必对小城镇居民承担直接的无限责任，从而背上沉重的包袱。社会保障改革的方向就是合理界定政府在社会保险中的责任，改变过去大包大揽的做法，强化个人的社会保险责任。目前国有企业社会保险改革成本巨大，国家财力难以支撑。如果再把小城镇居民纳入社会统筹养老的保障范围，使国家承担直接和无限的责任将是一个很大的包袱。在小城镇社会养老保险制度模式中，只要政府政策扶持责任到位，不仅可能建立起比农村社会养老保险制度更优越的制度模式，而且可以增加小城镇的吸引力。小城镇中的中小企业多数是劳动密集型和资源加工型的微利企业。根据农业部统计，乡镇企业的利润率一般在4～7%。大多数乡镇企业和职工承受能力有限，不可能承受城市企业高达20%的缴费率。个人账户、储备积累的养老保险模式较为灵活，是适合小城镇现状的现实选择。建立个人账户，将缴纳的保险费记在个人名下，账户上的资金所有权归个人所有，责任清晰，有利于调动企业和职工参加养老保险的积极性；根据企业和个人的承受能力确定缴费标准，适应乡镇企业发展差异大、职工流动性强的特点；国家只承担有限责任，有利于减轻国家财政负担；也有利于小城镇企业职工劳动关系的转移，与城镇职工养老保险制度改革的方向一致，便于形成统一的养老保险制度。

在建立民族地区小城镇职工养老保险制度时，应当坚持如下基本政策：(1) 与土地保障、家庭养老以及社区扶持相结合。小城镇中小企业职工就业的突出特点是亦工亦农，大多数职工的身份仍然是农民，有自己承包的责任田，年老后土地收入可以作为部分养老费用；传统的家庭供养也是老年生活保障的重要组成部分；经济发达地区，集体经济实力雄厚，可以为企业职工建立养老保险制度提供一些帮助。社会养老保险要同土地保障、家庭养老、社区扶持等方式结合起来，才能使这些职工获得多渠道、多形式、更安全、更可靠的养老保障。(2) 与企业、职工的承受能力相适应。中小企业职工社会养老保险费要靠企业和职工缴纳。从企业的利润中扣除一部分用于职工的养老是企业应承担的责任，但扣除的比例不能过高，确定这个比例的前提是企业能够承受。从职工的现期收入中扣除一部分作为年老时的养老保险费，是将职工的现期消费转化为远期消费，但扣除的比例也不能过高，要让职工能够承受。(3) 坚持效率优先，兼顾公平。建立一种养老保险制度，首先要考虑制度的运行效率，对职工个人和企业要有激励作用，保证这项制度能够持续发展。必须建立职工养老保险的个人账户，把职工个人和企业缴纳的保险费记入个人账户，激励职工为老年生活积极缴纳保险费。从兼顾公平的原则出发，在企业缴纳的保险费中可以留一部分用于互济。小城镇社会养老保险制度的具体制度设计，可以按照发展是第一要务的要求，适当降低缴费率，延长缴费期限，扶持小城镇居民就业和参保，提高服务管理社会化程度，推进基金投资运营市场化，确保基金增值幅度，建立基金分享经济发展成果的增长机制。

第九章　民族地区城镇化建设中的精神文明创建

人类社会发展的历史证明，一个民族物质上不能贫困，精神上也不能贫困，只有物质和精神都富有，才能自尊、自信、自强地屹立于世界民族之林。社会主义精神文明是中国特色社会主义的重要特征，建设社会主义精神文明，不断提高全民族的思想道德素质和科学文化素质，为现代化建设提供强大的精神动力和智力支持。民族地区城镇精神文明建设，既是城镇建设的点睛之笔，也是城镇建设可持续发展的重要基础。城镇文化是城镇竞争力的综合标志，民族地区需要文化事业为城镇建设领跑。教育事业在民族地区城镇精神文明建设中具有基础地位，要大力发展民族教育事业。社区是城镇社会的基本单位，民族地区城镇社区精神文明创建是精神文明建设的努力方向和重要载体。城镇历史文化和文物是一个国家和民族文化的象征，是人类的文化瑰宝。在民族地区城镇化建设中，要加强对历史名城、历史文物的保护。

第一节　民族地区城镇化与精神文明建设

一、民族地区精神文明建设在城镇化中的战略地位

在民族地区城镇化过程中大力加强精神文明建设，既是城镇建设的点睛之笔，也是城镇建设可持续发展的重要基础。党的十六大指出：“社会主义精神文明是中国特色社会主义的重要特征”，“建设社会主义精神文明，不断提高全民族的思想道德素质

和科学文化素质，为现代化建设提供强大的精神动力和智力支持。”[①] 坚持以马克思主义为指导的社会主义精神文明建设，是中国现代化建设的基本目标和重要保证。只有加强社会主义精神文明建设，不断提高各民族群众的思想道德和科学文化素质，团结动员各族人民积极投身改革开放和社会主义现代化建设事业，才能促进民族地区城镇化的健康和繁荣，从而为民族地区全面建设小康社会提供强有力的保障。《中共中央关于加强党的执政能力建设的决定》把和谐社会建设摆在重要位置。坚持社会主义政治文明、物质文明和精神文明协调发展是党执政的基本目标；建成全体人民各尽其能、各得其所而又和谐相处的社会，是巩固党的执政基础和实现党的历史任务的必然要求。我们必须牢固树立和认真落实科学发展观，重视和加强社会主义精神文明建设，以统筹发展推进民族地区城镇化，使具有中国特色的民族地区城镇化事业不断前进。

（一）只有加强精神文明建设，才能促进民族地区城镇化健康的发展

改革开放以来民族地区城镇建设有了相当大的发展。2002年8个民族省区（5个自治区和云南、贵州、青海）的平均城市化率为31.3%，尽管与全国平均水平39.1%相差近8个百分点，但较之改革开放前有了很大的发展，尤其是内蒙古城市化率为44%，超出了全国平均水平。[②] 民族地区城镇建设的崛起在转移民族地区农村剩余劳动力，推动经济发展和提高人民生活水平方面发挥了重要作用。但是，在民族地区城镇建设过程中也出现了

---

① 江泽民：《全面建设小康社会，开创中国特色社会主义事业新局面》，载《光明日报》，2002年11月18日，第A1版。

② 张鸿雁，陈俊峰：《中国民族地区城市化发展战略与对策创新》，《社会科学》2004年第6期。

一些不容忽视的问题：譬如，有的城镇居民文化生活贫乏，进行非法宗教活动；有的地方“黄、赌、毒”屡禁不止，时有抬头；刑事犯罪和带黑社会性质的团伙犯罪时有发生。这些问题都严重地影响了人民的生活和社会的安定团结，如不尽快解决势必影响民族地区城镇化的健康发展。此外，城镇化的深层目的在于推进村民向市民的彻底转变，乡土文明向城市文明的转变。城镇并不只是物的城镇化，现代化首先是人的现代化。民族地区的城镇建设正处在发展阶段，如果不大力推进精神文明建设，就不能给城镇建设提供持续的活力，就会阻碍城镇化的发展。只有加强精神文明建设，我们才能走出一条文明发展的城镇化之路。

（二）只有加强精神文明建设，才能为民族地区的城镇建设提供强大的精神动力、智力支持和思想保证

精神文明建设可以为民族地区城镇化提供强大的精神动力。我们进行城镇建设不仅是为了有好的物质生活，而且需要有丰富的精神生活。崇高的理想、坚定的信念、执著的追求、积极向上的心态，能使人焕发出巨大的劳动热情、敢于创新的勇气和勤于实践的干劲，从而转化为巨大的心理力量，推动物质生产。精神文明建设也可以为民族地区城镇化的经济社会发展提供智力支持。经济生产赖以进行的生产力要素有劳动力和生产资料，其中最重要最能动的是劳动力。随着科学技术的飞速发展，科学技术以及掌握科学技术的劳动力在推动经济发展中所起的作用越来越大。在民族地区城镇化建设的过程中，劳动者文化水平的低下，科技素质的贫乏，已经极大地阻滞了城镇化的发展。我们必须大力加强民族地区的精神文明建设，牢固树立“科学技术是第一生产力，人才资源是最重要资源”的观念，发展教育事业，推广科学技术，提高劳动者的文化素质，为民族地区经济社会发展提供智力支持。精神文明建设还可以为民族地区城镇化发展提供有力的思想保证。在民族地区城镇化发展的过程中，如果只注重物质

文明的建设，忽视精神文明的培育就会迷失方向，导致城镇化的畸形发展。我们要建设的是中国特色社会主义的城镇化，不仅要有发达的物质文明，还要坚持社会主义方向，具有良好的社会秩序和社会风气，使广大居民成为有理想、有道德、有文化、有纪律的新型公民。为了保证民族地区城镇建设沿着正确的方向健康发展，我们必须大力加强精神文明建设，以社会主义思想为核心，对广大居民进行思想道德教育和科学文化教育。民族地区的各级党组织和各级地方政府对此必须加强领导，提高认识，规范建设，科学管理，通力合作，齐抓共管。

（三）只有加强精神文明建设才能真正提高各族人民的生活质量

精神文明和物质文明相辅相成，缺一不可。有些人一厢情愿地认为，只要物质文明就可以了，殊不知优越的物质生活如果没有高尚的精神生活作支撑是没有持久生命力的。精神文明不只是手段，还是目的。因此在民族地区城镇化建设中，我们一定要加强科学文化教育，兴建文化娱乐设施，开展丰富多彩的文化活动，建立良好的社会秩序和文化氛围，不断满足人们的物质和精神文化需求，提高民族地区居民的生活质量。城市的地位靠物质文明，城市的品位靠精神文明，二者各有依托缺一不可。缺少精神文明的城镇化，是残缺的、畸形的、粗俗的。一时的文化教育滞后对于经济发展影响不大；长期的文化教育滞后则会导致经济的衰退。所以民族地区的城镇化，决不能简单地理解为农民住上了别墅，拿到了城镇户口。物质文明进步了更应当着力打造精神文明，让高质量的文化教育设施和浓厚的文化教育氛围加速民族地区城镇化的进程。民族地区城镇化的精神文明建设主要包括两方面：一方面是硬件的发展，它具体体现在各项完备的文化教育设施上；另一方面是软件的发展，这就是人们所表现出来的精神风貌和文化素质。这要靠提高人的教育水平、创造良好的社会环境，倡导文明的生活方式等来实现。同时人们自身也应当有与时俱进的紧迫感，使自己的文化素养、文明理念、环境意识、生活习惯等尽快与城镇化的发展要求和目标相适应。农民进入城镇后既是城镇文化建设的受益者，又是城镇文化建设的直接参与者。要利用传统节日、利用民间艺术节，积极支持民间艺人、文化团体、文化工作者到民族地区小城镇进行表演，既丰富和活跃城镇居民的文化生活，又陶冶和提高城镇居民的文化素养，一开始就在小城镇倡导健康文明的生活方式和社会风尚。

二、民族地区城镇化中精神文明建设的主要内容

民族地区城镇化中的社会主义精神文明建设，包括思想道德建设和教育科学文化建设两个方面的内容。

民族地区城镇化中的思想道德建设可以分为思想教育和道德教育两个方面。思想教育方面的具体内容主要有：用马列主义、毛泽东思想、邓小平理论和“三个代表”重要思想武装党员、教育干部和群众，牢固树立和认真落实科学发展观；开展共产主义、社会主义理想信念教育，使广大人民树立共产主义和社会主义的世界观、人生观、价值观；深入宣传党的基本路线和基本政策，使民族地区群众坚定走社会主义道路的信念，自觉拥护中国共产党的领导，支持改革开放政策及其他的政策；开展集体主义、爱国主义、社会主义教育，教育群众正确处理国家、集体、个人三者之间的利益关系，激励他们爱家乡、爱集体；开展国防教育，做好民兵、预备役和拥军优属工作；提高民族地区群众的思想觉悟，使他们摒弃旧观念、抵制资本主义腐朽思想的影响。道德教育的主要内容包括：社会主义基本道德规范教育，主要是对广大群众实行“五爱”即爱祖国、爱人民、爱劳动、爱科学、爱社会主义的教育，使他们逐步树立为人民服务的思想；开展社会公德教育，引导人们讲文明、讲礼貌、讲信誉、助人为乐、爱

护公物、保护环境、敬老爱幼、尊师重教、遵纪守法；开展职业道德教育，使广大人民热爱本职工作、敬业爱岗、诚信守约；开展家庭美德教育，引导群众在家庭内部要夫妇相敬、孝敬老人、男女平等、勤俭持家、教育子女，并注意与邻居和睦相处；把道德建设和法制宣传教育结合起来，针对民族地区实际，普及法律常识，增强他们的法律意识和守法观念，使他们学会依法保护自己的合法权益。

民族地区城镇化中的教育科学文化建设的具体内容包括：宣传科教兴国的方针；培养重视教育、重视人才的观念；增加对教育科学文化卫生的投入，改善农村教科文卫工作人员的待遇和工作条件；加强民族地区基础教育，普及九年制义务教育；发展职业教育和成人教育，扫除青壮年文盲；切实解决贫困地区儿童尤其是女童的失学、辍学问题；传授和推广先进实用的科学技术；有针对性地普及科技知识；改进科技推广体制；反对封建迷信活动；加强文化设施建设，扩大广播、电视覆盖面；组织文化、科技、卫生“三下乡”；鼓励和支持民族地区人民的业余文化体育活动；坚决禁止“黄、赌、毒”；加强文化市场管理；在全面贯彻党的宗教政策的基础上，依法打击邪教和利用宗教进行的非法活动；引导农民移风易俗，革除陋习；开展人口形势教育，宣传计划生育的政策与知识；发展农村合作医疗，等等。

三、加强民族地区城镇化进程中的精神文明建设

（一）要不断深化民族地区城镇精神文明建设的规律性认识

城镇精神文明建设是经济社会发展的内在要求。精神文明建设要以经济建设为中心，以一定的物质条件为基础。当民族地区经济发展到一定程度时，就要求把精神文明建设摆上更加突出位置。精神文明建设要全心全意为民族地区城镇和新农村人民服务。精神文明建设只有切实服务群众，才能广泛吸引群众，才有

强大生命力。要一切从群众出发，一切为群众着想，把群众的呼声作为第一信号，多为群众办实事办好事，让群众得到实实在在的利益。人民群众拥护精神文明创建活动，积极参与创建活动，就在于创建活动能够改善城镇的社会环境，提高城镇的生活质量，切实解决城镇的实际问题。城镇的精神文明建设也要以思想道德教育为核心，要宣传科学理论，传播先进文化，弘扬社会正气，塑造美好心灵，倡导科学精神，巩固发展各民族人民团结奋斗的共同思想基础。要把先进性要求与广泛性要求结合起来，把解决思想问题与解决实际问题结合起来，把宣传教育群众与切实服务群众结合起来，把加强教育与加强管理结合起来，不断提高公民思想道德水平。精神文明建设要齐抓共管。精神文明建设涉及经济和社会生活的各个方面，需要全社会共同努力。要充分发挥城镇各方面的积极性、创造性，把城镇精神文明建设要求融入各部门和各行各业的工作之中，各展所长，优势互补，形成合力。精神文明建设要重在建设，持之以恒，务求实效。要坚决反对形式主义，反对借城镇精神文明建设之名搞华而不实、劳民伤财、脱离实际、不得人心的“形象工程”。

（二）要积极探寻民族地区城镇精神文明建设的有效方法和途径

城镇精神文明建设包含的内容丰富多样，是一个长期的系统工程。在民族地区城镇化的建设中，选择有效的方法和途径显得尤为重要。(1) 要以科学的理论武装人。就要用马列主义、毛泽东思想、邓小平理论、“三个代表”重要思想和科学发展观来武装广大的城镇居民。当前紧要的任务是做好“三个代表”重要思想和科学发展观的教育工作。科学发展观是统领我国今后一个时期经济社会发展的重要思想。民族地区城镇化建设中的精神文明建设，就是要组织广大党员干部学习“三个代表”重要思想，牢固树立和认真落实科学发展观。(2) 以正确的舆论引导人。就是利用社会舆论对人的影响，通过营造有利的舆论环境，引导广大城镇居民提高思想认识，更新观念。作为生活在城镇社会中的人，总是会受到社会舆论的影响，我们要利用社会舆论的作用，通过书刊、报纸、广播、电视引导和营造正确的舆论环境，把握舆论导向，以舆论来引导广大群众的思想和行为，提高他们抵制错误观念的能力，使他们树立社会主义理想和道德，养成文明的行为习惯。譬如通过广播、电视、报纸、书刊，宣传科学种田的好处、科技致富的典型人物，就可激发群众学科学、学知识的热情与愿望。(3) 以高尚的精神塑造人。就是在社会上大力宣传先进人物或者事件所体现的具有时代特色的高尚精神，使人们以此为模范，在自己的思想行为方面自觉向这种精神靠拢。民族地区城镇化建设中的社会主义精神文明建设，就是要培养和弘扬这种高尚的精神。要联系民族地区的实际，以广大群众易于理解、乐于接受的方式和通俗的语言，宣传这种精神，提高各族群众的思想认识，以高尚的精神塑造人。(4) 以优秀的作品鼓舞人，就是要通过创作、传播大量优秀的精神产品，特别是文艺作品。以城镇居民喜闻乐见的形式来宣传社会主义思想道德、爱国主义精神、党的基本路线和方针政策等，寓教于乐，使广大群众从中受到教育启发，得到精神鼓舞。我国民族地区的群众科学文化素质总体上较低，极大阻碍了民族地区的城镇化建设。因此，民族地区的精神文明建设要通过各种媒介和多种形式的活动，向广大群众传播科学的理论、先进的思想和道德，引导他们思想观念发生改变，促使他们精神境界逐渐提高。

（三）民族地区城镇的精神文明建设要实行教育、法制一起抓

民族地区城镇的精神文明重在建设、重在教育。在使用教育手段时需要重视如下两点：(1) 思想观念的转变和科学文化素质的提高是一个缓慢的过程，不能急于求成；(2) 民族地区广大群

众的思想素质和文化素质水平相差很大，在教育内容、方式、形式上，要根据不同对象区别对待。譬如，对于城镇党员干部要高标准、严要求，组织他们学习马列主义、毛泽东思想、邓小平理论、“三个代表”重要思想和科学发展观，使他们树立共产主义理想和信念；对于那些文化程度较低的普通市民群众，则要用他们可见可感的具体事实，用他们喜闻乐见的形式向他们宣传先进理论，引导他们自觉地逐步地形成社会主义思想观念。在此过程中，要正确执行党的民族和宗教政策，要尊重民族地区群众的宗教信仰自由和风俗习惯。尽管民族地区的精神文明建设要以正面教育为主，但是仅靠教育是不够的，还必须使用法制的手段。对于少数扰乱社会治安、败坏社会风气、宣扬反动理论、大搞迷信活动、贪污腐败、欺压百姓、破坏和阻碍社会主义精神文明建设的人，政府和司法机关必须运用法律武器，依法对之进行惩罚。如果不这样做，就会影响教育的效果，就会破坏城镇居民的正常生产与生活，就会损害党和政府在民族地区人民心中的形象和权威性。不仅精神文明建设无法取得成效，包括物质文明建设在内的一切工作都会受到严重影响。因此，民族地区城镇精神文明建设必须教育手段和法制手段双管齐下。只有这样，才能真正体现“两手抓，两手都要硬”的方针，民族地区城镇的精神文明建设才能取得扎实成效。

（四）民族地区城镇精神文明建设一定要齐抓共管、合力建设

城镇化建设中的社会主义精神文明建设工程浩大、内容广泛、牵涉面广，仅靠一两个部门、一两级政府去抓去管是不够的。它需要从中央到地方的各级党政机关，从主管经济建设到主管思想文化建设的各个部门齐抓共管，合力建设。决不能认为民族地区的精神文明建设只是民族地区城镇主管工作部门的事，或者只是宣传文教部门的事。精神文明建设、思想工作是全党的工

作，不仅宣传部门要做，各级党委和企业、农村、学校、街道等基层党组织也要做，各级行政部门和工会、共青团、妇联等组织也都肩负着重要的责任。精神文明建设与物质文明建设是紧密联系的。精神文明建设一方面需要以一定的物质文明建设为基础，另一方面又促进物质文明的建设。精神文明建设活动的开展需要一定的财政投入、需要经济政策的支持，这就要求主管经济的部门将精神文明建设工作纳入财政计划，制定相应的优惠政策。中央已经明确提出要加大对民族地区精神文明建设的投入："中央财政对中部地区国家扶贫开发工作重点县和西部地区村村通的建设给予适当的基建投资支持，对新疆、西藏、内蒙古、宁夏和青海、甘肃、云南、四川藏区的村村通工程运行维护给予适当的经费补助。西新工程要继续重点解决好新疆、西藏等老少边穷地区广播电视覆盖和少数民族语言译制等问题。"① 此外，民族地区文化市场的管理需要工商部门、税务部门、公安执法部门的共同配合。如果没有各个部门的支持与配合，民族地区城镇化中的精神文明建设就难于落实，难以有效开展，就只能停留在口头上、文件上。民族地区城镇化中的精神文明建设是整个社会主义精神文明建设的重要组成部分。在全国 13 亿人口中有大部分贫困人口生活在民族地区，国家提出以建设小城镇的方法去发展民族地区，去改变民族地区的落后面貌。民族地区城镇化的精神文明建设一方面要受到全国精神文明建设状况的影响，另一方面也会影响到整个国家的精神文明建设。所以，各级党政部门都必须高度重视民族地区城镇化中的精神文明建设，齐心协力，相互配合，形成合力，扎扎实实地把民族地区城镇的精神文明建设好。

---

① 中共中央办公厅、国务院办公厅：《关于进一步加强农村文化建设的意见》，载《北京日报》，2005 年 12 月 12 日，第 1—2 版。

第二节　民族地区城镇建设与文化事业的发展

一、文化事业建设是民族地区城镇建设的重要内容

城市文化是城市化的结晶，城市社会进步的灵魂，城市发展的内驱力和竞争力的综合标志。看一个城市是否具有吸引力、竞争力，重要的一点就是看它的文化资源、文化氛围、文化发展水平。城市文化的发达，市民文化素质的提高，最终将转化为巨大的创新能力和物质形态的竞争力。城市间的比较和竞争，不能单纯依靠经济总量、经济增长速度，更要依靠城市环境、城市文化，依靠社会文明程度和市民整体素质的提高，这是城市发展长盛不衰的关键所在。因此，民族地区的城镇建设要高度重视文化事业的发展。一方面，城镇的文化建设要适应人们日益增长的文化需求和世界范围的思想文化的交流；另一方面，文化建设是打造投资软环境、促进经济建设的利器。在民族地区投资软环境的文化因素中，影响民族地区投资发展的因素主要表现在两个方面，即丰富的人文资源和陈旧的思想观念。要刺激民族地区的投资就必须发展以旅游业为主的文化产业，加强民族地区的教育和宣传，改变人们的思想观念。[①] 我们必须充分认识文化建设在民族地区城镇化过程中的重要性和紧迫性。

中共中央、国务院在《关于促进小城镇健康发展的若干意见》中明确指出，要采用各种行之有效的形式，大力提高镇区居民和进镇农民的思想道德水平和科学文化素质；宣传有中国特色社会主义理论和党的各项方针、政策，普及科学文化知识，教育

---

① 参见于今：《影响西部投资的文化因素》，载《西部时报》，2004年3月13日，第23版。

和引导农民移风易俗，破除迷信，革除陋习，逐步形成适应城镇要求的生活方式和生育观念，用社会主义精神文明占领小城镇的思想文化阵地。由于历史和现实的原因，一些民族地区的经济文化发展比较落后，在那里还存在着一些带有迷信、愚昧、颓废，庸俗等色彩的文化糟粕，它们正在腐蚀人们的精神世界。据调查，目前民族地区大多数乡镇一级的文化站都没有发挥应有的作用，一些乡镇赌博成风，封建迷信死灰复燃，色情光碟和书刊泛滥成灾。造成上述情况的主要原因是在城镇化建设过程中，单纯追求经济发展速度，有意无意地忽略了文化建设，导致部分城镇居民没有随着城镇化的进程提高自身的文化素质，反而随着社会交往面的扩大，受到许多不良风气的影响。在经济快速发展的今天，经济和文化已经是密不可分的。在经济全球化的过程中，一些不良的影响是随着经济的进入而进入的。特别是一些国家并没有忽视对我国的"分化和西化"，他们无孔不入，让我们防不胜防。因此，无论是抵御外来的消极文化，还是建设本民族的先进文化，一个国家的文化建设都必须摆在十分突出的位置上。少数民族在长期的历史发展进程中，对中华民族文化的发展做出了自己的贡献，同时也创造了自己民族光辉灿烂的文化及优良传统。在民族地区城镇化的过程中，任何一个民族离开本民族的优秀文化传统谈发展都是不切实际的。① 在民族地区城镇化建设的过程中，必须高度重视文化事业的建设，必须使文化事业与其他事业协调发展。建设好民族地区城镇化进程中的文化事业，是摆在民族地区各级党政领导面前的严峻课题。

---

① 参见高永久、曹志兴：《简论西北少数民族地区城市化》，载《光明日报》，2002年2月28日，第3版。

二、城镇文化事业建设的指导思想和基本思路

民族地区城镇文化事业建设要坚持以邓小平理论和“三个代表”重要思想为指导，树立和落实科学发展观，全面贯彻党的十六大和十六届三中、四中、五中全会精神，始终把握社会主义先进文化的前进方向，努力满足城镇居民多层次、多方向的精神文化需求。要加大政府投入，调整资源配置，深化体制改革，加强文化基础设施建设，构建公共文化服务体系，实现和保障群众的基本文化权益。要发挥市场机制作用，加强政策调控，积极发展文化产业，充分调动社会各方面力量参与城镇文化建设，提供更多更好的文化产品和服务。要大力发展先进文化，支持健康有益文化，改造落后文化，抵制腐朽文化，倡导科学、文明，克服愚昧、落后，促进城镇物质文明、政治文明、精神文明协调发展。民族地区城镇文化事业建设的基本思路是：突出以人为本的城镇化理念，坚持走群众文化建设的道路，注重社会效益。

民族地区城镇文化事业建设要坚持注重群众文化而不是专业文化，要以群众喜闻乐见的形式，做到以丰富的活动凝聚人。在民族地区城镇不可能大搞专业文艺创作，建立高水平的专业文艺团体；只能以先进性为引导，以群众性为基础，从实际出发，重视、支持、普及和发展群众文化。群众文化活动要以城镇居民为主体，增强城镇居民的参与能力和创造能力。应该举办艺术节、音乐会、电影周、群众歌咏、琴棋书画球类比赛等健康丰富的群众文化活动，逐步形成群众文化工作的基本阵地、基本队伍、基本内容和基本活动方式，避免单纯追求形式，片面强调娱乐，舍本逐末。要坚持注重社会效益而不是经济效益，做到以规范的市场熏陶人，以高尚的精神塑造人，以优秀的作品鼓舞人，把美好的精神食粮贡献给人民群众，努力实现社会效益与经济效益的统一。为此，民族地区城镇化必须注重鼓舞群众、熏陶群众、塑造

群众，增强群众的鉴别能力和免疫能力。民族地区城镇要坚持开展扫黄、打非、查赌、禁毒等活动，取缔卖淫、嫖娼、迷信和制假贩假等行为，拒绝落后文化，净化文化市场，优化社会环境，让社会主义文化占领民族地区城镇的思想文化阵地，充分发挥先进文化对民族地区城镇发展的巨大推动作用。

三、大力推进民族地区城镇文化事业的发展

（一）提高对民族地区城镇文化事业的认识

民族地区要把发展城镇文化摆上重要位置。思想是行动的先导，认识是行动的前提，思想认识的深度决定着开展工作的力度。社会主义文化是社会和经济发展的战略资源，是民族的灵魂和血脉，是综合国力的重要标志和重要组成部分，对于这一点已经形成了共识。但是，文化是民族地区城镇化健康发展的重要保证，是维护城乡社会稳定的重要前提，人们的认识并不深刻。因此，提高认识是发展民族地区城镇文化的前置性工作。不提高认识，民族地区城镇文化发展就失去了处于超前地位的思想依托。中国共产党是先进理论文化的培育主体，是高尚道德文化的示范主体，是现代科学文化的传播主体，是中国优秀传统文化的推动主体，也是世界一切优秀文化的吸取主体。民族地区城镇党委必须尽力增强“核心意识”和“主体意识”，按照“三个代表”要求，树立和落实科学发展观，始终坚持两手抓，切实加强对城镇文化工作的领导，努力体现和代表先进文化的前进方向，努力拓展我们党的文化根基。民族地区要将文化建设提上党委、政府的重要议事日程，切实把两个文明建设作为统一的奋斗目标，一起部署，一起落实，一起检查，一起考核。

（二）科学规划，明确民族地区城镇文化建设的目标

制定科学规划是做好民族地区城镇文化建设工作的前提。民族地区应当从实际出发，根据经济和社会发展的总体要求，围绕

实现目标的总体安排，广泛听取各方意见，认真研究制定切实可行的城镇文化建设工作规划。既要有省（区、市）、地、县的总体规划，又要有每个小城镇的具体规划；既要有中长期规划，又要有年度工作计划。规划要有目标、有措施、有要求，突出重点，合理布局，保证创建文明城镇工作有条不紊，稳步推进。规划是龙头，经过批准准予实施的科学规划具有法规的性质，能将领导者的领导行为纳入制度化、法制化的轨道。搞好城镇文化发展规划，可以纵观全局，统筹兼顾，立足现实，预见未来，提高发展文化的自觉性和创造性，避免盲目性和片面性。要将城镇文化建设列入城镇经济建设和社会发展的总体规划，同时制定城镇发展规划和城镇文化长期目标，并确定切实可行的政策措施给予保障和监督。

（三）优化政策体系，加速民族地区城镇文化事业建设

民族地区城镇文化建设的目标能否得到贯彻，取决于城镇文化发展的条件是否成熟。民族地区城镇的各级领导要拿出措施，做好上下结合和内外结合，不断优化民族地区城镇文化发展的条件。(1) 完善文化管理政策。创建文明城镇工作涉及方方面面，是一个复杂的系统工程。只有建立健全运转有序管理的机制，才能保证创建文明城镇活动的规范化、制度化。在社会主义市场经济条件下，政府和市场都是促进文化发展的动力。政府要彻底改革计划经济体制下的那一套文化管理模式，理顺文化工作体制，积极调整文化结构和布局，优化文化资源配置，建立一套促进文化发展的运行机制。尽快实现从“办”文化向“管”文化的转变，使文化建设由过去的短期行为变成制度化、合法化的长期行为和经常性行为。要落实和完善文化经济政策，利用财政、税收、信贷等经济杠杆，限制和压缩某些高档娱乐场所和活动，鼓励和扶持某些行业和产业，发挥文化经济政策的政府导向作用和对文化事业的宏观调控职能，使宏观环境更加有利于先进文化的

发展与传播。(2) 强化文化投入政策。文化事业的发展主要靠政府引导和政府投入。对民族地区城镇的各项文化设施建设，特别是标志性文化工程建设以及正常的运行费用，应该要求城镇政府列入建设计划和财政预算，给予必要保证。可以规定每年文化投入的绝对量和增长比例，给文化设施的建立和保障提供财力支持，并给予不折不扣的检查和督促，为城镇文化投入上保险。(3) 建立群众参与的文化考核政策。群众参与是保持创建文明城镇活动的生机和活力。创建文明城镇的主体是人民群众，生命力在于群众参与。要坚持一切为了群众，把着眼点放在与城镇居民利益密切相关的事情上，让人民群众分享创建的成果，亲眼看到创建带来的变化，亲身感受到创建取得的成效，自觉投身到创建活动中去。要总结经验，采取多种方式，建立畅通的信息反馈渠道，及时根据群众反映完善工作机制，使城镇的文化建设在经受实践检验和群众评判的过程中，不断提高吸引力、实效性。要设计人们乐于参与、便于参与的活动载体，引导群众在参与中受到教育，得到提高。除了群众参与之外还要注重考核，要制定文化考核细则，规定考核的时间、程序和考核结果的处理，明确文化工作的评价考核指标体系；要兑现考核，不搞形式，实事求是，客观公正，让先进者、优秀者受到鼓励与表彰，使后进者、落伍者受到批评和教育。

第三节 民族地区城镇建设与教育事业的发展

一、教育事业在民族地区城镇化建设中具有基础性的地位

教育是培养人的一种社会实践活动，是教育者根据一定的社会要求和受教育者的特点，对其进行有目的、有计划、有组织地

传授知识和技能、培养思想品德、发展智力体力的社会活动。民族教育是指对一个有共同语言、共同地域、共同经济活动和表现于共同的民族文化特点之上的共同心理素质这四个基本特征的稳定的共同体的文化传播，以及培养该共同体成员适应本民族文化的社会活动。[①] 民族教育在少数民族和民族地区的各项事业发展中具有先导性、全局性的作用。民族教育是维护祖国统一、促进中华各民族共同繁荣的重要保证。民族教育担负着为少数民族和民族地区现代化建设培养具有创新精神和实践能力的各级各类人才的重担。民族教育世代薪火相传，继承和弘扬民族的优秀文化，创造时代需要的文化，推动着社会的全面发展和进步。在民族地区城镇化建设中，要切实发挥民族教育的政治功能、经济功能、文化和社会功能，将其基础地位落到实处。

民族地区城镇的教育事业要服务于政治，马克思主义经典作家对教育与政治的关系作了十分精辟的论述。教育的政治功能主要表现在两个方面：一是培养政治人才以补充社会的管理阶层；一是对广大青少年进行政治教育，促使他们的政治社会化。[②] 全面贯彻党的教育方针，是民族地区城镇教育事业的根本任务和中心工作。民族教育必须把培养具有坚定的共产主义信念，坚定地执行党的基本路线、方针、政策，特别是执行党的民族政策的少数民族各类人才放在首位，发挥思想政治工作在各项工作中的生命线作用。民族教育把维护发展平等、团结、互助的新型社会主义民族关系作为重要内容，对各民族学生进行爱国主义教育、马克思主义民族观教育、党的民族政策教育；民族教育帮助各民族学生树立民族无论大小和发展先后都一律平等的观念，帮助学生

① 滕星、王军著：《20 世纪中国少数民族与教育》，第 244 页，民族出版社，2002 年版。

② 金一鸣著：《教育原理》，第 95 - 96 页，高等教育出版社，2002 年版。

树立民族间的团结和共同发展的观念，帮助学生克服大民族主义和地方民族主义思想，增强各民族师生“三个离不开”的观念；民族教育促使少数民族人才在促进少数民族和民族地区的经济社会发展、维护祖国统一与民族团结上起到带头作用，实现中华各民族的共同繁荣。

民族地区城镇教育事业发展与经济发展同时并进，相辅相成。教育为民族地区城镇化建设培养和输送各类人才，教育是促进民族地区城镇化建设可持续发展的关键。经济发展取决于生产力的发展，生产力由劳动力和生产资料两部分构成，劳动力是生产力中最积极最活跃的因素。传统的生产（主要是农业生产）是依靠人力的手工劳动，生产技术和管理比较简单，劳动技能的获得主要是依靠经验传授和通过实践。随着科学技术的发展及其在生产中的应用，现代生产的科技含量越来越高，对管理的要求也越来越高。劳动力必须具有较高的科学文化素质，才能成为合格的劳动者。只有通过教育培训获得一定的科学文化知识，劳动力才能使用先进的生产工具，才能采用先进的管理手段和方法对生产经营活动进行有效的管理。在现代社会，生产率的提高主要是依靠科学技术，一些发达国家劳动生产率的提高，60~80%是依靠科学技术实现的。劳动生产率的提高和经济的发展，不仅取决于生产工具的先进程度，也取决于对生产经营的科学管理。同样的企业管理者的水平不一样，企业的生产经营状况会完全不同。目前民族地区经济的科技含量较低和管理水平不高已经成为制约经济增长的重要因素，改变这种状况关键在于发展民族教育事业。

民族地区城镇教育事业与文化有着密切的关系，文化构成教育的内容，教育是传递文化的工具。著名教育家杜威说过：“社会通过传递过程而生存，正如生物的生存一样。这种传递依靠年老者将工作、思考和情感的习惯传递给年轻人。没有这种理想、希望、期望、标准和意见的传达，从那些正在离开群体生活的社会成员给那些正在进入群体生活的成员，社会生活就不能幸存。”[①] 教育以对人的文化造就，以文化传承和文化创造为主要任务，以文化贡献为基本使命。民族地区的城镇化是一种极其深刻的变化，伴随着物质文明的进程，精神文明必将受到巨大的冲击。教育能否充当民族文化和先进文化的传承者，教育能否成为社会新文化的发源地和辐射地，教育能否为社会提供必要的文化支持和文化批评，教育能否抵挡住全球化、市场化的文化冲击，这是文化对教育的严峻考验。[②] 民族地区城镇化建设不仅要促进当地文化的发展，社会发展也是一项重要内容。社会发展包括很多方面，如人民权益的实现、妇女地位的提高、环境保护的加强等等。发展民族教育提高群众的文化素质，是促进当地社会发展的必要条件。发展民族教育增强人民群众的维权意识，依法保护自己的合法权益；发展民族教育提高城镇居民文化素质，在社区实施自我服务、自我管理，更好地行使自我权利；发展民族教育破除落后观念，提高妇女地位，使她们在经济社会发展中发挥更大的作用；发展民族教育增强城镇居民的环保意识，建设生态城镇，走可持续发展之路。民族地区的城镇化建设应当着眼长远，打好基础，选准突破口，稳步推进。要将发展民族教育、提高人口素质作为民族地区城镇化建设的突破口，以民族教育的大发展作为城镇化建设的基础。

二、在民族地区城镇化建设中应优先发展教育事业

尽管在民族地区城镇化建设中发展民族教育面临极其艰巨的

① 约翰·杜威著，王承绪译：《民主主义与教育》，第4页，人民教育出版社，1990年版。

② 樊浩：《现代教育的文化矛盾》，《新华文摘》2005年第23期。

挑战，但从长远出发必须把发展教育事业放在各项建设的优先位置。联合国教科文组织早在20世纪70年代就提出了“教育先行”的观点。这种观点的正确性已经为许多新兴工业国家所证明，并得到国际社会的普遍认同。一国的教育水平始终是衡量综合国力和社会文明程度的重要标志。教育历来是造就专门人才和熟练劳动力的重要途径，是科学技术转化为现实生产力的桥梁。优先发展教育是跻身强国的战略决策，教育先行的投入是最有效的资本。经济的竞争主要是技术能力和管理能力的竞争，而技术能力和管理能力的竞争主要是教育的竞争。无论是先进科学和现代技术，还是优秀民族传统和民族人文精神，都是教育基础的生成、积累和升华。① 我国优先发展教育的战略已经形成。党的十六大报告指出：“教育是发展科学技术和培养人才的基础，在现代化建设中具有先导性全局性作用，必须摆在优先发展的战略地位。”② 党的十六届三中全会提出，坚持以人为本，树立全面、协调、可持续的发展观，促进经济社会和人的全面发展。坚持以人为本促进人的全面发展，是科学发展观对教育的根本要求。发展民族教育，要以科学发展观为指导，坚持做好6个协调：促进教育与经济社会协调发展；促进各级各类教育协调发展；促进公办教育和民办教育协调发展；促进城乡教育协调发展；促进教育规模、质量、结构、效益相互协调；促进改革、发展、稳定相互协调。这是在民族地区城镇化建设中发展民族教育的指导思想和基本原则。

在民族地区城镇化建设中发展民族教育要以创新为主线。创

① 朱坚强著：《教育经济学发凡》，第45－68页，社会科学文献出版社，2005年版。

② 江泽民：《全面建设小康社会，开创中国特色社会主义事业新局面》，载《光明日报》，2002年11月18日，第A3版。

新是一个国家不竭的动力和民族活的灵魂。《中共中央关于制定国民经济和社会发展第十一个五年规划的建议》指出："必须提高自主创新能力。实现长期持续发展要依靠科技进步和劳动力素质的提高。要深入实施科教兴国战略和人才强国战略，把增强自主创新能力作为科学技术发展的战略基点和调整产业结构、转变增长方式的中心环节，大力提高原始创新能力、集成创新能力和引进消化吸收再创新能力。"[①] 在第四次全国科技大会上，国家主席胡锦涛也提出：中国未来 15 年科技发展的目标是，2020 年建成创新型国家，使科技发展成为经济社会发展的有力支撑。尽管在过去 20 多年里我国创造了年均 9% 的高速经济增长，但这种增长主要是由劳动密集型产业带动的，不仅获利菲薄，而且资源消耗巨大，环境成本极高，再也难以为继。当前美国、日本、欧盟等都把科技创新作为国家发展战略，大幅增加科技投入。这些创新型国家的共同特征是科技研发投入大，科技进步对经济增长的贡献率高达 70% 左右。据统计，目前全世界 86% 的研发投入、90% 以上的发明专利都掌握在发达国家手里，中国科技进步对经济增长的贡献率仅为 39%。建设创新型国家，首要是实行创新教育。我国教育长期以来坚持和追求的是一种面向过去的、以知识传授为中心的教育范式，而创新教育是一种面向未来的，以促进学生发展、培养创新人才为根本价值的新的教育范式。从接受教育走向创新教育，是我国教育范式的转型，是对传统教育和现代教育的超越。[②] 在城镇化建设中发展民族教育，一开始就要确立最先进的教育理念，顺应时代潮流。

---

① 《中国共产党第十六届中央委员会第五次全体会议文件汇编》，第 5－6 页，人民出版社，2005 年版。

② 张志勇著：《创新教育：中国教育范式的转型》，第 12 页，山东教育出版社，2004 年版。

在民族地区城镇化建设中发展教育事业重点要做好如下几项基本工作：(1) 要将基本普及9年制义务教育、基本扫除青壮年文盲的“两基”工作作为基础性、长期性工作来抓。一个民族、一个地区如果没有获取知识的基本能力是很难发展的。这是提高少数民族人口素质、培养少数民族人才最根本的工作。(2) 要积极推进职业教育和成人教育。民族地区人口素质相对比较落后和教育资源相对贫乏的局面在短期内不可能从根本上改观。发展职业教育和成人教育能够比较充分地利用现有资源，比较好地解决学习与本民族生产生活习惯相结合的问题，对地方经济和社会发展见效快，应该大力提倡。(3) 民族高等教育要办出特色、效益和水平。民族院校一方面要发挥优势，在人文社会科学领域为民族优秀传统文化的保持和发扬做出贡献，为国家和地区的经济社会发展当好参谋，培养面向国民经济主战场的经济、管理、法律、外语等方面的人才；另一方面要在自然科学领域有新的开拓，为少数民族和民族地区输送科技领域的高素质人才。(4) 把创新教育和素质教育贯穿民族教育的各个层次，培养高素质创新人才，这是关系到民族地区能否在经济发展中实现质的飞跃的重大问题。我们要在教育观念、教育体制、教育结构、人才培养模式、教育内容和教学方法上进行反思，既要吸收国际上的先进经验，又要避免一些地区所走过的弯路，把教育改革纳入到整个社会体制改革、特别是为西部大开发而进行社会改革的宏观视野中。

落实民族教育管理自治权是民族地区城镇化建设中发展民族教育的根本保证。“民族教育管理自治权，是指国家法律赋予自治机关在国家教育方针的统一领导下，依据义务教育法、教师法、教育法等国家法律法规的规定，自主地管理和发展本地区的民族教育的自主权。”[①]《中华人民共和国宪法》第119条规定：“民族自治地方的自治机关自主地管理本地方的教育、科学、文化、卫生、体育事业。”[②] 根据宪法的规定，《中华人民共和国民族区域自治法》第36条规定：“民族自治地方的自治机关根据国家的教育方针，依据法律规定，决定本地方的教育规划，各级各类学校的设置、学制、办学形式、教学内容、教学用语和招生办法。”[③] 民族教育管理自治权充分体现了国家尊重和保障各少数民族管理本民族教育事业的基本原则，也体现了国家实行民族教育优先发展的基本政策精神。在民族地区城镇化建设中，要以实施民族教育管理自治权为发展民族教育保驾护航。必须从如下三个方面来完善和落实民族教育管理自治权：（1）扩大民族地区制定教育政策的自主性。民族地区有着自己独特的经济、社会和文化特点，经济社会的发展使得民族教育管理面临着许多新的情况。面对这种形势，中央教育行政不可能事无巨细，包揽管理。国家对民族地区教育的管理，应当更多地着重于宏观政策的制定。各民族地区有权依据《民族区城自治法》的规定，对不适合实际情况的上级国家机关有关民族教育的决议、决定、命令和指示的某些条款，变通执行或者停止执行。民族地区应当结合本地区的实际情况，制定教育发展的特殊政策和灵活措施，并可根据教育事业发展的要求，制定符合国家教育政策精神和法律原则的自治条例和单行条例，把全国的统一性和民族地区的自主性有机地结合起来。(2) 民族地区要因地制宜，开拓创新，重点加强教育事业发展薄弱环节的建设与管理。民族地区发展教育事业应解

---

① 宋才发主编：《民族区域自治法通论》，第272页，民族出版社，2003年版。

② 《中华人民共和国常用法律大全》（上卷），第19页，法律出版社，1996年版。

③ 《中华人民共和国民族区域自治法》，第26页，法律出版社，2001年版。

放思想，积极主动，苦练内功，向内挖潜，改革体制，完善机制，调动一切积极因素，抓好自身的改革和建设。特别是要在教育建设的薄弱环节上取得突破，促使教育水平的整体提高。(3) 民族地区发展教育事业离不开国家的大力支持。国家要从民族地区实际出发，制定和实施符合民族地区教育发展需求的各项扶持政策。民族地区经济基础薄弱，国家应完善关于教育的财政、金融等支持政策，从财力上支持民族教育事业的发展。国家应鼓励优秀人才支援和服务民族地区教育事业，完善相关制度，形成长效机制，从人力上支持民族教育事业的发展。总之，在民族地区城镇化建设中发展民族教育事业是一项长期而艰巨的系统工程。我们一定要提高认识，知难而进，把民族教育放在优先发展的基础地位。要遵循民族教育发展的客观规律，以创新为主线，实现教育范式的转换，造就时代需要的创新型人才，从而为民族地区城镇化建设提供源源不断的智力支持和精神动力。

第四节 民族地区城镇建设与社区精神文明创建

一、城市（城镇）社区的基本理论

(一) 社区的概念

社区（Community）是居住在某一特定地域中的一群人，他们的生活围绕着日常的互动模式而组织起来。这些模式包括工作、购物、娱乐等活动，以及教育、宗教、行政等设置。社区也用来指这样一些地方或者群体，在社区中人们团结一致并通过日常共同的认同感，强有力地联系在一起。社区概念的定义本身是随着经济社会发展而逐步完善的。随着现代社会的发展，不少社会学家发现现代化社区的含义有更多的内容需要补充，尤其是强调从一定地域社会关系结构的角度来研究社区。所以社区又是指一定地域内全体人群的社会生活共同体，或者说是在一特定地域内，人们共同从事社会活动、具有较密切的互动关系和共同文化维系力、认同感的区域共同体。一定的地域、互动的活动模式、共同的文化维系、共同的认同感、特定的人群组成的社会共同体是社区构成的基本前提。参考西方社会学家对社区所下的种种定义，我们在这里确定一个非常宽泛的社区定义：社区就是区域性的社会，是人们凭感官感觉到的具体化了的社会。

（二）社区的构成要素

社区的构成要素是以人为主体的综合组成，并以此使社区的结构和功能成为一个整体。以现代社区来看应具备以下基本要素：（1）社区人群。一定数量的社区人群是构成社区的第一要素，也是社区发展的活动主体。一定数量的人群，为满足其生存和发展之需要，又要有相互关联的社会关系。因此在特定的范围内，一定数量的人群结成一定的社会关系，并围绕日常的互动模式而组织起来形成生活共同体。这个群体是所有人群的集合，不论男女老幼，从事何种职业，他们是这一地区社会生活共同体的主体，也是构成社区的主体。（2）地域空间。人们的社会活动总是在一定的自然空间范围中进行的。作为社区的区域范围是相对固定的一定区域，它作为人们生活和生产活动、生存和发展活动的空间。一定的地域空间是构成社区的基本的自然环境条件。它为社区人群提供生存资源和环境，提供生活和生产活动的空间场所，同时它也制约着这一区域内人群的生存和发展。社区的地域空间是社区内人群和社区自然环境交流的场所，实现着人和自然的具体统一。（3）社区活动。社区活动是指社区内人群之间基本的社会交往活动。它主要指人们基木的生存活动和发展活动，而这些活动本身是人们相互之间的交往和互动活动。这些活动本身是多样性的，之所以能形成一定的社会生活共同体，是由于这些活动本身具有内在的同质性，才有可能产生相互间的交往。各种活动方式和活动类型在这个特定的区域内有一定的相近性和可沟通性。正因为这种同质性和相近性的活动，使一个地域内人群的生产活动和生活方式能共存于这个社会共同体中，也才形成一个有别于其他区域的社区存在。(4) 社区活动设施与载体。社区的设施和活动载体是社区成员的生产与生活所必需的物质条件。这些设施和载体是人们长期从事社区建设所取得的物质成果，包括生活服务的设施、生产活动的设施等等。它为社区发展提供物质基础和保证，为社区成员提供生存和发展的社会服务，是社区成员和社区环境相互沟通、实现统一的媒介。社区设施的完善程度和合理使用是一个社区发达程度的重要物质标尺。(5) 社区文化。社区文化是指社区得以存在和发展的内在因素和精神动力。它是一种由价值取向构成的共同认同感。作为一个特定地域社会共同体中人们长期从事物质和精神活动的产物，它渗透在社区生活的各个方面。不仅体现在人们的物质生活中，更深入地反映在人们的精神生活中。一个区域内的物质条件、生活环境，一个社区的管理方式、社会风俗，社区成员的心理素质、行为模式和价值观念，无不体现着社区的文化认同。社区文化是社区内在凝聚力和认同感的基础。社区的构成要素是多样的，随着现代社会发展，要素的内涵和种类也在不断增加和调整。

（三）社区发展与社会发展的统一

城市社区的发展和社会发展有着内在的联系，是统一发展的过程。这是由社区发展与城市化社会发展的内在规律的相同性决定的。这种统一体现在城市社区发展是城市社会发展的基础，社会发展的总目标需要城市社区的积极推进、完善和发展。当然，两者在具体发展过程中所表现出的形式、形态仍然有着各自的特点。把握各自的特点，遵循共同的规律，才能促进两者的和谐共进。社区发展是一个有目标、有计划地引导社会变迁的行动过程，必须广泛发动社区成员，充分利用社区各种资源，通过政府和各类社会组织的支持、援助，把社区建成一个经济繁荣、文化发达、生活丰富、环境优美、设施配套、管理先进的地域社会。社区发展涉及推动地域社会全面进步的各类复杂关系和问题，其深刻的内在含义在于社会发展的变迁基础。社区发展有其自身演变的规律，不断增强社区功能，提高社区发展效率，是社会发展评价的必然要求。社区功能实现程度高，社会发展的进步程度就高。对社区功能实现程度的分析，就是对一个社区在单位时间与空间所担负的功能作出评价，也是对社区效率的评价。评价现代城市社区的效率有如下几个指标：(1) 人居效率。它是指社区内单位面积居住人口数量的多少，单位面积可容纳的居民数量多，人居效率就高；反之居住效率就低。人居效率是数量和质量综合因素的统一。城市社区居住效率的提高，应当使居民楼和社区设施合理地向高空、地面、地下三层空间发展，形成地面人口高密度、建筑物低密度、设施完善的居住区。同时充分利用城市有限的可居住土地，使人均居住面积和人居环境更加合理、科学、完备。(2) 生态效率。它是指居民在生活、生产活动中，利用生态的状况。它包括对社区内自然生态的利用、保持自然生态的平衡和人文生态的利用，即对人们生存与发展、劳动与休息需求的满足程度。社区内成员都有自己的活动内容，包括工作和劳动，又有充分的娱乐和休闲。人与生态关系和谐则社区的生态效率就高，这里包括环境的保护，生产、生活垃圾的处理，自然和人文生态资源的保护和利用，人和环境的合理相处、和谐发展。(3) 运行效率。它指社区承载和处理人流、物流、信息流等各种社区流的能力以及单位时间内社区流的流动量。一个社区承载的各种社区流的能量越大，速度越快，它的运行效率就越高。城市社区的运行效率既反映在社区内人员、物资、信息的输入与输出的质与量上，也反映在社区的管理与服务上，而运行效率的基础是反映社区体制、机制的承受和完善程度。(4) 积聚效率。它是指社区中因人口和资源的集中而产生的效率。它从三个方面来衡量：一是以人均净产值来计量的第一积聚效率；二是以人际交往面来计量的第二积聚效率；三是以信息密度来计量的第三积聚效率。这三个量值越大，社区的积聚效率就越高。

二、社区精神文明创建在民族地区城镇化建设中的重要作用

民族地区城镇社区由传统文化型转化为现代文化型需要一个漫长的过程。在这个过程中表现出如下几个方面的特征：(1) 由保守的社区向开放的社区转化；(2) 少数民族社会、文化发生着明显的变迁，表现在衣、食、住、行，以及精神文化各个方面；(3) 由于各自在城市发展中空间及分布的不同，人们的文化异质性表现比同质性更为突出。[①] 这使民族地区城镇社区精神文明的创建显得尤为重要。只有加强民族地区城镇社区精神文明创建，才能为民族城镇社区的成功转型提供动力和保证。

第一，加强社区文化建设，满足城镇居民日益增长的精神文化需求。随着社会生产力的迅速发展和城市市民文明程度的逐渐提高，人们在满足对物质生产生活产品需求的同时，对精神文化产品的需求也在不断增长。由于城市化的发展，绝大多数市民都工作、生活在一定的社区里。他们不再满足于过去那种传统社区提供的一般性管理和服务，而希望现代的城市社区能够为他们创造良好的文化资源和优美的文化环境，能使他们在紧张的工作学习之余，得到精神文化上轻松舒适的休憩和高雅愉悦的享受。城市社区内的文化建设状况如何，文化氛围的浓淡、文化品位的高低、文化设施的好坏，都直接与他们精神生活的状况、物质生活

① 参见高永久、曹志兴：《简论西北少数民族地区城市化》，载《光明日报》，2002年2月28日，第3版。

的质量紧密地联系在一起。因此，民族地区城镇精神文明建设要从社区广大居民的精神文化需求出发，切实加强城镇社区文化建设。

第二，加强社区文化建设，适应现代城市的管理职能要求。随着我国社会主义市场经济体制的建立，政企、政事、政社逐步分开，政府直接包揽社会事务的局面正在逐步改变，政府的社会管理重心也在逐渐下移，回归社会。在我国许多城市中，基本形成了“两级政府、三级管理、四级网络”的城市管理新体制，街道居委会、物业管理小区组织被赋予了更多的管理权限和职责。现在的城市社区与计划经济时代的社区有着不同的含义。在传统意义上，社区就是一个行政单位，行政单位承担着社区的社会管理和服务功能，包揽社区的一切。而如今的社区不再是单纯的某一个单位或者大企业，社区里不但居住着来自不同单位或企业、从事各种职业的人员，而且还出现了各种不同的新经济组织、社会中介机构、社会团体。要让这些不同的人员、组织机构融洽地生活和工作在一起，形成一种积极向上、团结和睦、互助互爱的良好社区精神，社区组织就必须真正承担起城市社区建设的重任。因此，大力培育和强化城市社区文化建设是一项基础性、长期性的工作和任务。

第三，加强城市社区文化建设，增强城市在经济建设中的综合竞争能力。由于文化生活水平在一定程度上反映着一个国家、城市、区域的社会形态和人民素质的状况，衡量其综合实力和竞争能力，很重要的一点就是要把握它的文化资源、文化环境和文化发展水平。因此在经济建设中，城市必须重视文化建设，以高水平的文化品位来塑造城市形象，展示城市特色和魅力，以文化氛围来凝聚人心，提高城市的综合竞争能力。在城市文化建设中，城市社区的文化发展水平可以说是城市文化发展水平的基础和基点。因为从城市的整个社会形态来看，它是由一个个的城市社区的社会形态而组成的，城市市民素质的提高又在相当大的程度上是与社区管理组织的工作、社区文化环境的熏陶联系起来的。只有把社区的文化建设搞好了，城市的文化发展水平、市民的综合文化素质的提高才有了最基本的条件，才落在了实处，并最终把城市文化环境的优化和市民文化素质的提高，转化为物质形态的竞争能力和创新能力，转化为城市进步的推动力，促进城市快速和持久地发展。

三、民族地区城镇社区精神文明创建的主要任务

民族地区城镇加强和谐社区建设要坚持以服务群众为重点，以居民自治为方向，以维护稳定为基础，以文化活动为载体，以党的领导和党的建设为关键，努力把城市社区建设成为管理有序、服务完善、环境优美、文明祥和的新型社区。社区服务直接关系千家万户的利益，也是发展第三产业的重要方面，前景十分广阔。要通过加强社区建设，充分发挥街道、居委会和群众的力量，不断提高为群众服务水平和城市管理水平，加强社会治安综合治理，保证人民群众安居乐业，促进社会稳定和发展。具体说来，民族地区城镇文明社区建设有如下几项主要任务：

第一，加强社区教育。社区教育是提高居民素质的根本，要充分利用社区内现有的各种教育、文化、科研、体育等资源，构建横向联合、纵向沟通的社区教育网络，使社区内无论是青年还是老人，不管是在职或者已退休的，都能随时随地接受各种德能、智能、技能、体能方面的教育，逐步构建一批学习型社区、科技型社区、文化型社区。要在各级政府统筹下，建立健全以社区学院为龙头的社区教育网络，以基层党校、职工政校、市民学校、老年大学、少年军校、家长学校等为阵地，围绕市民思想道德素质和科学文化素质的提高，开展“三义”（爱国主义、集体主义、社会主义）、“三知”（党的基本知识、科技知识、市场经

济基本知识)、“三德”（职业道德、社会公德、家庭美德)、“三业”（敬业、精业、创业）教育，开展全体社区居民的教育；以学校、家庭、社会相结合，开展立体化青少年教育；以市民学校、老年大学为主阵地，对老年人进行文化、美术、园艺、保健等知识的教育；以市民学校为主，对外来人员进行市民守则、法律常识、科学文化知识和计划生育等宣传教育，使社区居民树立正确的人生观、世界观、价值观，形成健康向上的社会氛围。

第二，活跃社区文化。民族地区城镇社区文化是创建的有效形式，它可以满足不同层次人群的精神文化需求，使老有所乐、少有所娱、难有所帮，以丰富多彩的文化活动展示不同人群的潜力，提高修养和鉴赏能力。社区文化的特点是以自娱性为主，多样性为主，通过积极健康、丰富多彩的社区文化活动，寓教于乐，寓教于知，寓教于美，创造一种良好的社区文化环境。一是季季有大活动，通过各种形式组织广泛参与的活动；二是根据各自的特点和资源优势，利用独特的历史资源和文化遗产，组织群众性文艺演出团体，民间艺术表演团队，定期不定期地组织演出；三是利用现有文化阵地，包括文化中心、图书馆、画廊宣传栏、棋牌室、健身室、健身房等，使社区居民有自己的文化娱乐场所；四是开展特色家庭文化活动，展各家之长，树各家新风，增强家庭亲和力，逐步做到家家乐、家家美、家家健。譬如，社区体育适合了人们追求健康的需要，应该以科学养身健身活动推动全民健身运动的开展。以居民小区为单位就近就便设立晨练点；有社区体育指导员队伍，指导开展社区居民体育锻炼；定期开展社区群众体育演示活动，开展体育竞赛，引导群众科学健身。

第三，搞好社区服务。社区服务是提高生活质量，增强区内归属感的重要渠道。积极主动为居民生活排忧解难，从群众最关心、最企盼解决的问题入手，办实事、办好事、多办事。建立健全社区服务体系，进一步强化市、区、街道社区服务中心及居委会服务站的功能，形成四级网络，服务千家万户，方便居民生活。各窗口行业单位，要发挥行业优势，把服务延伸到社区，主动面向群众，服务居民。大力提倡居民群众以自己的知识、技能与劳动，广泛开展互助性服务。为社区、为他人提供服务，壮大志愿者队伍，深入开展社区志愿者服务活动。配合民政等有关部门，大力发展面向残疾人、老年人、优抚对象和困难群众的福利性服务。关心社区内的特困家庭及其他弱势人群，送温暖、献爱心。搞好下岗职工技能培训，帮助他们创建社区服务实体，寻找就业门路，开辟就业渠道。支持兴办老年公寓，以多种形式为老年人服务。严格执行社区物业管理规定，切实履行各种承诺，为居民提供方便、优质的经营性服务。培育和发展社会中介组织，充分发挥他们在社区服务中的积极作用。倡导无偿服务，发展低偿和有偿服务，推动发展社区服务产业。①

第四，优化社区环境。社区环境是指社区范围内人们活动的整体空间，主要解决环境的卫生、环境的自然与人的和谐等问题。优化社区环境就是从解决脏、乱、差入手，加强环境治理，努力实现社区环境的"绿、亮、净、美、优"。因此，采取专兼结合，广泛发动社区群众，治理改善社区环境，是创建文明社区活动中一项基础性工作。民族地区城镇要努力做到：一是植树种草，养绿护绿，提高社区绿化覆盖率。二是提高社区的亮灯率。三是积极维护环境卫生，拆除各种违章建筑，清理乱堆乱放、乱贴乱画现象，推进垃圾分类和袋装化，增强群众的环保意识。四是推进"楼道革命"，让楼道"亮起来、净起来、白起来"。通过集中财力物力，每年建成一批"精品小区"、"文明小区"。

---

① 参见刘伦文：《社区服务与民族地区小城镇建设》，《湖北民族学院学报》2001年第4期。

第五，维护社区治安。社区治安的目的是搞好综合治理，保证安居乐业。要坚持教育与管理结合，治标与治本兼顾，德治与法治并举，建立健全与人民群众生活紧密相关的行为规范，增强自律意识，增强法纪观念。坚持“打防结合，预防为主”的方针，加强社区治安综合治理，严厉打击各种违法犯罪活动，认真做好重点地区、重点部位、重点人群的治安防范。加强对社区流动人口及公共娱乐场所的管理，遏制各种社会丑恶现象和不文明行为的滋生蔓延，坚决扫除“黄赌毒”等社会丑恶现象。反对封建迷信活动，制止文化垃圾传播，倡导文明健康的生活方式。加强对刑满释放人员、解教人员的帮教安置工作。搞好普法教育和人民调解工作。充分发挥社区群众治理组织的作用，组织发动群众建设安全居民区，促进社会稳定和发展。总之，社区精神文明建设就是要努力建设基础设施配套、道德风尚良好、文化生活丰富、居民身体健康、社区服务完善、生态环境优美、社会秩序井然、综合效益显著、群众满意放心的现代城镇社区。

第五节　民族地区城镇建设与历史名城、历史文物的保护

一、在民族地区城镇建设中依法保护历史名城和历史文物

随着人们对自然生态环境关注和保护意识的不断增强，人们对古代文化遗产保护的认识也提高了。这不仅仅是人们怀旧的心态所致，而且是人们在珍惜自己生存所依赖的生态环境的同时，更加珍惜自己走过的历程、特别是历史进程中所创造的人类文明所致。文明古迹是不能再生的珍宝，它们的价值对于现在以及将来都是无法估量的。城市历史文化和文物是一个国家或者民族文化的象征，是人类的文化瑰宝，是一个城市或地区引以为自豪的

标记。城市历史文化和文物是一种不可再生的资源，任何人都不能随意破坏和浪费它。

我国民族地区有大量的历史遗迹和历史文物，如果不加以保护，它们的毁灭会造成无法弥补的遗憾。在进行民族地区城镇化建设的过程中，一定要加强对这些地区历史名城、历史文物的保护。城市作为人类聚居地即是经济的载体，又是文化的载体。没有文化的城市只是一块失去灵魂的蛮荒之地。昨天的文明是今天构成现代城市特色的第一要素，是城市现代文明高度发达的重要标志。现代城市既反映了城市的现代文明，也反映了城市的传统文明。城市的传统文明特别是历史文化遗产，凝聚着数千年人类辛勤的劳动和无穷的智慧，沉淀了人类的精神资源和物质财富，体现了审视的特色和个性，构成了城市的记忆，是沟通历史和现实的血脉。因此，现代化的城镇不仅应当具有完备的基础设施，良好的生态环境，舒适的人居环境，鲜明的人文精神，还应当有深厚的历史文化内涵。历史文化遗产是城镇建设不可或缺的重要组成部分。①

要依法做好保护历史文化名城和历史文物的工作。《中华人民共和国文物保护法》第10—12条规定："各级人民政府制定城乡建设规划时，事先要由城乡规划部门会同文化行政管理部门商定对本行政区域内各级文物保护单位的保护措施，纳入规划。""文物保护单位的保护范围内不得进行其他工程建设。如有特殊需要，必须经原公布的人民政府和上一级文化行政管理部门同意。""根据保护文物的实际需要，经省、自治区、直辖市人民政府批准，可以在文物保护单位的周围划出一定的建设控制地带。在这个地带内修建新建筑和构筑物，不得破坏文物保护单位的环

① 参见何一民：《科学发展观与四川城市可持续发展》，《西南民族大学学报》2005年第1期。

境风貌。”[①] 要按照国务院办公厅《关于西部大开发中加强文物保护和管理工作的通知》，在民族地区城镇化建设中做好如下7方面的工作：（1）要加大对《中华人民共和国文物保护法》等相关法律法规宣传、贯彻的力度，大力提倡、动员和引导社会参与文物保护，各级政府要依法保护和管理好管辖区内的历史文化遗产，将文博事业发展列入区域经济和社会发展“十一五”建设规划。（2）妥善处理好西部大开发中地下文物保护和经济建设的关系，做好西部地区文物调查、评估和公布文物保护单位等基础性工作，摸清底数，加快文物普查和文物地图集的编纂工作进度，在可能埋藏文物的地方做好重点文物保护区域的划定工作。凡基本建设进行文物勘探、考古发掘所需费用，应当按照国家计委、财政部（计价费［1997］1220号）文件的有关规定，由建设单位从项目投资中列支。（3）做好古遗址、古墓葬的保护工作，要把古遗址、古墓葬特别是大型遗址的保护纳入当地退耕还林（草）和土地利用规划；对遭到耕作破坏严重或者埋葬较浅的大遗址，要列入退耕还林（草）的重点目标，以减缓耕作和自然力对遗址的剥蚀，防止新的破坏。（4）要根据西部地区历史文物、少数民族文物和各类矿物、动植物标本相对丰富的实际情况，做好抢救和保护工作，有计划、有重点地发展各具特色的专题博物馆。（5）科学、合理地发挥文物特有的作用，将文物旅游的资源优势转化为经济优势，加强爱国主义教育并增强民族凝聚力。（6）对于宗教活动场所的古建筑和寺庙内收藏的各类文物，要按照《文物法》进行有效管理，制订专项保护法规和规章制度，建立相应的管理组织，自觉接受文物行政管理部门的指导、监督和管理。（7）加大对盗掘、盗窃、非法交易和走私文物等违法犯罪活动的

① 《中华人民共和国常用法律大全》（上卷），第1042页，法律出版社，1996年版。

打击力度，公安、工商行政管理、海关、文物等有关部门要通力协作，对各种文物犯罪分子特别是那些破坏性强、危害严重的盗掘团伙和走私集团，必须坚决摧毁，依法予以严厉打击。[①]

二、民族地区城镇建设中保护历史名城和历史文物的基本原则和对象

在民族地区保护历史文化名城、历史文物与在全国的其他地区并无区别。有区别的只是更要注意民族地区自身的特点，因地制宜，充分考虑少数民族文化的特性，做好民族地区的历史文化名城、历史文物保护工作。自1982年国务院公布第一批国家历史文化名城起，至今已有20多年了，这一阶段正是我国改革开放、经济快速发展的时期。由于各级党委、政府的高度重视历史文化名城、历史文物的保护工作，才使得许多历史文化名城得到了较好的保护。但是也应当清醒地看到，经济利益的驱动和人们认识上的不足，使得名城的保护受到了相当大的冲击。文物古迹、历史街区、古城空间格局是不可再生的历史文化遗产，在民族地区城镇化的建设中，我们有必要对历史文化名城保护工作进行新的探索，在借鉴过去经验的基础上走出一条更好的保护之路。

民族地区历史文化名城、历史文物保护的范畴和原则。在过去相当长的时期内，只有杰出的、在历史上或者艺术史上占有重要地位的伟大的建筑作品和艺术品才被列入保护范畴。许多由于时光流逝而获得文化意义的一般建筑，各历史时期的建筑以及能作为社会、经济发展见证物的对象，也应当被列为历史文化传统的保护对象。从保护范围上看，保护对象已不再局限于建筑本

① 国务院办公厅：《关于西部大开发中加强文物保护和管理工作的通知》，《中华人民共和国国务院公报》2000年第31期。

身。从大的方面来说，开始扩大到它周围的建筑环境、自然环境；从单纯的建筑艺术作品扩大到与历史文化及人们当前生活密切相关的街区和城市。也就是说，从点的保护扩大到地段乃至城市的全面保护。从小的方面说，延伸到环境中的各个组织元素，包括公园和街道的装饰小品及标志物在内。从保护深度上看，文物建筑、历史地段和历史城市的保护规划，其内容原仅限于物质方面，保护历史遗存及其环境；现在扩大为保护具有浓郁民俗特色的典型社会环境和历史文化传统。从单纯建筑实体的保护，演进到自然环境、人文环境、文化特色的综合性保护。在保护方法上，由过去单纯的文物考古和建筑修复，演进到多学科同参与的综合行为，更具有多学科、综合性和多样化的特点。城市传统文化的保护主体也从建筑师、规划师、文物保护者单方面的参与，转化为更广泛的社会调查和群众参与。在民族地区城镇化建设中保护历史名城、历史文物的基本原则是：(1) 整体性原则。从城镇全局和整体发展的高度做好历史文化名城和文物的保护及规划工作，而不是单纯地考虑保护一些历史遗迹和历史建筑。(2) 协调性原则。名城保护既要兼顾历史文化遗产保护，又要有助于社会进步、经济发展和生活环境的改善，即协调好保护与发展的关系。(3) 特色性原则。城镇的特色性、唯一性是历史文化名城的核心内容。研究分析城镇独特的建筑风貌、自然人文景观、传统生活方式，充分发掘和继承城镇历史文化内涵，是名城保护的关键。(4) 真实性原则。名城的保护维修、整治、修复要“整旧如故”，“以存其真”，文物古迹、历史建设的保护应使其“延年益寿”，而不是“返老还童”。(5) 合理性原则。在有效保护历史环境、历史文化的前提下，对一些历史文化遗存进行合理的开发和利用，并通过有限的、合理的开发，达到积极保护的目的。

民族地区城镇化建设中保护历史名城、历史文物所涉及的保护对象。在民族地区城镇化建设中被列入历史名城、历史文物保护的对象主要有:(1)文物古迹。文物古迹包括类别众多、零星分布的古建筑、古园林、历史遗迹、遗址及古代或者近现代杰出人物纪念地，还包括古木、古桥等历史构筑物等。(2)历史地段。历史地段包括文物古迹地段和历史街区。文物古迹地段即由文物古迹(遗迹)集中地区及其周围环境组成的地段;历史街区是指保存有一定数量和规模的历史建筑物、构筑物且风貌相对完整的生活地区，该地区内的建筑可能并不全都具有文物价值，但它们所构成的环境和秩序却反映了某一历史时期的风貌。(3)古城风貌特色。一是古城空间格局。包括古城的平面形状、方位轴线以及与之相关的道路骨架、河网水系等。它一方面反映城市受地理环境制约的结果，另一方面也反映出社会文化模式、历史发展进程和城市文化景观上的差异和特点。二是古城自然环境。包括城市及其郊区的景观特征和生态环境方面的内容，譬如重要地形、地貌和有关山川、树林、原野特征。城市的自然地形环境是城市文化的重要组成部分。三是建筑风格。建筑风格应包括建筑的式样、高度、体量、材料、色彩、平面设计乃至与周围建筑的关系处理等综合性内容。鉴于建筑风格直接影响城市风貌特色，要注重处理新旧建筑的关系，尤其是文物建筑、历史地段与周围新建建筑风格的协调与和谐。新区建设也应当研究继承传统建筑风格与创造新城特色的关系。四是历史传统文化。历史文化名城的传统文化内容包括传统艺术、民间工艺、民俗精华、名人轶事、传统产业等等，它们与有形文物相互依存、相互烘托，共同反映着城市的历史文化积淀，共同构成珍贵的历史文化遗产。它既是城镇文化建设的重要内容，也是扩大对外交流、促进城镇经济与文化发展的重要手段。

三、民族地区城镇建设中保护历史名城和历史文物的方法

(一)文物古迹的保护方法

民族地区城镇文物古迹的保护方法主要包括：(1) 文物保护范围的划定。一是绝对保护区。一般指列为文物古迹、古建筑、古园林的本身范围。对此范围内的所有建筑本身与环境，均要按照《文物保护法》的要求进行保护，不允许随意改变原有状况、面貌及环境。二是建设控制区。指为了保护文物本身的完整和安全所必须控制的周围地段，即在文物保护单位的范围以外划一道保护范围，用以控制文物古迹周围的环境，使这里的建设活动不对文物古迹造成干扰。一般是控制建筑的高度、体量、形式、色彩等。三是环境协调区。对有重要价值或者对环境要求十分严格的文物古迹，在其建设控制区的外围应再划一道界线，并对这里的环境提出进一步的保护控制要求，以寻求保护对象与现代建筑合理的空间与景观过渡。(2) 文物古迹的保护。一是冻结保存法。对地面文物古迹的保护，按照“修旧如旧”原则，以不改变原貌为前提，应当将保护对象原封不动地保护起来，允许必要的修缮和加固。但是，必须按照整体性原则，修复和补缺的部分要与原有部分形成整体；保护景观上的和谐一致，有助于恢复而不是降低其艺术价值和信息价值。同时按照必要性原则，加固和维护措施应尽可能地减少；按照可识别性原则，任何增添部分都必须与原有部分有所区别，以保持文物建筑的历史可读性和历史艺术的真实性；按照可逆性原则，不应妨碍以后采取更有效的保护措施。二是对地下文物古迹的保护。特别是尚未完全探明的地下历史遗存的存在区域，不得再建造任何永久性建筑，已建造的建筑不再更新或者增建，以便为今后进一步的研究挖掘减小阻力和经济损失，保证地下遗存不再受到进一步的人为破坏。三是文物重建法。历史上一些十分重要的构筑物由于各种原因已被毁，但它们是地方特色代表性建筑，起着城市特色的象征性作用。因此，在条件允许的情况下重建是必要的，但重建必须谨慎。由于重建必然失去了历史的真实性，在更多情况下应在保存残迹的基础上按“修旧如旧”原则进行复建。(3) 文物古迹的利用。历史建筑不仅具有历史的、文化的、情感的和象征的价值，同时还具有使用价值。只有采取积极利用的办法才是真正的保护。

民族地区城镇建设利用历史建筑的原则。民族地区城镇建设利用历史建筑的原则包括：(1) 利用与维护结合原则。要在严格控制下妥善合理地使用文物建筑，这是延续和维护其生命力的最好方法。它不仅有助于保护工作的落实，而且赋予了文物建筑以新的活力。(2) 变更最少原则。尽可能按照其原来功能使用，使文物建筑达到最少量变更的目的，这有利于保护建筑各方面的价值和降低费用；条件不允许时，也应当采取使建筑、结构、地段和环境变更最少的使用方案。(3) 区别对待原则。根据性质区别对待，对具有考古价值的建筑，不应当触动建筑结构和改变周围环境；对具有宗教价值的建筑，绝对保持宗教建筑纯粹性，在一定的时候严格限制参观活动；对具有建筑特色及经济价值的建筑，在保持其特色的前提下应致力于开发利用。(4) 恢复活力原则。对文物建筑的保护和利用应与更好地恢复文物建筑和历史地段的生命力相结合。注意复苏历史建筑及其群体的文化生活，使之与现代社区和周围地区的文化相融合。(5) 合理利用原则。在保持建筑原有外观、结构、形态的基础上，对内部进行装修改建，增加现代化设施，使之更适应居住生活要求。

民族地区城镇建设利用文物的方式方法。民族地区城镇建设利用文物的方法主要包括：(1) 延续功能法。对尚未失去原有功能的历史建筑，如一些宗教建筑、行政建筑、宫殿建筑，应当尽可能延续原有的用途和功能，这是最好的利用文物的方法。(2) 功能转移法。对已经失去原有功能的历史建筑，在使用上可以有多种方式，或者作为博览馆使用，或者作为图书馆使用，或者为旅游景点利用。对保护等级较低的古迹点，还可作旅馆、公园等公共服务设施使用。

（二）历史地段的保护方法

历史地段的保护与文物古迹保护不同，它要求继续居住和生活，要维持并发挥它的使用功能、保持它的繁华。因此，一是要保护整体风貌。保护构成历史风貌的各个因素，除建筑物外，还包括路面、院墙、街道小品、河道、古迹等，其建筑物、构筑物的外观按照历史面貌保护整修，内部则进行适应现代生活需要的改造。二是对历史地段要采取逐步整治的办法。切忌大拆大建，对历史性建筑要按原样维修整饰，对后人改造不合理的地方要恢复其原貌，对不符合整体风貌的建筑要适当改造。

民族地区历史地段街区建筑的保护。(1) 立面保存法。我国不少城市的近代建筑大部分是欧式的砖石结构，其外观立面形式和结构的原状容易保持，在维护立面建筑风貌的基础上，只要经过内部装修就可以满足现代生活的需要。(2) 结构保存法。土木结构的住宅建筑，容易潮湿腐朽，对北方的四合院、江南的庭院民居等土木建筑，可采取建筑结构保存的方式。应当保存的不是古建筑的整体，而是其建筑结构体系。这种根据旧迹修复的建筑虽然变化幅度很大，但是因其建筑结构、建筑形态仍是传统的构造形式，所以整个街区建筑仍可保持原有的风貌。(3) 局部保存法。对一些采用立面保存或者结构保存，仍不能适应现代生活要求的旧建筑，可采取对旧建筑部分或者局部复原的方法加以保护。在历史街区的保护与整治中，应当根据实际需要采取不同方式加以保存，也可综合运用上述方法进行保护。

民族地区历史地段街道格局的保护。历史街区内部道路的格局往往反映了一个地段、一个城市的个性特色。在我国坊、街、巷、路网格局从古延续至今，不同地区又有不同的特征。有的以前河后街、河路相间为特征；有的以方格网为街巷骨架；有的以鱼刺式街巷为主脉等。这些街巷格局是当时社会经济状况、传统家庭生活方式的集中反映，极具相当重要的历史价值。(1) 馆式保护法。对古建筑比较集中的历史街区，采用博物馆式保护法，将古建筑复原与修复后，保持原有街巷、河道的布局，并力求能把从前的生活方式也一起原封不动地保存下来，以便完整地再现历史风貌。(2) 拼贴保护法。将零星分布在城市不同街巷之中的古建筑或古民居，按照传统街巷格局体系，集中迁建于一处，新建一个“历史街区”。

课题负责人主要法学论著附录

一、著作

1. 宋才发、陈业宏著：《中国市场经济法》，华中师范大学出版社 1994 年版。

2. 宋才发著：《中国现代企业制度的法律规范与实务》，华中理工大学出版社 1999 年版。

3. 宋才发等著：《建设社会主义法治国家的理论与实践》，华中师范大学出版社 2000 年版。

4. 宋才发著：《中国：侵权行为认定与赔偿》，中国民主法制出版社 2001 年版。

5. 宋才发主编：《民族区域自治法通论》，民族出版社 2003 年版。

6. 宋才发主编：《道路交通疑难案例评析》，人民法院出版社 2003 年版。

7. 宋才发主编：《以案说法：劳动纠纷案例》，人民法院出版社 2004 年版。

8. 宋才发主编：《以案说法：消费纠纷案例》，人民法院出版社 2004 年版。

9. 宋才发主编：《以案说法：行政侵权案例》，人民法院出版社 2004 年版。

10. 宋才发主编：《以案说法：保险纠纷案例》，人民法院出版社 2004 年版。

11. 宋才发主编：《以案说法：婚姻家庭纠纷案例》，人民法院出版社 2004 年版。

12. 宋才发主编:《以案说法: 房产物业纠纷案例》, 人民法院出版社 2004 年版。

13. 宋才发主编:《以案说法: 精神损害赔偿案例》, 人民法院出版社 2004 年版。

14. 宋才发主编:《以案说法: 未成年人保护案例》, 人民法院出版社 2004 年版。

15. 宋才发主编:《以案说法: 人身损害赔偿案例》, 人民法院出版社 2004 年版。

16. 宋才发主编:《以案说法: 医疗事故纠纷案例》, 人民法院出版社 2004 年版。

17. 宋才发著:《WTO 规则与中国法律制度改革》, 人民法院出版社 2005 年版。

18. 宋才发等著:《中国民族法学体系通论》, 中央民族大学出版社 2005 年版。

19. 宋才发主编:《未成年人司法保护》, 人民法院出版社 2005 年版。

20. 宋才发主编:《未成年人学校保护》, 人民法院出版社 2005 年版。

21. 宋才发主编:《未成年人社会保护》, 人民法院出版社 2005 年版。

22. 宋才发主编:《未成年人家庭保护》, 人民法院出版社 2005 年版。

23. 宋才发主编:《未成年人自我保护》, 人民法院出版社 2005 年版。

24. 宋才发主编:《未成年人犯罪预防》, 人民法院出版社 2005 年版。

25. 宋才发主编:《农民维权: 耕地宅基地》, 人民法院出版社 2005 年版。

26. 宋才发主编:《农民维权:村民自治》,人民法院出版社 2005 年版。

27. 宋才发主编:《农民维权:计划生育》,人民法院出版社 2005 年版。

28. 宋才发主编:《农民维权:减轻负担》,人民法院出版社 2005 年版。

29. 宋才发主编:《农民维权:进城打工》,人民法院出版社 2005 年版。

30. 宋才发主编:《农民维权:怎样打官司》,人民法院出版社 2005 年版。

31. 宋才发主编:《农民维权:森林、草原、水源》,人民法院出版社 2005 年版。

32. 宋才发主编:《农民维权:生产经营》,人民法院出版社 2005 年版。

33. 宋才发主编:《农民维权:土地承包》,人民法院出版社 2005 年版。

34. 宋才发主编:《农民维权:医疗卫生》,人民法院出版社 2005 年版。

35. 宋才发主编:《以案说法:道路交通纠纷案例》,人民法院出版社 2006 年版。

36. 宋才发主编:《以案说法:治安管理纠纷案例》,人民法院出版社 2006 年版。

37. 宋才发主编:《以案说法:担保纠纷案例》,人民法院出版社 2006 年版。

38. 宋才发主编:《以案说法:物权纠纷案例》,人民法院出版社 2006 年版。

39. 宋才发主编:《以案说法:合同纠纷案例》(上),人民法院出版社 2006 年版。

40. 宋才发主编:《以案说法: 合同纠纷案例》(下), 人民法院出版社 2006 年版。

41. 宋才发主编:《以案说法: 公司合伙纠纷案例》, 人民法院出版社 2006 年版。

42. 宋才发主编:《以案说法: 企业改制破产案例》, 人民法院出版社 2006 年版。

43. 宋才发主编:《以案说法: 知识产权纠纷案例》, 人民法院出版社 2006 年版。

44. 宋才发主编:《以案说法: 老年人权益保护案例》, 人民法院出版社 2006 年版。

45. 宋才发等著:《中国少数民族经济法通论》, 中央民族大学出版社 2006 年版。

46. 黄颂文、宋才发著:《民族地区扶贫开发法律保障研究》, 中央民族大学出版社 2006 年版。

47. 张志新、宋才发著:《民族地区人力资源开发及其法律保障研究》, 中央民族大学出版社 2006 年版。

48. 李彦、宋才发著:《民族地区退耕还林还草及其法律保障研究》, 中央民族大学出版社 2006 年版。

二、论文

1. 宋才发:《塑造社会主义市场经济规范的运行机制》,《学习月刊》1993 年第 4 期。

2. 宋才发:《论国有企业市场化的法律依据及其调适》,《华中师范大学学报》1993 年第 4 期。

3. 宋才发:《假冒商标罪的重新界定及其惩治规定述论》,《黄淮学刊》1993 年第 4 期。

4. 宋才发:《论国有企业资产增殖的法律责任》,《奋进》1993 年第 5 期。

5. 宋才发:《论市场经济法制化与法治化的统一》,《现代经济》1994 年第 1 期。

6. 宋才发:《产品质量认证规则初探》,《武汉教育学院学报》1994 年第 1 期。

7. 宋才发:《产品质量监督管理探微》,《商业经济与管理》1994 年第 2 期。

8. 宋才发:《重塑国有资产兼管体制的意义和基本构思》,《市场管理》1994 年第 2 期。

9. 宋才发:《重构现代企业制度的股份制》,《华中师范大学学报》1994 年第 3 期。

10. 宋才发:《走向法治国家宜先法治经济》,《改革与探索》1994 年第 3 期。

11. 宋才发:《私营企业发展的法律保障》,《学习与实践》1994 年第 3 期。

12. 宋才发:《重塑现代企业制度的产权关系》,《黄淮学刊》,1994 年第 3 期。

13. 宋才发:《重构政府的宏观经济调控机制》,《贵州社会科学》1994 年第 4 期。

14. 宋才发:《建立现代企业制度的法律探讨》,《攀登》1994 年第 4 期。

15. 宋才发:《重塑现代企业制度的国有资产兼管体制》,《甘肃社会科学》1994 年第 4 期。

16. 宋才发:《推进现代企业技术创新制度的法律思考》,《国际经贸探索》1994 年第 5 期。

17. 宋才发:《对编辑出版实践中侵犯著作权行为认定的探讨》,《法商研究》1995 年第 1 期。

18. 宋才发:《论企业竞争的法律原则》,《学习论坛》1995 年第 2 期。

19. 宋才发：《论中国企业的国际营销机制与法律规范》，《华中师范大学学报》1995 年第 3 期。

20. 宋才发：《论中国企业国际化经营战略及其措施》，《国际经贸探索》1995 年第 4 期。

21. 宋才发：《论中国企业进入国际市场的机制与规范》，《黄淮学刊》1995 年第 4 期。

22. 宋才发：《略论社会主义市场竞争的法律规范》，《蒲峪学刊》1996 年第 3 期。

23. 宋才发：《现代国际营销战略措施再探讨》，《长沙电力学院社会科学学报》1997 年第 1 期。

24. 宋才发：《社会主义市场经济与民主法制建设的内在联系》，《江汉大学学报》1997 年第 2 期。

25. 宋才发：《对现代企业民主管理制度的法律探讨》，《孝感学院学报》1997 年第 3 期。

26. 宋才发：《现代企业宏观调控制度的再探讨》，《广西师范大学学报》1997 年第 3 期。

27. 宋才发：《现代企业环境保护制度再探讨》，《海南大学学报》1997 年第 3 期。

28. 宋才发：《市场经济发展与民主法制建设关系新论》，《华中师范大学学报》1997 年第 4 期。

29. 宋才发：《有关假冒、越权签订经济合同无效的法律规定》，《学习月刊》1998 年第 1 期。

30. 宋才发：《“折价促销”是不正当竞争吗》，北京：《中国市场经济报》（法制版），1998 年 2 月 16 日第 2 版。

31. 宋才发：《关于无效经济合同认定与处理的法律探讨》，《孝感学院学报》1998 年第 2 期。

32. 宋才发：《在经济合同中签字制度优于盖章制度》，北京：《中国市场经济报》（法制版），1998 年 4 月 6 日第 2 版。

33. 宋才发:《在经济合同担保中如何确认保证人的保证责任》,北京:《中国市场经济报》(法制版),1998 年 5 月 11 日第 2 版。

34. 宋才发:《中国对外经济安全战略符合世界利益》,《重庆商学院学报》1998 年第 2 期。

35. 宋才发:《法人主体资格认定的法律探讨》,《华中师范大学学报》1998 年第 4 期。

36. 宋才发:《如何确认经济合同变更、解除行为的合法与违法》,《学习月刊》1998 年第 8 期。

37. 宋才发:《关于举证责任在解决民事、经济纠纷中的关键作用》,《广西师范大学学报》1998 年第 3 期。

38. 宋才发:《信息产业发展与安全保障战略初探》,《高科技与产业化》1998 年第 3 期。

39. 宋才发:《侵害名誉权和荣誉权行为的认定及赔偿初探》,《嘉应大学学报》1998 年第 4 期。

40. 宋才发:《姓名侵权行为认定及赔偿初探》,《荆州师范学院学报》1998 年第 4 期。

41. 宋才发:《不正当"折价销售"行为认定及惩处探讨》,《商业经济与管理》1998 年第 5 期。

42. 宋才发:《肖像侵权行为认定及赔偿探讨》,《荆门职业技术学院学报》1998 年第 3 期。

43. 宋才发:《人身侵权的索赔依据》,《民政研究》1998 年第 6 期。

44. 宋才发:《名称侵权行为认定及赔偿初探》,《法制与经济》1998 年第 4 期。

45. 宋才发:《生命健康侵权行为认定及赔偿初探》,《咸宁师范学院学报》1998 年第 4 期。

46. 宋才发:《关于保证人主体资格及保证责任的认定》,

《龙岩师范学院学报》1998年第4期。

47. 宋才发：《国家机关侵权行为认定及赔偿探讨》，《华中师范大学学报》1999年第1期。

48. 宋才发：《侵害商业秘密行为认定与惩治探讨》，《商业经济与管理》1999年第1期。

49. 宋才发：《侵害公民人身自由权行为认定及赔偿探讨》，《武汉教育学院学报》1999年第1期。

50. 宋才发：《不正当“有奖销售”行为认定及惩处探讨》，《税务与经济》1999年第3期。

51. 宋才发：《司法机关非法搜查、非法侵入公民住宅行为认定及赔偿探讨》，《孝感学院学报》1999年第3期。

52. 宋才发：《邮电、电信部门侵权行为认定及赔偿探讨》，《荆门职业技术学院学报》1999年第4期。

53. 宋才发：《行政权力滥用行为认定及惩处探讨》，《湖北广播电视大学学报》1999年第2期。

54. 宋才发：《税务机关侵权行为认定及赔偿探讨》（上），《纳税人》1999年第8期。

55. 宋才发：《税务机关侵权行为认定及赔偿探讨》（下），《纳税人》1999年第9期。

56. 宋才发：《司法机关刑讯逼供行为的认定及赔偿探讨》，《黄冈师范学院学报》1999年第5期。

57. 宋才发：《依法治国首先要依法行政》，《理论月刊》1999年第9期。

58. 宋才发：《司法机关非法拘禁、虐待被监管人行为认定及赔偿》，《咸宁师范学院学报》1999年第5期。

59. 宋才发：《要重视农村社会保障体系建设》，《理论月刊》1999年第12期。

60. 宋才发：《依法行政是依法治国的难点和关键》，《社会主义研究》2000年第1期。

61. 宋才发：《侵害公民土地使用权行为认定及赔偿》，《河南大学学报》2000年第1期。

62. 宋才发：《侵害公民房屋所有权行为认定及处理探讨》，《延安大学学报》2000年第1期。

63. 宋才发：《侵害贞操权行为认定及赔偿探讨》，《商丘师范学院学报》2000年第1期。

64. 宋才发：《假冒商品侵权行为认定及惩处探讨》，《商业经济与管理》2000年第3期。

65. 宋才发：《商业诽谤行为认定及惩处探讨》，《江汉石油学院学报》2000年第2期。

66. 宋才发：《产品侵权责任认定及赔偿探讨》，《税务与经济》2000年第5期。

67. 宋才发：《建设社会主义法治国家是21世纪中国的历史重任》，《中共成都市委党校学报》2000年第2期。

68. 宋才发：《商业贿赂行为的认定及惩处探讨》，《黄冈师范学院学报》2000年第2期。

69. 宋才发：《广告侵权行为认定及惩处探讨》，《襄樊学院学报》2000年第3期。

70. 宋才发：《法治经济是建设社会主义法治国家的基础》，《理论月刊》2000年第6期。

71. 宋才发：《金融侵权行为认定及惩处探讨》，《孝感学院学报》2000年第3期。

72. 宋才发：《社会法治化的关键是司法公正》，《湖北社会科学》2000年第6期。

73. 宋才发：《侵害公民承包、租赁经营权行为认定及赔偿探讨》，《荆门职业技术学院学报》2000年第4期。

74. 宋才发：《严惩腐败，廉洁从政》，武汉：湖北日报（理论版)，2000 年 8 月 9 日第 8 版。

75. 宋才发：《信用诈骗行为认定及惩处探讨》，《嘉应大学学报》2000 年第 4 期。

76. 宋才发：《精神损害行为认定及赔偿探讨》，《中国矿业大学学报》2000 年第 3 期。

77. 宋才发：《社会法治化的前提是司法公正》，《广西经济》2000 年第 9 期。

78. 宋才发：《不当得利行为认定及赔偿探讨》，《湖北民族学院学报》2001 年第 1 期。

79. 宋才发：《人格侵权行为认定及赔偿探讨》，《广东职业技术学院学报》2001 年第 1 期。

80. 宋才发：《医疗事故责任认定及赔偿探讨》，《延安大学学报》2001 年第 1 期。

81. 宋才发：《西部大开发与环境保护的法律思考》，《广西社会科学》2001 年第 1 期。

82. 宋才发：《侵害著作权行为认定及惩处探讨》，《孝感学院学报》2001 年第 1 期。

83. 宋才发：《招标投标侵权行为认定及惩处探讨》，《贵州师范大学学报》2001 年第 2 期。

84. 宋才发：《地面施工致人损害责任认定及赔偿探讨》，《嘉应大学学报》2001 年第 2 期。

85. 宋才发：《驰名商标侵权行为认定及惩处探讨》，《商业经济与管理》2001 年第 2 期。

86. 宋才发：《中国加入世贸组织与贸易法治建设》，《现代经济》2001 年第 2 期。

87. 宋才发：《论西部大开发与依法促进生产力发展的一致性》，《长江论坛》2001 年第 3 期。

88. 宋才发：《论在西部大开发中国家对西部地区的政策支

持》,《中共银川市委党校学报》2001 年第 3 期。

89. 宋才发:《高度危险作业致害责任认定及惩处探讨》,《南阳师范学院学报》2001 年第 3 期。

90. 宋才发:《中国经济法学发展的契机与抉择》,《河北法学》2001 年第 4 期。

91. 宋才发:《物件致人损害侵权责任认定及赔偿探讨》,《湖北社会科学》2001 年第 4 期。

92. 宋才发:《依法实施西部开发战略及结构性调整》,《社会科学研究》2001 年第 4 期。

93. 宋才发:《民族区域自治法修改意义重大》,《人民政协报》2001 年 4 月 21 日第 4 版。

94. 宋才发:《实施西部地区教育开发的法律思考》,《青海师范大学学报》2001 年第 4 期。

95. 宋才发等:《我国民族法制建设的新阶段》,《中国民族》2001 年第 4 期。

96. 宋才发:《工商行政管理机关侵权行为认定与赔偿探讨》,《税务与经济》2001 年第 5 期。

97. 宋才发:《WTO 争端解决机制与我国司法制度改革》,《学习与探索》2001 年第 5 期。

98. 宋才发:《食品致害行为认定及惩处探讨》,《商丘师范学院学报》2001 年第 5 期。

99. 宋才发:《西部大开发与小城镇建设的法律思考》,《内蒙古师范大学学报》2001 年第 5 期。

100. 宋才发:《西部地区农业和农村实现跨越式发展的法律思考》,《大通道》2001 年第 9 期。

101. 宋才发:《规范市场经济秩序与扩大西部对外开放》,《青海民族学院学报》2002 年第 1 期。

102. 宋才发:《西部大开发中的法制建设和环境优化问题》,

《重庆邮电学院学报》2002 年第 1 期。

103. 宋才发:《西部地区退耕还林还草与生态建设的法律思考》,《陕西师范大学学报》2002 年第 2 期。

104. 宋才发:《关于西部民族地区科技跨越式发展的法律思考》,《黑龙江民族丛刊》2002 年第 2 期。

105. 宋才发:《西部大开发中的法治环境建设探讨》,《湖北民族学院学报》2002 年第 3 期。

106. 宋才发:《WTO 规则与中国法制体系的规范化》,《贵州民族学院学报》2002 年第 3 期。

107. 宋才发:《WTO 规则与中国反垄断立法》,《青海师范大学学报》2002 年第 3 期。

108. 宋才发:《WTO 规则与中国政府的透明度》,《河北法学》2002 年第 4 期。

109. 宋才发:《WTO 规则与中国政府的依法行政》,《行政与法》2002 年第 4 期。

110. 宋才发:《WTO 规则与中国法制的国际接轨》,《社会主义研究》2002 年第 4 期。

111. 宋才发:《论中国民族区域自治制度的作用和特色》,《广西民族研究》2002 年第 4 期。

112. 宋才发:《WTO 规则与中国农业保护》,《大通道》2002 年第 5 期。

113. 宋才发:《WTO 规则与中国司法程序公正》,《中南民族大学学报》2002 年第 5 期。

114. 宋才发:《WTO 规则与中国食品安全保障》,《西北民族学院学报》2002 年第 6 期。

115. 宋才发:《WTO 规则与中医药知识产权保护》,《大通道》2002 年第 10、11 期合刊。

116. 宋才发:《WTO 规则与中国的反倾销》,《中央民族大学学报》2003年第1期。

117. 宋才发:《四川省实施退耕还林试点工程的政策、法规保障》,《成都大学学报》2003年第1期。

118. 宋才发:《实施西部地区退耕还林还草决策措施的法律思考》,《西北第二民族学院学报》2003年第1期。

119. 宋才发:《论中国的民族问题与民族区域自治》,《黑龙江民族丛刊》2003年第1期。

120. 宋才发:《WTO规则与中国政府的职能定位》,《理论月刊》2003年第2期。

121. 宋才发:《论保护少数民族利益与西部大开发法治建设的一致性》,《西南民族学院学报》2003年第2期。

122. 宋才发:《WTO规则与中国高等教育服务业的发展与保护》,《贵州师范大学学报》2003年第2期。

123. 宋才发:《WTO规则与中国农业植物新品种保护》,《青海民族学院学报》2003年第2期。

124. 宋才发:《WTO规则与中国生物技术研究的法律保障》,《青海师范大学学报》2003年第3期。

125. 宋才发:《WTO规则与民族地区教育服务业的发展和保护》,《民族教育研究》2003年第4期。

126. 宋才发:《WTO规则与中国知识产权制度的改革》,《天府新论》2003年第4期。

127. 宋才发:《WTO规则与中国商业广告管理的法律规范》,《荆门职业技术学院学报》2003年第4期。

128. 宋才发:《WTO规则与中国破产制度的完善》,《社会主义研究》2003年第4期。

129. 宋才发:《WTO规则与商业信用的法律保护》,《道德与文明》2003年第4期。

130. 宋才发:《TRIPS协定与中国专利的法律保护》,《中南民族大学学报》2003 年第 4 期。

131. 宋才发：《WTO 协定与我国司法改革》，《湖北经济学院学报》2003 年第 4 期。

132. 宋才发：《TRIPS 协定与中国知识产权的法律保护》，《河北法学》2003 年第 5 期。

133. 宋才发：《WTO 规则与中国驰名商标的法律保护》，《商业经济与管理》2003 年第 8 期。

134. 宋才发：《TRIPS 协定为我国知识产权制度带来挑战》，《中国新闻出版报》2003 年 4 月 22 日 “世界知识产权日” 专版，“嘉宾访谈录”。

135. 宋才发：《世贸组织规则与中国网络著作权的法律保护》，《中国新闻出版报》2003 年 8 月 19 日 “版权” 专版，“专家论坛”。

136. 宋才发：《WTO 规则与中华民族文化遗产保护》，《黑龙江民族丛刊》2004 年第 1 期。

137. 宋才发：《WTO 规则与中国旅游服务业的发展及保护》，《商业经济与管理》2004 年第 1 期。

138. 宋才发：《WTO 规则与中国野生植物资源保护》，《青海师范大学学报》2004 年第 1 期。

139. 宋才发：《WTO 规则与中国金融体制改革》，《湖北民族学院学报》2004 年第 1 期。

140. 宋才发：《WTO 规则与中国商标权的法律保护》，《湖北经济学院学报》2004 年第 1 期。

141. 宋才发：《WTO 规则与中国商业秘密的法律保护》，《荆门职业技术学院学报》2004 年第 1 期。

142. 宋才发：《WTO 规则与中国税制改革及保护》，《嘉应大学学报》2004 年第 1 期。

143. 宋才发：《WTO 规则与中国网络著作权的法律保护》，

《商丘师范学院学报》2004 年第 1 期。

144. 宋才发:《WTO 规则与中国原产地证明商标保护》,《中南民族大学学报》2004 年第 2 期。

145. 宋才发:《中国少数民族经济学科未来发展的目标与走势》,《民族教育研究》2004 年第 2 期。

146. 宋才发:《论民间文学艺术保护的法律规定》,《湖北民族学院学报》2004 年第 2 期。

147. 宋才发:《WTO 规则与中国纺织服装业品牌保护》,《西南民族大学学报》2004 年第 2 期。

148. 宋才发:《西部民族地区城镇化建设的法律保障探讨》,《广西民族研究》2004 年第 2 期。

149. 宋才发:《西部民族地区脱贫致富奔小康的思路及保障措施》,《湖南师范大学学报》2004 年第 3 期。

150. 宋才发:《论民族民间传统文化保护立法的意义》,《中央民族大学学报》2004 年第 3 期。

151. 宋才发:《WTO 规则与中国电信服务业的改革及保护》,《重庆邮电学院学报》2004 年第 3 期。

152. 宋才发:《WTO 规则与中国反补贴立法》,《河北法学》2004 年第 4 期。

153. 宋才发:《论我国民族法学学科体系的构建》,《民族研究》2004 年第 5 期。

154. 宋才发:《论人类口头和非物质文化遗产保护的法律规定》,《湖北民族学院学报》2004 年第 6 期。

155. 宋才发:《论保护世界遗产与培育民族精神》,《中央民族大学学报》2005 年第 1 期。

156. 宋才发:《民族自治地方财政管理自治权再探讨》,《学术论坛》2005 年第 1 期。

157. 宋才发:《民族自治地方经济管理自治权再探讨》,《西南民族大学学报》2005 年第 1 期。

158. 宋才发:《中国茶文化遗产景观及法律保护》,《商业经济与管理》2005 年第 1 期。

159. 宋才发:《WTO 规则与解决中国“三农”问题的政策措施》,《广西民族研究》2005 年第 1 期。

160. 宋才发:《WTO 规则与中国制造业保护的政策措施》,《湖北经济学院学报》2005 年第 1 期。

161. 宋才发:《民族自治地方经济立法自治权再探讨》,《法学家》2005 年第 2 期。

162. 宋才发:《西部民族地区退耕还林还草的法律保障探讨》,《青海民族研究》2005 年第 2 期。

163. 宋才发:《WTO 组织与加快中国贸易法治建设》,《青海师范大学学报》2005 年第 2 期。

164. 宋才发:《西部地区的素质教育必须以培养学生的创新能力为核心》,《民族教育研究》2005 年第 2 期。

165. 宋才发:《论世界遗产的合理开发利用与依法保护》,《黑龙江民族丛刊》2005 年第 2 期。

166. 宋才发:《丽江古城的文化景观及法律保护》,《中国民族》2005 年第 3 期。

167. 宋才发:《中国泰山的文化景观及法律保护》,《湖北民族学院学报》2005 年第 4 期。

168. 宋才发:《WTO 规则与中国经济法学的发展及完善》,《中南民族大学学报》2005 年第 4 期。

169. 宋才发:《WTO 规则与中国信息技术产业发展及保护》,《重庆邮电学院学报》2005 年第 4 期。

170. 宋才发:《论中国少数民族经济法及其研究》,《民族研究》2005 年第 5 期。

171. 宋才发:《后配额时代中国纺织服装业应对国外反倾销

法律对策探讨》,《河北法学》2005 年第 9 期。

172. 宋才发:《西部地区经济结构调整须依法进行》,《中国民族报》2005 年 1 月 4 日。

173. 宋才发:《〈21 世纪广西城镇化论析〉序》,中国经济出版社 2005 年版。

174. 宋才发:《〈西部地区人力资源开发与管理研究〉序》,中国经济出版社 2005 年版。

后　记

《民族地区城镇化建设及其法律保障研究》是宋才发教授承担的国家“211工程”“十五”建设重点立项项目：《民族地区经济发展法律保障研究》的最终研究成果之一。该项目最终研究成果的另外5本学术著作分别是：《民族地区农村扶贫开发法律保障研究》、《民族地区退耕还林（草）及其法律保障研究》、《民族地区人力资源开发及其法律保障研究》、《西部地区旅游资源开发法律保障研究》和《民族地区中小企业发展法律保障研究》。该项目的“国家重点学科研究生教材建设”的最终研究成果是：《中国民族法学体系通论》和《中国少数民族经济法通论》。宋才发教授是该项目的负责人和具体研究工作的主持人。

参加本项目调查研究和书稿撰写的所有成员，都是宋才发教授指导的历届法学博士和硕士，这是一本师生共同智慧和友谊合作的结晶。宋才发教授框定本书的篇章结构，负责统稿、修改和定稿，并撰写了本书的“导论”部分。其余各章的具体执笔人如下：第1章（郑建华硕士）；第2章（潘善斌博士）；第3章（王涪宁博士）；第4章（石金刚硕士）；第5章（张冰硕士）；第6章（陈正华博士）；第7章（黄伟博士）；第8章（席晓靖硕士）；第9章（王春霞硕士）。黄伟博士对第1章、第4章、第5章、第8章、第9章初稿做了大量的修改工作，潘善斌博士对第3章、第6章初稿做了一定的修改工作。

本书四易其稿，吸收和借鉴了大量的理论工作者和实际工作者的研究成果，特致谢忱。限于我们的学识和眼界，书中存在的错误和欠缺肯定不少，敬请广大读者批评指正，以便修改和完善。

宋才发
2006年春节于北京